아담과 이브의 모든 것

아담과 이브의 모든 것

스티븐 그린블랫

정영목 옮김

까치

The Rise and Fall of Adam and Eve

by Stephen Greenblatt

Copyright © 2017 by Stephen Greenblatt
All rights reserved.
Published in agreement with author, c/o BAROR INTERNATIONAL, INC.,
Armonk, New York, U.S.A. through Danny Hong Agency, Seoul, Korea.
Korean translation copyright © 2019 by Kachi Publishing Co., Ltd.

역자 정영목

서울대학교 영문학과를 졸업하고 동 대학원을 졸업했다. 전문번역가로 활동
하며 현재 이화여대 통역번역대학원 교수로 재직 중이다. 지은 책으로『완전
한 번역에서 완전한 언어로』,『소설이 국경을 건너는 방법』이 있고, 옮긴 책
으로는『왜 나는 너를 사랑하는가』,『행복의 건축』,『불안』,『여행의 기술』,
『공항에서 일주일을』,『슬픔이 주는 기쁨』 등이 있다.

편집, 교정_권은희(權恩喜)

아담과 이브의 모든 것

저자 / 스티븐 그린블랫

역자 / 정영목

발행처 / 까치글방

발행인 / 박후영

주소 / 서울시 용산구 서빙고로 67, 파크타워 103동 1003호

전화 / 02 · 735 · 8998, 736 · 7768

팩시밀리 / 02 · 723 · 4591

홈페이지 / www.kachibooks.co.kr

전자우편 / kachibooks@gmail.com

등록번호 / 1-528

등록일 / 1977. 8. 5

초판 1쇄 발행일 / 2019. 6. 20

값 / 뒤표지에 쓰여 있음

ISBN 978-89-7291-689-5 03900

이 도서의 국립중앙도서관 출판예정도서목록(CIP)은 서지정보유통지원시스템 홈페이지(http://seoji.
nl.go.kr)와 국가자료종합목록 구축시스템(http://kolis-net.nl.go.kr)에서 이용하실 수 있습니다.
(CIP제어번호 : CIP2019022068)

에덴과 이사야에게

차례

프롤로그
예배의 집에서

어린 시절에 나의 부모는 안식일 예배를 끝맺는 축도(祝禱) 동안에 우리 모두 랍비의 엄숙한 말이 끝날 때까지 고개를 숙이고 눈을 감고 있어야 한다고 말했다. 그렇게 하는 것이 매우 중요하다, 그들은 말했다. 그 순간에 하느님이 우리의 머리 위를 지나가는데, 하느님을 정면으로 마주본 사람은 살 수 없기 때문이다.

나는 이 금지 명령을 곰곰이 생각해보았다. 주의 얼굴을 보는 일은 인간이 경험할 수 있는 가장 멋진 일임에 틀림없다. 내가 앞으로 살아갈 그 모든 세월 동안 보거나 하게 될 어떤 일도 단 한 번 이 최고의 광경을 보는 일에 비길 수 없을 것이다. 나는 그렇게 추론하고, 중대한 결정을 내렸다. 고개를 들어 눈을 뜨고 하느님을 직접 보겠다. 그것은 치명적인 일이 될 것이다. 나는 그 점을 잘 이해했다. 그러나 그 대가가 너무 크다고는 결코 말할 수 없을 것이다. 나는 감히 이런 결심을 부모에게 말하지는 못했다. 근심에 사로잡혀 나를 말릴 것임을 알았기 때문이다. 내 비밀을 폭로할까 걱정이 되어서 형 마티에게도 말하지 못했다. 혼자 행동해야 했다.

토요일(유대인의 안식일은 토요일이다/역주)이 몇 번 지나도록 용기를 낼 수가 없었다. 그러다 마침내 어느 토요일 아침, 나는 고개를 숙인 채서 있다가 죽음에 대한 공포를 극복했다. 랍비가 오래된 축복의 말을 읊조리는 동안 천천히, 천천히 눈을 떴다. 머리 위의 공기는 완전히 텅 비어 있었다. 나는 성소를 둘러보는 사람이 결코 나 하나만이 아님을 알았다. 예배를 보러 온 사람들 다수가 주위를 흘끔거리거나, 창밖을 물끄러미 내다보거나, 심지어 친구에게 손짓을 하여 입 모양으로 인사를 하고 있었다. 나는 격분했다. "나는 지금까지 속은 거야."

이 순간 이후 오랜 세월이 지났지만, 나는 하느님을 보는 대가로 내 목숨까지 바칠 각오를 했던 그때의 순수한 믿음을 결코 회복하지 못했다. 환상은 사라졌지만, 그 이면에 자리잡고 있던 무엇인가는 지금도 내 안에 살아 있다. 나는 평생 우리 인간들이 삶을 이해하고자 지어낸 이야기들에 매혹되어왔으며, "거짓말"이라는 표현은 그 동기나 내용을 묘사하는 데―아무리 공상적인 수준의 이야기라고 해도―에 애처로울 정도로 불충분하다는 것을 이해하게 되었다.

인간은 이야기 없이는 살 수 없다. 우리는 주변을 이야기로 둘러싸고, 자면서도 이야기를 지어내고, 자식들에게 이야기를 해주고, 우리에게 이야기를 해달라고 돈을 내기도 한다. 우리 가운데 몇몇 사람들은 전문적으로 이야기를 창조한다. 또 우리 가운데 소수―나 자신을 포함하여―는 어른이 되어서도 그 아름다움, 힘, 영향을 이해하려고 노력하며 평생을 보낸다.

이 책은 지금까지 전해지는 이야기들 가운데 가장 특별하다고 손꼽히는 이야기의 일대기이다. 하느님은 아담과 이브, 첫 남자와 첫 여자를 창조했고, 벌거벗어도 부끄러움을 모르는 그들을 기쁨의 동산에 살게 했다. 하느님은 그들에게 단 하나만 빼고 모든 나무의 열매를 먹어도 좋다고 말했다. 선과 악을 알게 하는 나무의 열매는 먹지 말아라. 이 한 가지 금지 명령을 어기는 날에 그들은 죽을 것이다. 짐승 가운데 가장 교활한 뱀은 여자와 대화를 시작했다. 뱀은 여자에게 하느님의 명령에 복종하지 않아도 죽지 않고, 오히려 눈이 열려 신처럼 변하고, 선과 악을 알게 될 것이라고 말했다. 이브는 뱀의 말을 믿고 금단의 열매를 먹었으며, 그것을 아담에게 주자 아담도 먹었다. 그들은 정말로 눈이 열렸다. 자신들이 벌거벗었다는 것을 깨닫고 무화과 잎을 엮어 몸을 가렸다. 하느님은 그들을 불러 무슨 짓을 했느냐고 물었다. 그들이 자백을 하자, 하느님은 여러 가지 벌을 내렸다. 뱀은 땅바닥을 기며 흙을 먹어야 한다. 여자들은 고통을 겪으며 아이를 낳고 자신을 다스리는 남자를 원하게 된다. 남자들은 살아가기 위해서 땀 흘려 노동할 수밖에 없고, 그러다 결국 자신의 출처인 흙으로 돌아가야 한다. "너는 흙이니 흙으로 돌아갈 것이니라." 인간들은, 다른 특별한 나무—생명의 나무—의 열매를 먹는 것을 막으려는 하느님의 명령에 따라 동산에서 쫓겨났다. 그들이 돌아오려고 시도를 할 경우에 대비해서 동산을 지킬 무장 천사가 배치되었다.

「창세기」의 서두에 서술된 아담과 이브의 이야기는 오랜 세월에 걸쳐 인간의 기원과 인간의 운명에 대한 개념을 결정적으로 규정해왔다. 겉만 보자면 이 이야기는 그런 탁월한 위치에 올라설 성 싶지 않다. 나처럼 감명을 잘 받는 아이의 상상력을 사로잡을 수 있을지는 모르나, 과거든 현재든 어른이라면 이 이야기에 매우 엉뚱한 상상력의 표지들이 있다는 것을 쉽게 알아차릴 수 있다. 마법의 동산, 보통 인간과는 완전히 다른 방식으로 생겨난 벌거벗은 남자와 여자, 우리 종의 특징인 긴 유년을 보내지 않았는데도 말을 하고 자기 구실을 하는 방법을 알고 있는 사람들, 그런 식으로 새로 창조된 존재들이라면 도무지 이해할 수 없었을 죽음이라는 개념이 중심에 놓인 수수께끼 같은 경고, 말하는 뱀, 선과 악을 알게 해주는 나무, 영원한 생명을 주는 또다른 나무, 불 칼을 휘두르는 초자연적 수호자들. 이것은 가장 허구적인 허구이며, 공상을 펼치는 기쁨에 탐닉하는 이야기이다.

　그럼에도 불구하고 지금까지 지상에 존재한 가장 명석하고 가장 날카로운 정신의 소유자 몇 명을 포함한 수많은 사람들이 성서의 아담과 이브 서사를 있는 그대로의 진실로 받아들였다. 지질학, 고고학, 인류학, 진화생물학이 쌓은 엄청난 증거에도 불구하고, 우리와 같은 시대를 살아가는 헤아릴 수 없이 많은 사람들이 계속 이 이야기가 우주의 기원을 역사적으로 정확하게 설명한다고 받아들이고, 자신을 에덴 동산의 첫 인간들의 진짜 후손으로 생각한다. 세계 역사에 이렇게 오래 지속되고, 이렇게 널리 퍼지고, 이렇게 집요하게 뇌리를 사로잡을 만큼 현실감이 있었던 이야기는 거의 없다.

1

뼈대

아담과 이브의 이야기―내 책상에 놓인 현대의 흠정역 성서에서는 전체 1,078페이지 가운데 겨우 약 1페이지하고 절반을 차지한다―는 어째서 그렇게 멋지게 또 그렇게 힘들이지 않고 쉽게 효과를 발휘할까? 대여섯 살 때에 들어도 평생 절대 잊히지 않는다. 아주 형편없는 도식적 만화로 그려놓아도 그 이야기를 단번에 떠올릴 수 있다. 아마 모든 세부까지는 아니겠지만 기본적인 윤곽은 가능하다. 이 서사 구조의 무엇인가는 정신에 그냥 딱 달라붙는다. 말 그대로 도무지 잊을 수가 없다.

이 이야기는 처음 나온 뒤로 오랜 세월 동안 엄청난 지원장치를 구축했다. 교사들은 끝도 없이 이 이야기를 반복했다. 제도는 신자에게 상을 주고 의심하는 자에게는 벌을 내렸다. 지식인들은 그 의미의 섬세한 차이를 끌어내려고 애를 쓰면서 잘 풀리지 않는 부분에 대한 해석을 경쟁적으로 제공했다. 화가들은 이 이야기를 생생하게 재현했다. 그러나 이 서사는 어떻게 된 일인지 이런 복잡한 꾸밈으로부터 독립해 있는 것처럼 보인다. 아니, 그 뒤에 나온 모든 것들이, 마치 원래 이야기의 핵에 방사능 물질이라도 들어 있는 것처럼 그 바닥나지 않는 에너지를 끌어다 쓰고 있는 듯하다. 아담과 이브는 인간 이야기의 불가사의하고 지속적인 힘을 집약적으로 보여준다.

이 오래된 책에 나오는 몇 구절은 우리의 공포와 욕망의 오랜 역사 전체를 슬쩍 보여주는 거울 같은 느낌이 들기도 하는데, 그 이유는 잡힐 듯 잡힐 듯 확실하게 잡히지는 않는다. 이 이야기는 자유를 주는 동시에 파괴적이며, 인간 책임성에 대한 찬가이자 인간의 사악함에 관한 어두운 우화이고, 과감한 행동에 대한 찬사이자 폭력적 여성 혐오 선동이다. 이 이야기가 수천 년 동안 헤아릴 수 없이 많은 개인과 공동체에게서 일으킨 반응은 그 진폭이 엄청나다.

고대의 랍비들은 거울을 들여다보며 하느님의 의도를 이해하려고 했다. 인간이 무엇이기에 우주의 창조자가 마음을 썼을까? 애초에 왜 창조된 것일까? 그들은 거룩한 텍스트에 적힌 말들을 곰곰이 생각하다가 "땅을 갈라"는 최초의 의무가 농업 노동을 가리키는 것이 아니라고 결론을 내렸다.[1] 그것은 공부, 바로 랍비들 자신이 하루 가운데 가장 많은 시간을 바치고 또 자신의 가장 고상한 삶의 목적으로 간주하는 『토라(Torah)』 공부를 가리키는 말이다.

초기 기독교인은 아담의 태곳적 공부 습관보다는 주로 그의 불복종으로 인해서 일어난 에덴의 상실이라는 참담한 사건을 주로 생각했다. 그 이야기의 깊은 곳을 들여다보면서 그들은 죄와 그 결과를 사유하게 되었다. 그들은 바울을 좇아, 괴롭고 보편적이고 피할 수 없는 죽음이라는 현실의 원인을 추적하여 그것이 사탄의 유혹 때문에 악에 빠져든 최초의 인간들의 행동임을 밝혀냈다. 그러나 그들은 새 아담—예수 그리스도—이 고난을 받고 죽음으로써 옛 아담으로 인해서 생긴 피해를 복구했다는 믿음에서 위안을 얻었다. 메시아의 숭고한 희생 덕분에 신자들은 잃어버린 순수함을 회복하고, 낙원을 다시 얻을 수 있을 것이다. 그들은 그렇게 되기를 열렬히 바랐다.

이슬람의 무파시린(『쿠란[*Quran*]』의 해석자들)은 아담의 죄보다는 그가 하느님의 첫 예언자로서 맡았던 역할에 무게를 두었다. 기원후 7세기에 나온 『쿠란』은 사탄(또는 이블리스)을 최초의 인간들을 불복종으로 꾄 오만하고 기만적인 천사로 본다는 점에서 초기 기독교 텍스트들과 흡사하다. 후기의 주석자들은 악의를 가진 유혹자가 뱀이 아니라 대단히 아름다운 낙타의 형태였다고 명시했다.[2] "이 암낙타에게는 빨강, 노랑, 초록, 하양, 검정 등 다채로운 색깔의 꼬리가 달렸고, 갈기는 진주 빛이었으며, 털은 황옥 빛이었고, 눈은 금성과 목성 두 행성 같았으며, 용연향과 사향이 섞인 향기가 났다." 아담과 이브는 줏대 없는 태도의 결과로 낙원에서 추방당했으니, 그들의 후손은 늘 경계를 게을리 하지 말아야 한다. "오, 아담의 자손들이여! 사탄이 너희의 (첫) 부모를 동산에서 떠나게 했으니 그가 너희를 유혹하지 못하게 하라." 그러나 이슬람 전통에서는 이런 추방을 낳은 잘못이 모든 후손들에게 전해지는 극악무도한 범죄라기보다는 실수라고 보았다. 아담은 추방 후에 땅의 관리인이자 종교적 교사의 역할을 맡았다. 그는 예언자로서 계몽에 나선 인물이었으며, 인류를 알라의 빛으로 다시 이끌게 되는 최고의 예언자 무함마드로 이어지는 계보의 첫 번째 인물이었다.

고대 말기, 중세, 르네상스에 이르기까지 매우 다양한 전문가들이 아담과 이브가 맞이한 운명의 함의를 알아내려고 애썼다. 그들은 이 이야기에 파묻혀, 쉼 없이 더 파고들고 싶은 강한 조바심을 느꼈다. 자신의 마음속에서 온갖 미묘한 악을 느꼈다. 자신의 육신을 괴롭히고 고개를 쳐드는 자만심을 짓눌러버리고 싶은 강렬한 회개의 충동에 사로잡혔다. 예언적 영감을 얻고자 하는 강렬한 갈망을 맛보았다. 시간의 종말에 이르러 완벽하게 정화된 상태에서 드넓은 희열의 바다로 돌아가는 꿈을 꾸었다. 금욕주의자들은 육신의 유혹을 곰곰이 생각하다가 하느님이 원래 첫 인간들에게는 다른 재생산 방식을 의도했을 수도 있다고 생각하여 그 암시를 찾아서 『성서』의 구절들을 뒤졌다. 의사들은 우리 인간 종이 동산에서 이용했던 채식 식단이 건강에 도움을 줄 가능성을 곰곰이 생각했다. 언어학자들은 아담과 이브가 사용한 언어를 규명하고, 남아 있을 수도 있는 흔적을 찾으려고 했다. 자연과학자들은 인간과 다른 동물의 관계가 우리의 세계와는 완전히 다르고, 환경이 변함없이 부드럽게 풍요를 제공하는 사라진 세계의 생태적 의미를 사유했다. 유대교도와 이슬람 교도의 종교적 율법 전문가들은 이 이야기의 교리적이고 법적인 함의를 탐사했다. 세 유일신교 공동체 전체에서 철학자들은 이 이야기의 윤리적 의미를 놓고 토론했다. 기독교 세계에서 시각 예술가들은 영광과 수치를 모두 드러내는 인간의 몸을 묘사하라는 권유를 기쁜 마음으로 반갑게 받아들였다.

무엇보다도 보통 사람들—설교단에서 하는 이야기를 들었거나 벽에 묘사된 것을 보았거나 부모 또는 친구에게서 들은 사람들—이 곤혹스러운 문제들에 대한 답을 찾기 위해서 되풀이하여 이 이야기에 의지했다. 이 이야기는 성교, 결혼생활의 긴장, 신체적 고통과 진이 빠지는 노동의 경험, 상실과 애도로 황폐해진 마음에 찾아오는 큰 혼란을 설명하는 데에 도움을 주거나, 적어도 자신의 모습을 거기에 비추어보게 해주었다. 그들은 아담과 이브를 보았고, 랍비, 사제, 이슬람 주석가들과 마찬가지로 자기 자신을 이해하는 데에 핵심적으로 중요한 점을 포착했다.

아담과 이브의 이야기에는 누구나 귀를 기울이게 된다. 이 이야기는 우리는 누구인가, 우리는 어디에서 왔는가, 왜 우리는 사랑하는가, 왜 우리는 괴로워하는가 하는 문제들을 다룬다. 애초에 설계될 때부터 그렇게 광범한 영향력을 가지도록 계획된 듯하다. 이 이야기는 세계의 3대 신앙의 초석 가운데 하나로 자리잡고 있지만, 어떤 특정 종교보다 앞선다. 또는 그렇다고 주장한다. 이 이야기는 우리 인간 종이 일, 섹스, 죽음—우리가 다른 모든 동물과 공유하는 생존의 특징—을 추측의 대상으로 삼는 묘한 방식을 포착한다. 우리는 마치 그것이 우리의 행동에 따라서 달라지기라도 하는 것처럼, 그 모든 것이 지금과 달랐을 수도 있는 것처럼 생각한다.

이 이야기에 따르면, 우리 인간은 유일무이하게 우리를 창조한 하느님의 형상을 따라 하느님과 닮게 만들어졌다. 하느님은 우리에게 다른 모든 종의 우위에 설 권한을 주면서 다른 것도 주었는데, 그것은 금지 명령이었다. 이 금지 명령에는 어떤 설명이나 정당화도 따르지 않았다. 그러나 태초에 우리의 첫 조상은 이해할 필요가 없이, 복종하기만 하면 되었다. 그러나 이 이야기에 따르면, 아담과 이브는 복종하지 않았다. 그들은 하느님의 분명한 명령을 어겼고, 그로 인해서 수치라는 보편적 현상으로부터 필멸이라는 보편적 현실에 이르기까지 우리 종 전체의 삶에 영향을 미치는 모든 것이 생겨났다.

이 이야기가 말 그대로 사실—진짜 동산 속의 진짜 아담과 이브—이라는 주장은 기독교 정통파의 초석 가운데 하나가 되었다. 이런 주장은 내가 아담과 이브의 이야기에 매혹된 과정의 중심에 자리하고 있다. 어떻게 꾸며낸 것이 이렇게 강력한 현실성을 가질 수 있을까? 어떻게 석상이 숨을 쉬고 나무로 만든 꼭두각시가 스스로 일어나 줄 없이 춤을 출 수 있을까? 허구의 존재가 살아 있는 것처럼 행동하면 무슨 일이 벌어질까? 그들은 바로 그 이유 때문에 그때부터 죽기 시작하는 운명에 처하는 것은 아닐까?

오랜 세월에 걸쳐 신앙심 깊은 사람들은 신학적 명제를 유효하게 만들기 위해서, 벌거벗은 남녀와 말하는 뱀의 이야기를 우리가 알고 있는 현재의 삶의 출발점에서 생긴 사건들을 다룬 매우 정확한 이야기로 다루려고 했다. 철학자, 신학자, 사제, 수사, 선지자들은 시인이나 화가와 더불어 이런 대규모의 집단적 노력에 기여했다. 그러나 르네상스—뒤러, 미켈란젤로, 밀턴의 시대였다—에 와서야 새로 등장한 뛰어난 재현 기술 덕분에 마침내 첫 인간들에게 설득력 있는 현실감을 부여하고 그들의 이야기를 완전하게 살려내는 데에 성공할 수 있었다.

예술과 문학의 위대한 승리로 꼽히는 이런 엄청난 성취는 결국 예상하지 못한 결과를 낳았다. 아담과 이브가, 예술품 사냥꾼들이 그리스와 로마의 폐허에서 발굴한 놀랍도록 실물과 닮은 이교도 조각상들과 함께 놓이게 된 것이다. 이들은 먼 과거만이 아니라 살아 있는 동시대인에게도 적용되는 도덕적 기준으로 검토되고 심판을 받았다. 또한 아메리카 대륙에서 새로 만나게 된 벌거벗은 남녀—이들은 타락 이후 모든 인간이 느껴야 한다고 알고 있었던 신체적 수치에 묘하게 면역이 된 것처럼 보였다—의 무리와 비교되었다. 아담과 이브는 이제, 너무 현실적으로 보인다는 바로 그 이유 때문에 태초의 언어 습득, 성적 관계, 인종, 필멸성에 관한 까다로운 질문들을 제기했다.

이 현실감은 고대의 기원에 대한 이야기를 늘 맴돌고 있던 괴로운 질문들을 강렬한 형태로 되살려냈다. 자신의 피조물들이 선과 악의 차이를 아는 것을 어떤 신이 금할까? 그 피조물들이 그런 지식 없이 복종하는 것이 어떻게 가능했을까? 죽음의 경험이 없어 죽음이 무엇인지 알 수도 없는 사람들에게 죽음의 위협이 무슨 의미를 지닐 수 있었을까? 교회와 국가 당국은 이런 질문들을 줄기차게 제기하는 회의주의자들에게 엄하게 대응했지만, 신화적인 첫 인간들을 그렇게 현실적으로 만드는 데에 성공함으로써 야기된 동요를 진정시키는 것은 불가능한 일로 드러났다. 계몽주의의 도래와 더불어 의심은 증폭되어 더는 입을 다물게 할 수가 없었다. 그 뒤에는 스피노자의 맑은 눈의 회의주의, 찰스 다윈의 꿰뚫는 눈길, 마크 트웨인의 조롱하는 웃음이 등장했다.

전 세계의 자연사 수집품 보관소에서는 정기준(正基準) 표본(holotype)이라고 부르는 물건의 소유를 자랑스러워한다.[3] 이것은 전체 종(種) 가운데 공식적으로 인정되는 유일한 물리적 예이다. 캘리포니아 대학교 버클리 캠퍼스에 있는 척추동물 박물관에 가면, 볼 수 있는 상자 안에 담긴 이 생물은 과학 세계 전체에서 거친 가죽 영원(*Triturus similans Twitty*)의 지정된 대리자이다. 아프리카 차드의 은자메나에 있는 국립 연구 센터에 소장된 저 두개골은 멸종 영장류인 사헬란트로푸스 차덴시스(*Sahelanthropus tchadensis*)의 유일무이한 기준 표본이다. 이런 예를 확인하고 수집하는 사업은 일찍이 18세기 초에 시작되었다. 1758년 위대한 동물학자이자 식물학자 카를 린네가 기술한 회색 늑대, 즉 카누스 루푸스(*Canus lupus*)의 기준 표본은 그와 그의 헌신적인 제자들이 처음 확인한 다수의 다른 정기준 표본과 더불어 스톡홀름의 스웨덴 자연사 박물관에 있다(린네는 우리 자신의 종인 호모 사피엔스[*Homo sapiens*]의 기준 표본을 묘사할 때에 자기 자신에 대한 검토를 기반으로 했기 때문에, 그 표본은 곧 린네 자신이다). 워싱턴의 미합중국 국립 식물표본관에는 식물 정기준 표본이 약 11만 개 있다. 버클리의 척추동물 박물관에는 포유류 364종, 조류 174종, 파충류와 양서류 123종의 정기준 표본이 있다. 베를린의 자연사 박물관의 "수중 수집품" 전시를 보면, 에탄올에 보존되어 둥둥 떠 있는 해양 생물이 담긴 단지가 헤아릴 수 없이 많다. 일부 단지에는 빨간 점이 찍혀 있는데, 그

단지에는 정기준 표본이 담겨 있다는 표시이다.

　각 정기준 표본은 새로운 종을 발견한 사람이 일정한 형식적 기준에 따라 과학 논문에서 그것을 명명하고 그것에 관해서 기술하면 그런 표본으로 지정되어왔다. 이 논문을 성공적으로 발표하고 표본을 적절한 수집품 보관소에 맡기면, 발견자는 그 종의 "저자"가 되었다고 말한다. 이로써 이 정기준 표본은 과학 공동체가 인정하는 공식 표본이 된다. 그 각각은 특정한 구체적인 기준이 되어, 전체 종의 핵심적인 특징을 거기에서 끌어낼 수 있다. 지금까지는 거의 200만 종이 확인되었다. 지상에는 900만에 가까운 종이 있을 것으로 추정된다.

　「창세기」의 이야기는 하느님이 들의 짐승과 공중의 새를 하나하나 아담 앞으로 데려가서 그에게 이름을 짓게 했다고 상상한다. 과학자들이 자신의 정기준 표본에게 이름을 부여하는 것과 비슷한 방식이다. 텍스트는 아담이 사용한 언어나 이 과정에 걸린 시간이나 이런 일이 이루어진 시점을 구체적으로 말하지 않는다. 성서 주석가들은 전통적으로 이 일이 인간이 창조된 날과 같은 날에 이루어졌다고 가정했다.[4] 아담이 이런 이름 짓기라는 공을 세운 뒤에 비로소 하느님이 여자를 창조했기 때문이다(대부분의 주석가들은 아담이 아주 긴 시간을 짝 없이 혼자 살았다고 믿기 싫어했다). 일부 주석가들은 유독성이 강한 벌레들은 창조의 엿새 뒤에, 원래의 계획의 일부로서가 아니라 인간의 죄의 결과로 나타나서 이름을 받았을 수도 있지 않을까 하는 의문을 품었다. 또 어떤 주석가들은 물고기 걱정을 조금 하기도 했다. 『성서』는 땅과 공중의 피조물만 언급했기 때문이다. "왜 물고기는 아담에게 데려가지 않았을까?" 영국의 성직자이자 아마추어 과학자인 알렉산더 로스는 1622년에 이렇게 묻고, 이어 그 질문에 스스로 답했다. "그것은 우선 그들이 짐승만큼 인간을 닮지 않았기 때문이다. 둘째로,

그들은 짐승만큼 인간에게 도움이 될 수 없었기 때문이다. 셋째로 물밖에 나와서는 살 수 없었기 때문이다."[5]

하늘과 땅에는 『성서』에서 꿈꾸었던 것보다 더 많은 종들이 있다. 그러나 수천 년 전에 누가 이 이야기를 지었는지 몰라도 그 사람은 현대 과학과 마찬가지로 단일 대표를 통해서만 종 전체를 확고하게 틀어쥘 수 있다는 점을 이해했다. 「창세기」 첫 장의 인간은 결과적으로 인류의 정기준 표본이다. 하느님은 이 피조물의 저자였으며, 그를 기준 표본으로서 땅에 들여왔다―물론 벌거벗은 상태로. 아담을 바라보게 되면 특정한 개별적 인물과 더불어 인류 전체를 보게 되는 것이다.

『성서』는 우리가 아담에게서 종의 대표만이 아니라 최초의 예, 그 뒤에 나오는 모든 인간의 선조를 만나게 된다고 단언한다. 이 점에서도 현대의 과학 수집품은 그 등가물을 가지고 있다. 그러나 이 경우에는 정기준 표본이라기보다는 우리의 선조로 일컬어지는 존재들의 화석이다. 이 가운데 "루시"라고 알려진 존재가 가장 유명하다. 루시는 약 320만 년 전에 살았던 아우스트랄로피테쿠스 아파렌시스(*Australopithecus afarensis*)의 여성 개체로, 그 뼈―수백 조각이었다―는 미국의 인류학자 도널드 조핸슨이 1974년에 에티오피아에서 발견했다. 조핸슨과 그의 팀은 이 유골에, 그들이 외딴 야영지에서 테이프 녹음기로 수도 없이 되풀이하여 듣던 노래인 비틀스의 "다이아몬드가 가득한 하늘의 루시"에 나오는 이름을 장난스럽게 붙여주었다.

특정 이름이 가지는 마법은 이 엄청나게 멀고 간접적인 인류의 조상―현재 아디스아바바의 에티오피아 국립박물관에 보존되어 있다―에게 특별한 매력을 부여했다. 그녀는 키가 108센티미터에 침팬지처럼 뇌가 작고, 그녀의 종이 지구를 돌아다니고 나서 300만 년 이상이 흐른 뒤에야 아프리카에 나타난 현생 인류와는 거리가 매우 멀다. 하지만 중요한 것은, 그녀가 나뭇가지를 타고 다니지 않았다는 것이다. 대신 두 발로 걸었다. 루시가 모든 인간의 직접적 조상이라고 주장하는 사람은 아무도 없지만, 우리 종인 호모 사피엔스와 루시 사이에는 중요한 관계가 있다는 매우 강력한 증거가 존재한다. 현생 인류 및 우리와 가장 가까웠지만 멸종한 친척들을 포함하는 분류학적 족(族)인 호미닌(hominin)이 그런 두 발 영장 포유류에서 진화했다.

이런 진화 과정의 함의는 엄청나며, 뜨거운 논쟁의 대상이 되어왔다. 한때는 단순하게 이야기를 하는 것이 가능해 보였다. 우리 호모 사피엔스는 거대한 생명의 나무의 긴 가지 끝에 있다. 연속되는 멸종한 조상들을 검토하면 그 가지를 따라 아주 천천히 줄기로 거슬러 올라가, 우리가 현재의 (물론 훌륭한) 상태에 이르기 위해서 통과한 단계들을 추적할 수 있을 것이다. 그러나 화석이 점점 더 많이 발견되면서―파란트로푸스 보이세이(*Paranthropus boisei*), 호모 하빌리스(*Homo habilis*), 호모 루돌펜시스(*Homo rudolfensis*), 호모 에르가스테르(*Homo ergaster*), 호모 에렉투스(*Homo erectus*), 호모 하이델베르겐시스(*Homo heidelbergensis*), 호모 네안데르탈렌시스(*Homo neanderthalensis*), 호모 날레디(*Homo naledi*) 등―이 모든 것을 포괄하는 이야기는 점차 복잡해졌다. 한 진화생물학자가 최근에 썼듯이, 우리의 계보는 가지라기보다는 "잔가지들의 묶음"을 닮았으며, "그것이 마치 뒤엉킨 덤불처럼 보인다고 생각할 수도 있을 것이다."[6]

하버드 대학교의 피바디 고고학 민족학 박물관의 5층에 있는 한 방에서 저명한 고인류학자(다시 말해서, 우리 종을 가까운 친척들과 연결하는 친족 계보를 연구하는 사람이다) 데이비드 필빔은 친절하게도 나에게 이런 "잔가지들" 몇 개를 보여주겠다고 약속했다. 그는 내가 도착하기 전에 뼈

(또는 석고나 플라스틱으로 만든 뼈의 모형) 가운데 일부는 포마이카가 덮인 탁자 위의 종이 상자 안에 넣어두었고, 일부는 뼈대를 맞추어 바퀴가 달린 작은 단 위에 자세를 잡고 서 있게 해두었다. 뼈 각각은 과거로 거슬러 올라가는 도약을 나타내는데, 그 시간은 방사성 탄소 연대 측정에 따라서 100만 년 단위로 계산한다.

루시의 복제품도 있었다. 큰 행사—아마도 장례식—때 꽃집에서 배달하는 물건을 생각나게 하는, 셀로판이 덮인 판지 진열 상자에 담겨 있었다. 사실 두개골 조각과 아래턱뼈의 일부, 갈비뼈 몇 개, 엉치뼈와 골반의 일부, 다리와 팔의 조각들뿐이어서 볼 것은 별로 없었다. 그녀 옆에는 굴러다니는 작은 수레 위에 오스트랄로피테쿠스의 더 완전한 모형이 재구성되어 있었다. 근처에는 침팬지의 뼈대가 있었는데, 필빔은 침팬지의 구조와 루시의 구조 사이의 미묘한 차이를 지적했다. 정말 미묘했다. 그의 전문적인 설명이 없었다면, 나는 그런 차이를 거의 모두 놓치고, 어느 것이 유인원이고 어느 것이 나의 선조인지 구분하지 못했을 것이다.

그 방에서 가장 오래된 화석은 차드의 사헬란트로푸스였다. 내 눈에는 작은 유인원의 두개골로 보였지만, 필빔은 그것이 아마 직립해서 두 발로 걸었을 것임을 보여주는 감출 수 없는 표시들을 형사처럼 찾아냈다. 만일 사헬란트로푸스가 걸었다면, 그들은 실로 아주 이른 시기에 이 업적을 몸에 익힌 셈이었다. 이 화석은 방사성 탄소 연대 측정에 따르면, 700만 년 전경으로 거슬러 올라가는데, 이 시기는 '마지막 공통 조상'이 한 가닥은 침팬지를 향해, 다른 한 가닥은 우리를 향해 갈라지던 시기와 그리 멀지 않다.

방 안을 둘러보며 왔다 갔다 하면서 수백만 년을 훌쩍 가로지르는 동안 나도 과학자들이 분명하게 규정된 가지를 따라 이루어진 흔들림 없는 진보적인 발전이라는 인간 진화의 비유에 의문을 품게 만든 불안을 약간 경험하게 되었다. 방 한쪽 구석에 있는 우리의 사헬란트로푸스 선조는 아주 미미한 암시를 주는 것 말고는 우리와는 완전히 다른 우주에 속해 있는 것처럼 보였다. 다른 한쪽에는 네안데르탈의 완전한 해골이 서 있었는데, 뼈는 고릴라처럼 굵었지만 두개골은 우리와 크기가 매우 비슷했다.[7]

고인류학자들은 남아 있는 유골을 점점 더 섬세하고 정교하게 측정하고 조사하고 해석한다. 우리 종이 직립하여 걸을 수 있게 해준 골반과 척추, 우리가 치명적인 투사체 무기를 던지는 데에 도움을 주는 어깨뼈, 치아의 형태, 점점 커지는 두개골. 하지만 한때는 의기양양한 진보의 행군 —유인원에서 시작하여 컴퓨터 앞에 앉은 인간으로 끝나는 만화처럼—으로 보였던 것이 이제는 수많은 우회로나 잘못된 출발, 서로 교차하는 길이나 막다른 골목에서 헤매고 있다. 엉킨 덤불 안에서 이야기의 흐름을 찾는 것은 어렵다.

주요 간선도로가 사라졌다고 해서 진화론이 위협을 받는 것은 아니다. 오히려 찰스 다윈은 처음부터 돌연변이는 무작위적으로 일어나고, 그 뒤에 자연선택의 편집이 뒤따르며, 이것이 새로운 종의 출현을 낳는다고 주장했다. 그럼에도 주위를 둘러보다가 길들이 중간에 끊어지고 서로 교차하는 어지러운 광경을 보면 불안해진다. 데이비드 필빔은 『인간의 상승 (The Ascent of Man)』이라는 책을 낸 적이 있다. 그가 오늘날에도 비슷한 제목의 책을 낼지는 전혀 분명하지 않다.

그럼에도 진화 생물학자를 포함하여 우리 대부분은 인간의 상승 이야기를 탐색하고 구축한다. 왜냐하면, 『성서』가 오래 전에 말했듯이, 우리는 우점종(優點種)이기 때문이다. "하느님이 그들에게 복을 주시고 이르시되 생육하고 번성하여 땅에 충만하라, 땅을 정복하라, 바다의 물고기와 하늘의 새와 땅에 움직이는 모든 생물을 다스리라 하시니라"(「창세기」 1:28).
우리의 우위는 분명히 우리의 지능, 놀라운 도구 제작 능력, 복잡한 사회
적이고 문화적인 삶, 무엇보다도 우리의 언어나 상징적 의식과 연결되어
있다. 하지만 우리가 어떻게 말을 하지도, 상징을 만들지도, 추상적 개념
을 만들지도 못하는 조상들로부터 발전해왔는지는 전혀 이해를 하지 못하
고 있다. 아직은 완전히 일관되고 만족스러운 과학적 이야기가 존재하지
않는다.

　「창세기」의 여섯째 날 인간을 창조한 이야기―"하느님이 자기 형상 곧
하느님의 형상대로 사람을 창조하시되 남자와 여자를 창조하시고"(「창세
기」, 1:27)―는 과학자들이 우리의 가장 윗대 선조의 형상을 끌어내는 뼈
대에 해당하는 것을 제시했다. 이것은 또 결정적인 출발점을 제공했다(과
학자들은 그렇게 하지 못했지만). 그러나 『성서』의 말만으로 최초의 인간
이 어떻게 생겼는지 최종적으로 결정하는 것은 불가능함이 드러났다. 텍
스트를 매우 꼼꼼하게 검토하는 작업에 기초한 시도가 부족했던 것은 아
니다. 2세기의 예레미아 벤 엘레아자르 랍비는 "남자와 여자를 창조하시
고"라는 구절에서 최초의 아담은 자웅동체(雌雄同體)라는 결론을 내렸다.
3세기의 사무엘 벤 나흐만 랍비는 이 묘사가 "하느님이 아담을 창조하셨
을 때, 앞뒤로 앞면만 둘 있는 형태로 창조하셨다가, 나중에 둘로 쪼개고
등을 두 개 만들어, 등 하나는 이쪽에 다른 등은 저쪽에 붙이셨다"는 뜻이
라고 해석했다. 다른 사람은 아담이 원래는 온 세상을 채워 동에서 서까지
쫙 펼쳐져 있었다고 주장했다. 또다른 사람은 아담의 키가 하늘에 닿았다
고 주장했다. 또 어떤 사람은 아담이 우주 만물을 볼 수 있었다고 주장했
다. 또 어떤 사람은 그에게 예언 능력이 있었다고 주장했다. 또 어떤 사람
은 하느님이 처음에는 아담에게 꼬리를 주었지만, "나중에 위엄을 고려해

서 때어냈다"고 주장했다.[8] 아담은 "아주 잘생겨서 그가 발바닥만 내보여도 해의 광채가 흐려졌다." 아담은 모든 언어와 글, 또 지리를 포함한 모든 기예를 발명했다. 그에게는 일종의 보호용 피부, 즉 껍질이 있었는데, 이것은 그가 죄를 범했을 때에 떨어져 나갔다.

그런데 「창세기」 제2장에 이르면, 이런 모든 추측을 자아낸 피조물이 사라진다. 뼈대도, 핀으로 고정시킨 정기준 표본 카드도 없다. 대신 서로 나뉜 두 원시의 인간 형체—남자는 진흙으로 빚어졌고 여자는 남자의 갈비뼈로 만들었다—가 있으며 이 인간들은 하나의 이야기에 관여한다. 이제 「창세기」는 우리 부류의 진짜 본성을 이해하려면, 기준 표본을 살피는 것이 아니라 행동하는 첫 인간들을 살피는 것이 필요하다고 주장한다. 우리는 그들의 관계를 관찰하고, 선택을 조사하고, 이력을 추적하고, 역사를 생각해보아야 한다. 인간의 생물적 본성이 그들의 역사를 결정하는 것이 아니라, 그들의 역사—그들이 한 선택과 그런 선택의 결과—가 본성을 결정했기 때문이다.

『성서』 이야기는 하느님이 저자가 된 직후 이 종에게 발생한 일을 보여준다. 인간은 꼭 지금처럼 될 필요가 없었다. 완전히 달라질 수 있었다. 완벽한 동산 안에 있는 남자와 여자의 이미지는, 있는 그대로의 상태와 달랐을 수도 있는 상태 사이의 긴장을 보여준다. 우리가 되어버린 것과 다른 것이 되고자 하는 갈망을 전해준다.

「창세기」의 기원 이야기의 중심에는 금단의 열매를 따고, 먹고, 나누겠다는 인간의 결정이 자리잡고 있다. 선택과 그 결과를 묘사하는 서사의 능력이 핵심을 이룬다. 좋은 이야기는 세부를 생략하고, 동기를 버리고, 분석을 피해가도 여전히 엄청나게 매혹적으로 다가올 수 있다. 아담과 이브의 이야기는 "죄"나 "타락"이나 "사탄"이나 "사과"라는 단어를 사용하지

26

않는다. 가능한 의미의 범위는 넓게 열려 있다. 거의 2,000년이 지났지만 지금도 남아 있는 일부 해석들은 뱀을 이 이야기의 주인공으로 본다. 질투하는 신이 인간에게 주지 않으려고 한 지식의 획득을 옹호했기 때문이다. 여기에서는 거의 모든 구전 이야기에서 그렇듯이, 행동에 그 무게가 실린다. "여자가 그 나무를 본즉 먹음직도 하고 보암직도 하고 지혜롭게 할 만큼 탐스럽기도 한 나무인지라 여자가 그 열매를 따먹고 자기와 함께 있는 남편에게도 주매 그도 먹은지라."

　반드시 할 만한 이야기가 있어야 한다. 이것이 「창세기」만이 아니라 거의 모든 고대 기원 신화가 보여주는 기본적 직관이다. 메소포타미아, 이집트, 그리스, 로마, 시베리아, 중국, 북아메리카 대초원 지대, 짐바브웨 등 출처는 상관없다. 태초에 지금의 우리를 만들어낸 어떤 일이 일어났고—어떤 결정, 행동, 반응의 역사가 있었고—우리가 우리 자신의 모습을 이해하려면 이 이야기를 기억하고 다시 이야기하는 것이 중요하다.

우리와 아주 가까운 관계인 침팬지는 침팬지의 불복종의 기원에 관해서 추측하지 않고, 오랑우탄은 지능이 매우 높기는 하지만 왜 오랑우탄이 죽을 운명인지 깊이 생각하지 않고, 쾌락을 사랑하는 보노보는 서로의 털을 다듬어주면서도 자기들끼리 첫 보노보 수컷과 암컷이 어떻게 짝을 지었는가 하는 이야기는 하지 않는다는 것을 우리는 알고 있거나, 알고 있다고 생각한다. 우리에게는 개미와 벌과 장수말벌의 사회적 복잡성에 경외감을 품을 만한 이유가 아주 많다. 우리는 큰돌고래의 뛰어난 언어 이해 솜씨에 놀란다. 고래의 노래에는 거의 숭배 집단이 형성되어 있다. 하지만 우리는 이들 가운데 어느 것도 기원 이야기를 만들어낸 적은 없다고 믿는다.

　지구상에서 자신이 어떻게 생겨났고 왜 지금처럼 살고 있는가 하고 자문하는 동물은 인간뿐인 듯하다. 우리는 이런 유일무이한 측면을 성취로, 다른 동물과 구별되는 점으로 제시할 수 있고, 어쩌면 실제로 그런지도 모른다. 하지만 반대로 그것이 우리가 헤매고 있다는—방향을 잃고, 우리 자신의 몸 안에 있는 것이 불편하고, 어떤 설명을 요구하고 있다는—표시라고 파악하는 것 또한 쉬운 일일 것이다. 기원 이야기를 한다는 것은 아마 불안의 징후일 것이다. 우리는 이야기를 통해서 스스로를 진정시키려고 한다. 아니면 우리 종은 어쩌다가 아주 우연히 어떤 발달의 계기를 만나, 우리 자신도 완전히 이해하지 못하는 길을 따라가면서 추측하고 이야기하는 지능을 자극받게 되어 앞일을 지레 걱정하게 된 것인지도 모른다.

이야기가 언제 우리 종 특유의 성취가 되었는지는 전혀 알 수 없지만, 즐거움을 줄 뿐만 아니라 지식을 전달하는 방식으로서 이야기의 적응력이 뛰어난 유용성은 그것이 일찌감치, 글이 발명되기 오래 전에 나타났음을 보여준다. 인간 개체의 수명을 생각하면 5,000년—인류가 글로 쓴 기록이 나온 이후의 시간—은 대단히 긴 시간으로 보이지만, 사실 인간이 만들고 서로에게 되풀이한 이야기의 긴 역사에 비하면 아무것도 아닌 것에 가깝다. 더듬거리며 한마디를 한 것에 불과하다. 인간의 기원에 대한 추측성 이야기도 이런 최초의 이야기들 가운데 속해 있었을까? 어른이 가르치지 않아도 어린 아이들이 "나는 어디서 왔어요?" 하고 묻는 것을 보면 놀랍다. 그 질문은 자연발생적으로 우리 안에서 솟아나는 것처럼 보이며, 우리가 기억할 수 없는 옛날부터 사제, 예술가, 철학자, 과학자는 그 답을 찾는 데에 몰두해왔다.

아주 최근에 들어서야 학자들—18세기 말 독일의 야콥과 빌헬름 그림 형제가 가장 유명하다—은 구전 설화를 체계적으로 수집하고 그 형식과 주제를 분석하기 시작했다. 이 설화들은 그 전부터 세대에서 세대를 거치며 전해져, 살아 있는 어떤 사람의 기억보다도 먼 과거로 길게 뻗어 있었다. 또다른 설화들은 고집스럽게 지역성을 유지하여, 특정 가문, 혈통, 공동체를 벗어나지 않았다. 어떤 설화들은 지리적 경계와 언어를 분명하게 뛰어넘었다. 거의 모든 문화—몽골에서부터 오클라호마까지, 그리고 그 사이의 많은 곳—에 적어도 하나, 또 많은 경우 하나 이상의 기원 이야기가 있다는 것이 드러났다. 「창세기」의 이 특정한 기원 이야기—벌거벗은 남자와 여자, 이야기하는 뱀, 마법의 나무의 이야기—는 이런 구전 민담 가운데 하나라는 표시가 모두 담겨 있어, 그것이 「창세기」라는 책에 글의 형태로 나타나기 오래 전으로 거슬러 올라가는 깊은 과거, 우리가 거의 접근할 수 없는 과거로부터 진화해왔음을 보여준다.

나는 이 이야기가 시작되던 상황을 상상해보려다가 내 인생의 세 가지 장면을 떠올렸다. 처음이자 가장 최근의 장면은 테헤란에서 남쪽으로 240킬로미터 떨어진 카샨의 정원이었다. 나는 셰익스피어 학술대회에 연사로 초청을 받아 이란에 갔다가 여러 곳을 둘러볼 기회를 얻었다. 카샨은 유명한 양탄자의 도시였다. 어릴 때 우리 집에는 카샨에서 온 러그가 있어서, 나는 식탁 밑으로 기어들어가 복잡하게 짜인 러그 속 꽃들 사이에서 놀고는 했다. 그러나 카샨에서 나의 목적지는 혼잡한 바자가 아니었다. 나는 16세기 말의 유명한 정원 바흐에 핀을 보고 싶었다.

정원은 비교적 작고, 먼지가 수북이 덮여 있는 사각형의 공간으로, 내부의 곧고 좁은 길들을 따라 아주 오래된 삼목들이 줄지어 늘어서 있었으며, 공간 자체는 성벽과 원형 탑으로 둘러싸여 있었다. 핵심적인 특징은 근처의 자연 샘에서 솟아나는 물이었다. 이 물을 곧고 좁은 수로를 통해서 터키석 타일을 깐 정사각형 저수지로 이어졌다. 저수지 머리 부분에 세운 2층짜리 둥근 천장의 정자에서는 해를 피할 수 있었다.

우리는 테헤란으로부터 몇 시간 동안 차를 타고 볼품없이 황량하고 바싹 마른 사막을 지나 이곳에 왔다. 해에 달구어진 바위와 그슬리고 비틀린 협곡이 멀리 지평선까지 뻗어나간 풍경이었다. 눈이 닿는 곳 어디에도 경작지, 나무, 심지어 덤불도 없었다. 생명의 표시가 칙령에 의해서 삭제된 것 같았다. 이곳에서라면 첫 인간이 이 세계에 사는, 눈에 보이는 모든 피조물들에 몇 분 만에 이름을 붙이는 것도 가능했을 것이다.

옛 페르시아인은 바흐에 핀 같은 폐쇄된 정원을 파라다에사(paradaesa)라고 불렀다. 이 표현을 가져온 그리스어에서 영어의 "낙원(paradise)"이라는 말이 나왔다. 내가 카샨에서 본 정원은 아담과 이브의 창조의 배경으로 꼽을 만하지는 않지만, 그래도 가혹하고 황량한 땅에서 수로를 따라 보글거리는 물소리와 육중한 나무의 모습이 경이와 행복감을 자아낼 만하다고 상상할 수 있었다. 이때 처음으로 나는 무려 네 개나 되는 큰 강의 원류가 있다고 「창세기」 동산을 과장된 느낌으로 화려하게 그려낸 이유를 온전히 이해할 수 있었다. 이 이야기를 한 사람은 주변 세계에서 귀중한 것을 가져와, 그것으로 가장 축복받은 인간들에게 어울리는 풍경을 만들어낸 것이다. 그 공간으로부터 그곳을 둘러싼 비참한 소금 사막으로 쫓겨나는 것은 가장 가혹한 벌이었을 것이다.

이 이야기의 발단을 떠올려보려는 나의 두 번째 시도는 이보다 몇 년 전에 아내와 아들과 함께 잠깐 머물던 베두인족 야영지인 요르단의 와디 럼에서 이루어졌다. 해가 지고 나면 사막은 매우 추웠으며, 소박한 식사를 하고 류트 연주를 조금 듣고 난 뒤면, 우리는 작은 천막으로 걸어가 얼른 양모 담요 밑으로 기어들어갔다. 하지만 달콤한 차를 아주 많이 마신 뒤라 밤이면 불가피하게 잠에서 깨어 야영지 반대편까지 가야 했다. 나는 아주 작은 손전등을 켜고 몸을 떨며 모래를 가로질러 걸었다. 달 없는 밤이었고,

모닥불과 등불은 꺼져 있었으며, 모두 잠들어 있었다.

고개를 들자 있을 법하지 않은, 믿을 수 없을 정도로 광대한 하늘이 보였다. 별이 가득했을 뿐만 아니라, 묘한 깊이감이 충만했다. 나는 손전등을 끄고 바닥에 앉아 물끄러미 하늘을 바라보았다. 인간의 정착지에서 상당히 멀리 떨어진 곳에서 별을 보며 잠이 든 경험은 많았다. 그러나 그 경우에도 먼 도시의 불빛은 엄청난 빛을 발산했다. 여기에는 빛의 간섭이 전혀 없었다. 우주의 광대함 그 자체, 별의 무한성이 느껴질 뿐이었으며, 몸의 명령보다도 우리는 누구이고, 어디에서 왔는지를 이해하고자 하는 요구가 훨씬 더 다급해졌다.

세 번째 시도는 시간상 훨씬 더 멀리, 아주 어린 시절의 기억으로 거슬러 올라간다. 우리는, 어머니와 나는, 보스턴의 록스베리에 있던 우리 아파트의 작은 탁자에 앉아 있었다. 여름이어서 창문은 활짝 열려 있었고, 우리는 근처 프랭클린 공원의 동물원에서 이따금씩 사자가 으르렁거리는 소리와 우리에 있는 새들이 내지르는 날카로운 비명을 들을 수 있었다. 어머니는 오직 나만을 위한 이야기를 지어내고 있었다. 주인공의 이름은 내 이름과 똑같지는 않았지만 아주 비슷했다. 보호를 받으며 행복하게 살던 귀염둥이는 오직 한 가지만 하지 말라는 엄한 경고를 받았다. 그를 꾀는 소리가 들려오는 동물원에 가고 싶어도, 절대, 혼자서는 시버 스트리트를 건너지 말라는 것이었다. 하지만 아이가 말을 들었을까……?

진흙으로 빚은 인간은 콧구멍으로 생명의 숨을 불어넣으니 살아 있는 피조물이 되었다. 『성서』에는 그렇게 적혀 있다. 이 신화적 장면에는 강력한 진실이 암호로 기록되어 있다. 아주 머나먼 과거의 어느 순간에 아담을 살아나게 한 것은 숨, 이야기하는 사람의 숨이었다는 것을 말이다.

2

바빌론 강가에서

하와이 빅 아일랜드에서는 화산의 틈으로 용암이 분출한다. 뒤틀리며 식은 용암의 검은 들판을 가로질러 벼랑 가장자리로 가면 타오르는 마그마 덩어리가 뱃속에서 세상으로 나가는 거대한 머리처럼 바다 속으로 쉭쉭거리며 날아드는 광경을 볼 수 있다. 세계의 기원에 와 있는 듯한 느낌이 들지만, 물론 세계는 이미 존재하고 있고, 우리도 그것을 알고 있다. 창조 이야기들에서 가장 중요한 점은 아무도 그것을 보았다거나 기억한다고, 심지어 자신이 그 현장에 있던 누군가에게로 거슬러 올라가는 기억의 사슬들 가운데 하나라고도 주장할 수 없다는 것이다.

누군가가 우주와 인류가 존재하게 된 과정을 과감하게 상상하여, 우리 종의 경로를 잡아준 출발점에서 발생한 일에 관한 이런 이야기를 처음 한 것이 언제였는지 우리는 알지 못한다. 처음 동산을 생각하거나 부끄러움 없이 벌거벗는 것을 꿈꾸거나 운명적인 열매라는 생각을 떠올린 사람이 누구인지 우리는 확인할 수 없다. 틀림없이 영감의 순간이 있었을 것이다. 그 점은 분명하지만, 그 순간으로 거슬러 올라갈 길은 없다. 우리에게는 영원히 사라진 순간이다.

　누군가 처음으로 이 이야기를 글로 적은 순간도 있었다. 그러나 우리는 그 순간에도 접근할 수 없으며, 쓴 사람이 남자인지 여자인지 알 길이 없고, 장소나 상황이나 언어를 귀띔해주는 암시도 찾을 수 없으며, 정확한, 아니 대략적인 시간이라도 알려주는 표시도 발견할 수 없다. 어떤 학자들은 일찍이 솔로몬 왕 시대(기원전 990-931년)에 한 판본이 새겨졌을 수도 있고, 그의 후계자들의 치세 동안 다른 판본들이 문서 형태로 유포되었을지도 모른다고 생각한다. 이 이야기의 실물 필사본은 히브리인의 삶 속에서 긴 세월을 견디지 못하고 흔적조차 살아남지 못했으니―모두 불, 물, 시간의 이빨에 사라져버렸다―연대 결정은 추측이고, 때로는 엉뚱하기까지 하다. 그나마 역사적 출발점이라고 표현해도 큰 무리가 느껴지지 않는 것은 이 이야기가 마침내 「창세기」 안에 자리잡게 된 순간이다. 정확한 시기와 상황은 불확실하지만, 이때가 되면 그래도 수수께끼의 안개가 서서히 걷히기 시작한다.

　현재 학자들은 대부분 우리가 아는 형태의 이 이야기가 기원전 6세기에 나왔고, 이 이야기가 들어간 「모세5경(*Pentateuch*)」―모세의 다섯 책을 함께 묶어 부르는 그리스어 표현―은 5세기에 편찬되었을 것으로 보는데, 이는 대체로 에스라와 느헤미야의 시기이다. 이 경우도 근거는 불확실하다. 적어도 18세기 이후부터는 이 텍스트의 역사를 둘러싸고 그 역사를 촘촘하게 나눈 매 시기마다 논란이 심하게 벌어졌으며, 지금은 나나 나보다 학식이 높은 사람들이 이에 관하여 무슨 이야기를 한다고 해도 다른 사람들의 반박―종종 격렬해지는―에 직면하게 될 것이다. 그 가장 오래된 유래를 어디에서 찾든, 아담과 이브의 이야기는 결국 신성한 문서인 『토라』의 일부가 되었는데, 『토라』의 저자는 모세라고 전해지고 있었다.

따라서 적어도 저자, 이야기의 진실성을 보장해줄 최고의 위엄을 가진 누군가가 존재하게 되었다. 합리적인 질문이지만, 사람들은 모세가 도대체 어떻게 자신의 시대보다 훨씬 오래 전에 에덴 동산에서 일어난 일을 알 수 있었느냐고 물었다. 이 이야기의 엄격한 정확성을 옹호하는 사람들은, 노아, 또 거기서 더 거슬러 올라가 대홍수 이전, 아담의 셋째 아들인 셋으로부터 여러 세대를 거쳐 전해져왔기 때문에 모세가 자세한 이야기를 알 수 있었을 것이라고 대답했다. 『성서』의 "낳았다"들은 태초까지 거슬러 올라가는, 이 세대들의 명단을 제공했다. 초기 족장들이 누렸다고 하는 매우 긴 수명—무두셀라는 969살이라는 완숙한 노년에 이르렀다고 전해졌다—은 편리하게도 사슬을 이루는 고리의 수를 줄여주었다.

입에서 입으로 거듭 옮겨지는 과정에서 이야기가 흔히 바뀌고는 한다는 사실은 잘 알려져 있기 때문에, 종종 모세가 하느님 자신의 구술을 받아썼다거나 적어도 쓰는 과정에서는 하느님의 영의 안내를 받았다는 말이 덧붙여졌다. 따라서 혹시라도 창조 이야기에 슬며시 기어들어와 이야기의 진실성에 의문을 제기하게 할 수도 있는 오류를 그 영이 교정해주었다고 믿을 수 있었다. 기원전 2세기에 기록된 책인 「희년서(*Book of Jubilees*)」는 서사의 진정성을 뒷받침하려는 이런 시도에서 한 걸음 더 나아갔다. 이 책이 밝힌 바에 따르면, 시나이 산에서 하느님은 한 천사에게 태초에 관한 충실한 이야기를 모세에게 해줄 것을 지시했다.[1] 천사는 그의 동료들과 함께 천지창조와 동산의 장면들을 본 목격자였다. 모세는 천사가 충실하게 제공한 흠 없는 정확한 보고서를 그대로 받아적기만 하면 되었다.

그러나 「희년서」—현재 이것은 에티오피아 정교회에서만 정전으로 간주하고 있다—같은 설명은 확신의 표시인 만큼이나 의심의 표시이기도 했다. 이것은 동산과 첫 인간들과 말하는 뱀의 이야기를 읽은 사람들 가운데 적어도 일부는 그 신빙성에 의문을 품었음을 보여준다. 그 사람들은 어디까지 이것을 믿을 수 있는지 알고 싶어했다. 어쩌면 신앙으로 이루어진 특수 집단 바깥에 있는 사람들은 이 이야기가 더 익숙한 이야기의 공간, 즉 환상의 영역에서 유래했다고 느끼고 있었을지도 모른다.

사실 『토라』는 훨씬 더 분명하고 안정적인 역사적 시점으로 보이는 곳에서 이야기를 시작할 수도 있었을 것이다. 즉 첫 인간이 아니라 첫 유대인들의 기원에서 시작하는 것이다. "여호와께서 아브람에게 이르시되 너는 너의 고향과 친척과 아버지의 집을 떠나 내가 네게 보여줄 땅으로 가라. 내가 너로 큰 민족을 이루고 네게 복을 주어 네 이름을 창대하게 하리니 너는 복이 될지라"(「창세기」 12:1-2).[2] 그럼에도 가능한 역사적 기록을 모두 앞서는 것이 분명한 사건들, 즉 우주와 인류의 창조에서 출발했다. 유대인의 신성한 책을 유대인 자신이 존재하기 전, 시간의 시초 이야기에서부터 시작하는 것이 유대인에게 왜 그렇게 중요해 보였는지 이해하려면 유대인에게 일어난 재난을 이해할 필요가 있다.

고대 세계에서 왕국의 멸망 뒤에는 정복당한 자들의 대학살이 뒤따르는 경우가 많았지만, 대(大)바빌로니아 제국의 통치자 네부카드네자르 2세는 추방이 더 합리적이라고 생각했다. 스스로 "다윗의 집"이라고 부르는 유서 깊은 왕조가 통치하는 작은 유다 왕국이 기원전 597년 항복한 뒤에 네부카드네자르 2세는 예루살렘에 괴뢰정부를 세우고 왕위에서 쫓겨난 왕과 그의 궁정 사람들을 포함하여 상당한 수의 히브리인을 바빌론으로 추방했다. 「시편」 137편은 거대한 시간의 간극을 넘어 그들의 고통, 향수, 분노를 전한다. "우리가 바빌론의 여러 강변 거기에 앉아서 시온을 기억하며 울었도다."[3]

네부카드네자르 2세의 승리를 보여주는 살아 있는 증거인 히브리인 추방은 그의 거대한 야망이 요구하는 노동력 풀을 부풀려주었다. 바빌론은 오랜 하강기를 겪은 뒤에 다시 한번 상승하고 있었다. 관개용 도랑을 파야 했고, 밭을 갈아야 했고, 포도나무를 정리해야 했고, 헤아릴 수 없이 많은 벽돌을 구워야 했고, 요새, 지구라트, 왕궁을 지어야 했다. 작업반에서 땀을 흘리며 잃어버린 고향을 꿈꾸는 포로는 히브리인만이 아니었다. 그들은 아시리아인, 메디아인, 스키타이인과 함께 일을 했고, 또 그 가운데는 도저히 갚을 길 없는 채무를 진 토박이 바빌로니아 사람들도 있었다. 패배와 노예화는 바빌론에서 일종의 노예 세계주의를 낳았다.

유프라테스 강변의 문화적으로 다양하고 북적거리는 도시는 부유하고 세련되었으며, 또 그 아름다움으로 유명했다. 그곳의 전설적인 건축 기획 가운데 두 가지―거대한 도시 성벽과 공중정원[4]―은 세계 7대 불가사의로 꼽혔다. 현재 베를린의 페르가몬 박물관에 재구성되어 있는 이슈타르 성문은 유약을 바른 벽돌로 이루어진 그 웅장함으로 이 도시의 위엄을 증언한다. 히브리인 포로들이 바빌론에서 편안함을 느꼈을 리는 만무하겠지만, 그렇다고 완전한 이방인은 아니었다. 그들은 자신의 민족이 먼 과거에 메소포타미아의 이 지역에서 살았던 적이 있다고 생각했기 때문이다. 유대 신앙을 건설한 인물인 아브라함은 우르 근처에서 삶을 시작했으며, 따라서 이런 뿌리로 돌아가는 것이 모두에게 견딜 수 없는 일은 아니었던 것이 분명했다. 마침내 유다로 돌아갈 기회가 찾아왔을 때 히브리인 상당수는 그들이 있던 곳에 그대로 남는 쪽을 택했다. 바빌론 유수(幽囚) 시기부터 메소포타미아에서 꽃을 피우기 시작한 유대인 공동체는 오랫동안 지속되어 20세기 이라크에까지 이어졌다.

유프라테스 강변의 히브리인 포로들 가운데 신앙이 깊은 사람들에게 큰 도전은 여호와를 버리지 않는 것이었다. 여호와는 오래 전부터 그들의 최고신이자 보호자였다. 그들은 이따금씩 다른 신들을 섬기는 쪽으로 이끌리기도 했는데, 이것이 여호와의 되풀이되는 경고의 핵심이었다. "나 외에는 다른 신들을 네게 두지 말지니라." 하지만 대부분의 경우, 힘든 시기에도, 그들은 여호와를 마음에서 가장 높은 자리에 모시고 있었고, 예루살렘 대성전에서 거행하는 의식을 준수하고 동물을 희생하여 여호와를 섬겼다.

이런 의식들은 유다가 네부카드네자르에게 항복한 뒤에도 10년 동안 그대로 계속되었다. 그러나 그때 다른 참사가 벌어졌다. 정복자들이 세워놓은 히브리인 매국노 시드기야가 무모하게 주인에 대한 봉기를 주도했다. 바빌로니아 군대는 예루살렘을 포위했고, 히브리인이 믿었던 이집트 동맹군은 나타나지 않았다. 포위는 계속 이어졌고, 기근, 질병, 도주로 예루살렘은 엄청난 타격을 받았다. 마침내 성벽은 무너졌고, 바빌로니아 군대가 물밀 듯이 밀려들었다. 왕의 명령에 따라서, 그때까지 화를 피했던 도시에 대한 복수가 자행되었다. 대성전, 왕궁을 비롯한 많은 공공건물은 재가 되었다. 대제사장, 부제사장을 비롯하여 다른 많은 지도자들이 죽임을 당했다. 시드기야의 아들들은 그의 눈앞에서 처형을 당했다. 그 뒤에 시드기야는 눈을 뽑히고 사슬에 묶여 끌려갔다. 다시 많은 사람들이 추방을 당하여, 바빌론에서 이미 10년 동안 포로 생활을 하고 있던 사람들과 합류했다. 몇 년 뒤, 바빌로니아인 총독의 암살 후에는 제어하기 어려운 지방의 주민들 가운데 또다시 많은 수가 추방당했다. 히브리인의 삶은 박살났다.

성전이 파괴되자, 그 폐허는 여호와가 자신이 선택한 민족을 보호할 생각이, 어쩌면 능력이 없다는 압도적인 현실을 묵묵히 증언하는 듯했다. 597년, 또 587년의 그의 비참한 실패는 신앙심이 부족한 히브리인이 자신들의 부족신에 관해서 품고 있던 모든 전복적 생각을 확인해주었다. 여호와는 사제들이 지어낸 사기이고, 집단적 상상의 산물이며, 어쩌면 그저 약골, 패배자들의 신일지도 모른다는 것이었다. 조롱하는 목소리들은 억눌렸지만—『성서』는 대부분 신앙심이 깊은 사람들의 관점에서 기록되었으므로—그 흔적은 남았다. "어리석은 자는 그의 마음에 이르기를 하느님이 없다 하는도다."「시편」 14편은 그렇게 시작한다. 어리석을지는 모르나, 어쨌든 이「시편」의 저자는 자기 민족 가운데 그런 말을 인용하며 공격을 해야 할 만큼 그런 어리석은 자가 많다는 사실을 확신한다.

어떻게 그러지 않을 수 있었겠는가? 민족의 재난은 슬픔만이 아니라 의심과 비아냥의 샘도 두드려 열었다. 여호와는 존재하지 않는다, 여호와는 돌보지 않는다, 여호와는 바빌로니아의 신 마르두크에게 결정적으로 패했다. 예루살렘 함락과 대규모 추방의 여파 속에서 회의주의자들은 신앙이 깊은 자들이 전투 중에 실종된 신에게 지원을 탄원하는 기도를 드리는 소리를 듣자 몹시 화가 났을 것이다. 거꾸로, 신앙이 깊은 자들에게는 회의주의자들의 조롱이 견디기 힘들었을 것이다. "나를 보는 자는 나를 비웃으며 입술을 비쭉거리고 머리를 흔들며 말하되, 그가 여호와께 의탁하니 구원하실 걸, 그를 기뻐하시니 건지실 걸 하나이다" 하고「시편」 22편의 화자는 말한다(22:7-8). 그러나 구원이 눈에 보이지 않는다면, 오직 수모와 조롱만 계속되고 희망은 잔인하게 박살난다면, 그러면 어쩔 것인가? 신앙이 있는 자들에게 바빌론 유수에서 중심이 되는 심리적 경험은 비통이었다. 여호와는 어디에 있는가? 수백 년 뒤에 자신이 버림받았다는 이 무서운 느낌이 또 한 사람의 버려진 유대인의 마음속에서 솟구쳐 올랐으며, 그는 처형을 당하는 순간에 바로 이「시편」을 여는 말을 인용했다. "내 하느님이여 내 하느님이여 어찌 나를 버리셨나이까?"

히브리인은 절망에 대한 해독제로서 이런 재앙이 모두 여호와가 한 일이라고, 자신의 백성이 신성한 명령에 복종하지 않은 것에 대한 벌이라고 말할 수 있었지만, 그들 가운데 의심하는 자들은 쉽게 고개를 저으며 이런 환상을 한심하다고 내칠 수 있었다. 설상가상으로 신앙이 있는 자든 회의주의에 빠진 자든 모두 정복자들의 환희에, 또 승리를 거둔 신을 찬양하는 그들의 찬가에 둘러싸여 있었다. 포로들은 매일 에사길라—"들어올린 머리의 집"—라고 부르는 화려한 바빌로니아 신전 단지와 7층짜리 거대한 지구라트 에테메난키, 즉 "하늘과 땅의 기초 신전"을 쳐다보았을 것이다. 세월이 흐른 뒤 그 놀라운 광경에 대한 히브리인의 기억은 거드름을 피우는 자만이나 오만을 의미한다고 적절하게 재해석되어 바벨탑으로 나타났다.

네부카드네자르는 '폭풍의 신' 마르두크를 기려 이 신전과 지구라트를 재건했다. 이 신은 오래 전부터 바빌론의 수호신이었으며, 그동안 점점 강력해져서 그를 섬기는 사람들은 그의 거룩한 이름을 입 밖에 내는 것이 두려워서 그냥 벨(Bel), 즉 "주(主)"라고만 불렀다. 마르두크는 우주의 주인의 자리에 올랐다. 스스로 주위 신들의 여러 속성을 가져오고, 자신의 강력한 중력장 안으로 메소포타미아 신화의 풍부한 덩어리 전체를 끌어들인 마르두크는 이제 여호와를 포함하여 경쟁 관계에 있는 모든 신의 힘을 흡수할 수 있는 위치에 있었다. 에사길라 안의 지성소에서, 에테메난키의 현기증이 나는 정상에 자리잡은 황금 성소에서 마르두크의 조각상은 여러 민족들을 굽어보며, 그들의 운명을 장악하고 있는 것 같았다.

바빌론 사람들은 매년 마르두크를 기려 성대한 신년 축제를 열었다. 거대한 대중 행렬이 다른 신상들을 벽감에서 끌어내서 중앙 성소로 가져갔다. 도시의 성스러운 보호자에게 경의를 표하게 하려는 것이었다. 축제의 나흘째가 되는 날에는 신성한 텍스트를 엄숙하게 낭송했는데, 행사는 왕 자신이 이끌었으며, 텍스트는 먼 과거에 점토판에 새겨진 것이었다. 엄청나게 오래되었다는 사실 때문에 위엄이 서려 있는 듯한 이 유서 깊은 텍스트는 『에누마 엘리시(*Enuma Elish*)』, 즉 메소포타미아의 기원에 관한 이야기였다. 그 이야기에 따르면 태초에 성관계가 이루어졌다. 민물로 이루어진 냇물—압수 신—은 빠르게 바다, 즉 티아마트 여신 안으로 흘러들어 갔다. 이 시원(始原)의 교섭에서 마치 강어귀에 쌓이는 퇴적물처럼, 바빌로니아의 만신전에 있는 다른 모든 신들이 만들어졌다.[5]

그러나 이 이야기는 재생산을 분명한 축복으로 찬양하지 않았다. 반대로 평온이 방해를 받았을 때, 부모에게서 솟구칠 수 있는 살의 섞인 분노에 초점을 맞추었다. 새로 창조된 신들은 견딜 수 없을 정도로 시끄러웠다. 그러자 압수는 쉴 수가 없어 결국 자식들을 죽이기로 결심했다. 티아마트 또한 휴식을 방해받았지만 인내를 권했다. "뭐? 우리가 이룬 것을 우리 손으로 끝내겠다고?" 그러나 압수는 고집을 부렸다. 그는 휴식을 원했고, 그것을 얻기 위해서 자식을 죽여야 한다면 그렇게 할 생각이었다. 피해자가 될 운명에 처한 존재들은 자신을 죽이겠다는 계획의 낌새를 챘다. 대부분은 어쩔 줄을 모르고 절망에 빠져 배회하거나 말없이 앉아 있었다. 하지만 그들 가운데 가장 영리했던 에아(또는 수메르에서 부르는 대로 하자면 엔키)는 피살을 막을 수 있었다. 그는 용케 아버지 압수를 꾀어 잠들게 하더니 오히려 그를 죽였다.

따라서 태초에 섹스만이 아니라 살인도 있었다. 『에누마 엘리시』에서 이 최초의 살인은 공포로 물들어 있지도 않았고 비난받지도 않았으며 오히려 찬양을 받았다. 생명이 그 기운과 소리로 잠과 정적에게 승리를 거둔 것이다.[6] 그러나 바빌로니아 사람들은 이런 승리를 찬양하면서도 휴식의 가치를 무조건 거부하지는 않았다. 에아는 자신이 죽인 아버지의 몸 위에 궁을 짓고, 승리의 외침을 내지른 뒤에 물러났다. "그 방에서, 깊은 고요

속에서, 그는 쉬었다. 그는 그곳을 '압수'라고 불렀다." 정복당한 창조자 압수는 승리를 거둔 살해자, 자신의 아들이 가장 깊은 휴식의 성소에 부여한 이름 속에서 계속 살아 있었다.

그러나 완벽한 평안이 찾아오지는 않았다. 이제 위협을 하며 나선 존재는 첫 번째 어머니 티아마트였다. 다른 신들은 겁에 질렸지만—다시 부모가 자신들을 죽이는 일에 나섰으니—에아의 아들 마르두크가 나서서, 자신에게 영원한 충성을 서약하면 구해주겠다고 제안했다. 신들은 선뜻 동의했다. 에아가 시원의 아버지 압수를 죽였듯이, 마르두크는 시원의 어머니 티아마트를 처치했다.

그는 말릴 생선처럼 그녀를 둘로 갈랐다.
그녀의 반은 일으켜 하늘 (같은) 덮개로 만들었다.
그는 가죽을 펼친 다음 파수꾼들을 임명하여,
물이 탈출하지 못하게 하라고 명령했다.

또다시 살인은 비난이 아니라 찬양을 받았으며, 다시 피해자의 주검은 좋은 일에 쓰였다. 우주는 쪼개진 여성의 몸으로 이루어졌는데, 물의 위쪽 반구에서는 하늘이 생겼고, 아래쪽에서는 땅이 나타났다.[7]

위대한 승리를 거둔 뒤, 마르두크의 심장은 그에게 그가 구해준 자들을 위해서 "교묘한 것을 만들라"고 부추겼다. 하급 신들은 스스로 잡일을 하는 것이 지겨웠다. 그들도 쉬고 싶었다. "나는 피를 채워넣겠다, 뼈가 생기게 하겠다……나는 인간을 만들겠다." 마르두크는 그렇게 선언했다.[8] 인간—『에누마 엘리시』는 룰루(lullu), 즉 "머리가 검은 사람들"이라고 부른다[9]— 은 쉼 없이 노동하는 삶을 위해서 만들었다. 그들은 성전을 짓고,

관개용 수로를 파고, 작물을 심고 거둬들이고, 음식 제물을 준비하고, 찬가를 부름으로써 신들이 느긋하게 삶을 즐길 수 있게 해주었으며, 이것으로 그들의 구세주, 최고신 마르두크의 계획은 완성되었다.[10]

기원전 6세기, 히브리인 포로의 여러 세대가 매년 『에누마 엘리시』와 만날 수밖에 없었을 때, 이 텍스트는 이미 아주 오래되었다는 느낌을 주었다. 그 시간이 『에누마 엘리시』에게 특별한 위엄을 부여했으며, 인간의 기원에 관한 메소포타미아의 다른 오래된 이야기들도 이런 위엄을 공유하고 있었다. 『아트라하시스(*Atrahasis*)』[11]라고 부르는 이야기는 인류를 거의 모두 죽일 뻔한 시원의 홍수 이야기였다. 『길가메시 서사시(*Epic of Gilgamesh*)』라는 또다른 이야기는 반신(半神) 영웅이 진흙으로 빚어진 인간을 사랑하는 이야기였다. 이런 텍스트에는 신들이 등장하지만—그들로 이루어진 만신전이 있었다—여호와는 그들의 지배자이자 주인이기는커녕 어디에서도 찾아볼 수가 없었다. 이 텍스트들도 최초의 인간 창조 이야기를 전하지만, 이 인간은 아담과 이브가 아니며, 그들을 만든 존재도 히브리인의 최고의 창조주-하느님이 아니었다. 히브리인 포로가 바빌로니아 승리자의 믿음을 받아들이고, 지방적이고, 국지적이고, 무엇보다도 패배한 신을 버리는 것도 얼마든지 말이 되는 상황이었다. 그러나 그들은—적어도 그들 가운데 신앙을 유지한 채로 남은 소수는—그 신에 대한 기억에 맹렬하게 매달렸다.

"우리가 바빌론의 여러 강변 거기에 앉아서 시온을 기억하며 울었도다." 「시편」 137편이 보여주는 비참한 마음은 어떤 분명한 억압과 연결되어 있지는 않다. 가혹한 감독의 채찍 밑에서 구울 듯이 내리쬐는 해를 받으며 일하는 이미지가 아니다. 대신 승자가 패자에게 요구하는 것이 노래 한 곡뿐인 묘한 장면과 마주친다. "이는 우리를 사로잡은 자가 거기서 우리에게 노래를 청하며, 우리를 황폐하게 한 자가 기쁨을 청하고, 자기들을 위하여 시온의 노래 중 하나를 노래하라 함이로다."「시편」의 저자에게 지구라트의 그늘에서 노래를 하라는—문화적 공연을 하여 정복자에게 재미를 주라는—명령은 견딜 수 없는 것이었다. 그것은 기억에 대한 침해, 원초적인 자아 상실로 여겨졌다.

우리가 이방 땅에서 어찌 여호와의 노래를 부를까.
예루살렘아 내가 너를 잊을진대 내 오른손이 그의 재주를 잊을지로다.
내가 예루살렘을 기억하지 아니하거나 내가 가장 즐거워하는 것보다
더 즐거워하지 아니할진대 내 혀가 내 입천장에 붙을지로다.

정복자들은 피정복자들이 시온의 노래들 가운데 한 곡을 부르는 것이 노스탤지어를 느끼며 추억에 젖어드는 기분 좋은 일이 될 것이라고까지 생각했을지도 모른다. 하지만「시편」의 저자는 신랄하게 거부하는데, 여기에는 그런 식의 추억은 망각과 다를 바 없다는 뜻이 함축되어 있다. 왜 그런가? 그것은 승리자의 바람을 따르는 일이 되기 때문이다. 깊이 간직해온 믿음을 하찮게 만들 위험이 있기 때문이다. 그 믿음을 히브리인이 신성하게 여기는 장소, 정복자가 파괴한 장소에서 떼어낼 가능성을 인정하는 것일 수 있기 때문이다. 어쩌면 또 지배적인 바빌로니아 문화—그 풍경과 건물들, 그 노래와 이야기와 위대한 폭풍의 신 마르두크로 이루어진 풍부한 자산—의 유혹이 강렬했고, 히브리인은 자신들이 그것으로부터 얼마나 큰 또 얼마나 많은 방식으로 영향을 받고 있는지 불편하게 의식하고 있었기 때문인지도 모른다.

이「시편」의 마지막 몇 행에서 섬뜩하게 폭력이 분출되는 배경에는 그

러한 의식―달갑지 않지만 피할 수 없는 영향에 대한 메스꺼움―이 깔려
있는지도 모른다.

여호와여 예루살렘이 멸망하던 날을 기억하시고 에돔 자손을 치소서 그들
　의 말이 헐어버리라 헐어버리라 그 기초까지 헐어버리라 하였나이다.
멸망할 딸 바빌론아 네가 우리에게 행한 대로 네게 갚는 자가 복이 있으리
　로다.
네 어린 것들을 바위에 메어치는 자는 복이 있으리로다.

갑작스러운 분노의 분출은 지금도 충격을 준다. 조금 전까지만 해도 포
로들은 앉아서 울며 고향의 기억에 매달려 있었다. 그러나 다음 순간에
그들은 아기를 바위에 메어치는 꿈을 꾸고 있다. 우울이 살해에 대한 생각
으로 바뀌는 전환점은 예루살렘 파괴의 기억이다. 히브리인은 성전을 부
수라는 명령이 딸 바빌론이 아니라 네부카드네자르와 그의 장군 네부자라
단에게서 나왔다는 것을 아주 잘 알고 있었을 것이다. 하지만 그들의 분노
는 이 문화 전체와 그 민족에게로 향하고 있다.
　승리를 거둔 바빌로니아 사람들은 노예들로부터 음악을 약간 듣고 싶어
한다. 「시편」의 마지막 말은 가장 순수한 형태의 증오, 패배하고 사기가
꺾인 민족의 부글거리는 원한에서 솟구치는 증오를 표현한다. 「시편」은
거부의 몸짓―포로들은 수금(竪琴)을 버드나무에 걸어놓았다―에서 시
작하여, 탄식으로 옮겨간 뒤, 결국 바빌로니아 사람들에게 노래를 들려주
지만, 이것은 그들의 유쾌한 기분을 북돋워주려는 노래가 아니다. 바빌로
니아의 아기들을 죽이는 꿈은 재난의 기억과 자신들이 약하다는 느낌을
자신보다 훨씬 약한 존재들에 대한 상상의 폭력으로 바꿔놓는다.[12]

전통적으로 바빌론 유수라고 부르는 이 상황은 수십 년간 계속되었다. 아마 결코 끝나지 않을 것처럼 보였을 것이다. 나이든 사람들은 죽었고, 597년에 추방된 아이들은 나이가 들었다. 그들의 자식과 손자들은 구운 벽돌로 만든 지구라트의 그림자, 그리고 한때 자신들의 것이었던, 웅장한 성전이 있는 아름다운 돌의 도시에 관한 반쯤은 황당하게 들리는 오래된 이야기밖에 아는 것이 없었다. 유다에서 추방당한 사람들은 히브리어를 민족어로 유지했지만, 보통 그 언어학적 사촌인 아람어를 사용했는데, 이것은 신-바빌로니아어와 더불어 바빌로니아의 일상어였다. 당시 그들 자신과 그들을 잡아온 사람들 사이에 언어의 장벽은 없었으며, 적어도 태생이 좋은 히브리인에게는 사회적 장벽도 그리 높지 않았다. 바빌로니아 사람들은 자신들이 추방한 사람들 가운데 상층계급은 궁정에서 사는 것을 허락했다.[13] 추방당한 사람들 가운데 학식이 있는 일부는 옛 아카드어, 옛 바빌로니아어, 심지어 수메르어까지 익힐 수 있었는데, 이 고대어들은 네부카드네자르의 제식(祭式)에서 사용되었고, 바빌로니아 서기들이 자기 민족의 신성한 이야기를 유지해가는 데에도 이용했다. 히브리인이 주위에서 벌어지는 일—노래, 축제와 제전, 민간전승, 정교한 신화—에 매력을 느꼈건 혐오를 느꼈건 그것을 차단하는 것은 불가능했다.

그런데 놀라울 만큼 갑작스럽게, 바빌로니아 제국이 붕괴하기 시작했다. 네부카드네자르가 죽은 뒤, 왕위계승을 둘러싼 위기가 발생하면서 나라가 약해지던 시기에 이웃한 페르시아에서 키루스의 지도하에 새롭고 위험한 세력이 형성되고 있었다. 가공할 키루스는 547년에 엄청나게 부유한 리디아의 왕 크로이소스(그에게서 "크로이소스만큼 부자"라는 표현이 나왔다)를 제압하면서 강력한 제국을 확립했고, 이어 남동쪽 메소포타미아로 무자비하게 밀고 들어갔다. 539년 10월 12일 바빌로니아는 페르시아에게 항복했다. 빈틈없는 정치가 키루스는 마르두크에게 경의를 표했지만, 동시에 노예가 되었던 히브리인을 해방하고 그들이 유다로 돌아가는 것을 허락했다.

오랜 추방 생활 끝에 고향으로 돌아가는 것을 허락받은 독실한 히브리인들에게 키루스는 그들의 신이 선택한 대리인일 수밖에 없었다. "그는 나의 목자라." 여호와는 「이사야」에서 키루스에 관해서 말한다. "그가 나의 모든 기쁨을 성취하리라. 그는 심지어 예루살렘에 대하여는 중건되리라 하며 성전에 대하여는 네 기초가 놓여지리라 하는 자니라"(「이사야」 44:28). 이 페르시아의 정복자가 알았다면 자신이, 들어보지도 못한 신의 도구가 되었다는 사실을 알고 놀랐을 것이다. 하지만 이사야가 상상하는 여호와는 정복자에게 직접 상황을 설명한다. "나는 여호와라. 나 외에 다른 이가 없나니 나밖에 신이 없느니라. 너는 나를 알지 못하였을지라도 너를 무장시킨 것은 나요"(「이사야」 45:5).

예루살렘으로 돌아온 히브리인 추방자들은 성전 재건이라는 엄청난 노동을 떠맡았고, 그 덕분에 여호와에 대한 고대 희생제를 다시 이어갈 수 있었다(오늘날 예루살렘을 찾아가 서쪽 벽 옆에 서서 로마인이 기원후 70년에 무너뜨린 거대한 돌덩이들을 보면, 그 사업의 규모가 어떠했는지 조금은 느껴볼 수 있다[14]). 그러나 그들에게는 이 건설 사업만으로는 부족했다. 그들은 다양한 기록과 구전되어온 이야기들 전체로부터 거룩한 책을 만드는, 성전 재건에 비견할 만한 엄청난 지적 노동에 착수했다.

히브리인은 1,000년 이상 거룩한 텍스트를 하나로 모으지 않고 살아왔다. 그러나 바빌론에서 그들은 첫 인간들을 창조한 마르두크를 찬양하는 『에누마 엘리시』를 반복해서 들었다. 추방의 상처와 더불어 문화적 기억을 잃을지도 모른다는 위기감은 히브리인을 히브리인으로 규정해주는 이야기와 율법을 묶어 정리하겠다는 중요한 결정의 동인이 되었을 것이다. 현재 우리가 알고 있는 『성서』는 이 낯선 토양—외국 제후의 즉흥적인 결정으로 귀향한, 패배하고 원한을 품은 사람들—에서 자라나온 것으로 보이기 때문이다.

거룩한 책을 편찬하겠다는 결정 뒤에는 서기 에스라—추방자의 큰 무리를 이끌고 예루살렘으로 돌아온 지도자—의 표현대로, 히브리인이 "이 지방에 사는 여러 민족과 관계를 끊지 않고"(「에스라」 9:1) 있다는 두려움이 자리잡고 있었다. 이미 추방 전부터 이런 오염은 중요한 문제로 떠오르며 많은 우려를 낳았다. 선지자들은 자신들이 가증스럽게 여기는 의식이 섞여들면서 여호와 신앙이 왜곡되었다고 호되게 나무랐다.[15] 70년의 추방은 사태를 훨씬 악화시키기만 했다. 히브리인은 타민족의 관습, 믿음, 복식을 채택했다. 경쟁하는 신들에 대한 숭배를 여호와 숭배와 엮었다. 가장 위협적인 것은, 그들과 결혼하기 시작했다는 점이었다.

에스라에 따르면, 유대인이 돌아온 고국은 "더러운 땅이니 이는 이방 백성들이 더럽고 가증한 일을 행하여 이 끝에서 저 끝까지 그 더러움으로 채웠음이라"(「에스라」 9:11). 에스라는 울고, 머리카락을 쥐어뜯고, 옷을 찢고, 이민족과 결혼하는 것에 반대하는 운동을 시작했다. 그렇게 해서 민족적 정화가 완료되고 외국인 처자식을 모두 보내버린 뒤에, 그는 사람들을 모아놓고 나무로 만든 단 위에 올라서서 책을 한 권 펼치고 큰 소리로 읽기 시작했다.

경고와 고발로는 충분하지 않을 때에는 무엇을 해야 하는가? 사람들이 오랫동안 받아들여온 오랜 전설들을 어떻게 없애며, 교역로를 따라 이 땅으로 계속 들어오는 이교를 어떻게 멈출 건인가? 가증스러운 제단을 부수는 것은 간단하다. 그런 행동은 상대적으로 쉽다. 특히 일신교 신앙 세력이 상승세일 때에는 그렇다. 그러나 억누른 이교는 잡초처럼 다시 솟아오르는 경향이 있다. 외국인 혐오의 열기 속에서 외국인 처자식을 내보낼 수는 있었지만 감정적 대가는 엄청났을 것이다. 몇 년 뒤면, 늘 더 많은 외국인 처자식과 더불어, 더 유혹적인 이교가 생겨날 것이다. 깊이 자리잡은 믿음들을 어떻게 뿌리 뽑을 것인가?

이야기를 바꾸면 된다.

최고의 텍스트, 모든 더러움을 벗겨낸 진실을 얻고자 하는 꿈은 주위 민족들의 강력한 문화에 저항하고, 그들을 다스리는 신들을 거부하고, 그들의 예배 형식을 버리고, 세상에 관한 그들의 이야기를 거부하려는 일치된 노력의 일부였다. 이 꿈은 심지어 예루살렘 귀환 전, 히브리인이 아직 바빌론 강가에서 울고 있을 때에 생겨났을 가능성이 높다. 그 책의 상당 부분, 예를 들면 아담과 이브의 이야기나 아브라함과 이삭의 이야기는 별도의 독립된 텍스트로 기록되어 수백 년간 전해져오고 있었을지도 모른다. 이런 텍스트들을 한데 모은다면 무너진 성전의 대안, 사라진 것의 대체물 역할을 할 수 있었을 것이다. 어쨌든 유대인의 긴 역사에서 신성한 텍스트, 『토라』가 한 것이 바로 그런 역할이었다.

『토라』는 히브리인─매우 취약한 특정 영토를 차지하고 있는 부족민─을 유대인으로 바꾸는 데에 기여했다. 선지자들은 이미 새로운 언약을 그려보고 있었는데, 이것은 여호와와 민족 사이의 언약이 아니라, 여호와와 개인 사이의 언약이었다.[16] 마르두크는 당장은 매우 압도적인 것처럼 보였을지 모르지만, 그는 그가 보호하는 도시, 그리고 그가 떠받치는 권력을 가진 왕과 뗄 수 없이 연결되어 있는 신이었다. 성벽들이 무너지고, 왕이 쫓겨나고, 바빌론이 여우와 자칼이 출몰하는 곳이 되면, 마르두크도 쓰러진다. 예언자들은 이런 때가 오리라는 것을 조금도 의심하지 않았다.

그리고 그런 때가 와도, 그들은, 유대인은 남는다. 그들은 신성한 책을 소유하고 있으며, 이 책은 특정한 도시와 그 사제와 왕의 운명과 묶여 있는 비전(祕傳)의 소책자가 아니라, 모든 인간을 위하여 전능한 창조주 여호와가 한 일을 기록한 집합적 보물이다. 그들은 히브리어로 암 하세페르(Am HaSefer), 즉 '책의 사람들'이라고 부르는 존재가 되었다.[17]

대부분의 학자들은 『토라』가 하나의 전체로서 기원전 5세기에 처음 편찬되었다는 데에 동의하는데, 여기서 "편찬되었다"는 것은 정확히 무슨 뜻인가? 이것은 한 명 또는 그 이상의 편찬자가 과거로부터 자신에게 이른 여러 가닥[18]을 가져와, 그것들을 비교하고, 정정하고, 조각을 잘라내고, 조각을 붙이고, 조정하고, 최대한 능력을 발휘해서 서로 모순이 일어나지 않게 다듬고, 함께 엮었다는 뜻이다. 서로 경쟁하는 분파들이 있었는지, 지배적 인물, 즉 의견이 갈라지는 부분을 심사하여 최종 결정을 내리는 사람이 있었는지는 아무도 모른다. 그들이 누구건 간에, 이 편찬자들이 참조하고 모은 가닥들—큰 규모의 서사, 신화적 단편, 가계도, 역사적 연대기, 율법 조항, 편지, 부족의 기록 등—이 몇 개나 되는지도 아무도 확실하게 모른다.

1883년, 서른아홉 살의 독일 교수 율리우스 벨하우젠은 『이스라엘 역사에 붙이는 서언(Prolegomena zur Geschichte Israels)』을 발표했다. 평범한 제목에도 불구하고, 이 책은 즉시 돌풍을 일으켰다. 루터교 목사의 아들인 저자는 성서학자들의 점점 일치되어가던 합의를 능숙하게 요약하여, 시나이 산에서 모세에게 계시된 것이 무엇이든(이 사건은 랍비들에 따라서 기원전 1312년 또는 1280년에 일어난 것으로 간주되었다), 우리가 알고 있는 기록된 『토라』는 단일 저자의 저작이 아니라고 주장했다. 벨하우젠은 스스로 "문서적 가설"이라고 부른 이론을 개진하면서, 『토라』가 우리가 알고 있는 형태를 가지게 되었을 때, 거기에 짜여 들어간 서로 다른 네 가닥 또는 층을 가려내고, 시간에 따른 순서를 설정했다. 각각의 가닥은 서로 특징, 관심사, 하느님을 부르는 방식이 달랐으며, 고대 이스라엘의 역사적 발전에서 서로 다른 시기에 나타났고, 서로 다른 압력에 대응하면서 서로 다른 제도적 관심과 신학적 관념을 표현했다. 이로써 『토라』의 기원에 관한 신화로부터는 한참 멀어진 셈이었다. 벨하우젠은 모세 대신 J, E, D, P라는 이름을 사용했다.

벨하우젠은 J(야훼계[Jahwist]의 앞글자로, 이 말은 YHWH 또는 야훼를 뜻하는 독일어 Jahweh에서 나왔다)가 가장 초기의 자료이며, 기원전 950년 경에 나왔을 것이라는 가설을 제시했다. 그 뒤 기원전 850년경에 E(엘로힘계[Eloist]의 앞글자로, 신을 가리키는 복수 명사 Elohim에서 나온 말이다)가 뒤따랐다. 그의 생각에 따르면, J와 E는 비교적 빠르게 서로 엮였다. 그는 D(신명기계[Deuteronomist])는 기원전 600년경, P(제관계[Priestly])는 기원전 500년경에 기록되었다고 추측했다. 벨하우젠은 「창세기」에는 J(또는 더 확률이 높은 것으로는 J와 E의 융합물)와 P가 합쳐져 있다고 생각했다.

지금 시점에서 첫 인간들의 이야기, 더 일반적으로 「창세기」에 한 가닥 이상이 들어가 있다는 기본적인 전제를 부정하는 학자는 거의 없을 것이다. 제1장에서는 하느님을 "엘로힘"이라고 부르고, 제2장과 제3장에서는 "야훼 엘로힘"이라고 부른다는 사실에서 다수의 가닥들이 있다는 점이 분명히 드러난다. 그러나 여기에서부터는 대단히 험난한 영토로 들어서게 되는데, 그 모든 언덕과 웅덩이가 격렬한 논쟁의 대상이 되며, 그 근거는 기가 죽을 정도로 전문적이면서도 모호한 경우가 많다. 그러나 그 모든 전투 끝에 승리를 거두어, 성서학의 세계에서 달콤한 일치가 이루어진다고 해도, 우리는 여전히 수천 년 동안 아담과 이브의 이야기는 구분되는 가닥들이 짜인 것이 아니라 단일한 이야기로서 받아들여졌고, 사람들은 이 이야기에 매혹되고, 혼란을 겪고, 감동을 받았다는 사실과 충돌하게 될 것이다.

신앙으로 이루어진 특수 집단 외부에서는 이제 모세 자신이 「창세기」의 첫 몇 장에 나오는 창조 이야기를 기록했다는 믿음을 신뢰하지 않는다. 그러나 그런 독실한 믿음에는 한 가지 큰 이점이 있다. 편찬위원회[19]가 그렇게 강력하고 지속성을 갖춘 예술 작품을 만들었다고는 믿기 어렵다는 것이다. 첫 몇 장에서 적어도 서로 구별되는 두 가닥을 탐지할 수 있는 것은 사실이지만, 그런 요소들을 인지한다고 해서 왜 저자라는 관념으로부터 겁을 먹고 물러나야 할까? 셰익스피어가 『리어 왕(King Lear)』을 쓰려고 했을 때, 그의 앞에는 먼머스의 제프리의 『영국 왕들의 역사(History of the Kings of Britain)』, 홀린셰드의 『연대기(Chronicles)』, 해리슨의 『브리튼 섬의 역사적 묘사(Historical Description of the Island of Britain)』, 히긴스의 『행정관을 위한 거울(Mirror for Magistrates)』, 스펜서의 『요정 여왕(Faerie Queene)』, 시드니의 『아카디아(Arcadia)』, 익명의 『리어 왕과 그의 세 딸의 진정한 연대기적 역사(True Chronicle History of King Leir and His Three Daughters)』가 있었다. 『리어 왕』을 꼼꼼히 살펴보면 이런 자료들 사이의 단층선과 긴장이 드러난다. 하지만 잠시라도 셰익스피어가 이 위대한 비극의 저자가 아니라고 생각할 수 있을까? 셰익스피어를 『리어 왕』의 "편찬자"라고 부를 일이 있을까?

바빌로니아의 창조 이야기에 대한 히브리의 대응서사를 구축하는 일에 나선 저자—또는 편찬자 또는 전승의 전달자—앞에는 하나 이상의 오랜 필사본이 있었을지도 모른다. 그의 기억 속에는 다른 옛 이야기들이 쟁여져 있었을지도 모른다. 동료들에게 제안과 지원과 비평을 구했을지도 모른다. 이 가운데 어느 것도 놀랍지 않다. 무(無)에서는 무가 나오기 때문이다. 결국 가장 중요한 것은, 누군가—편의상 그를「창세기」작가라고 부르자—가 여러 조각들을 합쳐서 히브리의 창조 이야기를 썼고, 그것이 수백 년에 걸쳐 우리에게 전해져왔다는 것이다. 그 이야기에서 아담과 이브는, 그들이 언제 처음 구상되고 더 이른 시기에 그들의 지위가 어쨌든 간에, 분명한 자신의 자리를 확보하게 되었다. 그들은 여호와가 가진 지고의 권능의 증거였다.

여호와는 지역적인 신이 아니었다. 또는 거기에 머물지 않았다.「창세기」작가는 여호와가 우주의 '창조주'라고 단언했다. 그는 어디에나 있고 전능하다. 이것은 그가 첫 인간들을 창조한 것에 의심의 여지가 없다는 뜻이었다. 그가 자신의 뜻에 따라서 예루살렘을 파괴하고 선택받은 백성을 불복종에 대한 벌로 추방한 것 또한 마찬가지로 의심의 여지가 없었다. 거기에서 네부카드네자르는 그의 거룩한 손에 쥐어진 도구에 불과했다는 결론이 나왔다. 바빌로니아인이 예루살렘을 차지하고 여호와의 성전을 무너뜨렸다는 사실은 여호와가 가진 힘의 결정적 증거였다. 세상에서 가장 큰 제국은 히브리 신의 훈육적 목적에 봉사했을 뿐이기 때문이다.

회의주의자들에게 이런 주장은 패배의 가장 분명한 증거가 전능의 증거로 찬양되는 부조리이기 때문에 한심해 보여서 거의 헛웃음이 나왔을 것이다. 몬티 파이튼(영국의 초현실적인 코미디 그룹/역주)의 영화처럼 말이다. 그러나 묘하게도 이것은, 하느님이 자신들을 보호하고 방어해주지 못한 압도적인 증거에도 불구하고 여호와의 힘을 수천 년 동안 긍정해온 유대인만이 아니라, 이런 주장을 새로운 수준으로 끌어올린 기독교인 사이에서도 역사적인 승리를 거둔 입장이었던 것으로 보인다. 이런 입장은 사실 기독교인에게서 더 큰 성공을 거두었는데, 기독교인의 전능한 구세주는 얻어맞고, 침을 뱉는 대상이 되고, 범죄자와 노예나 당하는 방식으로 처형을 당했지만, 이런 비참한 운명은 전능한 아버지의 계획을 그가 이행했다는 분명한 증거가 되었다.

그런 절대적 권력을 휘두르는—네부카드네자르 같은 존재를 가신을 부리듯이 부릴 수 있는—신은 우주의 주인일 뿐 아니라 그 창조자였으며, 신들 가운데 으뜸일 뿐 아니라 오직 하나뿐인 진정한 신이었고, 유대인을 만들었을 뿐 아니라 인류 전체를 만들었다. 포로 생활을 끝내고 돌아온 뒤에 아주 뛰어난 방식으로 엮이게 된 『히브리 성서』는 따라서 아브라함과 히브리인의 기원에서 시작할 수 없었다. 아담과 이브에서 시작되어야만 했다.

3

점토판

아담과 이브의 이야기를 믿든, 아니면 그것을 터무니없는 허구로 여기든, 우리는 그 이야기의 형상대로 만들어졌다. 오랜 세월 동안 이 이야기는 우리가 죄와 벌, 도덕적 책임, 죽음, 고통, 일, 여가, 동반관계, 결혼, 남녀의 차이, 호기심, 성, 우리가 공유한 인간성에 관해서 생각하는 방식을 규정해왔다. 역사가 다른 방향으로 발전했다면, 『에누마 엘리시』, 『아트라하시스』, 『길가메시 서사시』가 우리의 기원 이야기들의 묶음 역할을 했을지도 모르고, 그랬다면 틀림없이 우리를 지금과는 다른 방식으로 규정했을 것이다. 그러나 그렇게 되지는 않았고, 거기에는 그 나름의 결과가 뒤따랐다.

　『성서』와 마찬가지로 우리가 지금 읽고 있는 메소포타미아의 텍스트들에도 그 배후에는, 마치 돛 뒤의 바람처럼, 우리가 접근할 수 없는, 오랜 세월에 걸쳐 되풀이되어온 이야기들이 있었을 것이 거의 분명하다. 하지만 이 위대한 서사들 가운데 글로 기록되어 남아 있는 것들조차 깊은 시간, 『히브리 성서』의 현존하는 자취들보다 훨씬 더 깊은 시간 속으로 거슬러 올라간다. 언제 또 왜 메소포타미아의 누군가가 처음으로 창조 신화들을 기록할 생각을 했는지는 분명하지 않지만, 거의 4,000년 전 기록의 단편들이 지금까지 살아남아 있다.

초기 인류의 천재적인 공상 재능은 대부분 우리에게서 영원히 사라졌다. 하지만 이 주목할 만한 텍스트들 속에 곧 사라질 것 같은 숨결—머나먼 과거에 우리가 누구이고 어떻게 하다가 이렇게 살게 되었는지 궁금해하던 사람들의 숨결—이 기적적으로 자취를 남겨놓은 듯하다. 이런 자취의 생존은 그것이 유래한 장소—티그리스와 유프라테스 두 강을 따라 놓인 비탈진 충적 평원으로, 이곳의 세심하게 관리된 밭은 성벽으로 둘러싸인 크고 잘 조직된 여러 도시의 거주자들을 먹여 살렸다—와 더불어 그것이 기록된 매체와 밀접한 관계가 있다. 그 매체는 젖은 점토판에 명료한 표지들을 새겨 햇빛에 말리거나 가마에서 구운 것이었다.

이 판의 글은 음성 기호와 시각적 상징의 혼합물로, 날카로운 갈대를 이용해서 새겼는데, 갈대를 축축한 진흙에 대고 누르면 쐐기 같은 자국이 남는다. "쐐기"는 라틴어로 cuneus이기 때문에, 이 글은 cuneiform, 즉 "쐐기 모양(楔形)"이라고 알려지게 되었다. 한때 수메르인, 아카드인, 바빌로니아인, 아시리아인, 히타이트인을 비롯한 메소포타미아의 여러 민족들이 널리 사용하던 쐐기문자는 더 단순하고 쓰기 쉬운 알파벳 문자들로 대체되었으며, 로마가 이 지역을 장악할 무렵에는 전혀 사용되지 않았다. 마지막으로 알려진 쐐기문자 비문은 천문학 텍스트로 기원후 75년에 만들어진 것이었다. 오래지 않아 쐐기문자 표지들은 판독이 아예 불가능해졌다.

점토판을 판독할 수 없게 되자—내가 이제는 이용할 수 없는 낡은 플로피 디스크처럼 되자—『에누마 엘리시』, 『아트라하시스』, 『길가메시』는 꿈 없는 잠에 빠져들었다. 갑자기 벌어진 일은 아니었다. 그 이야기들의 존재는 지구라트에서 창조 이야기를 낭독하던 먼 시대를 잊지 않은 사람들의 기억 속에 분명히 남아 있었을 것이다. 하지만 바빌론이 정복당하고 메소포타미아의 다른 도시들이 폐허가 되자, 이 오래된 이야기들은 점차 입에 오르내리지 않게 되었다. 이야기들이 사라지면서, 이 이야기들이 한때 자신의 궤도에 있는 모든 사람들의 상상력에 행사하던 영향력도 사라졌다.

여호와의 신봉자들은 추방에서 돌아온 뒤에 편찬한 경전에서 바빌로니아 신화에 진 빚을 인정하는 데에는 아무런 관심을 보이지 않았다. 오히려 "가증스러운 일"의 자취처럼 보이는 것은 무엇이든 박멸하기로 결심했다. 이런 박멸―대대적이고 집단적인 망각 행위―은 대체로 성공을 거두었다. 수백 년이 지나면서, 바빌론과 이웃한 도시들에 관해서는, 『성서』에 기록된 것 외에는 알려진 내용이 점점 줄어들었다. 마르두크는 일반적인 우상(偶像)으로, 즉 오직 바보나 믿는 그런 나무토막이나 돌덩어리 가운데 하나가 되었다. 네부카드네자르는 광기에 사로잡힌 괴상한 압제자가 되었다가―"그는 사람에게 쫓겨나서 소처럼 풀을 먹으며 몸이 하늘 이슬에 젖고 머리털이 독수리 털과 같이 자랐고 손톱은 새 발톱과 같이 되었더라"(「다니엘」 4:33)―나중에는 정신을 차려 겸손하게 여호와의 주권을 인정했다.

바빌로니아 지역에 관한 매우 간소하지만 더 믿을 만한 정보는 기원전 3세기 초에 활동했던 베로소스라는 이름의 마르두크 사제 덕분에 우리가 간신히 다가갈 수 있는 상태로 남아 있었다. 베로소스는 재능 있는 천문학자로서 정육면체 블록에 깊게 파 들어간 반원형 해시계의 발명자로 알려져 있는데, 그리스어로 『바빌로니아 역사(*Babylonian Chronicles*)』를 쓰기도 했다. 이 역사는 사라졌지만, 사라지기 전에 훗날의 두 역사학자가 자신의 작업 안에 그 내용을 발췌했다. 이 작업 또한 사라졌지만, 사라지기 전에 더 훗날의 역사가 두 명이 이 자료를 이용했다. 그들의 작업 또한 사라졌지만, 그 전에 기원후 3세기에 카이사레아의 주교 에우세비오스가 이 자료를 이용했다. 에우세비오스가 쓴 원래의 그리스어 텍스트 또한 사라졌지만, 아르메니아 번역판은 용케 살아남았다. 에우세비오스의 글을 본 초기 기독교인은 고대 바빌론의 창조 신화에서 「창세기」가 묘하게 메아리치는 듯한 느낌을 받았을지도 모른다. 물론, 이런 전달은 전혀 믿을 만한 과정이 아니었기 때문에—사라진 원본의 사라진 사본의 사라진 사본의 사라진 사본의 번역—그 어떤 메아리도 그저 히브리 이야기의 오전(誤傳)된 변형에 불과하다고 생각하는 것은 얼마든지 합리적이었다. 히브리 이야기는 훨씬 더 오래된 것으로 가정되었고, 어쨌든, 믿음에 기초하여 사실로 받아들여지고 있었기 때문이다.

따라서 시간이 무르익으면서 「시편」 저자가 가장 좋아하던 꿈이 실현된 셈이었다. 이제 아무도 마르두크(또는 그와 비견되는 서부 셈족의 폭풍의 신들인 바알이나 엘)를 섬기지 않았다. 마르두크는 이시타르, 샤마슈, 아슈르를 비롯한 다른 수많은 사라진 신들과 마찬가지로 소멸했다(오늘날 마르두크는 주로 스웨덴의 헤비메탈 밴드의 이름으로 알려져 있다). 폭력적 정복, 무자비한 약탈, 오랜 기간의 게으른 방치 끝에 바빌론이나 이웃한 도시들에서 남은 것이라고는 거대한 흙더미뿐이었으며, 간혹 부러진 기둥이나 머리 없는 조각상이 땅 위에 솟아 한때 그곳에 있었던 것을 암시할 뿐이었다.

그러나 운명의 반전으로, 과거 문명의 그렇게 많은 기록을 파괴한 역사적 재난들이 오히려 그것을 보존하는 데에 도움을 주었다. 전쟁과 침략으로 위대한 메소포타미아의 도시들은 잿더미가 되었고, 도서관과 왕실 문서보관소의 햇빛에 말린 점토판들이 그 덕분에 불에 구워져서 오랫동안 유지될 수 있는 형태를 갖추게 되었기 때문이다. 단말마의 괴로움 속에서 왕궁과 신전들은 가마가 되었다. 심지어 간혹 폐허를 휩쓸고 지나간 격렬한 홍수도 이 가마들이 단단하게 굳혀놓은 것들을 쓸어가지 못했다. 게다가 이 판독 불가능한 텍스트를 재활용하거나 파괴할 유인이 없었기 때문에, 아무도 모르는 사이에 이 판들은 영속성을 얻게 되었다. 양피지는 무엇이 적혀 있건 긁어내고 다시 사용할 수 있었다. 파피루스는 불을 지피고 난로의 온기를 유지하는 데에 편리했다. 하지만 불에 구워져 단단해진 점토판은 아무런 가치가 없었다. 부쉈봤자 남는 것은 한 줌의 먼지뿐이었다.

중세와 르네상스 시대에 근동을 찾는 타지의 여행자들은 가끔 쐐기문자 서판을 발견하고 기념품으로 또는 수수께끼를 풀어볼 심산으로 집으로 몇 개씩 들고 오고는 했다. 그러나 그때까지 남은 것이 얼마나 되는지는 19세기에 들어서야 파악할 수 있었다. 1830년대 이후 서구의 고고학자들은 티그리스 강과 유프라테스 강을 따라 묻혀 있는 도시들을 체계적으로 탐사하기 시작했으며, 통치자들의 문서보관소임이 분명한 곳—당시 서기들은 꼼꼼하게 기록을 관리했다—을 발견했다. 그 결과 고대 메소포타미아인이 서판을 체계적으로 모으고 보관해왔다는 것이 드러났다. 실질적으로 도서관이라는 관념을 만든 셈이었다. 기원전 7세기 아시리아의 왕, 아슈르바니팔은 티그리스 동쪽 강변에 있던 수도 니네베에 그때까지 전례가 없을 만큼 크고, 광범하고, 잘 짜인 도서관을 세웠다. 아슈르바니팔—그리스인은 사르다나팔로스라고 불렀다—은 이 장서에 개인적인 관심이 있었다. 그는 이 지역 대부분의 왕들과는 달리 서기로서 훈련을 받았으며, 자신이 그 시대 사람들이 사용하던 단순화된 쐐기문자만이 아니라 고대 수메르와 아카드의 글도 읽을 수 있다는 것을 자랑스럽게 생각했다. 이집트 프톨레마이오스 왕조의 왕들이 알렉산드리아에 유명한 도서관을 세우기 수백 년 전, 현재의 이라크 북부를 다스리던 이 학식이 풍부한 통치자는 자신의 당당한 눈길이 미치는 곳에 전 세계의 지혜를 모아놓았다.

그런데 그 모든 것이 사라졌다. 기원전 612년, 아슈르바니팔의 사망 직후, 니네베는 적 연합군의 포위 공격을 받았다. 성벽은 무너지고, 가가호호 격렬한 전투가 벌어진 끝에, 도시는 약탈당했고, 집과 신전은 불에 탔으며, 시민은 대량 학살을 당했다. 도시를 파괴한 살인적인 큰 불로 쐐기문자 서판 수천 장이 세심하게 정돈되어 있던 도서관 서가가 무너졌다. 그와 더불어 바닥도 허물어져, 도서관 전체가 몇 톤의 잡석더미에 깔려버렸다.

니네베는 버려지고 망각된 상태로 방치되다가 1840년대에 고고학자들이 잡석더미에 굴을 뚫고 들어가서 유물을 찾아내기 시작했다. 한눈에도 가치가 있어 보이는 당당한 조각상, 부조, 화려하게 장식된 출입구와 더불어, 엄청난 수의 서판 또는 서판의 조각들—당시에는 전혀 읽을 수 없었다—이 유럽 제국의 수도, 그중에서도 특히 런던으로 실려갔다. 칼데아의 기독교인으로, 성공회 신자로 개종한 뒤에 결국 영국 신민이 된 고고학자 호르무즈드 라삼 혼자서만 대영박물관 창고에 점토판 약 13만4,000개를 추가했다고 알려져 있다.

로제타 스톤을 이용한 상형문자의 판독과 마찬가지로, 쐐기문자를 해독하는 열쇠는 3개 언어 비문의 발견이었다.[1] 고대 페르시아어, 엘람어, 아카드어가 나란히 적힌 이 비문은 이렇게 시작한다. "나는 왕 다리우스로, 아케메네스 왕조 히스타스페스의 아들이며, 왕 중의 왕이며, 페르시아인이며, 페르시아의 왕이며……." 이 글들 가운데 둘은 읽을 수 있는 문자로 적혀 있었고, 세 번째가 쐐기문자였다. 많은 노력을 기울여, 천천히 점토판의 수수께끼를 푸는 작업이 진행되었다. 그 의미 파악에서 중심이 된 인물은 노동계급 출신의 젊은 지폐 조판공 조지 스미스로, 그는 대영박물관의 조각 전시장에 진열된 점토판들에 사로잡혔다. 스미스는 공식 교육을 거의 받지 못했고 사회적인 자격도 갖추지 못했지만, 이 서판에 깊이 매혹되어 당시 갓 태어난 아시리아학 분야에서 손에 넣을 수 있는 자료는 모조리 읽었다. 그는 곧 쐐기 모양의 기호 판독에 특출한 소질을 보이기 시작했다.

스미스는 선반에 오랫동안 방치된 점토판만이 아니라 새로 발견된 점토판들도 열심히 살펴본 끝에 『에누마 엘리시』를 찾아내서 번역에 성공했다. 2,000년간의 고의적이고 우연적인 망각 끝에 히브리의 기원 이야기는 홀로 빛나며 서 있는 것이 아니라는 사실이 분명해졌다. 「창세기」의 서두는 포로들이 바빌론 강가에 앉아 울 때에 되풀이하여 들었던 이야기에 대한 응답이 분명했다. 그 포로들은 룰루, 즉 마르두크의 찬가를 부르는 머리가 검은 사람들의 수를 늘리지 않겠다고 결심했다. 그들은 우주를 만들고 첫 인간들을 창조한 것이 마르두크가 아니라 여호와임을 분명히 밝혔다.

「창세기」 서두의 숭고한 단순성은 논쟁적이었다. 히브리인에게 창조는 근친상간, 음모, 세대 간의 유혈극이 뒤얽힌 일이 아니었다. 그것은 여호와의, 여호와만의 행위였다. 여호와는 경쟁자와 드잡이를 하지도 않았고, 여신을 임신시키지도 않았다. 사물의 시초에 그 광대한 곳에는 달리 아무도 없었다. 배우자도, 지원도, 저항도 없었다. 인간들은 하느님의 형상대로, 하느님을 닮은 모습으로 창조되었으며, 죽인 경쟁자의 피가 아니라 하느님 자신의 숨으로 생명을 얻었다. 하느님은 자신을 섬기게 하거나 자신의 삶이 편해지려고 이 피조물을 만들지 않았다. 하느님에게는 하인이 필요 없었다. 하느님은 도시를 건설하고, 운하를 파고, 가축을 돌보고, 들에서 지치도록 일하는 데에는 아무런 관심이 없었다. 압수에게 그러했듯이, 여호와에게도 휴식—이레째 되는 날의 쉼—이 중요했지만, 아무도 그 것을 무례하게 위협하거나 방해하지 않았다. 여호와는 쉬기로 결정했을 때 그냥 쉬었다.

히브리인은 전에 자신들을 포로로 잡았던 자들과—태초부터—달라지기로 결심했다. 「창세기」의 작가는 결과적으로 증오하는 과거를 묻어버리고 있었다. 그러나 스미스의 판독 결과, 묻힌 것의 먼 메아리[2]를 포착하는 것이 가능해졌다. 잡석더미 밑에서 우리에게 들려오는 소리 같았다. 요동치는 깊음 위를 떠도는 한 신이 앞으로 존재하게 되는 모든 것을 생겨나게 한다. 물을 둘로 나누고, 하나는 하늘로, 다른 하나는 바다로 만든다. 진흙으로 최초의 인간을 빚고 농사짓는 일을 맡긴다. 우리가 지금 예루살렘에 있는가, 아니면 바빌론에 있는가?

이런 메아리는 그 자체로도 놀라웠지만, 추가로 발굴된 한 부서진 점토판에 의해서 엄청난 수준으로 증폭되었다. 이것은 석회 퇴적물이 여전히 쐐기 기호들 일부를 덮고 있는 상태로 부분적으로 구워진 것인데, 스미스가 1872년 11월에 우연히 발견한 것이었다. 이 젊은 아시리아 학자는 이 서판에서 파괴적인 홍수와 극소수만 남은 인류의 생존을 가능하게 해준 배의 이야기로 보이는 것을 읽었다. 그는 점토판을 깨끗하게 닦아낸 뒤 자신이 처음에 추측한 것이 옳다는 것을 알았다. 한 동료가 나중에 회상한 바에 따르면, 스미스는 다시 그 행들을 읽으면서 "거기에 자신이 찾기를 바라던 전설의 일부가 포함되어 있다는 것"을 알았다.

그는 말했다. "나는 2,000년이 넘는 망각 후에 그것을 처음으로 읽은 사람이다." 그는 무척 흥분하여 점토판을 탁자 위에 놓고는 벌떡 일어나 방 안을 빠른 걸음으로 돌아다녔으며, 갑자기 옷을 벗기 시작하는 바람에 그곳에 있던 모든 사람이 깜짝 놀랐다.

스미스의 동료에게 큰 충격을 준 옷 벗기는, 문학사가 데이비드 댐로시가 말한 대로, 그저 옷깃을 느슨하게 푸는 정도였는지도 모른다. 이들은 빅토리아 여왕 시대의 영국에서 살던 사람들이니까. 그러나 이런 발견이라면 어떤 수준의 흥분이라도 정당화될 만했다.[3]

마침내 고대 메소포타미아 신화와 히브리 경전을 연결하는 깊은 흐름들에 대한 압도적으로 강력한 증거가 머나먼 과거로부터 부활했다. 스미스는 홍수 이야기가, 전승에서 모세가 시나이 산에서 『토라』를 받았다고 이야기되는 때보다 상당히 오래되었다는 것을 알았다. 놀랍게도 기원전 1800년까지 거슬러 올라가는 점토판들은 단순히 거대하고 파괴적인 홍수 이야기만 하는 것이 아니었다. 여기에는 노아 이야기의 특징을 이루는 핵심 요소들이 많이 포함되어 있었다. 분노한 신이 모든 인간 생명을 박멸하겠다고 결심하고, 신이 총애하는 특정한 한 인간에게 목숨을 구할 수 있는 조언을 해주고, 그 인간이 방주를 세심하게 짓고 양식을 준비하고, 무시무시한 폭풍우가 몰아치면서 수위가 높아지고, 방주가 산꼭대기에 올라앉고, 새를 내보내서 물이 줄었는지 확인하고, 마른 땅의 회복에 감사하며 달콤한 냄새가 나는 희생을 바치고.

스미스가 애초에 우연히 발견한—대영박물관의 창고에 있는 엄청난 양의 점토판에서—홍수 이야기는 대서사시 『길가메시』에 나오는 것이지만, 거기에서는 축약된 형태로 나왔다. 이 지칠 줄 모르는 학자는 계속 찾은 끝에 더 오래되고 더 완전한 판본을 찾아냈다. 이 판본 『아트라하시스』는 『에누마 엘리시』를 연상시키는 방식으로 홍수를 소음 문제와 연결시켰지만, 이번에는 하급 신들의 소음이 아니라 인간의 소음이었다. 인간은 가장 꺼림칙한 잡일을 돕기 위해서 창조되었지만, 재생산을 하는 누를 수 없는 경향을 타고났다.

땅은 넓어지고, 민족들은 늘어나,
땅이 황소처럼 울고 있었다.
신은 그들의 소란에 방해를 받았다.

잠을 이루지 못하는 이 신은 인간의 수를 줄이려고 재앙─역병, 가뭄, 흉작─을 잇달아 내보냈지만 그의 노력은 번번이 동료 신 엔키에게 가로막혔다. 엔키는 특별히 똑똑한 인간─아카드어로 아트라하시스는 "특별히 지혜롭다"는 뜻이었다─과 기분 좋은 관계를 맺고, 희생제를 통해서 신의 공격에서 최악의 결과를 피하는 방법을 조언해주었다. 그래서 재앙이 끝나고 나면, 인간의 수는 다시 늘었고, 그와 더불어 견딜 수 없는 소음도 늘었다.

마침내 잠을 빼앗기는 것에 분노한 신은 인내심을 잃고 무시무시한 홍수를 일으켜서 인간을 최종적으로 없애버리겠다고 결심했다. 엔키는 아트라하시스에게 살아남으려면 집을 버리고 배를 만들어야 한다고 조언했다. "소유를 버리고, 목숨을 구하라." 홍수는 말 그대로 재앙이었으며, 시체들이 쌓여 강의 흐름을 막는 파괴의 광경에 아트라하시스는 "심장이 부서지고, 구역질로 담즙을 토해냈다." 그러나 배 덕분에 남은 인류는 구원을 얻었다.

이 생존 후에, 마침내 멋진 해결책─일종의 불길한 거래─이 고안되었다. 이때부터 위대한 신은 인류를 완전히 멸절하려는 시도를 하지 않게 되었다. 그냥 여자 일부를 불임으로 만들고 유아 사망을 크게 늘려서 정기적으로 인구를 줄였다.[4] 인간에게는 비참한 일이었지만, 휴식을 원하는 신에게는 행복이었다.

「창세기」의 작가는 이 고대의 텍스트를 받아들여, 자신의 노아 이야기를 쓸 때 전체적인 윤곽과 더불어 구체적인 사항들도 다수 채용했다. 그러나 다시 이야기하는 과정에서 무엇인가, 히브리인과 바빌론인 사이의 결정적인 차이를 보여주는 무엇인가가 생겨났다. 바빌론의 신은 자신의 휴식이 방해를 받았기 때문에 화가 났지만, 히브리의 신은 그렇지 않았다. 여호와는 잠을 잘 필요가 없었으며, 인간의 소음에도 무관심했다. 인간의 수를 줄이기를 바라지도 않았다. 오히려 첫 인간들에게 생육하고 번성하라고 명령했다.

좋다. 그런데 왜 홍수를 일으켰을까? 동기가 무엇이었을까? 바빌론 자료에서는 첫 인간들의 창조에서부터 그들의 시끄러운 증식과 그들을 멸절시키려는 시도, 그리고 마지막으로 불임과 유아 사망을 통해서 막 생겨난 인간들의 수를 적게 유지하는 타협까지 모든 것이 말이 된다. 혼잡한 도시에서 살아본 사람은 누구나 잘 알겠지만, 소음은 인간의 특징이다. 아트라하시스의 신화는 바빌론 같은 도시 문화에 완벽하게 어울리는 것으로 보인다.

그러나 히브리인은 자신들이 기본적으로 도시 거주자라고 생각하지 않았다. 그들은, 비록 환상에서만일지라도, 농촌적인 또는 유목적인 뿌리에 집착했다. 그들은 소음에 무관심한 전능한 하느님을 상상하면서, 그의 살인적인 분노에 완전히 다른 동기를 부여했다. "여호와께서 사람의 죄악이 세상에 가득함과 그의 마음으로 생각하는 모든 계획이 항상 악할 뿐임을 보시고 땅 위에 사람 지으셨음을 한탄하사 마음에 근심하셨다"(「창세기」 6:5). 히브리의 사고방식에서는 인간이 만나는 재난을 설명할 **도덕적 이유**

가 있어야 했다. 그들의 행동과 내적 삶에 무엇인가("그의 마음으로 생각하는 모든 계획")가 있어야 했다. 홍수는 인간의 악에 대한 응답이었다.

고대 메소포타미아 이야기의 이런 근본적인 다시 쓰기는 그 나름으로 엄청난 성취였다. 인간들—땅 전체에 퍼져 재생산을 하고 시끄럽게 떼로 몰려다니는 머리 검은 사람들—을 생각 없고 귀찮기만 한 존재로 여겨서는 안 된다. 그들은 자신의 행동에 대한 도덕적 책임을 진다. 그들을 모든 살아 있는 피조물의 운명과 연결시키는 것처럼 보이는 것들, 예를 들면 홍수 같은 재난에 약하다는 점조차 인간의 경우에는 그들 자신의 선택, 그들의 의지에 따른 결정의 결과이다. 게다가 「창세기」 작가는 냉엄한 눈으로 바빌론을 돌아보면서 묻는 듯하다. 어떤 신이 도대체 먹기 위해서 노예가 필요하고, 소란 때문에 잠을 못 자고, 낮잠을 방해받았다는 이유로 자신의 피조물에게 파괴라는 벌을 주는가?

그러나 모든 신화 다시 쓰기에는 대가가 따르며, 이 다시 쓰기 또한 그 모든 숭고함에도 불구하고, 값비싼 대가를 치렀다. 사실 불임과 유아 사망, 가뭄이나 역병이나 홍수에 대한 취약성을 도덕적 결함에 대한 벌이 아니라 인간의 수를 늘리지 않으려는 신이 만든 장치로 설명하는 것에는 충분히 그럴 만한 이유가 있다. 이 장치는 잔인하지만, 적어도 개별적 피해자나 인류 전체의 죄를 탓하지는 않는다. 인간 재생산은 한계가 없는 것이 아니다. 고통스럽고, 구조적이고, 선악에는 대체로 무관심한 제약이 있기 마련이다. 이런 무관심을 인정한다고 해서 단순한 숙명론으로 가는 것은 아니다. 아트라하시스에게 체현된 지혜와 신앙이 보답을 받은 것을 보면 그것을 알 수 있다. 그렇다고 해서 인간이 무엇인가 잘못했다는 것도 아니었고, 재생산을 덜 하거나 더 조용해지려고 노력했어야 한다는 것도 아니었다. 아트라하시스는 홍수에 쓸려간 사람들이 어찌되었든 그런 운명에 처해 마땅하다고 보도록 권유받지 않았다. 거꾸로 그런 파괴를 보았을 때, 그는 말 그대로 역겨움을 느꼈다.

어떤 신들은 인류의 자비로운 보호자이고, 어떤 신들은 악의에 찬 위협 세력이라고 간주하는 종교에도 충분히 그럴 만한 이유가 있다. 한 신은 다른 신의 파괴 계획에 공개적으로 반대하는 주장을 펼칠 수도 있고, 계획된 결과가 닥치지 않도록 몰래 작업을 할 수도 있다. 신을 섬기는 사람은 한 신과 다른 신을 이간질한다고 상상하여, 우주의 공인된 통치자들에 대한 양가적 감정을 표현할 수도 있다. 그러나 「창세기」에는 그런 감정을 느낄 자리를 찾기가 어렵다. 『히브리 성서』에는 여호와와 미묘하게 협상을 하고 그의 신성한 포고에 은근히 항의하는 순간들이 많지만, 이 모든 것은 정의로운 동시에 동정적인 동시에 지혜로운 여호와가 모든 도덕적 가치의 궁극적 중심이자 중재자라는, 모든 것에 우선하는 인식 안에서 벌어진다. 이런 인식은 더 큰 일관성을 약속한다. 반면 바빌론의 만신전은 (그리스인과 로마인의 만신전과 마찬가지로) 이와는 대조적으로, 경쟁하는 권세들의 혼란스러운 난장판으로 보인다. 하지만 『성서』의 경우에는 노아의 이야기에 계속 따라붙고, 훨씬 더 거슬러 올라가 아담과 이브의 이야기에도 따라붙는 책임이라는 까다로운 문제와 마주하게 된다.

「창세기」 작가의 홍수 이야기에서는 때리는 신과 보호하는 신이 하나로 동일하다. 다수의 신을 이렇게 하나의 최고의 신, 다른 신들의 파괴적인 계획을 영리하게 방해하는 신으로 줄이면 만물을 만들었고 이제 자신의 의지와 재량에 따라서 그것을 부술 수 있는 창조주의 전능함은 보존된다. 그러나 다수의 신들을 없앰으로써 전지전능하면서도 자신이 창조한 것을 후회하는 신이라는 관념 자체부터 시작하여 여러 문제들이 생긴다. 지혜로운 창조주는 자신의 피조물이 무엇을 할 것인지 예상하지 못했을까? 전지(全知)한 신이 자신이 한 일을 후회하는 것이 어떻게 가능할까? 그가 자행하는 파괴, 어른 악인만이 아니라 작은 아이들, 갓 태어난 어린 양, 처녀림까지 쓸어버리는 파괴의 독단성과 잔혹성은 어떻게 정당화할 수 있을까?[5] 아니 그 전에, 어떻게 이해할 수 있을까?

메소포타미아의 기원 이야기에서는 살의를 품은 신들이나 소음을 도저히 억누르지 못하는 인간들이 자신들이 하는 일에 대해서 도덕적 심판을 받지 않는다. 그러나 「창세기」에서 인간은 자신의 행동과 자신에게 생기는 일에 책임을 진다. 하느님은 독단적이지도 않고 변덕스럽지도 않다. 하느님이 인간 창조를 후회하는 것은 노아의 시대 사람들의 치명적인 사악함 때문이다. 그리고 그런 사악함 뒤쪽 어딘가에 첫 번째 인간들, 그리고 하느님이 그들을 완벽한 동산에서 쫓아내게 만든 그들의 행동이 숨어 있다. 하지만 하느님의 형상을 따라 만든 피조물에게서 어떻게 그런 사악함이 생겨날 수 있었을까?

이런 질문들은 처음부터 존재하여, 의심이 많은 사람들뿐만이 아니라 신앙이 깊은 사람들의 마음도 괴롭혔다.[6] 선지자와 설교자, 종교재판관과 화가, 도덕철학자와 조직 신학자의 노력에도 불구하고, 그런 질문들은 수백 년에 걸쳐 계속 아늑한 교구 교회의 그늘에 뭉그적거리고, 수도 없이 넘겨본 익숙한 책장의 표면 바로 밑에 잠들어 있었다. 조지 스미스는 2,000여 년의 세월 동안 묻혀 있던 것을 자신이 우연히 발견함으로써 반쯤 가둬놓았던 혼란이 다시 풀려나고, 그로 인해서 자신과 함께 살아가는 대단히 자족적인 빅토리아 여왕 시대의 사람들조차 흔들어놓을 것임을 알았다. 완벽하게 이해하고 있다고 생각하던 유산, 큰 자부심을 품고 있던 유산과 더불어 성장하다가, 이제 그 유산의 안정성과 일관성과 지속성이 흔들리는 듯한 느낌을 받게 된 것과 같은 상황이었다. 너의 이야기는 이제 온전히 너의 것이 아니다. 너에게는 꿈도 꾸지 못했던 낯선 조상들이 있었다.

　스미스는 이 조상을 찾다가 목숨을 잃었다. 1875년 10월, 그는 대영박물관의 강권으로 점토판을 더 찾고자 하는 희망을 품고 니네베를 향해 출발했다. 이스탄불에서는 관료들 때문에 지체되었고, 그 사이에 전염병이 퍼지기 시작했고, 그가 발굴하려던 지역에서는 정치적 소요에 대한 불안한 보고가 올라왔고, 더위는 점점 견디기 힘들어졌다. 그는 이질에 걸려 알레포 북부의 어느 작은 마을에서 서른여섯 살의 나이로 죽었다. 학자들이 얻고 싶어하는 불멸성을 요구할 수 있는 그의 권리는 그가 벌떡 일어나 옷을 벗어젖히기 시작하던 순간에, 즉 그가 『길가메시 서사시』를 발견한 순간에 근거를 두고 있었다.[7]

　약 5,000년 전에 우루크(현재 이라크 남부의 와르카)라는 도시를 다스리며 성벽과 누벽의 건설을 명령한 길가메시라는 이름의 진짜 통치자가 있었을지도 모르지만, 스미스가 판독한 점토판의 길가메시는 신화적인 인물로, 3분의 2는 신이고 3분의 1만 인간이었다. 점토판에는 그것을 편찬한 사람의 이름, 학자 겸 사제 신-레키-운닌니라는 이름도 담겨 있었다. 신-레키-운닌니에 관해서는 아무것도 알려져 있지 않지만, 호메로스나 「창세기」 작가와 마찬가지로, 머나먼 과거에서 유래한 기존 자료, 텍스트, 구전 전설을 재료로 작업한 사람인 것은 분명하다. 『토라』는 아마 기원전 5세기에 자료가 모였을 것이다. 『일리아스(*Ilias*)』는 약간 더 일러서, 아마 기원전 760년에서 710년에는 자료가 모였을 것이다. 하지만 신-레키-운닌니는 기원전 1300에서 1000년 사이에 이 텍스트를 썼으며, 길가메시에 대한 기록 가운데 현존하는 가장 오래된 것은 기원전 2100년경으로 거슬러 올라간다. 따라서 호메로스나 『성서』보다 1,000년 이상 오래된 『길가메시 서사시』는 현재 발견된 가장 오래된 이야기일 가능성이 높다.

이미 바빌론 유수 시절부터 우루크는 전에 이 지역에서 누리던 정치적 영향력을 많이 잃었다. 그럼에도 독특한 위엄은 유지하고 있었다. 머나먼 과거에 무엇인가 놀라운 것이 발명된 곳이 그곳이었기 때문이다. 이곳의 약 5.5제곱킬로미터 정도의 구역에 모인 작은 정착지들은 전례 없이 경제적, 행정적으로 하나의 전체를 형성했다. 당시에도 사람들은 자신들이 독특한 중요성이 있는 현상에 참여하고 있다는 점을 이해하고 있었다. 그곳에서 등장한 것은 고대 근동의 첫 번째 도시이자, 아마도 인류 역사상 첫 번째 도시였을 것이다.[8]

『길가메시 서사시』의 배경은 태초의 동산이 아니라 혼잡한 도시이다. 여기에서는 인간이 존재하기 전의 세계를 재건축하려는 시도가 이루어지지 않는다. 오히려 우리가 늘 공동체에서 살아왔고 늘 이야기를 공유해왔다고 상상하는 듯하다. 무엇인가가 처음으로 존재하게 된 순간에 관해서는 이야기하지 않지만, 그럼에도 여기에는 창조의 주목할 만한 장면이 포함되어 있는데, 이것은 『에누마 엘리시』에서 묘사된 시원의 순간을 닮았다. 작품이 시작되면, 우루크 사람들은 그들의 통치자의 통제되지 않고 통제될 수도 없는 욕망 때문에 괴로움을 겪고 있다. 3분의 1은 인간이고 3분의 2는 신인 길가메시는 막강한 전사이자 위대한 건설자이지만, 그의 성욕 때문에 도시의 풍기가 문란해진다. 신들은 이 백성들의 불평에 귀를 기울여, 복잡하고 우회적인 계획을 짠다. 어머니 여신 아루루가 손을 씻고, 진흙을 조금 떼어내어,[9] 그것으로 피조물을 빚음으로써 계획의 첫 단계가 이루어진다. 이 피조물—"온몸에 털이 덥수룩했다"(1:105)—의 이름은 엔키두였다.

엔키두는 풀을 먹고 웅덩이 물을 마시면서 영양들과 함께 벌거벗고 광야를 배회한다. 그는 자신의 동무인 동물을 잡으려고 놓은 덫을 보면 부수고, 사냥꾼들이 판 함정을 메운다. 어느 날 광야의 사나이가 약이 오른 사냥꾼의 눈에 띈다. 이제야 왜 자신이 사냥감을 잡지 못하는지 알게 된 사냥꾼은 사흘이 걸리는 우루크까지 가서 길가메시에게 조언을 청한다. 길가메시는 사냥꾼에게 사랑의 여신인 이시타르의 신전으로 가서 샤마트라는 여사제에게 도움을 청하라고 답한다. 여사제는 쾌락을 주는 모든 일에 솜씨가 뛰어난 신전 매춘부이다.

샤마트는 사냥꾼과 함께 웅덩이로 가서 엔키두를 기다린다. "네 옷을 벗어던져라." 사냥꾼이 재촉한다. "그가 네 위에 엎드리게 하라. 여자의 일로 그를, 인간을 대접하라!"(1:184-85). 사냥꾼이 바라던 대로 되었다. 샤마트와 엔키두는 여섯 낮 일곱 밤을 함께 보내며 뜨겁게 사랑을 나누었다. 이 시간이 끝나고 엔키두는 영양을 비롯한 다른 야생동물에게로 가려고 하지만 모두 달아난다. 그는 자신이 이제 그들과 어울릴 수 없다는 것에 당황하지만, 이렇게 방향감각을 잃고 헤매는 것은 새로운 존재 상태의 서곡일 뿐이다. "너는 신처럼 되었다." 샤마트는 놀라서 말한다. "그런데 왜 야생의 짐승들과 풀밭을 배회하는가?"(1:207-8). 그의 몸만이 아니라 마음도 변했다. 그는 이제 짐승들 사이에서 사는 짐승이 아니다.

자비로운 샤마트가 엔키두에게 길가메시 이야기를 하자, 그녀의 말은 그의 내부에 있는 어떤 갈망을 깨우는 듯하다. 하지만 그들은 바로 도시로 가지는 않는다. 문명화된 삶은 입문, 적응, 긴 학습 과정이 필요하다. 그녀는 우선 자신에게 맡겨진 벌거벗은 자에게 옷을 입히는 일부터 시작한다. "그녀는 자신의 옷을 벗고, 그 한 조각으로 그에게 옷을 입혔다, 그러고 나서 두 번째 조각은 자신이 입었다"(2:20-21). 옷은 수치감에 대한 대응이 아니며, 환경에 적응하는 것도 아니다. 그것은 자연에서 문화로 이동하는 표시이다.[10]

이동은 계속되어 샤마트는 엔키두를 어느 오두막에 데려가 목자들과 함께 식사를 한다. 시골의 먹거리는 소박하지만, 풀을 뜯고 영양의 젖을 빠는 데에 익숙한 사람에게는 유아의 혀에 놓인 첫 딱딱한 음식만큼이나 낯설다. 샤마트는 그에게 빵을 먹고 맥주를 마시는 법을 가르쳐준다. 엔키두는 술 일곱 잔을 마시자 근심이 사라지고 기분이 좋아져서 "털이 덥수룩한 몸에 물을 적시고, 기름을 발라, 인간으로 바뀌었다"(2:42-43). 이 구절은 단순히 그가 머리를 감았다는 뜻일 수도 있지만, 몸에서 털을 문질러 벗겨 냈다는 암시일 수도 있다. 우리는 지금 인간의 상승을 지켜보고 있다.

이런 상승은 길가메시와 엔키두 사이의 우정을 위한 무대를 마련해주는데, 이 우정은 그들이 서로를 보기 오래 전부터 세심하게 준비된 것이다. "내가 너에게 길가메시를 보여주지." 샤마트는 소리치며, 자신이 돌보는 자에게 어떤 모습을 제시한다.

> 그는 남자다움으로 빛을 발하며, 사내다운 힘이 그의 것이고,
> 그의 몸 전체가 매혹적으로 눈부셔. (1:236-37)

우루크에서도, 그녀는 엔키두에게 길가메시가 하늘에서 떨어진 별을 꿈꿀 것이라고 말한다. "나는 그 별을 사랑하게 되었습니다." 길가메시는 어머니에게 자신의 꿈을 이야기한 뒤에 그렇게 말한다. 어머니는 해몽을 하면서, 그가 끌렸던 별은 그가 만날 운명인 친구라고 설명한다. "너는 그를 사랑하고 여자처럼 애무하게 될 거야"(1:273).

에로틱한 강렬한 흥분 상태는 그들의 첫 만남까지 이어지는데, 그 만남의 방식은 놀랍다. 엔키두는 우루크에 도착하자 길가메시가 한 신부에게 다가가는 것을 막기로 한다. 길가메시는 관습에 따라 결혼식 날 그 신부를

강간하려고 했다. 그런데 백성의 간절한 기도가 응답을 받은 것이다. 야생의 사나이가 길가메시의 길을 막은 것은 극히 우회적인 경로로, 이 도시를 구하려는 신들의 계획을 이행한 것이기 때문이다.

길가메시는 일이 자신의 뜻대로 이루어지지 않자 격분한다. 그와 엔키두는 뒤엉킨 채 우루크의 문틀과 성벽이 흔들릴 만큼 거친 싸움을 벌인다. 마침내 길가메시가 승리를 거두고, 그들은 포옹으로 싸움을 마무리한다. "그들은 서로 입을 맞추고 친구가 되었다"(2:115). 신부에 관한 일은 까맣게 잊었다. 이 순간부터 떼려야 뗄 수 없는 친구가 된 길가메시와 엔키두는 일련의 무모하고 영웅적인 모험에 함께 나선다.

그러나 어느 시점에 이르자, 신들은 엔키두가 병이 들어 죽어야 한다고 결정을 내린다. 겁에 질린 인간은 샤마트를 탓한다. 그녀가 엔키두를 언덕을 거니는 영양의 삶에서 필멸의 인간에게만 있는 고뇌로 데려왔기 때문이다. "이 여자가 절대 가정을 이루어 즐거움을 맛보게 하지 마소서." 그는 신랄하게 그녀를 저주한다. "이 여자가 절대 자식을 쓰다듬지 못하게 하소서"(7:71-72). 여기서 문제는 필멸성 자체가 아니라—사실 엔키두가 알다시피, 영양들도 사냥을 당해 죽으니까—필멸성에 대한 인간적 자각이다. 그 자각, 우리의 운명인 그 특별한 고뇌는 다정한 신전 매춘부의 안내를 따라 그렇게 문명에 입문하게 된 대가이다. 자비로운 태양신이자 공정성과 절제의 신이기도 한 샤마시가 직접 개입하여 엔키두에게 이 입문에서 그가 얻은 것을 일깨워준다. 그를 지탱해주고 즐겁게 해준 음식과 술, 그가 입고 있는 아름다운 옷, 그가 자랑하는 명예, 무엇보다도 길가메시와 맺은 깊은 우정. 엔키두는 죽기 전에, 여전히 겁에 질려 있기는 하지만, 자신의 저주를 회개하고 자신을 완전히 인간적인 존재로 만들어준 매춘부를 축복한다.

오랜 단말마의 과정을 겪는 친구를 다정하게 돌보았던 길가메시는 깊은 애도에 빠져든다. 상실의 고통은 자신의 문제에 대한 두려움과 묶여 있다.

엔키두, 내가 사랑한 나의 친구는 흙이 되어버렸다!
나도 그와 마찬가지로 누워,
영원히 일어나지 못하게 되는 것일까?(10:69-71)

이 영웅은 어떤 위로도 거부하고 우루크를 떠나 죽음을 피할 방법을 찾는 여행에 나선다. 그는 어떻게 해서든 옛 홍수에서 살아남은 자, 우트나피슈팀을 찾겠다고 결심한다. 그가 불멸을 얻은 유일한 인간이라는 소문이 있었기 때문이다.

방랑자는 탐색을 하다가 해변에 이르러, 그곳에서 선술집을 하는 여주인 시두리를 만난다. 시두리에게 우트나피슈팀을 찾으려고 바다를 건너려 한다고 말하자, 그녀는 그냥 있는 그대로를 받아들이라고 강권한다. 길가메시든 누구든 불멸에 대한 갈망으로 자신을 괴롭히는 것은 말이 되지 않는다. 그는 삶이 주는 기쁨을 모두 끌어안아야 한다.

그대에 관해 말하자면, 길가메시, 너의 배[腹]를 가득 채워라,
늘 행복하라, 밤이나 낮이나,
매일을 기쁨으로 만들어라
밤이나 낮이나, 놀고 춤을 추어라.
옷은 깨끗해야 하고,
머리는 감아야 하고,
물에서 목욕을 해야 한다.

네 손을 잡은 어린 것을 자랑스럽게 굽어보고,

네 짝이 늘 네 사타구니에서 행복하게 하라. (10:82-90)

술집 여주인의 말은 일상의 지혜를 요약한 것으로, 지나친 영웅적 노력의 광경이 불러들인 조언이다. 너의 한계를 알고, 인간의 조건을 받아들이고, 삶이 주는 평범하고 달콤한 쾌락을 맛보라. 그녀는 결론을 내린다. "결국 이것이, 인류의 일이다."

길가메시는 이 조언을 받아들일 수 없다. 우트나피슈팀을 만나 신들이 대홍수 뒤에 그들 부부에게 준 불멸성은 유일무이한 사건임을 알게 된 뒤에도 마찬가지이다. 이 노부부는 괴로워하는 영웅이 안쓰러워 마지막 한 가지 희망을 준다. 바다 밑에서 비밀리에 자라는 생명의 나무, 그 가시 많은 식물이 마법으로 젊음을 되돌려준다는 사실을 밝힌 것이다. 대담한 영웅은 발에 무거운 돌을 묶고 물에 뛰어들어 그 식물을 손에 넣는다.

그러나 다시 젊어지는 꿈은 박살이 난다. 우루크로 돌아가던 중에 민물 웅덩이에서 멱을 감고 있는데 뱀이 그 식물을 훔쳐간 것이다. 그 식물은 분명히 효과가 있었지만—다시 젊어진 뱀은 갈대들 사이로 사라지기 전에 비늘이 있는 허물을 벗었다—이제 잃어버려 다시는 찾을 수 없었다. 길가메시는 불멸을 찾는 꿈이 수포로 돌아갔다는 것을 알고 앉아서 운다. 그는 죽음을 피할 수 없을 것이다. 하지만 훌륭한 유산을 뒤에 남기게 될 것임을 인식하고 위로를 받는다. 그의 도시의 광대한 기초를 이루는 단과 층계와 벽돌로 쌓은 벽, 그리고 신전과 과수원과 연못이 그것이다.

이것이 히브리인이 인류의 첫 며칠에 대한 이야기를 쓰기로 결정하기 전, 오랜 세월 동안 근동에 유포되었던 위대한 서사시이다. 이것은 즐거운 성적 입문의 이야기이자, 야생으로부터 문명으로 점진적으로 상승하는 이야기이며, 도시를 훌륭하고 좋은 곳으로 찬양하는 이야기이고, 내키지는 않지만 어렵게 필멸성을 받아들이는 이야기이며, 무엇보다도 중심에 결혼이나 가족이 아니라 깊은 동성 우정의 경험이 자리하는 삶의 이야기이다.[11] 그러나 메소포타미아 도시들의 붕괴와 더불어 이야기도 사라졌다. 19세기에 우연히 발견되기 전까지, 길가메시와 엔키두의 사랑 이야기는 수천 년 동안 망각에 빠졌다. 이제는 아무도 읽을 수 없는 글로 기록되어 잡석더미 밑에 묻혀 있었다. 그것은 우리의 집단적 유산에 들어오지 못했다. 대신에 우리는 「창세기」를 물려받았다.

『길가메시 서사시』는 아우구스티누스, 단테, 밀턴에게는 아무런 의미가 없었겠지만, 「창세기」 작가는 분명히 그것을 알았을 것이다. 여기에는 홍수와 방주 이야기 외에도, 진흙에서 인간을 만드는 신의 이야기와 성, 사랑, 고난, 죽음을 처음 경험하는 이야기가 나온다. 현존하는 깨진 조각들만으로도 아름답고 매혹적인 이야기이다. 히브리인은 『에누마 엘리시』에 답해야 한다면, 『길가메시』에도 응답해야 한다고 느꼈을지 모른다.

그러나 일련의 창조의 날들이 이어지다가 하느님의 형상대로, 하느님을 닮은 모습으로 인간을 만드는 서두의 간결하고, 감정이 섞이지 않은 문체에는 그런 응답이 들어설 여지가 없었다. "사람을 창조하시되 남자와 여자를 창조하셨다." 숭고한 추상의 형태로 나타나는 이 우주론은 『길가메시』가 그렇게 찬란하게 표현했던 인간 삶의 경험을 암시조차 할 수 없었다. 그것을 위해서는, 「창세기」를 조합한 사람이 누구든 다시, 새로운 이야기를 시작해야 했다.[12]

「창세기」의 제2장과 제3장에서 전개되는 서사는 서두에서 중단된 부분에서부터 시작한다. 그러나 단순하게 이어가는 것이 아니다. 제1장에서 하느님은 "당신의 형상대로 사람을 창조했지만" 작업한 재료에 대해서는 아무런 언급이 없었다. 이것은 해와 달도 마찬가지이다. 이 모두가 하느님이 하는 말의 힘을 통해서 나타났다. 작가는 제2장에서 모순의 위험을 무릅쓰고 다른 이야기, 엔키두가 제기한 도전에 더 직접 대응하는 이야기를 제공했다. 엔키두 이야기에서는 여신 아루루가 진흙으로 인간을 빚는다. 여호와 또한 이제 진흙으로 인간을 빚는데, 말장난을 이용한 이 종의 이름도 이 점을 강조한다. 히브리어에서 진흙은 'adama이며, 인간을 가리키는 말은 'adam이다. 히브리 신은 이 진흙 형체에 자신의 몸에서 어떤 물질을 보태는 대신 콧구멍에 "생명의 숨"을 불어넣는다. 물질이 아니라 숨이다. 이 이미지는 생기라는 기적을 뛰어나게 포착한다. 재료는 땅의 무기력한 흙과 똑같으나 이것은 무기력하지 않다. 이 진흙은 숨을 쉰다. 살아 있다. 하느님은 그것을 만들고 그것이 생명을 얻어 깨어나게 했다. 하지만 하느님은 그 안에 있지 않다. 따라서 그 안에는 자유와 소외의 가능성이 있다.

『길가메시』에서 진흙으로 빚은 인간은 야생의 인간으로, 털이 치렁치렁하고(온몸을 덮었을 가능성이 있다) 힘과 사는 방식은 동물과 다름없었다. 「창세기」의 진흙 인간은 "하느님의 모습으로" 창조되어 처음부터 다른 동물의 동무가 아니라 그들을 지배하는 존재의 지위에 올랐다.[13] 완전한 인간성을 향한 느린 진화는 없다. 「창세기」에서 하느님의 숨으로 생명을 얻은 진흙 피조물은 이미 완전한 인간이다. 그가 자신의 정체성을 깨닫기 위해서 무엇인가를 배운다거나 경험할 필요가 없다는 사실은 한 방에 엔키두의 입문 이야기의 기초 전체를 잘라낸다.

아담의 목표는 도시가 아니다. 아니, 그의 후손 앞에는 도시의 삶이 놓여 있다고 해도, 그것은 에덴 동산으로부터의 추방 이후 추가로 나타난 재앙에 불과하다. 「창세기」 제11장에서는 어떤 사람들이 시날 평원에 도시를 짓기로 결정한다. 도시의 발명에서 메소포타미아의 우위를 인정하기라도 하는 것처럼, 이 텍스트는 사람들이 가나안의 도시와는 달리 돌이 아니라 벽돌로 도시를 짓기로 결심했다는 점을 분명히 밝힌다.

사람들이 서로 말하되 자, 벽돌을 만들어 견고히 굽자 하고 이에 벽돌로 돌을 대신하며 역청으로 진흙을 대신하고 또 말하되 자, 성읍과 탑을 건설하여 그 탑 꼭대기를 하늘에 닿게 하여 우리 이름을 내고 온 지면에 흩어짐을 면하자 하였다. (「창세기」 11:3-4, 올터의 번역)

"올라가라." 길가메시는 사공에게 자랑스럽게 말한다. "우루크의 성벽이 몇 걸음인지 재어보라. 기초를 이루는 테라스를 연구하고 벽돌 공사를 살펴보라. 가마에서 구운 벽돌을 쌓지 않았는가?"(11:95). 「창세기」 작가는 거의 틀림없이 이 구절을 알았을 것이며, 또 『에누마 엘리시』에서 마르두크가 위대한 도시의 건설을 칭찬하는 구절도 염두에 두었던 것 같다. "바빌론을 창조하라, 그 건설을 너희가 요청하였으니! 진흙 벽돌을 만들고, 성소를 높이 지어라!" 『성서』에서 벽돌로 지은 이 메트로폴리스는 재앙이 된다.

여호와께서 사람들이 건설하는 그 성읍과 탑을 보려고 내려오셨더라. 여호와께서 이르시되, 이 무리가 한 족속이요 언어도 하나이므로 이같이 시작하였으니 이후로는 그 하고자 하는 일을 막을 수 없으리로다. 자, 우리가 내려가서 거기서 그들의 언어를 혼잡하게 하여 그들이 서로 알아듣지 못하게 하자 하시고, 여호와께서 거기서 그들을 온 지면에 흩으셨으므로 그들이 그 도시를 건설하기를 그쳤더라. 그러므로 그 이름을 바벨이라 하니, 이는 여호와께서 거기서 온 땅의 언어를 혼잡하게 하셨음이니라. 여호와께

서 거기서 그들을 온 지면에 흩으셨더라. (「창세기」 11:5-9, 올터의 번역)

세계주의적인 바빌론을 늘 두려워하고 증오했던 신앙심 깊은 히브리인은 이 이야기를 사랑했을 것이 틀림없다. 그들은 언어들의 왁자지껄한 혼란(babel)을 가리키는 말장난과 자랑스러운 탑을 완성하려는 야심만만한 건축자들의 무능에 웃음을 터뜨렸을 것이다.[14] 또 인간 운명의 완성이었던 이 도시가 인간의 오만과 무익의 상징으로 바뀐 것을 기분 좋게 음미했을 것이 틀림없다.

「창세기」 제2장과 제3장의 저자에게는 도시가 아니라 동산이 위대하고 훌륭한 장소, 여호와가 자신이 창조한 인간을 위해서 설계하고 "보기에 아름답고 먹기에 좋은 나무"가 자라게 한 장소였다.[15] 엔키두와 길가메시처럼 웅장한 성문을 지으려고 나무를 베러 나갈 필요가 없었다. 「창세기」 이야기에는 동산에 인간이 사는 어떤 구조물의 흔적도 없다. 제단, 성소, 궁전은 말할 것도 없고 오두막의 자취도 없다. 나무는 건축 재료로서가 아니라 열매와 아름다움 때문에 가치가 있다. 인간의 역할은 동산에 무엇인가를 건설하는 것이 아니라, "그것을 경작하며 지키는" 것이다.

이 과제는 노동이 맨 처음부터 인간 존재의 필수적인 부분이었다는 뜻을 내포한다. "낙원"이라는 표현은 『히브리 성서』에서 사용된 것이 아니라, 히브리인은 상상하지 않았던 완벽한 여가의 영역을 꿈꾸었을지도 모르는 그리스 번역자들이 제공한 것이다. 「창세기」의 꿈은 여가가 아니라 오히려 목적이 있는 일—경작하고 지키는 것—이며, 이것은 쾌락으로 경험된다. 노동이지만, 수메르의 기원 신화의 핵심을 이루는 중노동은 아니었다. 실제로 여호와의 설계에 "에덴에서 흘러나와 동산을 적시는"(2:10) 강이 포함되어 있다는 사실은 바빌론인에게는 매우 중요한 자리를 차지하는 관개 수로 공사라는 무거운 짐을 덜어주었을 것이다.[16] 하느님은 사람이 자신의 노력으로 자신과 후손을 먹일 수 있는 조건을 창조했다. 나중에 우리는 이곳에 잡초가 없었기 때문에 이렇게 채식주의적으로 생계를 유지하는 것이 수월했고, 인간이 이 노동으로 땀을 흘리지는 않은 것이 분명하다는 점을 알게 된다.

『길가메시』에서 신들은 진흙으로 야생의 인간을 창조하는데, 그는 영웅의 친구 또는 평생의 파트너가 된다. 「창세기」에서 하느님은 땅의 남자가 홀로 있는 것이 좋지 않다고 보고, 남자 자신의 몸의 한 조각으로 여자를 빚는다.[17] 첫 번째와 분리된 이 두 번째 창조는 메소포타미아 이야기에 대한 놀랄 만큼 창의적인 대응이다. 이것은 동반자 관계에 대한 똑같은 깊은 갈망, "도움"에 대한 간절한 요구, 자신과 삶으로 묶여 있는 다른 사람의 존재에서 느끼는 환희에 찬 기쁨을 포착하면서도, 동시에 완전히 변형시킨다.

이 변형의 본질은 무엇일까? 중심을 이루는 인간 유대를 표현하면서, 남자와 동성 친구를 「창세기」처럼 남자와 여자로 옮겨놓는 것은 어떤 차이를 가져올까? 두 이야기 모두 인간 교제의 중요성을 특징으로 삼는다. 개인이 아무리 강하고 독립적이라고 해도, 혼자서는 기능할 수 없다는 것이다. 두 이야기 모두 인간 교제의 쓸모만이 아니라 기쁨과 흥분을 전달한다. 또한 그런 관계의 영웅적 성취와 비극적 상실을 그리면서 인간의 운명은 공동의 결정과 집단적 행동에서 나온다는 느낌을 포착한다. 여기까지는 거의 차이가 없다.

「창세기」 작가는 예상과는 달리 첫 남자와 첫 여자 사이의 관계가 근본적으로 위계적이라고 기술하지 않는다. 하느님이 만든 여자가 힘이나 지위에서 남자와 동등하지 못하다고 암시하는 대목은 전혀 없다. 「창세기」

제1장에서 인간은 생육하고 번성하라는 명령을 받지만, 제2장에서 남자의 갈빗대로 여자를 빚고 나서는 재생산을 하라는 명령이 반복되지 않는다. 위계도 재생산도 이 작가의 상상력을 사로잡지는 못했던 것 같다.

그 대신에 「창세기」가 강조하는 것은 둘이 "결합하는" 경험이다. 「창세기」의 이야기는 훨씬 더 간략하다. 「창세기」는 『길가메시』와는 달리 두 사람이 서로 대화를 나누는 모습을 재현하지도 않고, 그들의 불화를 묘사하지도 않으며, 그들이 공동의 결론에 이르거나 상실을 견디는 과정을 보여주지도 않는다. 하지만 「창세기」 작가는 자신의 아주 좁은 범위 안에서 남자와 여자가 "한 몸"이라는 낯설고 환희에 찬 느낌을 일부러 되풀이해서 전한다.

하느님이 여자를 남자에게 데려가자, 남자는 의기양양한 환영사[18]를 하는데, 이것은 자기 앞에 보이는 피조물이 동시에 자신의 몸의 한 부분이기도 하다는 그의 느낌을 표현하는 환희에 찬 시이기도 하다.

이것이로구나, 내 뼈 중의 뼈요
살 중의 살이라. (「창세기」 2:23, 올터의 번역)

여자는 남자의 실체의 일부인 동시에 다르며, 그래서 남자는 깊은 잠에서 깨어나 자신의 눈앞에 보이는 것에 관해서 환희의 노래를 부르는데— "이것이로구나"—이것은 자신에 관한 환희의 노래이기도 하다.

『길가메시』에는 이런 것이 없다. 길가메시와 엔키두는 관계가 아무리 친밀하다고 해도—실제로 시는 둘 사이의 감정적 교류가 아주 깊다고 묘사한다—존재의 공유, 은유인 동시에 있는 그대로의 묘사이기도 한 이런 독특한 느낌은 가지고 있지 않다. 히브리 작가는 말장난으로 이 느낌을 포착해냈다. 마치 글자들이 남자와 여자가 서로 얽혀 있는 기이한 느낌을 전달할 수 있기라도 한 것처럼 말이다.

이것은 남자(ish)에게서 취하였은즉
여자(ishah)라 부르리라. (「창세기」 2:23, 올터의 번역)[19]

길가메시와 엔키두는 입을 맞추고, 포옹을 하고, 손을 잡는다. 무장을 한 의형제로서 위험한 모험을 함께한다. 하나의 죽음 때문에 다른 하나가 망연자실할 만큼 가깝다. 그들의 관계는 아담과 이브의 관계보다 발전되어 있고, 강렬하고, 섬세하다. 그래도 그들은 "한 몸"은 아니다.

아마 남자와 여자가 융합된다 ─ish와 ishah─는 기이한 느낌은 생식과 연결되어 있을 것이다. 결국, 자식은 살과 뼈가 서로 얽힘의 살아 있는 구현체이다. 하지만 사랑에 깊이 빠져본 사람은 증언할 수 있듯이, 결합의 느낌은 자식과는 독립되어 있으며, 자식의 생산에 앞서는 경우가 아주 많다. 이 이야기에서는 확실히 앞선다. 「창세기」의 뛰어난 점 가운데 하나는 바로 이렇게 재생산의 명령─그리고 재생산이라는 사실─을 한 몸이 되는 이런 강렬한 느낌과 분리한다는 것이다.

「창세기」의 작가는 『길가메시』와의 이런 핵심적인 차이를 강조한다. "이러므로 남자가 부모를 떠나 그의 아내와 합하여 둘이 한 몸을 이룰지로다"(2:24, 올터의 번역). 이 절에서 한 몸이 되는 것은, 『길가메시』에서는 찾아볼 수 없는 중요한 관념과 연결된다. 부모를 떠나(「창세기」의 인접한 맥락에서는 말이 되지 않는 것이, 떠날 부모가 없기 때문이다) 새로운 단위를 형성한다는 관념이다. 『성서』는 남자가 부모를 떠난다고 선포한다. 반면 『길가메시』에서 길가메시와 그의 친구의 관계를 촉진하고 또 계속 중심적인 역할을 하는 사람은 바로 길가메시의 어머니이다. 깊은 우정은 반드시 새로운 가족 단위의 창조를 수반하지는 않지만, 남자와 여자가 한 몸으로 결합하는 일은 가족의 창조를 수반한다.[20]

「창세기」의 묘사는 동산에 있는 남녀의 모습으로 끝이 난다. 은유적인 "한 몸"이 되풀이하여 암시하듯이 하나의 자웅동체가 아니라, 두 사람으로. "아담과 그의 아내 두 사람이 벌거벗었으나 부끄러워하지 아니하니라"(「창세기」 2:25, 올터의 번역). 신화적 하나됨의 자취는 그들이 벌거벗은 것이 아니라 이런 벌거벗음을 부끄러워하지 않는다는 사실에 남아 있다. 이 소박한 모습이 동산에서 함께하는 그들의 삶의 총괄이지만, 그것으로 충분하다.

「창세기」 작가에게는 이 원초적인 관계가 가능하려면 거쳐야 할 입문, 즉 문명으로의 이행은 없다. 삶은 여자의 창조 전에는 어쩐지 미완이었고 불만족스러웠는데, 이제 완전해졌다. 은연중에 앞일을 암시하는 부분─옷, 부끄러움, 현재의 상태─이 있는데, 이런 것들은 신의 금지령을 어긴 뒤의 고난, 또는 위험에 노출된 상태의 표지 역할을 한다. 「창세기」는 입문을 죄로 고쳐 쓴다.

"너는 신처럼 되었다." 성전의 매춘부는 성적 입문 뒤에 엔키두에게 말한다. 「창세기」 작가는 이 구절을 기억했다가 남자와 여자의 상승이 아니라 파멸을 묘사할 때에 사용했다. 길가메시에게서 죽음을 피할 수 있게 해주는 나뭇가지를 훔치는 뱀은 남자와 여자에게서 영원한 삶의 희망을 빼앗는 뱀으로 바뀐다. 이때 뱀이 여자에게 금단의 열매를 먹으라고 설득하면서 주는 약속이 바로 샤마트가 엔키두에게 주었던 비전이다. "너희가 신들처럼 될 것이다." 엔키두는 실제로 신이 되지는 않았다. 옷을 입고 제대로 먹는 법을 배운 뒤에는 완전히 인간이 되어, 문명적인 삶을 살면서 깊은 우정을 나누고 영웅적 행동을 할 수 있었다. 대가는 치렀지만—이제 자신의 필멸성을 자각하게 되었다—필멸성 자체는 처음부터 그의 운명이었다. 전에는 함께 달리던 영양들과 마찬가지로 그냥 그것을 모르고 있었을 뿐이다.

「창세기」의 남자와 여자 또한 열매를 먹은 뒤에야 완전히 인간이 되었다고 말할 수 있다. 그러나 엔키두에게는 이런 변화가 궁극적으로 축복인 반면, 아담과 이브에게는 재앙이다. 옷은 부끄러움과 결핍에 대한 대응이며, 먹을 것은 잡초가 무성하고 가시가 많은 땅에서 뽑아내야만 한다. 무엇보다도 그들의 생명이 죽음으로 갑자기 종결되는데, 이것은 원래는 피할 수도 있는 것이었다. 그들 또한 더 큰 이해—선악에 대한 지식—를 얻게 되지만 이것은 거의 감당할 수 없는 대가를 지불하고 산 것이다.

만일 히브리 작가가 깊이 자리잡고 있던 메소포타미아의 믿음들을 흔들려고 했던 것이라면, 그는 뛰어난 성공을 거둔 셈이다. 그는 고대의 기원 이야기를 거꾸로 뒤집어놓았다. 『길가메시』에서 승리는 「창세기」에서 비극이 되었다.

4

아담과 이브의 삶

1945년 말 이집트의 농부 모함메드 알리 알-삼만은 여섯 남동생들 가운데 한 명과 룩소르 북쪽의 자신의 마을 근처에 있는 산으로, 옛 공동묘지와 버려진 정착지의 부패하는 물질에서 나오는 비료 사바크를 찾으러 갔다. 그는 곡괭이로 땅을 파다가 우연히 1미터 정도 높이의 봉인된 붉은 질그릇 단지를 발견했다. 처음에는 겁이 나서 열지를 못했다. 단지에 마법이 걸려 있어서 악령이 튀어나올까 두려웠기 때문이다. 그러나 호기심과 욕심이 승리를 거두어, 결국 봉인을 뜯고 그 안에 손을 넣었다. 그러나 실망스럽게도 황금 주화가 아니라 가죽으로 장정된 책 13권과 낱장으로 떨어져 나온 종이 몇 조각뿐이었다. 그는 발견물을 마을로 가지고 돌아가, 책을 담배나 돈 몇 푼과 바꿔보려고 했으나 별다른 성공을 거두지는 못했다. 그는 몇 권은 처분했고, 나머지는 집에서 빵을 굽는 커다란 질그릇 오븐에 불을 땔 때에 쓰는 짚더미 위에 던져두었다. 그의 어머니는 몇 장을 뜯어 불을 때는 데에 썼지만, 그것을 처음 발견한 아들은 혹시 그것이 땔감 이상의 가치가 있을지도 모른다는 느낌이 있었던 모양인지, 나머지는 도로 빼내

84

서 따로 보관했다.[1]

모함메드 알리의 발견 소식은 서서히 마을의 테두리 너머로 퍼져나가기 시작했다. 아주 구불구불한 경로를 통해서, 그 과정에서 페이지 몇 장이 추가로 분실된 끝에, 이 발견물은 결국 카이로에 이르렀고, 그곳의 골동품 상들은 즉시 이 발견물의 잠재적 가치를 알아보았다. 하지만 이 책들이 구매자를 찾기 전, 이집트 정부가 소문을 듣고 한 권을 제외한 전체를 압수하여, 카이로의 콥트교회 박물관에 보관했다.[2]

단지에서 나온 책들은 기원후 350~400년경에 제작된 것으로, 그 이전에 존재하던 텍스트들의 사본이었다. 이 책들 전체는 발견된 장소에서 가장 가까운 마을의 이름을 따서 나그 함마디 문서(Nag Hamma di Library)로 알려지게 되었다. 이 책들은 파피루스 종이에 써서, 풀로 붙여 두루마리(현재도 시나고그에서 사용되고 있는 『토라』 두루마리에서 익숙하게 볼 수 있는 오래된 형태)로 만든 것이 아니라, 실로 꿰맨 코덱스(codex)로 만들었는데, 이것은 우리가 지금도 인쇄된 책에서 사용하고 있는 더 편리한 형태이다. 기독교도들은 자신들의 신성한 텍스트를 담기 위해서 코덱스 형태를 처음 도입한 사람들로 꼽히는데, 여기에 거의 기적처럼 전집 전체가 그대로 남아 있었다.

이 책들이 살아남은 것은 기후와 순전한 우연 때문이기도 하지만, 의도적으로 감춰두었기 때문이기도 하다. 아랍 정복 전에 이집트에서 활발하게 사용되었던 언어인 콥트어로 기록된 이 책들은 일부러 숨겨둔 것이었다. 물론 이 책들을 단지에 넣고 세심하게 봉인하여 그렇게 외딴 장소에 묻은 사람들은 자신들의 정체를 밝히지 않았지만, 아마도 기독교 당국이 이단으로 간주되는 책들을 점점 더 엄격하게 단속하는 것에 겁을 먹은 근처 수도원의 수사들이었을 것이다. 이 시기의 교회는 정전의 경계를 확정한 뒤, 받아들일 수 있는 믿음과 '나그 함마디'에 나오는 것처럼 위험하다고 여겨지는 믿음을 구별하는 일을 중요하게 생각했다. 이 책을 감춘 사람들은 상당수가 수백 년 전부터 전해져왔을 이 귀중한 소유물을 파괴하고 싶지 않았을 것이다. 아마 박해가 빨리 끝나서 그들의 공동체가 오래 전부터 열심히 공부해오던 텍스트를 다시 볼 수 있기를 바랐을 것이다. 그러나 실제로는 이단 사냥이 오히려 강화되었고, 그들은 자신들이 묻어놓은 필사본에 다시 손을 댈 수 없었으며, 그 뒤에는 1,500년간 잊히고 말았다.

감춰두었던 책들이 마침내 다시 빛을 보게 되었을 때, 그중에서도 이른바 「도마 복음」의 유일무이한 사본에 전 세계적인 관심이 집중되었다. 이 책은—지금도 뜨겁게 논란 중이지만—이제까지 알려지지 않았던 예수의 말을 공개한다고 주장했기 때문이다. 그러나 여러 측면에서 가장 놀라운 발견은 아담과 이브에 관한 텍스트들이었다.[3] 이 가운데 하나인 「아담 묵시록」은 첫 인간이 사랑하는 아들 셋에게 하는 이야기라고 주장하는데, 아버지는 이렇게 회고한다. "하느님이 네 어머니 이브와 더불어 나를 흙으로 창조하셨을 때, 나는 영광 속에서 이브와 함께 돌아다녔다." 이 영광은 오직 그만의 것이 아니었다는 점을 아담은 분명히 밝힌다. 오히려, 그는 이 영광을 아내에게 빚지고 있다. "이브는 나에게 영원한 하느님의 지식의 말을 가르쳐주었다." 그렇게 해서 소유한 지식 때문에 두 사람은 엄청난 힘을 가지게 되었다. "우리는 위대하고 영원한 천사들을 닮게 되었다. 우리는 우리를 창조한 신이나 그 신과 함께 있는, 우리는 알지 못하는 권세들보다 높았기 때문이다."

"우리는 우리를 창조한 신보다 높았다." 이 판본의 「창세기」 이야기에서는 피조물이 하느님보다 강해지고, 하느님은 점점 질투와 공포를 느끼게 되며, 남자는 여자의 용기와 지혜에 의존한다. 여기에서는 이브가 진짜 영웅이다. 자신과 모든 인류를 위하여, 샘 많은 창조주가 허락하지 않는 지식을 대담하게 파악하는 것이 그녀이기 때문이다.

나그 함마디 문서 가운데 「진실의 증언」은 하느님이나 아담이나 이브가 아니라 뱀의 시각에서 기록된 것이다. 「진실의 증언」에 따르면, 하느님의 한계는 당혹스러울 정도로 분명하다. 인간이 지식의 나무 열매를 먹는 것을 어떤 신이 거부한다는 말인가? 진정으로 사랑이 많은 창조주라면 지식을 피조물에게 금지하는 것이 아니라 장려했을 것이 분명하다. 「창세기」의 하느님은 우리의 친구가 아니다. 이 판본의 이야기에서 인간의 큰 은인은 뱀이다.

이 공동체의 일부 구성원들에게 아담과 이브의 이야기는 우리가 지금까지 예상해온 어떤 것과도 근본적으로 다른 것을 의미했음이 분명하다. 그들은 여호와가 질투가 많고 비열하다는 의심에 사로잡혔다. 그들은 첫 인간들에게 『성서』의 소략한 구절들에서는 읽을 수 없는 말들을 부여했다. 인간에게 열매를 먹으라고 촉구한 뱀, 그리고 지식을 추구하여 감히 여호와의 금지령을 위반한 여자를 찬양했다. 물론 그들의 해석은 패배했다. 그래서 그들은 봉인된 단지에 자신들의 책을 묻어야 했고, 이 단지는 잊혔다. 그래서 그들 자신도 잊혔던 것인지도 모른다.

그러나 당시 기원 이야기에 의문을 품고, 『성서』가 제공하지 않는 말을 들으려고 애쓰던 사람들은 사막의 수도자들만이 아니었다. 다음은 기원후 1세기에 그리스어로 유포되기 시작한 텍스트인 「아담과 이브의 삶」의 서두이다.[4]

아담과 이브는 낙원에서 추방을 당하자 스스로 천막을 짓고 이레 동안 큰 슬픔에 젖어 애도하고 탄식했다. 하지만 이레가 지나자 배가 고파오기 시작하여 먹을 것을 찾았으나 전혀 구할 수가 없었다⋯⋯그들은 여러 날을 돌아다니며 찾아보았지만 낙원에서 먹었던 것과 같은 것을 찾지 못했다. 짐승들이 먹는 것만 눈에 띌 뿐이었다. 아담은 이브에게 말했다. "여호와께서는 이런 것들을 동물과 짐승에게 먹으라고 주셨구나. 우리가 먹은 것은 천사의 음식이었도다."

아마 유대교적인 분위기에서 탄생하여 셈족의 언어로 기록되었겠지만, 첫 인간들의 이 이야기는 빠르게 초기 기독교 공동체로 흘러들어가 라틴어에서 콥트어, 아르메니아어, 조지아어, 슬라브어에 이르기까지 다양한 언어로 등장했다. 또한 수백 년 동안 계속 읽혔다.

랍비와 교부들은 「아담과 이브의 삶」에 엄청난 양의 주석을 달았고, 이야기 자체도 국제적인 인기를 누렸다. 이것은 고대 말기로 오면서 사람들이 「창세기」의 이야기를 감질 나는 동시에 인색하다고 느끼게 되었음을 보여준다. 그것은 윤리적인 난제와 곤혹스러운 침묵이 섞여 있는 텍스트였다. 독자들은 더 알고 싶어했다. 첫 인간들은 낙원 추방에 어떻게 반응했을까? 문을 두드리며 돌아가게 해달라고 간청했을까? 자신들에게 일어난 일을 이해했을까? 그들은 어디로 갔고, 어떻게 살아남을 수 있었을까? 그 뒤에 이어진 몇 달, 또 몇 년 동안 그들은 서로 무슨 이야기를 나누었을까? 그들의 사랑은 지속되었을까? 자식들에게는 자신들이 한 일에 관해 뭐라고 말했을까? 창조주는 그들이 고통을 겪는 광경을 지켜보면서 무관심했을까, 즐거웠을까, 아니면 혹시라도 후회로 마음이 아팠을까? 그들은 죽음—우선 아들 아벨이 살해당한 사건, 그리고 그들 자신의 죽어감—을 어떻게 경험했을까?

이런 의문들에는 위험이 없지 않았다. 『성서』에 기록되지 않은 이 상상된 장면들은 죄의 근원, 결혼의 본질, 여성과 남성의 도덕적 차이, 하느님의 분노의 정당성, 인류의 불구대천의 원수인 사탄의 감추어진 정체성, 구원의 가능성 등 논란이 많은 주제들과 관련이 있었다. 유대교도와 기독교도 모두 어느 텍스트가 중심을 이루는, 승인된 신성한 신앙 텍스트—정전—이고 어느 것이 경계의 외부, "감추어졌다"는 뜻의 그리스어에서 나온 "경외서(apocrypha)"라고 명명된 영역에 놓이는지 정리하려고 싸웠다. 그 과정은 길고 험난했으며 신랄한 논쟁으로 가득했는데, 그 가운데 일부는 오늘날까지도 완전히 해소되지 않았다.

「아담과 이브의 삶」은 널리 유포되었음에도 불구하고, 그 많은 판본들 가운데 어느 것도 정전으로 받아들여지지 않았으며, 필사본『성서』나 나중에 인쇄된 판본들에 부록으로 종종 추가되는 경외서에도 들어가지 못했다. 늘 바깥에서 기웃거리지만, 완전히 끌어안는 것도 불가능하고 그렇다고 금지하는 것도 불가능한 어정쩡한 상태였다. 익명의 저자 또는 저자들은 과감하게 허구의 영토로 진입하면서 갓 추방당한 아담과 이브를 무시무시한 곤경에 직면한 사람들로 상상하고 싶은 거의 저항할 수 없는 충동에 대응했다. 그렇게 우리가 이미 잠깐 보았던 초반 장면이 등장했다. 낙원에서는 인간이 먹는 것이 천사들의 양식과 동일했다. 그러나 타락한 한 쌍은 처음으로 절박한 굶주림을 느꼈을 때, 동물이 먹는 것과 똑같은 것으로 허기를 달랠 수밖에 없다는 사실을 깨닫고 낙담했다. 그들은 처음으로 인간도 동물이라는 사실을 이해할 수밖에 없었다.

이 고대의 전기는 나아가서 아담이 간절한 회개의 의식을 제안했다고 상상했다. 그는 아내에게 요르단 강에 목까지 몸을 담그고 40일 동안 서 있겠다고 말했다. 둘 가운데 약한 쪽인 이브는 날수를 줄여서 37일 동안 티그리스 강에 들어가 있기로 했다. 그러나 그 기간이 끝나기도 전에 천사가 이브에게 나타나서 자비로운 하느님이 그녀의 신음을 듣고 회개를 받아들였다고 전했다. 천사는 그녀를 그녀가 갈망하는 양식, 하느님이 애정어린 마음으로 그녀를 위해서 준비한 양식이 있는 곳으로 데려가기 위해서 자신이 파견되었다고 알린다. 이브는 몸을 떨며 강에서 나와—"그녀의 살은 차가운 물 때문에 풀 같았다"—행복한 마음으로 서둘러 남편에게 달려갔다. 하지만 아담은 그녀를 보자 괴로움에 사로잡혀, 그녀가 다시 속았다고 소리쳤다. 빛의 천사는 그들의 적 사탄이 변장한 것이었다.

이브는 땅바닥에 쓰러지며 사탄에게 왜 그렇게 자신들을 미워하느냐고 물었다. 「아담과 이브의 삶」은 계속해서 이후의 기원 이야기를 다듬어가는 과정에서 주요한 모티프가 되는 것들 가운데 하나를 미리 보여준다. 악마는 이브에게, 아담으로 인해서 자신을 비롯해서 자신과 함께 반역을 일으킨 천사들이 천국에서 쫓겨났기 때문이라고 설명했다. 그들은 새로 창조된 인간을 섬기라는 요구를 받자 거부했다. 그들 자신이 더 오래되고 우월하다고 보았기 때문이다. 이런 거부 때문에 그들은 지옥으로 추방당했다. 그래서 이제 그들은 모든 방법을 동원해서 복수할 것이다.

회개 의식을 끝까지 마치겠다고 결심하여 여전히 물속에 서 있던 아담은 아내에게 몹시 화를 냈다. 이브는 절망에 빠져 죽음이 찾아올 때까지 홀로 살겠다고 결심하고 서쪽으로 떠났다. 따라서 그들은 결혼만 최초로 한 것이 아니었다. 별거도 최초로 했다. 하지만 이브는 이때 임신 3개월이었고, 출산이 다가오자 아파서 소리를 질렀다. 아담은 그녀의 울음소리를 듣고 다시 그녀와 함께 했고, 그들은 갓난아기와 함께 다시 살기 시작했다. "아기는 바로 일어서서 달려 나가더니 자신의 두 손으로 풀을 뜯어와 어머니에게 주었다. 아기의 이름은 카인이라고 불렀다."

「창세기」에는 이런 내용은 암시조차 없다. 그러나 「아담과 이브의 삶」

의 익명의 저자와 그것을 열심히 읽은 사람들은 재앙의 뒷일을 끝까지 생각해보고, 최초의 조상들의 삶을 떠올리고, 뱀에게서 이해할 만한 동기―그리고 뱀의 그럴듯한 정체―를 찾아보려고 애썼다. 그들은 연극에서라면 배경 이야기라고 부를 만한 것, 『성서』의 간결한 서사에서 느닷없이 튀어나온 것처럼 보이는 행동―뱀이 여자에게 이르되 너희가 결코 죽지 아니하리라, 너희가 그것을 먹는 날에는 너희 눈이 밝아져 하느님과 같이 되어 선악을 알 줄 하느님이 아심이니라(「창세기」, 3:4-5)―을 이해하게 해줄 만한 감추어진 역사를 원했다. 어찌된 영문인지 사람처럼 말을 하는 뱀―어떤 성대로? 무슨 언어로? 어느 정도의 의식을 가지고?―이라는 문제는 옆으로 밀어놓더라도, 그런 행동의 근본적인 이유라는 문제가 있었다.

랍비 현인들은 「창세기」 제1장에서 하느님이 한 말, "우리의 형상을 따라 우리의 모양대로 우리가 사람을 만들자"를 두고 오랫동안 곰곰이 생각했다. 여기에서 "우리"는 누구인가(고대 히브리어에는 "군주의 우리[왕이 자신을 가리키는 1인칭을 쓸 때, '나'라고 하지 않고 '우리'라고 말하는 것/역주]"가 없었던 듯하다)? 바빌론이나 로마의 종교에서 복수는, 마르두크나 제우스가 종종 그러듯이, 여호와가 동료 신들에게 말을 하고 있다는 암시가 될 수 있었다. 하지만 설사 그것이 어느 먼 과거의 히브리인에게는 가능한 생각이었는지는 몰라도, 랍비 시대에, 특히 초대 기독교인이 이 복수가 삼위일체를 가리킨다고 주장하기 시작한 이후에, 그런 주장을 하는 사람이 있었다면 그는 이단으로 낙인이 찍혔을 것이다.

기원후 3세기 말, 사무엘 벤 나흐만 랍비는 모세가 하느님이 구술하는 대로 『토라』를 적다가 "우리"라는 말에 이르렀을 때에 틀림없이 벌어졌을 일을 상상했다.[5] "왜 이단에게 핑곗거리를 주십니까?" 모세가 물었다. "써라." 하느님은 대답했다. "실족하고 싶은 자들은 실족해도 좋다."

대부분의 랍비들의 생각에 따르면, 올바른 설명은 하느님이 천사들과 상의했다는 것이다. 하지만 랍비들은 한 걸음 나아가 천사들 가운데 일부는 몹시 화가 났고 그 결과, 갈등하는 집단들로 나뉘었다고 생각했다. '사랑' 천사당은 하느님이 제안한 창조를 지지했다. '진실' 천사당은 반대했다. '정의' 천사당은 찬성했다. '평화' 천사당은 반대했다. 하나님 랍비는 하느님이 자신의 계획에 대한 반대를 무너뜨리려고 천사들에게 인류가 보여줄 신앙심에 관해서 이야기하면서 그들의 사악함은 감추었다고 주장했다.[6] 천사들이 자기들끼리 다투는 동안 하느님은 그냥 자신이 제안한 것을 밀고 나갔다.

일부 랍비 주석가들은 인간 창조에 대한 반대가 이런저런 천국의 원리를 지탱하는 당파들이 아니라 질투나 악의—「아담과 이브의 삶」에서 사탄이 고백한 감정—라는 동기를 가진 천사들에게서 나왔다는 이야기를 하기 시작했다. 초기 기독교도는 이런 추측에서 시작하여 어둠의 군주와 그의 군대에 초점을 맞추는 대서사를 점점 정교하게 다듬어 나아갔다.[7] 이슬람 교도는 나중에 악마 이블리스가 아담에게 고개를 숙이라는 알라의 명령에 복종하기를 거부했다는 데에 초점을 맞춘, 그에 비견될 만한 이야기를 발전시켰다. 알라는 물었다. "내가 명령하는데 무엇 때문에 엎드리기를 거부했는가?" 그러자 이블리스는 대답했다. "내가 그보다 낫습니다. 당신은 나를 불로 창조했고, 그는 흙으로 창조했습니다." 이런 자만과 오만 때문에 알라는 이블리스를 저주하고 그를 이슬람교의 지옥인 자하남에 집어넣었다.

기독교도는 "우리의 형상을 따라 우리의 모양대로 우리가 사람을 만들자"에 나오는 수수께끼의 "우리" 문제에 추가의 해결책을 제시했다. 복음사가 요한은 자신의 복음 서두에서 「창세기」의 서두를 암시하는 듯하다.

"태초에 말씀이 계시니라. 이 말씀이 하느님과 함께 계셨으니 이 말씀은 곧 하느님이시니라." 그들은 결론을 내렸다. "우리"는 거룩한 로고스(Logos), 즉 예수 그리스도로 육화(肉化)하게 되는 말씀을 가리키는 것이 분명하다. 따라서 악마들의 악의에서 나온 적대에 맞서 하느님의 창조 계획을 실행에 옮긴 것은 그리스도였다. 또 자신의 숭고한 희생을 통해서 사탄이 뱀의 형태로 말한 거짓 때문에 길을 잃은 인류를 구원하게 되는 것도 그리스도였다.

그러나 이런 해석적 기획들 가운데 어느 것도 모든 사람을 만족시키거나 논쟁을 잠재우거나 추가의 탐사에 대한 요구를 진정시키지 못했다. 「창세기」에서 아담의 삶의 역사 가운데 아주 넓은 부분은 간략한 몇 마디에 요약되어 있다. "아담은 구백삼십 세를 살고 죽었더라"(「창세기」 5:3-5). "죽었더라"는 말은 설명이 더 필요한 것 같다. 이것은 인류 역사 최초의 자연사였기 때문이다. 「아담과 이브의 삶」에서 아담은 자식들을 불러모아 아프다고 말했지만─"내가 큰 고통 가운데 있다"─자식들은 "병"과 "고통"이라는 말이 무슨 뜻인지 이해조차 하지 못했다. 그들이 어떻게 이해할 수 있겠는가? 괴로움에 시달리는 아담은 이브와 총애하는 아들 셋을 낙원문에 보내서 자비의 치유 기름을 달라고 청원하게 했지만, 천사 미카엘은 엄하게 거부했다.

그들이 돌아가 거절당했다고 전하자, 아담은 죽음이 임박했다는 사실을 깨닫고, 이 이야기 전체에 걸쳐 반복하여 그러듯이, 그 기회를 이용해서 아내를 비난했다. "아담은 이브에게 말했다. '당신은 무슨 짓을 한 것인가? 당신은 우리 모든 세대들에게 큰 괴로움, 흠결, 죄를 가져왔다.'" 그는 자신이 지금 겪고 있는 운명이 후손들에게도 찾아올 것임을 알았고, 그들의 불행의 원인을 자신의 혈통 전체에게 분명히 밝히고 싶은 마음이 간절했다. 그래서 아내에게 후손을 향하여 그녀가 한 일을 말하라고 명령했다.

아담이 죽고 나서 엿새 뒤에 이브가 죽을 차례가 되었다. 이브는 마치 아담의 명령을 이행하듯이, 셋과 다른 자식들을 함께 부르지만, 메시지를 슬쩍 수정했다. 그녀의 자식들과 자식의 자식들이 모든 것이 전적으로 그녀 탓이라고 믿어야 할 이유는 없었다. 그녀는 자식들에게 그들과 그들의 혈통 전체는 그녀와 아담 두 사람이 한 일 때문에 죽을 운명에 처하게 되었다고 말했다.

이어 그녀는 중요한 일을 했다. 말만이 아니라 더 오래가는 비문에 의존하는 문화적 전달을 계획한 것이었다. 「아담과 이브의 삶」은 글쓰기라는 관념이 첫 여자에게서 나왔다고 밝힌다.

돌로 판을 만들고, 흙으로 판을 만든 다음, 거기에 너희가 우리에게서 듣고 또 눈으로 본 내 삶 전체, 네 아버지의 삶 전체를 써라.

만일 그가 물로 우리 종족을 심판한다면 흙 판은 녹아버리겠지만, 돌 판은 남을 것이다. 만일 그가 우리 종족을 불로 심판한다면, 돌 판은 깨지겠지만 흙 판은 불에 구워질 것이다.

앞으로 어떤 재앙이 닥치든 그 이야기가 살아남게 하겠다고 결심한 이브는 이렇게 홍수와 화재의 가능성에 주의 깊게 대비했다.

「아담과 이브의 삶」은 「창세기」의 성긴 이야기의 빈 부분을 정교하게 채워넣었고, 이것은 많은 사람들이 갈망하던 것이었다. 하지만 일부 유대인과 초기 기독교도들에게 이야기의 확장은 오래되고 혼란스러운 윤리적인 문제들을 더욱 부각시키기만 할 뿐이었다. 이 모든 것의 요점은 무엇인가? "왜 당신은 더럽혀지지 않은 손으로 애써 인간을 창조하신 것입니까?

그에게 자비를 보이지도 않을 생각이었으면서?"기원후 2세기 또는 3세기에 기록된 대화에서 예언자 세드락은 묻는다.[8] 하느님은 자신의 명백한 명령을 아담이 어겼고, "악마에게 속아 나무의 열매를 먹었다"고 답한다. 하지만 악마를 들여오는 것으로 문제가 해결되지는 않는다. "당신이 인간을 사랑한다면, 왜 악마를 죽이지 않았습니까?" 논쟁은 계속 이어지다가, 하느님이 욥의 입을 다물게 한 것과 같은 종류의 질문으로 세드락의 질문을 막았을 때에야 끝이 난다. "말해보라, 세드락아, 내가 바다를 만든 이후로 파도가 몇 번 올라왔고 몇 번 내려갔느냐?"

바다에서 파도가 친 회수를 알 것을 요구하는 것이 이 특정한 대화를 마무리하는 데에는 도움이 되었을지 모르나, 아담과 이브의 이야기가 계속 도발하는 더 큰 의심들을 잠재우지는 못한 것이 분명했다. 가장 극단적인 해법은 85년경에 흑해의 도시 시노프에서 태어난, 가장 초기의 기독교 주교 마르키온이 제시했다. 마르키온은 교회가 『히브리 성서』에서 그리스도에 대한 신앙의 기초라는 자리를 완전히 박탈해야 한다고 제안했다. 유대인의 역사에 기록된 행동과 의도를 가진 하느님은 분명히 악에 오염되어 있다. 그는 그렇게 주장했다. 인간이 에덴 동산에서 지식에 다가가는 것을 막고, 그런 지식이 있어야만 예방할 수 있는 행동을 했다는 이유로 그들에게 무시무시한 벌을 내린 신은 구원받은 기독교인의 가슴에 자신의 불꽃을 나누어주는 순수하고, 영적이고, 거룩하고, 선한 하느님이 아니다. 마르키온은 「창세기」에서 단언하듯이, 여호와가 창조주라는 것은 인정했다. 그러나 그는 악한 창조주이다. 그는 유대인에게 준 무자비한 율법의 아버지이지만, 예수 그리스도의 아버지는 아니다. 마르키온은 옛 신과 새 신 사이에 가장 선명한 분리선을 그어놓았다.[9] 여호와를 섬기는 일은 새로운 계시에 의해서 쓸려나간 마르두크, 암몬 라를 비롯한 수많은 다른 신의 숭배가 갔던 길로 가야 했다.

마르키온의 주장을 따르는 많은 추종자들이 생겼음에도, 결국 그는 이단으로 비난을 받았다. 교회는 히브리 경전을 추종했다. 그 경전의 하느님이 우주의 통치자이고, 그 경전에 적힌 고대의 예언을 예수가 완성했다는 것이다. 예수는 다름 아닌 아담에 대한 응답으로서 이해되었다. 사도 바울이 핵심적인 연관성을 확립했다.[10] "사망이 한 사람으로 말미암았으니 죽은 자의 부활도 한 사람으로 말미암는도다." 바울은 고린도인에게 그렇게 썼다. 사도의 말이 암시하듯이, 첫 인간들의 죄와 그 죄의 결과를 이해하지 않고는 그리스도를 이해하는 것이 불가능했다.[11] 기독교는 에덴 동산 이야기 없이는 버틸 수 없었다.

기독교 신학자들의 상상 속에서 우주적 계획의 각 순간이 맞아떨어지기 시작했다.[12] 그리스도가 육화한 날은 신비롭게도 하느님이 땅에서 인간을 빚은 날과 연결되었다. 거룩한 아기가 젖가슴에 안긴 날과 하느님이 별을 만든 날도 마찬가지였다. 구세주가 십자가에서 고통을 겪은 날과 아담이 타락한 날도 마찬가지였다. 그리스도가 죽은 자들 가운데에서 일어난 날과 하느님이 빛을 창조한 날 역시 마찬가지였다. 히브리 경전들과 「신약성서」 사이의 고리는 복음서에서 전해지는 예수의 삶과 사명을 전체적으로 바라보는 데에 필수적이었으며, 그래서 지칠 줄 모르는 열정과 기발함으로 그런 고리가 만들어졌다. 예표론(豫表論)이라고 알려진 이 방법은 기독교 신앙에 엄청나고 지속적인 영향력을 행사했다.

예표론은 「창세기」에 기술된 사건들의 역사적 현실성을 주장했다.[13] 그런 사건들은 오직 「신약성서」에서만 궁극적인 의미를 발견할 수 있었지만, 그렇다고 해서 그 의미가 이 사건들을 그 자체로 덜 현실적으로 만들지는 않았다. 아담을 빚은 흙과 코에 불어넣은 생기, 이브를 만들기 위해서 갈빗대를 뽑으려고 아담의 옆구리에 낸 상처, 불길한 나무가 있는 동산, 아담이 노동을 하려고 했을 때 이마에 맺힌 땀, 이 모든 것이 완벽하게 현실적이었으며 동시에 그리스도의 삶에서—그의 육화에서, 그가 못 박힌 괴로운 "나무"에서, 군인의 창이 그의 옆구리에 낸 상처 등에서—"완성되었다." 마르키온과 그의 추종자들이 그랬던 것처럼 이런 정교한 연관에 의문을 제기하는 것은 이단 혐의를 초래했다. 이미 기원후 180년에, 『이단에 반대하여(*Adversus Haereses*)』라는 성 이레나이우스의 책에서 그 점이 분명히 설명되었다. 기독교인은 여호와를 거부하거나, 구세주가 이전에 알려져 있지 않은 감추어진 신이었다고 주장하거나, 첫 인간들의 이야기를 부인하는 것이 허락되지 않았다. 아담이 없으면, 예수도 없다.

그러나 벌거벗은 남녀와 뱀과 금단의 열매 이야기는 여전히 곤혹스러웠다. 이것은 기독교 신앙의 핵심적인 초석이었지만, 또는 그렇게 주장되었지만, 일부에게는 이 초석이 불안정하거나 심지어 당혹스러웠다. 이것은 가장 우스꽝스러운 이교도의 기원 이야기들과 도대체 무엇이 다른가? 기원후 4세기의 세련된 로마 제국의 황제 율리아누스는 그런 모든 신화들을 똑같이 경멸했다. 그는 『갈릴리인에 반대하여(*Contra Galilaeos*)』에서 이렇게 말했다.[14] 고대 그리스인은 "믿을 수 없는 허무맹랑한 이야기들"을 지어냈다. 하지만 기독교인이 믿는다고 고백하는 아담과 이브에 관한 히브리인의 이야기도 나을 것이 없다. 황제는 조롱하며 이렇게 물었다. 뱀이 이브와 이야기를 할 때, 어떤 종류의 언어를 사용했다고 말해야 하는가? 히브리인의 하느님이 자신이 만든 인간들에게 선과 악을 구별하는 힘을 주지 않으려고 한 것은 이상한 일 아닌가? 틀림없이 그런 힘은 지혜의 핵심적 속성 가운데 하나이며, "따라서 뱀은 인류의 파괴자라기보다는 은인이었다."

율리아누스가 운 나쁜 페르시아 원정에서 얻은 부상으로 죽고 나자, 제국의 회의주의도 그와 함께 죽었고, 기독교는 제국의 공식 종교라는 자리를 다시 이어갔다. 하지만 히브리인의 창조 이야기가 주는 불편함은 사라지지 않았다. 지적 수준이 높은 일부 유대교도와 기독교도가 느끼는 그런 불편을 진정시키는 기술은 예수가 성지에서 활동하던 시기에 이미 나타났다. 알렉산드리아 출신으로 그리스어를 구사한 유대인 철학자 필론이 주로 그런 작업을 했는데, 그는 플라톤과 아리스토텔레스를 읽는 사람들이 『성서』의 어느 부분을 원시적이고 윤리적으로 일관성이 없다고 생각할 수도 있는지 완벽하게 이해했다.

필론의 해법은 근본적이고 뛰어난 것으로 한 단어, 알레고리(allegory, 그리스어로는 "달리 말한다"는 뜻)로 요약될 수 있다.[15] 이 이야기들을 있는 그대로 받아들이려는 노력은 모두 버려야 한다. 대신 각각의 세목은 철학적 수수께끼, 감추어진 더 추상적인 의미를 가리키는 힌트로서 다루어져야 한다. 그는 이렇게 말했다. 『성서』는 엿새 만에 세상이 창조되었다고 말하는데,[16] 이것은 "만든 분이 긴 시간이 필요했기 때문이 아니다—하느님은 틀림없이 모든 일을 동시에 했을 것이기 때문이다." 날들이 언급된 것은 "뭔가가 존재하려면 질서가 필요했기" 때문이다. 첫 번째 인간—「창세기」의 제1장에서 창조된 인간—은 필론에 따르면, 살과 피로 이루어진 피조물이 아니라, 인간이라는 플라톤적 개념과 비슷했다. 에덴 동산은 우리가 다가갈 수 있는 동산과는 전혀 닮지 않았다. 그 한가운데에 있는 생명의 나무에 관해서 말하자면, "생명이나 이해의 나무가 과거에 지상에 나타난 적이 없고 미래에도 나타날 가능성은 없다."

필론에게 핵심은 서사의 액면 그대로의 세부에 초점을 맞추지 않는 것이었다. 대신 그것을 상징으로 이해해야 하는데, "이것은 감추어진 의미의 설명을 통한 알레고리적 해석을 불러온다." 모세는 동산의 아담을 그리면서 독자들에게 어떤 시골의 광야에서 일하도록 배치된 벌거벗은 농민의 이미지를 떠올릴 것을 요구하지 않았다. 세계주의자 필론은 이렇게 말했다. 최초의 조상은 "우주의 유일한 현실적 시민"이었으며, 그가 노동한 것으로 여겨지는 동산은 사실 그의 영혼이었다.[17] 생명의 나무는 가장 높은 덕목인, 하느님에 대한 경의의 상징이었다. 뱀은 동산에 자생하는 뱀이 아니라, "쾌락의 상징"이었다. "첫째로는 얼굴을 앞으로 내밀고 배를 대고 엎드려 있는 다리 없는 피조물이기 때문이고, 둘째로는 흙덩어리를 먹이로 삼기 때문이고, 셋째로는 이에 독을 품고 다니다가 물어 죽일 수 있기 때문이다."

필론의 전략 덕분에 그리스 철학을 잘 아는 그리스화된 유대인은 이 이야기의 우화적 요소에 당혹스러움이 아니라, 플라톤의 『국가(*Republica*)』에 나오는 동굴 같은 신화가 요구하는 섬세하고 세련된 태도로 다가갈 수 있었다. 그의 지적인 태도는 수백 년 동안, 심지어 현재에 이르기까지 유대교 주석의 경로를 설정했다.[18] 그러나 필론의 알레고리적 방법론이 유대인에게만 영감과 강력한 모범 역할을 한 것은 아니었다. 그는 초대 기독교의 중요 인물들, 가장 중요하게는 오리게네스 아다만티우스("부술 수 없는 자")로 알려진 알렉산드리아의 학자에게 영향을 주었다.

오리게네스는 필론이 태어나고 나서 약 200년 뒤인 기원후 184년에 로마 제국에 밀어닥친 또 한번의 박해의 파도에 쓸려 순교를 당한 기독교인의 아들로 태어났다. 그는 신앙심이 강렬한 젊은이로서 자신의 운명도 자신을 신앙을 위한 죽음이라는 영광으로 이끌 것이라고 생각했다. 그러나 그 자신은 실망했을지 모르지만, 그는 엄청나게 영향력이 큰 교사이자 신학자가 되었다. 그는 그의 구술을 교대로 받아쓰는 서기들의 도움을 받아

약 6,000편의 저작을 남겼다고 한다. 여기에서 "저작"이란 하나의 파피루스 두루마리에 들어갈 분량을 뜻하는 것으로, 장(章)과 비슷하다. 그렇다고 해도 이것은 엄청난 성취이며, 많은 부분이 사라지기는 했지만, 오리게네스의 남아 있는 생산물—성서학의 유명한 저서들, 아주 자세한 주석, 설교 모음집, 논증법, 신학적 명상록—은 그 규모를 확인해준다.

오리게네스에게는 늘 무엇인가 깜짝 놀랄 만한 것, 교회 당국을 불안하게 하고 갈등을 도발하는 무엇인가가 있어, 그는 매우 불안정하고 이리저리 떠도는 삶을 살아야 했다. 그는 엄청난 학식을 갖추었고, 잠을 자지 않았으며, 독실했고, 스스로를 벌하는 성격이었으며, 다른 많은 사람들을 시복(諡福)과 시성(諡聖)에 이르게 한 자질들을 많이 갖추고 있었다. 그러나 오리게네스는 결코 성인(聖人)이 되지 못했다. 그의 신학적 입장들 가운데 일부—물론 저작이 6,000편이나 되다 보니 그 수는 놀랄 만큼 많았다—가 결국 교회의 교리가 되는 믿음과 어긋났기 때문이다. 그는 성자가 성부에게 종속된다고 주장했으며, 가끔 사탄 자신을 포함한 모든 피조물이 결국은 구원을 얻어 하느님과 화해할 것이라고 암시했다. 두 사상 모두 결국은 이단으로 간주된다.

그러나 단지 교리만이 문제는 아니었다. 급진적인 금욕주의자였던 오리게네스는, 제자들이 예수의 생각은 결혼을 하지 않는 편이 더 낫다는 것이냐고 물었을 때에 예수가 한 답을 깊이 생각했다. "그것은 아무나 할 수 있는 일이 아니다. 다만 하느님께서 허락하신 사람만이 할 수 있다." 예수는 그렇게 답한 뒤에 덧붙였다.

어머니의 태로부터 된 고자도 있고 사람이 만든 고자도 있고 천국을 위하여 스스로 된 고자도 있도다. 이 말을 받을 만한 자는 받을지어다. (「마태복

음」 19:12)

천국을 위하여 스스로 된 고자 가운데 한 사람이 되고자 했던 오리게네스는 칼을 들어 스스로 거세를 했다.

4세기까지 이것은 하나의 관행으로서 공식적으로 비난을 받지 않았지만, 교회는 이런 자해를 좋게 보지 않았다. 교회는 여기서 예수의 말은 그가 한 다른 많은 말―"죽은 자들의 장례는 죽은 자들에게 맡겨두어라", "오른손이 죄를 짓게 하거든 그 손을 찍어 던져버려라", "이 세상 누구를 보고도 아버지라 부르지 마라"―과 마찬가지로 비유적으로 이해해야 한다고 판결했다. 이 가운데 어느 것도 말 그대로 받아들이도록 권고하기는 커녕 허락하지도 않았다.

오리게네스는 천국의 고자라는 말을 엄격하게 말 그대로 이해했지만, 아이러니인 것은 그가 초기 기독교에서 경전의 알레고리적 해석을 옹호한 가장 위대한 인물이 되었다는 사실이다. 그는 켈수스라는 이름의 그리스 철학자가 쓴 이교도적 공격에 대한 답으로 자신의 입장을 분명히 밝혔다. (켈수스의 책『진실한 말[Logos Alethes]』은 남아 있지 않지만, 상당 부분이 오리게네스의 답을 통해서 알려져 있다). 켈수스는 이렇게 썼다. "결국 팔레스타인의 어느 구석에서 비굴한 삶을 살고 있으며, 전혀 교육받지 못한 민족인 유대인"은 아담과 이브의 창조 같은 "믿을 수 없고 재미없는" 이야기들을 몇 개 엮었으며,[19] 기독교인은 그 위에 자신들의 신앙을 세웠다. 이런 도전에 맞서 오리게네스는 액면 그대로의 의미로부터 최대한 빨리 달아났다. 그는 이렇게 답했다. 경전의 말은 켈수스 같은 이교도 지식인이 자신의 고전을 대하는 것과 똑같은 방식으로 대해야 한다. 왜 헤시오도스와 플라톤은 섬세한 독법으로 읽어내면서, 모세의 심오한 우화는 둔

한 직해주의로 해석하는가? 플라톤도 그의 신화를 야박하게 읽어 그가 이야기의 망토 밑에 위대한 철학적 신비를 감추는 방식을 음미하지 못한다면 농담처럼 들릴 것이었다.

따라서 오리게네스는 이렇게 주장했다. 「창세기」에서 아담을 한 개인으로 생각하지 말아야 한다. 아담이라는 히브리어 표현은 인간 일반의 본성을 의미한다. 낙원은 특정한 장소가 아니라 영혼의 상태를 가리킨다. 남자와 여자를 낙원에서 추방하고, 하느님이 가죽옷을 입혀준 것은 조악한 민담이 아니다. 거기에는 "영혼이 날개를 잃고, 땅을 향해 아래로 곤두박질치다가, 마침내 어떤 안정된 휴식처를 찾을 수 있다는 은밀하고 신비한 (플라톤의 학설을 훨씬 넘어서는) 교리"가 담겨 있다. 오리게네스의 수많은 추종자들은 그의 해석 작업을 이어받고 더욱 다듬었다. "에덴"은 예수 그리스도, "낙원"은 교회, "여자"는 감각 지각, "남자"는 이성이었다. 서서히, 마치 수고스럽게 고고학 발굴을 하듯이, 「창세기」 이야기의 돌 많은 표면 밑에서 철학적 보물이 발굴되었다.

오리게네스의 방식이 성공을 거두었다면, 아담과 이브는 점차 불가해한 상징으로 희미해졌을 것이고, 그들이 미묘한 철학적 문제들을 가리키는 방식에서는 흥미로울지 모르나 다른 면에서는 매력을 잃었을 것이다.[20] 그들은 현실성을 주장하지 않고 망각으로 서서히 걸어가기 시작했을 것이다. 그러나 일부에게는 알레고리가 직해적 독법의 불편과 위험에 대한 완벽한 해법처럼 보였을지 몰라도, 오리게네스가 죽자마자 아담과 이브의 이야기를 알레고리로 다루는 태도는 지속적이고 강력한 공격을 받게 되었다. 현대에 이루어진 조사에 따르면, 지금도 수백만의 사람들이, 그렇게 많은 과학적 증거들에도 불구하고, 여전히 아담과 이브의 이야기를 알레고리가 아니라 말 그대로 믿고 있다고 고백한다. 이렇게 말 그대로 믿는 이유는 무지와는 거의 또는 전혀 관계가 없다. 그것은 기독교의 역사, '부술 수 없는 자' 오리게네스보다 더 튼튼한 철학자의 사상이 새겨진 기독교와 밀접한 관계가 있다. 그 철학자는 히포의 아우구스티누스였다.

5

목욕탕에서

기원후 370년의 어느 날, 현재의 알제리의 지방 도시 타가스테에서 아버지와 열여섯 살 난 아들이 함께 목욕탕에 갔다. 표면적으로만 보면, 이 일은 지극히 일상적이었다. 고대 세계의 다른 수백 개의 로마 도시를 닮은 타가스테는 시장, 신전, 공원, 법정, 학교, 주택단지, 극장, 광장, 일터, 동물 우리, 원형극장, 체육관, 매음굴, 막사, 그리고 물론 목욕탕 등 지방 도시에서 예측 가능한 시설을 모두 갖추고 있었다.

목욕탕은 제국의 위대한 수도에 있는 호사스럽기로 유명한 디오클레티아누스 목욕탕에서부터 이들 부자가 들어갔을 수수한 지방 시설에 이르기까지 규모와 설비 수준이 다양했지만, 기본적인 경험—몸을 담그고, 땀을 내고, 마사지를 하고, 마지막에 몸을 식히고 쉬는 것—은 어디를 가나 똑같았으며, 이 점은 현재까지도 거의 변함이 없다.[1]

따라서 1,600여 년 전에 그곳에서 지금 우리가 사는 세계에까지 영향을 미칠 만한 일이 일어났다면, 그것은 도대체 무엇일까? 목욕탕에 들어갔다가 아버지는 아들이 부지불식간에 발기한 것을 흘끗 보았을 수도 있고,

그 즈음 돋아나기 시작한 아들의 음모를 두고 한마디 했을 수도 있다. 세계사에 기록될 만한 사건이라고 할 수는 없지만, 이 아들의 이름은 아우구스티누스였고, 그는 수십 년 뒤에도 이때의 일을 기억하고 있었다. 그는 북아프리카의 주교가 되고 나서 몇 년 뒤인 397년경에 쓴 유명한 자서전 『고백록(Confessiones)』에서 이 순간을 회고했다. 그는 이렇게 썼다. 그날 공중목욕탕에서 아버지는 "나에게서 활동적인 남성성이 살아나는 것을 보았고, 이것만으로도 아버지는 손자들을 본다는 기분 좋은 생각에 빠져들었습니다."[2]

시간과 문화의 긴 거리를 건너왔음에도 십대의 예민한 부끄러움을 떠올리기는 쉽다. 그러나 아우구스티누스의 기억에 박힌 것은 부끄러움─아버지가 그만 보게 하거나 목욕탕 바닥 밑으로 들어가고 싶다는 강한 갈망─이 아니었다. 그의 기억에 남은 것은 집에 돌아갔을 때에 생긴 일이었다. 그의 회고에 따르면, 아버지는 "행복한 얼굴로 어머니에게 그 이야기를 했습니다." 여기에서도 그가 『고백록』에서 고백하는 상대인 하느님에게 하고 싶은 이야기는 부끄러움이 아니다.

아버지는 행복한 얼굴로 어머니에게 그 이야기를 했습니다. 아버지의 행복은 취한 상태에서 말미암은 것이었는데, 이런 상태일 때 세상은 세상의 창조주이신 당신을 잊고, 당신을 사랑하는 대신 당신이 창조한 것을 사랑하게 됩니다. 세상은 그 나름의 도착된 의지, 세속적 의지라는 보이지 않는 술에 취해 있기 때문입니다. 하지만 당신은 어머니의 마음에 이미 성전을 짓기 시작하여 당신의 거룩한 거처의 기초를 닦아놓았습니다……그래서 어머니는 경건한 신앙심 때문에, 놀라 불안에 젖었습니다. (2:3)

사춘기 소년의 성적 성숙의 증거는 부모인 파트리키우스와 모니카 사이에 심각한 차이가 드러나는 계기—처음 있는 일도 아니었고 또 이것이 마지막도 아니었다—가 되었다.

아우구스티누스가 많은 이야기를 해주지는 않지만, 둘 가운데는 아버지 쪽이 우리가 이해하기 쉬운 듯하다. 수수한 자산을 가진 남자였던 파트리키우스는 장남에게 큰 기대를 걸었는데, 아버지와 가족 전체가 장남의 가능성을 분명히 인식하고 있었다. 어린 아우구스티누스는 이미 마다우로스라는 쾌적한 도시에 가서 몇 년 동안 공부를 하고 있었다. 그곳에서 공부를 잘 했기 때문에 카르타고에 있는 대학으로 진학했고, 거기에서 화려하고, 또 잠재적으로 돈도 많이 벌 수 있는 경력을 쌓아나가게 되었다. 그가 이미 보여준 재능—언어를 다루는 힘, 해석과 연설 솜씨—은 교육, 법, 공무 쪽을 가리키고 있었다. 로마 제국에는 똑똑한 젊은 행정관들이 필요했으며, 부유한 아프리카 주들에서는 더욱 그러했다. 그곳에서 아주 많은 식량을 길러, 잘 싸서, 로마를 비롯하여 이탈리아 반도의 다른 큰 도시들로 보냈기 때문이다. 파트리키우스는 목욕탕에서 흐뭇하게 미래를 꿈꾸며, 손자들, 성공한 아들의 후손에게 둘러싸인 자신을 상상했다.

이때가 파트리키우스로서는 어려운 시절이었기 때문에 그 꿈은 더 달콤했을 것이다. 사춘기에 들어선 아우구스티누스는 어떤 이유에서인가 타가스테에 돌아와 있었다. 아버지는 그를 카르타고에 보낼 돈이 없어 그 돈을 모으느라 애쓰고 있었다. 그는 가난하지는 않았지만—약간의 재산과 노예를 소유했다—대학 교육은 돈이 아주 많이 들었다. 아우구스티누스도 인정했듯이, 다른 아버지들은 심지어 훨씬 부자인 아버지들도 그런 수고와 비용을 들이지 않았을 것이다. 그의 아버지의 그런 노력은 이 도시에서는 비밀이 아니었다. "빈약한 자산에도 불구하고, 아들의 유학을 위해서 필요한 모든 것을 아들에게 제공할 준비가 되어 있는 아버지에 대한 칭찬뿐이었습니다." 하지만 이 모든 보살핌의 수혜자는 어른이 되어 이때를 돌아보게 되었을 때, 칭찬의 합창에 끼지 않았다. 그는 하느님에게 말한다. "저의 이 아버지는 제가 당신이 보기에 어떻게 자라고 있는지, 제가 순결한지 아닌지 살피는 데는 전혀 마음을 쓰지 않았습니다."

따라서 우리는 목욕탕 장면으로, 집에서 그의 아버지와 어머니 사이에 놓인 심연으로 돌아가게 된다. 파트리키우스는 열렬한 기독교인 아내의 세례를 받으라는, 조용하지만 강한 압력에 저항했다. 그는 자식이 태어날 때 성호를 그어주는 것을 허락했고, 그 자신은 그 무렵에야 기독교 가르침을 들으려고 했지만(이른바 "예비신자"로서), 예수의 눈에 아들의 영적 발전이 어떻게 보일지에는 관심이 없었고, 아들의 남성성의 증거를 오직 기쁘게만 보았다. 만일 그에게 이 기쁨을 정당화해보라고 하면, 성의 힘으로 우주 전체를 결합하고 있는 여신 베누스를 불러냈을지도 모르고, 아니면 그저 셰익스피어의 베네딕(셰익스피어의 『헛소동』의 등장인물/역주)처럼 "세상은 사람으로 가득 차야 해" 하고 말했을지도 모른다.

어쨌든 파트리키우스의 관심사에서 기독교는 높은 자리에 있지 않았다. 그는 아내의 미덕들을 존중했지만, 아우구스티누스의 말에 따르면, 그 자신은 아내에게 충실하지 않았다. 『고백록』은 언제, 어떻게 소문이 그의 귀에 들어가게 되었는지 말하지 않지만, 아들은 아버지의 부정을 어머니와 이야기한 것이 분명한데, 어머니는 그것을 모두 알면서도 싸움거리로 삼지 않는 쪽을 택했다. 아버지는 착한 사람이었지만 성질이 있었으며, 어머니는 그것을 자극하지 않으려고 조심했다. 아우구스티누스는 어머니의 친구들 다수가 얼굴을 맞아 멍이 든 모습으로 나타나서 남편의 폭력을 불평할 때에도 어머니는 친구들을 책망했다고 기억한다. 어머니는 그들에게 결혼의 법에 의해서 그들은 남편의 ancillae, 즉 노예 소녀임을 일깨우고는 했다.

따라서 모니카가 자신이 아니라 아들을 위해서 기꺼이 소동을 일으켰다는 사실은 더욱더 눈에 두드러진다. 파트리키우스의 성적 행동과 아들의 그런 행동은 다른 문제였다. 아우구스티누스의 말에 따르면, 남편이 목욕탕에서 본 것 때문에 활짝 웃자, 어머니는 "내가 당신에게 시선을 고정시키는 것이 아니라 등을 돌리는 비뚤어진 길을 따를까봐" 겁을 내기 시작했다. 모니카가 아들이 누구의 길을 따를까봐 겁을 냈는지는 쉽게 알 수 있다. 그녀는 의도적으로 또 체계적으로 아들과 아버지 사이에 쐐기를 박는 일에 착수했다. "어머니는 그가 아니라 당신, 나의 하느님을 나의 아버지로 만들기 위해 할 수 있는 모든 일을 했습니다"(1:11). 아우구스티누스는 그렇게 감탄했다.

아버지와 어머니가 완전히 합의한 한 가지가 있었다. 총명한 아들이 그 주목할 만한 재능에 합당한 교육을 받아야 한다는 것이었다(아우구스티누스는 선택받은 자였다. 그에게는 적어도 형제[3]와 누이가 한 명씩은 있었는데, 그들의 교육은 부모의 계획에서 중요한 자리를 차지하지 못했던 듯하다). 부모는 1년 동안 절약을 하고 연줄을 동원해서야 필요한 자금을 모을 수 있었고, 마침내 아우구스티누스는 카르타고로 떠났다. 그는 타가스테를 떠나 대도시로 가면서 아버지를 마지막으로 보았을 것이다. 『고백록』에서 그는 아무렇지도 않게 자신이 열일곱 살 때 파트리키우스가 죽었다고 언급하기 때문이다. 이 말은 너무 냉정해서 눈에 두드러진다.

홀로 된 모니카는 애도와 더불어 사랑하는 아들 아우구스티누스에게 아주 위험한 영향을 줄 수 있는 남편이 사라진 것에 안도감도 조금 느꼈을지 모르지만, 아들이 순결의 곧은길을 갈 것이라는 희망은 금세 꺾였다. 그는 썼다. "나는 카르타고에 갔고, 거기에서 쉭쉭 소리를 내며 끓고 있는 욕정의 솥 안에 들어가 있게 되었습니다"(3:1). 솥 안에서는 무엇이 끓고 있었을까? "나는 우정의 물줄기를 더러운 추잡함으로 흐려놓았다"는 구절은 자위나 동성애에 관해서 흥분해서 이야기하는 것처럼 들리는 반면, 마찬가지로 수수께끼 같은 다른 구절들은 여자들과의 일련의 불행한 연애를 암시한다. 열에 들뜬 난교는 그런 구절들이 가리키는 것이 그것이라면, 상당히 빠르게 매우 안정된 관계로 귀결되었다. 아우구스티누스는 카르타고에 도착하고 나서 1, 2년이 지나지 않아 한 여자와 지속적인 관계를 가지게 되었다. 그는 이 여자와 함께 살았으며, 그의 이야기에 따르면 13년 이상 이 여자에게 충실했다.

이런 내연관계—당시의 기준으로 보면 관습적인 상황이었다—가 모니카를 만족시키지는 못했겠지만, 그래도 아들의 들뜬 성적 에너지를 고려할 때, 이것이 이 단계에서 그녀가 아들에게서 그려볼 수 있는 최선이었을 것이다. 그녀가 두려워한 것은 성급한 결혼, 아들의 발전을 막을 수도 있는 결혼이었다. 낮은 계급의 여자와 동거하는 것만으로는, 설사 그녀가 아들 아데오다투스를 낳았다고 해도, 위험이 훨씬 덜했다. 적어도 아우구스티누스의 관점에서 보면—우리에게는 그의 관점밖에 없지만—그 여자와 결혼한다는 생각은 없었으며, 『고백록』은 군이 그녀의 이름을 제공하지도 않는다. 그는 "자식들을 둘 목적으로 이루어지는 결혼의 속박과 욕정을 위해서 이루어지는 거래—이 거래에서는 만약 자식이 생기면 자식을 사랑할 수밖에 없지만 자식을 낳는 것을 꺼려한다—사이의 차이"(4:2)를 이해했고, 독자들도 이해할 것을 기대했다.

"욕정을 위해서 이루어지는 거래." 이 시절에 대한 아우구스티누스의 기억에서는 그의 삶 전체가 거래였다. 섹스는 그 일부일 뿐이었다. 그는 양심의 가책을 느끼지 않고 교활한 행동을 하는 것을 자랑하며 법을 공부하고, 수사 기술을 가다듬고, 운문 낭송을 위한 연극 대회에 나가고, 점성술사에게 점을 치고, 친구들과 시간을 보내며 그들의 도덕적이고 지적인 약점을 은근히 관찰했다.

그는 이미 어린 시절부터 문학을 사랑했다. 그는 이렇게 회고했다. 학교에서는, "사랑 때문에 자살한 디도의 죽음을 애달파하게 되었으며, 그러면서도 내내, 이런 일들의 와중에도, 나는 당신, 나의 하느님이자 나의 생명으로부터 분리되어 죽어가고 있었고, 이런 나 자신의 곤경에는 눈물을 흘리지 않았습니다"(1:13). 카르타고에 와서는 연극에 끌리게 되었으며, 자신의 삶에서 일어났다면 겁에 질렸을 상상의 불행을 그린 장면들을 보며 슬픔을 느끼기 좋아하는 관람자 가운데 한 명이 되었다. 아우구스티누스는 이런 괴로움의 허구적 본성이, 살갗을 스치기만 하기 때문에 그것을 즐길 만하게 만든다고 생각했다.[4]

그의 관점에서 볼 때, 우화와 허구는 자신의 존재를 가능한 한 피상적으로 유지하기로 결심한 사람에게는 완벽한 소일거리였다. 그는 위험한 자기 성찰을 막고, 진정한 친밀성을 피하고, 자신의 선택을 인정하기를 거부하면서 표면에서만 삶을 영위하려고 했다. 중요하지 않은 관계, 원하지 않는 아이의 출생, 의미 없는 보상에 대한 야심찬 추구, 사소한 자극에 대한 끊임없는 탐색.

그럼에도 그의 안의 무엇인가가 충족되지 않았다. 그는 장난삼아 쾌활하게 굴었지만 실은 매우 진지한 젊은이였다. 그러다 한번은 어머니의 신앙과 그를 가르친 교훈들이 기억나서 "도대체 어떤 책인지 보려고"(3:5) 『성서』를 뽑아들었다. 그러나 실망했다. 그 언어—아마 가장 초기의 구(舊)라틴어(Vetus Latina) 번역으로 읽었을 것이다—는 키케로가 구사하는 언어의 당당함과 비교가 되지 않았다. 베르길리우스와 오비디우스를 읽으며 문학적 취향을 기른 사람에게 이런 텍스트는 문체가 조야했으며, 내용은 아우구스티누스와 친구들이 매력을 느끼던 세련된 철학 논문과 비교하면 실망스러울 정도로 소박해 보였다.

아우구스티누스는 사물의 표면에만 머물며 살려고 굳게 마음먹고 노력했음에도, 그의 취향은, 『고백록』이 분명히 드러내듯이, 희극과 가벼운 오락물로 흐르지 않았다. 전에는 책을 읽다가 버림받은 디도의 비극적 운명에 끌렸듯이, 이제는 사람들이 고통 받는 장면에 끌렸다. 그는 연거푸 자문했다. 왜 세상에는 이렇게 불행이 많을까? 왜 사람들은 되풀이하여 파멸적인 선택을 할까? 어디에서나 인간 조건의 특징을 이루는 잔혹, 타락, 폭력의 원인은 무엇일까? 그는 불법이기는 하지만 4세기에 로마 세계 전역으로 상당히 퍼져 있었던 종교에서 이 어려운 문제의 답을 발견했다. 그래서 그 전 세기에 페르시아에서 유래한 종교 체계인 마니교의 신봉자가 되었다.

이 체계의 예지력을 갖춘 창시자인 예언자 마니는 자신을 "예수 그리스도의 사도"라고 불렀지만, 아우구스티누스의 마니교 신봉은 독실한 모니카가 바라고 기도하던 가톨릭 신앙으로의 개종은 아니었다. 오히려 정반대였다. 마니교도에게서는 인류를 구하려고 사랑하는 아들을 보낸 한 명의 전능한 하느님이 우주를 다스리지 않았다. 우주는 빛과 어둠, 서로 싸우는 화해 불가능한 두 세계로 나뉘어 있었다. 예수는 빛의 화신들 가운데 하나였다. 교역로를 통해서 중앙 아시아와 중국까지 퍼져나간 마니교의 오랜 역사에서 예수는 붓다, 조로아스터, 크리슈나를 아우르는 밝고 순수한 인물들과 나란히 자리잡고 있었다.

우주의 좋은 편에 있는 신성한 세력은 인간의 몸에 담겨 있는 순수한 영혼이 빛을 향해 올라가는 것을 도우려고 노력했다. 하지만 악의 편이 이런 노력을 막아서고 있었는데, 이것은 탐욕, 폭력, 불의, 바닥없는 성욕으로 이루어진 가공할 세계였다. 마니교도는 마르키온과 마찬가지로 히브리 경전을 못마땅하게 생각했다. 그들은 「창세기」의 처음 몇 장을 윤리적 일관성도 없는 순진한 민담이라고 조롱했다. 히브리의 여호와를 예수의 아버지가 아니라 어둡고 타락한 세계를 창조한 악마적 권세로 보았다. 빛과 어둠의 투쟁은 별들이 있는 우주의 광대한 공간으로부터 고립된 개인의 가장 후미진 구석에 이르기까지 우주의 모든 수준에서 반복되었다.

이 종교의 중심에 있는 진정한 신자들—복잡하고 뒤얽힌 사상체계를 습득했을 뿐 아니라 그 원리들을 생활방식으로 번역하기도 한 사람들—은 '선택된 자들'이라고 알려진 엄격한 금욕주의자들이었다. 이들은 배타적 무리로, 아우구스티누스는 적어도 지금은 그 안에 들어가고 싶은 마음이 없었다. 이 젊은이는 정부(情婦), 어린 아들과의 관계에 편안하게 정착하여 오직 교사가 되는 길만 바라보고 있었기 때문에 마니교 금욕주의의 최고의 후보라고 할 수는 없었다. 그는 신자들의 맨 아래 단계에 속하는 "듣는 자들"이라고 알려진 사람들 가운데 한 명이었다.

표현력이 뛰어나고 철학적으로 기민한 사람에게 예상할 수 있는 일이지만, 아우구스티누스는 매우 훌륭한 "듣는 자"였다. 지방 도시의 독실하고 걱정이 많고 지배하려고 드는 어머니로부터 탈출한 불안한 지식인으로서, 세련된 반문화(反文化) 비밀결사에 가담하는 것은 짜릿한 일이었을 것이 틀림없다. 어쩌면 그는 또 이 종교의 비의적이고 혼합주의적 성격, 우주 만물 뒤에 감추어진 진실을 안다는 주장에도 끌렸을지도 모른다. 그러나 무엇보다도 마니교는 아우구스티누스가 한동안 불안하게 품고 있던 의문에 답을 주었다. 악—이 세상의 또 그 자신 내부의—이 어디에서 왔는가

하는 괴로운 수수께끼를 해결해준 것이었다.

만일 유대교도와 기독교도가 주장하는 대로, 하나뿐인 전지전능한 하느님이 만물을 창조했다면, 왜 그렇게 악이 넘치는 세상을 창조했을까? 왜 순수하고 선해지고 싶은 아우구스티누스는 그런 내적 갈등을 겪어야 할까? 하느님은 선한 동시에 악할 수 있을까? 아니면, 더 나쁜 것으로, 하느님은 어떤 사람들이 주장하듯이, 선악에 무관심할 수 있을까?[5] 차라리 흠 없이 완벽하게 선한 하느님이 전능하지 않고, 악한 상대, 자신만큼 영리하고 책략이 풍부한 악마 같은 적과 싸워야 한다고 믿는 것이 나았다. 또 아우구스티누스가 자신에게, 그의 가장 깊은 존재의 감추어진 구석에 담겨 있다고 생각하는 순수, 선, 빛이 적대적이고 이질적인 어둠의 권세에게 공격을 당한다고 믿는 것이 나았다.

이것이 아우구스티누스가 문학 교사 일을 맡으러 카르타고에서 타가스테로 돌아가기로 했을 때, 정부와 아들과 더불어 품고 간 신념이었다. 다시 카르타고로 돌아가 대중연설 강좌를 맡고, 이어 로마와 밀라노로 옮겨 갔을 때에도 이것이 여전히 그의 신념이었다. 이때는 인상적인, 심지어 대단하다고 할 수 있는 출세의 기간으로, 그의 아버지의 꿈이 바로 이것이었을 것이다. 아우구스티누스는 시로 상을 받았고, 아리스토텔레스 해석으로 모두의 입이 벌어지게 만들었고, 미학에 관한 논문을 첫 책으로 냈고, 훌륭한 친구들을 여럿 사귀었고, 영향력 있는 후원자의 지원을 받았다. 카르타고가 타가스테로부터 중요한 약진이었다고 한다면, 로마는 명성이나 보수 양쪽에서 엄청난 도약으로, 모두가 상상 속에서나 바라던 눈부신 목표였다. 밀라노는 로마에 비하면 덜 매혹적으로 보일 수도 있지만, 사실 그곳은 제국의 궁정이 자리잡은 곳이었으며, 아우구스티누스는 그곳에서 큰 존경을 받는 수사학 교수직에 임명되었다.

이렇게 10년에 걸쳐 출세의 사다리를 한단 한단 밟아 올라가는 과정에서 딱 한 가지 중요한 문제가 있었는데, 그것은 모니카였다. 처음으로 교사직을 얻어 카르타고에서 타가스테로 갔을 때, 아우구스티누스의 어머니는 처음에는 그와 함께 살려고 하지 않았다. 그의 정부와 자식 때문이 아니라—모니카는 여전히 아들이 사회적으로 이득이 되는 결혼을 하게 하는 것을 목표로 삼고 있었기 때문에 정부를 자신과 관계없는 존재로 보았다—그의 마니교 신앙 때문이었다. 그런 신앙은 그녀에게는 혐오스러운 것이었기 때문에, 그녀는 아들이 죽기라도 한 것처럼 눈에 띄는 곳에서 슬피 울었다. 아우구스티누스의 회고에 따르면, 천사가 꿈에서 어머니에게 "잘 보면 그녀가 있는 곳에 나도 함께 있는 것을 보게 될 것"이라고 다짐하고 나서야 어머니는 한 집에 살면서 함께 식사를 하는 데에 동의했다. 그때도 "어머니는 한숨과 눈물을 쉬지 않았습니다"(3:11). 그는 그렇게 덧붙였다.

걱정이 많고 지배하려고 드는 어머니의 사랑에서 살아남은 사람이라면 누구라도 증언하겠지만, 그렇게 집중된 관심과 걱정의 대상이 되는 것이 주는 감정적 만족은 반드시 그에 따르는 상당한 대가와 견줘보아야 한다. 아우구스티누스는 어린 시절의 어느 시점에 아버지와 형제들보다 자신이 어머니의 사랑을 더 받기를 바랐을지도 모른다. 만일 그랬다면, 그는 분명히 소원하던 것 이상을 이루었다. 그러나 이제 그는 탈출을 원한다는 모든 신호가 나타나고 있었다.

아우구스티누스는 마니교를 버리기를 거부했기 때문에, 어머니의 그에 대한 감정적 요구와 더불어 한숨과 눈물 또한 줄지 않았을 것이 거의 분명하다. 그가 카르타고를 떠나 로마로 갈 준비를 하자 그것은 배가되었다. "어머니는 내가 떠나는 것을 보고 몹시 울면서 물가까지 따라와, 내가 집으로 돌아가거나 어머니를 함께 데려가기를 바라는 마음에 온 힘을 다해 나에게 매달렸습니다"(5:8). 그는 떠난다는 말을 솔직하게 할 수 없었기 때문에 친구를 배웅하는 것뿐이라고 거짓말을 하면서 어머니에게 항구 근처 성지에서 하룻밤을 보내라고 설득했다. "저는 밤에, 몰래, 배를 타고 떠났습니다."

아우구스티누스는 한때 베르길리우스의 『아이네이스(*Aeneis*)』에서 몹시 감동받았던 장면을 자신이 삶에서 재연하고 있다는 사실을 의식했을 것이 틀림없다. 아이네이스가 로마를 세우기 위해서 기만적으로 연인 디도를 버리고 몰래 배를 타고 카르타고로 떠나는 장면이었다. 그 문학적 순간은 그의 내면에 깊이 뿌리를 내렸다. 그는 분명히 그 장면을 이용하여 자신이 한 일을 이해하고, 자신을 신의 명령에 따라서 행동하는 서사시의 영웅으로 표현하는 동시에, 자신의 떠남이 초래할 강렬한 고통을 마치 직접 목격한 것처럼 인식했을 것이다. "다음 날 아침 어머니는 슬픔에 제정신을 잃고 당신의 귀에 한숨과 슬픔을 쏟아부었습니다." 그는 하느님에게 말했다. "당신이 자신의 기도를 들어주지 않았다고 생각했기 때문입니다."

그는 죄책감을 약간 느낀 것이 틀림없다. 그럼에도 이 순간을 기억하면서, 이번만은 어머니를 향한 분노를 약간 드러내는데, 이것은 오랫동안 그의 내부에 쌓여왔던 것이 분명하다. "당신은 아들에 대한 어머니의 너무 시샘이 많은 사랑[carnale desiderium]을 슬픔의 채찍으로 바꾸어 어머니를 정당하게 벌했습니다." 아우구스티누스가 어머니의 사랑을 두고 사용한 표현—"육체적 욕망(carnale desiderium)"—은 어머니보다는 연인에게 더 어울릴 법한 것이었다. 모니카는 남편과의 관계에서 막혀 있거나 만족하지 못한 것은 무엇이든 아들에게 전가했다. 아들은 질식할 것 같아 달아날 수밖에 없었다. 그의 탈출이 그녀에게 안겨준 고통은 여자로서 그녀의 몫이라고 아우구스티누스는 생각했다. "어머니가 겪는 괴로움은 어머니가 이브의 유산을 상속했다는 증거였습니다. 어머니는 슬픔으로 이 세상에 낳은 것을 슬픔 가운데서 찾으려고 했습니다."

「창세기」에서 이브의 유산은 두 가지였다. 여자들은 고통을 겪으며 출산을 하고 자신을 지배하는 남편을 갈망할 운명이었다. 아우구스티누스는 어머니와의 관계를 돌아보며 상상 속에서 자신을 어머니의 자식이자 남편으로 재규정했다. 어머니는 슬픔으로 그를 세상에 낳았고 슬픔으로 세상을 헤매며 그를 찾았다. 그로서는 슬픈 일이었지만, 어머니의 아들 찾기는 카르타고의 항구에서 끝나지 않았다. 몇 년이 지나고 아우구스티누스가 밀라노에서 자리를 얻었을 때, 모니카는 아들과 함께 있으려고 북아프리카를 떠났다.

이번에는 그도 도망가지 않았다. 그는 어머니에게 마니교에 점차 환멸을 느끼게 되었다고 말했다. 가톨릭을 받아들이고 그 신앙으로 세례를 받을 준비는 되지 않았지만, 밀라노의 가톨릭 주교 암브로시우스에게 감명을 받았기 때문이다. 암브로시우스가 『성서』에 접근하는 방식은 필론과 오리게네스의 전통을 따르고 있었다. 순진해 보이는 이야기에 감추어진 알레고리를 발견하는 지적으로 매혹적인 설교는 아우구스티누스가 이전에 『히브리 성서』에 품고 있었던 경멸적인 태도를 부수는 데에 도움이 되었다. 액면 그대로의 의미로 받아들이면 터무니없는 말로만 들리던 것이 심오한 신비로 보이기 시작했다. 그는 마니교도로서 소수의 열렬한 신자만이 완전하게 이해할 수 있는 비의적 체계에 끌렸지만, 이제 그는 자기도 모르게 반대 방향으로 끌리고 있었다. 『성서』는 겉으로는 단순해 보여서 모두가 쉽게 다가갈 수 있었지만, 가장 심오한 문제를 다루고 있었다.[6]

그러는 동안에도 그는 자신이 할 일을 계속했다. 아침에는 학생들을 만나고 오후에는 가까운 친구들을 만나 철학 토론을 했다. 어머니는 그의 오래된 정부와 아들과 함께 한 집에 살면서 자신의 오래된 목표, 동시에 아들의 오랜 목표이기도 했을 유익한 결혼을 준비하느라 바빴다. 아우구스티누스는 서른 살이었다. 적당한 가톨릭 상속녀가 나타났고, 그녀의 부모도 결혼에 동의했다. 하지만 아직 열 살 또는 열한 살에 불과했을 당사자가 결혼 연령보다 두 살 정도 어렸기 때문에, 결혼을 하기는 하되 미루기로 했다.

한편 모니카는 그와 관련하여 아들의 삶에서 두 번째 변화를 도모할 수 있었다. "내가 함께 살았던 여자는 나의 결혼의 장애물로서 내 곁으로부터 떼어져 나갔습니다." 아우구스티누스는 말한다. "나는 그녀를 무척 사랑했기 때문에 이것은 내 심장이 피를 흘리도록 짓이겨지는 충격이었습니다"(6:15). 이 고통의 현실성을 의심할 이유는 없다. 이들은 13년 동안 함께 살면서 자식을 길렀다. 하지만 아우구스티누스는 자신의 극심한 고통은 예민하게 표현하면서도—"처음에 그 고통은 날카롭고 뜨겁게 타는 듯했지만, 상처는 곪기 시작했고, 고통은 둔해졌지만 나을 거라는 희망은 점점 줄어들었습니다"—그의 이름 없는 정부의 감정을 우리가 잠깐이라도 엿볼 기회는 전혀 주지 않는다. 그냥, "그녀는 다시는 어떤 남자에게도 마음을 주지 않겠다고 맹세하며 나에게서 낳은 아들을 남겨두고 아프리카로 돌아갔습니다"라고만 썼다. 그러고 나서, 이제는 중요하지 않은 것처럼, 그녀의 운명은 자신에게 아무런 의미가 없는 것처럼, 그녀는 삭제되어 이야기에서 사라졌다. 남은 것은 그녀가 달래는 데에 도움을 주던 괴로운 성적 욕망뿐이었다. 신부를 기다릴 시간이 거의 2년이나 남았기 때문에 얼른 다른 정부를 들였다고 그는 전한다.

아우구스티누스는 오래 전부터 자신을 친한 친구 알리피우스와 비교해왔다. 스스로도 인정하듯이 알리피우스는 사춘기 초기부터 성교 경험이 있었는데, "습관이 되지는 않았다"(6:12). 그런데 이제 그는 그 행동이 자신을 타락시킨다고 생각하여, 극도로 순결한 생활을 하고 있었다. 반면 아우구스티누스에게 성욕은 항상 존재하는 것이었으며, 성교는 실제로 습관이 되었다. 그는 이 강렬한 육체적 쾌락이 없는 삶은 상상할 수 없었다. 동정을 열렬히 찬양하고, 성적 극기를 촉구하고, 육체로부터의 탈출을 꿈꾸는 암브로시우스의 설교는 아우구스티누스와 기독교적 신앙의 가장 높은 갈망을 분리하는 심연을 표시하는 것으로만 보였다. 그는 영적인 야심이 커서 스스로 이런 갈망을 이루기를 바랐지만, 그것이 불가능하다는 것을 알았다.

그러나 아우구스티누스가 곧 증언하게 되듯이, 하느님의 은혜는 이상한 방식으로 작동한다. 1년 남짓한 시간이 지나고, 그는 가톨릭 신앙으로 개종했다. 그 직후, 이제 세례를 받은 그는 파혼을 하고 교수직을 사임하고 영원한 순결을 맹세하고 아프리카로 돌아가 수도원 공동체를 찾겠다고 결심했다. 그는 어머니로부터 달아남으로써, 자신도 미처 깨닫지 못한 상태에서 그녀의 최고의 꿈을 이룰 뿐만 아니라 그것을 뛰어넘는 경로를 향해 발을 내디뎠다.

아우구스티누스는 그의 인생의 가장 중요한 사건인 이 개종 과정을 애정을 담아 자세하게 기술했다. 두 가지 계기가 두드러진다. 하나는 그, 어머니, 친구 알리피우스가 살고 있던 밀라노의 집에 달린 정원에서 일어난 일이었다. 아우구스티누스는 세례를 받을지 말지 여전히 고민하고 있었다. 이 결정이 그의 인생 전체를 돌이킬 수 없이 결정적으로 바꿔놓을 것임을 알았기 때문이다. 그는 마치 내부에 두 가지 서로 다른 의지가 있는 것처럼 양쪽 방향으로 찢기는 느낌이었다. 이 둘은 서로 살벌하게 싸우지만 동시에 그 자신의 단일한 자아의 양 측면이기도 했다. 그는 최종적으로 개종을 하고 싶은 마음이 간절했다. 그는 '극기'—성관계의 영원한 단념—라는 정숙한 미녀가 그에게 손짓을 하며, 그의 육체의 불결한 속삭임에 귀를 막을 것을 촉구하는 모습을 그려보았다. 하지만 그 속삭임, 그의 오랜 욕망은 입을 다물기를 거부했다. 내적 갈등이 점점 견딜 수 없을 정도로 심해지자 그는 무화과나무 아래로 몸을 던져 울며 소리쳤다. "언제까지 '내일, 내일' 하고 말하기만 할 것인가? 왜 지금 못하는가?"(8:12)

그는 강박에 사로잡혀 자신에게 이 질문을 던지다가 이웃집의 아이가 노래하는 목소리로 tolle lege, tolle lege, 즉 "가져다 읽어라, 가져다 읽어라" 하고 되풀이해서 말하는 소리를 들었다. 아우구스티누스는 이것을 신의 명령으로 알아듣고 얼른 『성서』로 달려가 그것을 펼치고 눈에 들어오는 첫 구절을 읽었다. 그것은 성 바울이 쓴 「로마서」의 한 구절이었다. "낮에와 같이 단정히 행하고 방탕하거나 술 취하지 말며 음란하거나 호색하지 말며 다투거나 시기하지 말고 오직 주 예수 그리스도로 옷 입고 정욕을 위하여 육신의 일을 도모하지 말라." 갈등은 끝났다. 아우구스티누스는 개종했다.

그는 안으로 들어가서 어머니에게 말했다. 그의 선언—"이제 아내를 원하지도 않고 이 세상에 어떤 희망도 두지 않고 신앙의 규칙에 굳건히 서겠습니다"—에 모니카는 자신이 감히 기도하던 것 이상으로 응답을 받았기 때문에 환희에 젖었다. 어머니가 느끼는 기쁨은, "나의 몸으로 낳은 자식들에게서 찾기를 바랐던 것보다 훨씬 달콤하고 훨씬 순결했다." 아우구스티누스는 그렇게 썼다.

모니카는 오래 전에 파트리키우스가 목욕탕에서 본 것을 전하며 손자들을 기대하는 마음에 웃음을 터뜨렸을 때에 생겼던 갈등에서 승리를 거두었다. 물론 손자가 태어나기는 했다.[7] 아우구스티누스가 끊어버린 관계의 결과물이었다. 그러나 적법한 후손은 없을 것이고 성관계도 없을 것이었다. 모든 기독교인이 성관계를 단념할 의무는 없지만—"정욕이 불 같이 타는 것보다 결혼하는 것이 나으니라"—아우구스티누스가 밀라노 정원에서 한 개종은 바로 그런 금욕이 특징이었으며, 이것이 그의 에덴 동산 해석에 깊은 영향을 주었다.

아담과 이브가 함께 하게 되었을 때에 "이러므로 남자가 부모를 떠나 그의 아내와 합하여 둘이 한 몸을 이룰지로다."「창세기」는 그렇게 말한다. 아우구스티누스는 자신의 삶에서 이런 궤도를 지웠다. 물론 그는 오랫동안 부모를 떠나 정부와 살았다. 적어도 아버지에게는 다시 돌아가지 않았다. 그러나 한때 카르타고에서 어머니로부터 벗어나기는 했지만, 그의 어머니는 이 세상에서 그의 필생의 사랑이었으며, 그 또한 그의 어머니의 그런 사랑이었다. 그리고 그가 영원한 극기의 맹세를 한 직후 그들은 함께 놀랍고 신비한 경험을 공유했다.

아우구스티누스는 그와 함께 수도원 공동체를 세우기 위해서 아프리카로 돌아가기로 결정한 가족, 친구들과 함께 로마의 오스티아 항구에 있었다. 이 작은 무리는 곧 출항할 계획이었다. 아우구스티누스와 어머니는 단둘이 그들이 머물던 집의 정원에 서서 창으로 밖을 내다보며 이야기를 나누었다. 그들은 고요하고 즐겁게 대화를 나누다가 육체적 쾌락이 아무리 크다고 해도 성자들의 행복에 맞먹기는커녕 가까이 다가갈 수도 없다고 결론을 내렸다. 그 순간 "우리 안에서 사랑의 불길이 더 강하게 타오르며" 어떤 일이 벌어졌다. 그들은 물질의 모든 단계를 거쳐, 천구(天球)들을 모두 거쳐, 높이 더 높이 올라가서 그들 자신의 영혼의 영역에 이르고, 거기에서 시간 자체를 넘어서는 영원을 향해 올라가는 느낌을 받았다. "우리가 영원한 '지혜'에 관해 이야기하며 온 힘을 다해서 그것을 갈망하고 그것을 얻으려고 노력하자, 아주 짧은 순간 우리는 손을 뻗어 그것을 만질 수 있었습니다"(9:10). 이 이야기와 함께 이 순간에 이르는 것이 두 사람, 서른두 살의 아들과 쉰다섯 살의 어머니에게 가지는 의미의 숨 막히는 위력을 번역으로 전달하기는 어렵다. 곧 이 순간은 끝이 났다. "우리는 한숨을 쉬었습니다(suspiravimus)." 아우구스티누스는 그렇게 회고하며, 우리의 언어로 돌아왔다.

두 사람은 방금 자신들에게 일어난 일을 돌아보며 그것을 이해해보려고 노력했다. 아우구스티누스는 그들이 경험한 것은 완벽한 침묵으로만 포착할 수 있다고 생각했는데, 나중에 이것을 184개의 단어들로 이루어진, 끊어지지 않는 놀라운 문장으로 떠올려보려고 했다. 이 문장은 어떻게 번역하더라도 원문의 창백하고 뒤죽박죽인 그림자에 지나지 않는다.

우리는 말했습니다, 만일 인간 육신의 소란이 멈추고 그의 생각이 품을 수 있는 모든 것, 땅, 물, 공기가 이제는 그에게 말을 하지 않는다면, 하늘과 심지어 그 자신의 영혼마저 잠잠하여, 이제 자신을 생각하지 않고 그냥 저 너머로 나아간다면, 만일 그의 꿈과 그가 상상에서 보는 것이 이제 말을 하지 않고 모든 말과 모든 신호와 덧없는 모든 것이 잠잠해진다면—왜냐하면 이 모든 것은 우리에게 똑같은 말을 하기 때문인데, 우리가 그것을 들을 수만 있다면, 그 내용은, 우리는 우리 자신을 만들지 않았고, 영원히 계시는 분이 우리를 만들었다일 것입니다—우리는 말했습니다, 만일 그 모든 것이 그런 말을 하고 우리에게 자신들을 만든 분에게 귀를 기울이라고 명한 뒤에 자신들은 입을 다물고 오직 그분만 우리에게 말을 한다면, 그들을 통해서가 아니라 그분 자신의 목소리로 말을 한다면, 그래서 우리가 육신의 혀나 천사의 목소리가 아니라, 천둥소리나 어떤 베일을 쓴 우화가 아니라, 그분 자신의 목소리, 이 모든 창조된 것들 안에서 우리가 사랑하는 분의 목소리로 말하는 것을 듣는다면, 우리가 그분이 직접 말하는 것을 듣고, 어머니와 내가 생각 속에서 손을 뻗어 만유 위에 존재하는 그 영원한 '지혜'를 만진 짧은 순간처럼 우리와 그분 사이에 이런 것들이 전혀 끼어 있지 않다면, 만일 이 상태가 지속되고 열등한 것들의 다른 모든 모습은 제거되어, 이 단 하나의 모습이 그것을 바라보는 자를 매혹시키고 빨아들이고 내적인 기쁨으로 그를 감싸, 그의 삶이 우리가 그렇게 갈망했던 그 이해의 순간과 영원히 똑같아진다면─이것이야말로 주인의 즐거움에 참여할지어다[8] 하는 말씀에서 우리가 이해하는 바가 아니겠습니까?

아우구스티누스와 그의 어머니가 공유한 영적 절정은 그의 생애에서 가장 강렬한 경험이었으며, 레베카 웨스트가 언급했듯이 어쩌면 심지어, "지금까지 기념된 가장 강렬한 경험"이었을지도 모른다.[9] 며칠 뒤에 모니카는 앓기 시작하더니 아흐레째 되는 날 죽었다. 『고백록』은 아우구스티누스의 삶의 이야기를 더 이어가지 않는다. 대신 시간에 관한 철학적 명상으로 방향을 틀어서 「창세기」의 해석을 시작한다.

황홀경의 순간 이후에 40여 년 동안─끝없는 논쟁과 권력 행사와 열띤 글쓰기의 세월이었다─사제이자 수사들의 공동체의 지도자이자 북아프리카의 도시 히포의 주교인 아우구스티누스는 아담과 이브의 이야기의 이해에 특별히 많은 시간을 할애했다. 그는 손에 책을 쥐고 주교 의자(그의 cathedra)에 앉아서, 엄숙한 집회에서 성직자와 회중에게 이야기를 하면서, 복잡한 신학적 쟁점들과 씨름을 하면서, 다양한 친구와 동맹자들에게 지칠 줄 모르고 편지에 또 편지를 구술하면서 그 생각을 했다. 이단에 대항하여 뜨거운 논쟁을 벌이는 내내 그 이야기를 곰곰이 생각했다. 410년 알라리크가 이끄는 서고트족 군대가 사흘간 로마를 약탈했다는 무시무시한 보고를 받았을 때에도 그는 그 신비를 계속 생각했다. 수십 년간 아우구스티누스는 그것이 전혀 이야기가 아니라고, 적어도 우화나 신화라는 의미에서의 이야기는 아니라고 확신하게 되었다. 그것은 말 그대로의 진실이었으며, 그러한 진실로서, 벌어진 모든 일을 이해하는 과학적 열쇠이기도 했다.

지적인 지배력, 제도를 이용하는 교활함, 압도적인 영적 카리스마로 이한 개인은 천천히, 천천히 서구 기독교라는 방대한 기획 전체를 하나의 방향으로 이끌었다. 우리 세계에서 아담과 이브가 독특하게 중심적 역할을 차지하게 된 것은 그의 발군의 노력 때문이다. 많은 반대자들이 있었다. 그때도 지금과 마찬가지로 『성서』에 나오는 마법의 동산의 첫 인간들의 이야기는 첫눈에는 역사보다는 허구로 보였기 때문이다. 그러나 아우구스티누스는 굴복하지 않았다. 그는 신의 계획, 따라서 인간과 나라의 운명 모두가 동산에서 일어났던 일의 현실성과 묶여 있다고 주장했다. 어떤 것도 그의 믿음을 흔들지 못했다. 그의 긴 인생의 마지막에 아프리카에서 로마의 지배가 무너지면서 반달족 전사 약 8만 명이 히포를 포위공격했을 때에도, 아우구스티누스는 여전히 태초에 아담과 이브가 한 일에서 그의 세계에 닥친 재앙의 바탕에 깔린 의미를 찾고 있었다.

6

최초의 자유, 최초의 죄

젊은 아우구스티누스는 이교도나 마니교도 지식인들과 어울려 한때 『성서』의 오래된 서사가 소박해 보인다고 경멸의 눈으로 내려다보았다. 그러다가 밀라노에서 암브로시우스의 설교에 열중하여 귀를 기울이다가 입장이 바뀌었다. "나는 아담 안에서 넘어졌고, 아담 안에서 낙원에서 추방당했으며, 아담 안에서 죽었다." 그는 암브로시우스의 고백을 들었다.[1] 그리고 그리스도는 "나를 아담 안에서 발견하지 않았다면, 나를 소생하게 하지도 않을 것이다." 그러나 이 가슴을 흔드는 설교의 말들은 다급한 문제를 제기했다. 아담 "안에서"가 도대체 무슨 뜻일까?

아우구스티누스는 자신이 기독교 신앙에 속하는 위대한 신학적 정신들도 끝내 해결책을 찾지 못한 문제로 뛰어들고 있음을 알았다. 이 시도에서 주목할 만한 선배들도 이미 제시하지 못한 무엇을 제시할 수 있을까? 그는 자신의 총명함을 확신하며 성장했지만, 또 하나의 세련된 알레고리적 해석을 내놓는 것으로는 충분하지 않았다. 그는 자신과 아담의 관계를 진정으로 이해할 수 있는 유일한 방법은 자신을 들여다보는 것이라고 확신했다. 태초로 돌아가는 다른 길은 없었다. 『성서』의 수수께끼 같은 말을 제외하면, 그 핵심적인 첫 순간들의 기록된 모든 흔적은 사라지고 없었다. 하지만 그는 그 자신의 내적인 삶의 감추어진 부분들에서 열쇠를 찾을 수 있었다.

아우구스티누스는 세례를 받기 전에 밀라노의 정원에서 우유부단함으로 인해서 고뇌하던 때를 깊이 생각하면서 자신의 괴로운 내적 상태를 분석하려고 안간힘을 썼다. "나는 나 자신과 불화하고 있었습니다." 그는 말했다.

> 오랫동안 작정한 대로 내 주 하느님을 섬기는 문제에 관하여 결정을 내리려고 노력하고 있을 때, 이 길을 택하려고 한 것도 나였고 택하지 않으려고 한 것도 나였습니다……이것은 나의 첫 아버지 아담이 마음대로 저지른 죄에 대한 벌의 일부였습니다. (8:10)

그의 자기 분석은 그의 아버지, 파트리키우스가 아니라 오히려 그의 "첫 아버지"의 죄로 거슬러 올라간다. 아담의 죄는 여전히 아우구스티누스 안에 살아 있었고, 노한 하느님이 정당하게 내린 벌도 마찬가지였으며, 역으로 아우구스티누스는 여전히 "아담 안에" 있었다.

아우구스티누스는 유년을 돌아보면서 심지어 자신의 삶에서 아담의 원죄를 되풀이한 특정한 순간도 찾아낼 수 있다고 생각했다. 그 순간은 타가스테로 돌아가 지내던 불행한 시기에 발생했는데, 그때 아버지는 돈을 긁어모으고 있었다. 열여섯 살 난 소년은 어두워진 다음에 친구들 몇 명과 밖에 나가 이웃의 배나무를 흔들어 열매를 떨어뜨렸다. 그 나무는 그들의 것이 아니었고, 그들은 배가 고프지 않았다. 그들은 돼지를 향해 배—그것은 봄직도 하지 않고 먹음직도 하지 않았다—를 던졌다. 왜 그들은 잘못이 라는 것을 알면서도 어떤 짓을 했을까? 아우구스티누스는 답했다. "우리 의 진짜 쾌락은 금지된 일을 하는 데 있었습니다"(2:4).

그 행동에 아무런 목적이 없었다는—설명 불가능하고 불필요했다는— 사실이 바로 핵심이었다. 대단한 동기, 무시무시한 강박이 있었다면, 마니 교도가 말하는 대로 세상에 정말로 독립된 악의 힘이 있는 것처럼 보였을 지도 모른다. 하지만 아우구스티누스는 마니교를 거부했다. 그는 정통 가 톨릭 기독교인으로서 이제 우주 전체에 전지, 전능하고, 완벽하게 선한 하느님이 한 분뿐이라고 믿었다. 그런 구도에서 악은 텅 비고 파생적일 수밖에 없으며, 선의 단순한 패러디에 불과했다.

특정한 죄의 행동이 정확히 하느님의 권세 가운데 어느 것을 패러디하 고 있는지 파악하는 일이 늘 쉽지는 않다고 해도, 단순한 모방이라는 악의 개념은 아우구스티누스가 오랫동안 씨름하던 마니교의 이의 제기를 해결 하는 데에 도움을 주었다. 하지만 이런 해법은 인간의 악과 인간의 고난의 양을 줄이지 못했으며, 실제로 아우구스티누스는 많은 경우 악이 무엇인 가 좋은 것의 창백한 모방이 결코 아닌 것처럼 이야기한다. 난폭한 십대 소년들이 자신의 것도 아닌 열매를 취한 경우, 죄 자체는 가벼워 보일지도 모르지만, 제대로 이해한다면, 거기에는 인간의 죄에 관해서 알아야 할 모든 것이 담겨 있었다. 아우구스티누스는 『고백록』을 쓰고 나서 몇 년 뒤에 아담이 금단의 열매를 먹은 것에서 자만, 신성모독, 간통, 탐욕, 심지 어 살인("그가 자신에게 죽음을 가져왔기 때문이다")까지 죄의 목록 전체 를 찾아낼 수 있었다.[2] 아무것도 아닌 것처럼 보이던 것이 정말 중요한 것으로 드러났다.

당시도 지금처럼 세상에는 말로 표현할 수 없는 범죄들이 가득했다. 어른은 무방비 상태의 아이들을 학대했고, 범죄단은 음모를 꾸며 적을 공격하고 신체를 절단했고, 강간범들은 보호받지 못하는 여자들을 희생자로 삼았다. 어떻게 아우구스티누스처럼 명민하고 지적인 사람이 열매 한 조각을 먹은 행동에서 간통과 살인을 보고 그 이후의 모든 범죄와 불행이 그 먼 한 번의 행동 탓이라고 실제로 주장할 수 있었을까? 그는 물론 「창세기」의 이야기를 상속받았으며, 그와 더불어 예수가 아담의 불복종의 재앙적 결과를 되돌리러 왔다는 성 바울의 주장도 물려받았다. 하지만 에덴에서 이루어진 최초의 불복종이 인간의 사악함과 인간 고난의 엄청난 무게를 과연 설명할 수 있을까? 이것은 몸이, 악한 신과 선한 신으로 나뉜 우주의 어두운 면의 일부라고 한다면 설명하기 쉬웠다. 하지만 하나의 하느님—만물을 만들고 그것이 매우 좋다고 본 창조주—뿐이라면, 왜 삶은 그렇게 무시무시하게 어려울까? 왜 그렇게 많은 갓난아기들이 죽고, 종종 그들을 낳은 어머니들도 함께 죽는 것일까? 왜 굶주리고 학대당하는 아이들이 있는 것일까? 왜 어떤 사람들은 눈이 멀고 귀가 멀고 미치는 것일까?

고통을 겪는 사람들 가운데 일부는 분명히 악한 행동이라는 죄를 지었지만, 인간의 불행 가운데 큰 부분은 그렇게 분명하지가 않았다. 아우구스티누스는 신의 창조를 어떤 불의의 오명으로부터도 구하기로 결심했다. 그러나 하느님이 불의하지도 무능하지도 않다면, 그들이, 인간들이 책임을 져야 했다.[3] 진이 빠지는 노동, 고통, 죽음의 운명에 처한 인류는 자신이 받아 마땅한 것을 받았다. 하느님은 선하지만, 동시에 의롭기도 하며, 정의는 죄에 대한 벌을 요구했다.

아우구스티누스가 완벽하게 알고 있었듯이, 마니교의 믿음이 정통 기독교가 지지하는 윤리적 일신교의 유일한 대안은 아니었다. 그리스 철학자 에피쿠로스의 추종자들은 도덕적 질서가 우주에, 말하자면 배선처럼 깔려 있는 것이 아니라고 믿었다. 도덕성은 인간 자신이 창조하고 유지하는 것이다. 인간들은 자신들의 행동 규약을 신성한 입법자가 내놓았다고 주장하고 싶을 수도 있지만, 그런 주장은 미신적인 환상이다. 법은 전적으로 세속적인 것이며, 임시로 진행 중인 일이다. 도덕적 판단은 오직 이 생에서만 의미가 있다. 내세는 없기 때문이다. 에피쿠로스 학파는 이렇게 주장했다. 영혼은 몸과 마찬가지로 원자로 이루어져 있으며, 몸이 죽으면 영혼도 죽는다. 따라서 사후 처벌도 없고, 보상도 없다.

아우구스티누스는 이런 이야기의 매력을 이해했고, 선과 악의 본질을 이해하려고 노력하던 중에 친구들과 이것을 주제로 이야기도 나누었다. 그는 『고백록』에서 회고한다. "내 판단으로는, 내가 영혼이 죽은 뒤에도 계속 살면서 자신이 받아야 할 보상이나 벌을 받는다고 믿지 않았다면, 에피쿠로스가 모든 영예를 얻게 되었을 것입니다"(6:16). 아우구스티누스는 도덕적인 응보가 이루어지지 않는 우주, 인간의 고통이 물질적인 약점에 불과하고, 악한 자가 벌을 받지 않으며, 특별한 신앙도 영원한 보답을 받지 않는 우주에서는 살고 싶지 않았다. 하느님이 무관심하거나 부재하다기보다는, 아무리 인류에게 살의를 품을 만큼 화가 난 하느님이라고 해도, 모든 것을 보는 하느님이 마지막 작은 것까지 장부에 기록해둔다고 믿는 쪽이 나았다.

아우구스티누스는 이렇게 추론했다. 인간의 비참한 정도를 고려할 때, 이것이 의미하는 바는 겉으로는 무해해 보이는 행동 안에 무시무시한 범죄성이 감추어져 있다는 것임에 틀림없다. 그렇지 않으면 하느님의 선—하느님의 인내와 자제와 애정이 담긴 친절—에 의문이 제기될 것이다. 하느님이 만든 그대로의 세상은 완벽하게 선했다. 또 최초의 무시무시한, 인간의 외고집 행동이 아니었다면, 계속 선했을 것이다. 그 뒤에 이어진 모든 불행—끝없이 이어지는 소름끼치는 범죄, 무시무시한 압제와 전쟁, 겉으로는 자연재난으로 보이는 지진, 화재, 홍수를 비롯하여 햄릿이 육신이 물려받는 수많은 자연의 충격이라고 부르는 것—은 정의로운 하느님이 내리는 벌일 뿐이다. 그러한 것들이 아담 "안에서"라는 말의 의미이다.

표면적으로만 보면 이것은 제정신이 아닌 소리인 듯하다. 모든 고난이 먼 조상이 저지른 범죄, 사람들이 기억할 수도 없고, 전해들은 내용은 너무 사소해서 어떤 심각한 벌도 정당화할 수 없을 것 같은 범죄의 결과라고 주장하는 것이 정말로 가능할까? 착한 아이가 인간을 황폐하게 하는 병으로 죽어가는 것을 보고 단지 자신이 받을 벌을 받고 있을 뿐이라고, 실제로 주장할 수 있을까?

아우구스티누스는 그런 주장에서 설득이 어렵고 또 사실 혐오감까지 주는 것이 무엇인지 아주 분명하게 알고 있었다. 하지만 그에게 대안은 훨씬 더 나빠 보였다. 그는 에피쿠로스 학파처럼 인간의 행동이 선하든 악하든 신은 관심이 없다고 믿는 것을 거부했다. 그는 하나의 전지, 전능하고 자비로운 창조주-하느님이 있을 뿐이라고 주장했다. 그런데 무고해 보이는 자들의 고난을 어떻게 설명할 수 있을까?

아우구스티누스는 그답게 집에서, 다시 말해서, 자신이 유년에 겪은 고난의 기억에서 출발했다. 학교에 다니면서 그는 매를 맞는 것을 싫어했는데, 매질은 당시는 물론이고 그후로도 수백 년 동안 공부에 매진하도록 장려하기 위한 주요한 교육방법이었다. 그는 매질을 피하게 해달라고 하느님에게 진지하게 기도했다. 그러나 기도는 소용이 없었다. 게으르면 매를 맞았다. 이것은 터무니없이 부당해 보였던 것이, 매질을 하는 어른들 자신이 게으름과 더불어 더 나쁜 죄를 짓고 있었기 때문이다. 『고백록』은 감정을 누르며 여전히 그의 가슴 속에서 말끔히 가시지 않은 격분을 기록하고 있다.[4] 그러나 이런 격분을 느꼈지만 그는 학생의 체벌을 비난하지 않았다. 정반대였다. 아우구스티누스는 체벌이 공정하지는 않았지만, 아이의 놀고 싶어하는 경향에 맞서 아이를 배움으로 몰아갔기 때문에 아이에게 유익한 것은 사실이라고 생각했다. 아우구스티누스는 자신은 벌을 받아 마땅했다고 말했다. "내가 그렇게 어린 아이였음에도 큰 죄인이었기 때문입니다"(1:12).

"큰 죄인." 어린 아이를 때리는 사람은 엉뚱한 이유로 그렇게 하고 또 그들 자신이 자기가 때리는 아이보다 훨씬 더 나쁘지만, 그럼에도 어린 아이들은 맞아 마땅하다. 아우구스티누스가 자신의 유아기로 과감하게 더 깊이 파고들수록—고대 세계 전체에서 견줄 데가 없는 공감하는 지성을 동원하여 그렇게 했는데—그가 인식하게 되는 것들은 더 충격을 주었다.

> 또 나는 처음에는 자면서, 그 다음에는 깨어 있을 때 웃음을 짓기 시작했습니다. 다른 사람들이 나에게 나 자신에 관하여 이런 이야기를 해주었고, 나는 그 사람들 말을 믿습니다. 다른 아기들도 똑같이 하는 것이 보이기 때문입니다. 하지만 나 자신이 기억하지는 못합니다. 어린 시절 나는 조금씩 내가 어디 있는지 깨닫고 내가 바라는 바를 다른 사람들, 그것을 충족시켜줄 수 있는 사람들에게 알리고 싶어합니다. 하지만 성공하지 못합니다. 나의 소망은 내 안에 있고, 다른 사람들은 바깥에 있고, 그들은 나의 마음을 꿰뚫을 수 있는 능력이 없었기 때문입니다. 그래서 나는 팔과 다리를 휘젓고 소리를 내곤 했습니다. 내가 만들 수 있는 그런 몇 가지 신호가 나의 뜻을 보여주기를 바랐던 것인데, 이것은 흉내를 내는 것과는 매우 달랐습니다. 그들이 이해를 하지 못했기 때문에 또는 내가 원하는 것이 나에게 해를 줄 것이기 때문에 나의 소망이 이루어지지 않을 경우, 나는 내가 하라

는 대로 하지 않는 어른들, 나의 하인이 아닌 사람들에게 골을 냈습니다. 그들이 내 소망을 충족시켜주지 않았다는 단순한 이유 때문입니다. 또 울음을 터뜨려 복수를 하곤 했습니다. (1:6)

어린 아기를 지켜본 적이 있는 사람, 더군다나 우는 아기의 요구를 충족시키려고 했으나 성공하지 못한 적이 있는 사람이라면 누구나 아우구스티누스의 관찰, 아마도 그가 정부와 함께 앉아 갓난 아데오다투스를 유심히 살펴보던 방으로 우리를 데려갈 관찰의 예리함을 인정할 것이다.

우리가 아우구스티누스의 신학의 목적을 만나는 것은 바로 여기, 우리가 익숙하고 마음이 놓이는 영토에 다가가는 것처럼 보일 때이다. 그가 관찰한 것—소망, 분노, 복수—이 그의 눈에는 유아에게도 어른의 삶의 도덕적 재앙이 그대로 존재한다는 표시로 드러나기 때문이다. 폭력, 다른 사람들을 노예로 만들고자 하는 의지, 변덕스러운 욕망의 다급성. 이런 재앙은 육아실에 이미 다 존재한다. 유아가 무능하다—그저 두 팔을 도리깨질하며 울 줄 알 뿐이다—는 사실은 아우구스티누스에게는 분명한 사실을 결코 바꾸지 못한다. 바로 태어날 때부터 우리에게는 도덕적으로 잘못된 점이 있다는 사실이다.

아우구스티누스는 이렇게 말한다. 젖을 달라고 울고 관심을 보이라고 고압적으로 요구하는 아기는 설령 관습과 상식이 우리가 그렇게 하는 것을 허락하지 않는다고 해도 꾸짖어 마땅하다. 관습과 상식은 그 나름으로 아주 좋다. 우리가 이웃에게 조롱을 당하거나 이상한 사람으로 보이지 않게 해준다. 하지만 진실을 보는 것을 막는다. 하느님의 눈으로 보면, "어떤 사람도, 심지어 세상에 나온 지 불과 하루밖에 안 된 아이도 죄에서 자유롭지 않다"(1:7).

따라서 인간이 겪는 고난들 가운데 잔인해 보일 수 있는 것들도 실제로
는 공정할 뿐이었다. 또 하느님은 죄인을 미워해 마땅하지만 자비롭다.
외아들을 내주어 정의의 엄격한 요구를 충족시키면서도 일탈해버린 인류
를 구원했기 때문이다. 이 드러난 진실을 받아들일—교회가 인정한 방식
으로 받아들일—사람들은 궁극적으로 구원을 받을 것이고, 다른 모든 사
람들은 저주를 받을 것이다. 그리스도가 오기 전에 태어났다거나 복음이
미치지 않는 세계의 구석에서 살았다거나 하는 것은 변명이 되지 않는다.
세례를 받지 않았다면 도덕적으로 정직한 삶을 살았건 그렇지 않았건 차
이가 없다. 지옥에서 영원을 보낼 것이며, 그것이 당연하다. 아담과 이브
의 죄로부터 물려받은 오점 때문이다.

　이런 입장은 기독교 정설(正說)의 초석 가운데 하나가 되었다. 그러나
처음 생겨날 때부터 논란의 여지없이 군림했던 것은 아니다. 아우구스티
누스와 동시대 사람으로서 이것이 터무니없는 동시에 역겹다고 생각한 사
람들 가운데 중심 인물은 브리튼 태생의 수사 펠라기우스였다. 펠라기우
스는 기원후 390년에 로마에 도착하여 학식의 폭, 웅변, 금욕적인 소박한
생활로 모든 사람에게 감명을 주었다. 아우구스티누스와 거의 동갑인 펠
라기우스는 어떤 의미에서는 그와 비밀을 공유하는 사람이었다. 둘 다 로
마 세계의 변방 출신의 벼락출세자로서, 지성, 카리스마, 야심의 힘으로
위대한 수도에 입성하여 제국의 영적 생활에 상당한 영향을 주었기 때문
이다.

　펠라기우스와 그의 지지자들은 도덕적 낙관주의자들이었다. 그들은 모
든 인간이 순수하게 태어난다고 믿었다. 갓난아기들이 특별한 덕성을 부
여받고 세상에 들어오지는 않지만, 그렇다고 악의 오점을 안고 들어오지
도 않는다.[5] 우리는 우리 내부에 악이 아닌 선을 선택할 가능성을 안고

있다. 사실, 우리는 모두 아담과 이브의 후손이며, 그들의 최초의 불복종 행동의 결과가 가득한 세상에 살고 있다. 하지만 먼 과거의 그 행동이 불가피하게 죄를 지을 수밖에 없는 운명에 우리를 빠뜨리지는 않는다. 어떻게 그럴 수 있겠는가? 전염의 기제가 무엇인가? 자비로운 하느님이 어떻게 그런 기괴한 것을 허락할 수 있는가? 아니다. 우리는 하느님을 섬기든 사탄을 섬기든, 자유롭게 우리의 삶을 결정할 수 있다.

그렇다면 왜 엄청나게 많은 사람들이 그렇게 죄를 짓는가? 펠라기우스는 그 답이 기본적으로 사회적이라고 생각했다. 우리는 대체로 모방을 통해서 현재의 우리가 되며, 평생에 걸쳐 습관을 만들어 나가고 이것은 아주 고치기가 힘들다. 어린 시절에 시작되는 "긴 죄의 관습"은 점점 우리를 자신의 힘 안으로 데려가서 "마침내 어느 정도는 자연의 힘(vim naturae)을 갖추게 되는 것처럼 보인다."[6] 그러나 우리에게 죄를 짓도록 강요하는 것은 사실 우리의 본성이 아니라는 점을 이해하는 것이 중요하다.

우리는 우리의 첫 부모로부터 죄를 짓는 성향을 물려받지 않았다. 우리는 축적된 역사를 물려받았다. 그러나 역사는 우리가 깨어날 수 있는 악몽이다. 펠라기우스는 단언했다. "우리는 사람이 늘 죄를 지을 수도 있고 짓지 않을 수도 있다고 말한다." 왜? "우리에게는 자유의지가 있기 때문이다." 펠라기우스파가 타고난 죄에 대한 믿음을 거부하고 갓난아기의 순수를 강조한 것은 이 자유를 방어하려는 것이다. 아담의 죄는 그의 후손에게 결정적인 영향을 주지 않으며, 적어도 원칙적으로는 모든 개인이 완벽하게 선해질 수 있다. 죽음—아우구스티누스와 다른 사람들은 그 죄의 직접적인 결과가 아담과 이브만이 아니라 모든 인류에게 나타난 것으로 보았다—에 관해서 펠라기우스는 그것이 단지 인간의 물리적 본성의 조건일 뿐이라고 주장했다. 아담은 죄를 지었건 계속 죄를 짓지 않았건 어차피 죽었을 것이다. 죽는 것은 벌이 아니다.[7] 살아 있다는 것이 의미하는 바의 일부이다.

이런 생각들이 북아프리카에 이르자 아우구스티누스는 경악했다. 아담과 이브의 타락에 의해서 태어날 때부터 타락하여 죽을 운명에 놓이게 되었다는, 인간의 조건에 대한 그의 관념 전체가 공격을 받는 것처럼 보였다. 펠라기우스는 로마의 몇몇 귀족 가문들 사이에서 인기를 얻었으나, 아우구스티누스 또한 로마에 힘 있는 친구들이 있었고, 이제 그는 이 친구들에게 편지를 보내 반격을 개시할 것을 촉구했다. 펠라기우스는 이단으로 공격을 받아 재판에 회부되었다.[8] 아우구스티누스와 그의 동맹자들은 길고 신랄한 신학 논문들을 써서, 기소의 증거로 로마에 보냈다(피고—지게 된 쪽—의 글은 모두 파괴되었지만, 공격에 포함된 인용들로부터 재구축할 수 있다). 아우구스티누스는 논문만으로는 교리의 적에 대한 유죄 선고를 확보할 수 없을지도 모른다고 걱정하여, 주도면밀하게 동맹자를 통하여 교황궁에 누미디아의 종마 80마리라는 큰 선물을 보냈다. 펠라기우스는 유죄 선고를 받고 파문을 당하여 이집트로 추방되었다.

420년경에 펠라기우스는 죽었지만 싸움이 끝난 것은 아니었다. 교회와 궁정에 연줄이 아주 좋은 이탈리아의 귀족 에클라눔의 율리아누스가 곧 등장하여 펠라기우스의 깃발을 치켜들었다. 율리아누스는 신의 벌에 대한 아우구스티누스의 강경한 입장이 불길한 동시에 괴상하며, 기독교 공동체에 부자연스럽고 매우 잔인한 교리를 강요하려는 시도라고 주장했다. 교회는 권력을 제멋대로 휘두르는, 심리적으로 뒤틀린 아프리카의 선동가가 날조한 일군의 괴이하고 미개한 믿음에 중독될 위기에 처했다. 율리아누스는 물었다. 기독교인은 정말로 자비롭고 사랑이 많은 하느님이 세례를 받지 않았다는 이유만으로 갓난아기를 고문할 것이라고 생각해야 하는가?[9] 이방인—즉, 비기독교인—이 벌거벗은 자에게 옷을 주면, "믿음에 의한 것이 아니므로 죄인가?" 이교도 여자의 순결은 순결이 아닌가? 다른 사람을 위험에서 구해주고, 부상당한 사람의 상처를 치료해주고, 고문을 당해도 거짓 증언을 하지 않으려고 하는 비기독교인은 어떠한가? 그런 사람도 기독교인이 아니라는 이유만으로 분노한 하느님이 미워할 수 있는가? 그리스도 이전 세상에 살았던 덕이 많은 영웅들은 모두 영원히 파멸할 운명인가? 아우구스티누스는 그렇다, 그들 모두 죄인이며, 모두 저주를 받는다고 무자비하게 대답했다.[10]

율리아누스는 조롱하려고 했다. "비신자의 순결이 순결이 아니라면, 같은 이유로 이교도의 몸은 진짜 몸이 아니고, 이교도의 눈은 시각이 없고, 이교도의 밭에 자라는 작물은 진짜 작물이 아니라는 등, 너무나 터무니없어 지성이 있는 사람이라면 웃음을 터뜨리게 되는 다른 많은 결과를 이야기할 수밖에 없을 것이다." 그러나 아우구스티누스는 꿈쩍도 하지 않았다. 그는 터무니없는 것은 펠라기우스파의 입장이라고 주장했다. "당신의 웃음은 지성이 있는 사람을 웃게 하는 것이 아니라 울게 할 것이다. 미친 사람의 웃음은 제정신인 친구들을 울게 하기 때문이다." 타협의 여지는 없었다.

율리아누스는 문제의 핵심은 아우구스티누스의 성에 대한 입장이라고 주장했다. 이번만은 아우구스티누스도 전적으로 동의했다. 율리아누스는 인간의 성교 경험은 자연스럽고 건강한 것이며, 하느님이 첫 인간들에게 생육하고 번성하라고 명령하던 순간으로 거슬러 올라가는 하느님의 계획에서 필수적인 부분이라고 믿었다. 아우구스티누스는 바로 여기에서, 펠라기우스파가 중대한 실수를 저지른다고 주장했다. 우리가 알고 있는 성은 자연스럽지도 않고 건강하지도 않다. 문제는 혼외정사, 생식에 초점을 맞추지 않은 관행이나 체위, 동성애에만 있는 것이 아니다—물론 아우구스티누스는 다른 많은 사람들과 더불어 이 모든 것을 가증한 것이라고 공격했다. 문제는 가장 정당한 형태—서로 아이를 만드는 일에 열중하고 있는 남편과 아내 사이—의 성교도 부패했다는 것이다. 그것을 통해서 이어지는 죄의 흐름이야말로 악의 오점을 한 세대에서 다음 세대로 전달하고, 자신을 순수하고 순결하게 유지하겠다고 굳게 결심한 사람들의 꿈마저 오염시키는 기제이다. 인간의 죄는 성교에 의해서 옮겨지는 병이다.

아우구스티누스는 이런 주장을 펼치면 교회 내에서는 아니라고 해도 적어도 평신도 사이에서는 곤경에 처할 것임을 알았다. 그때도 지금이나 마찬가지로 사람들은 대부분 성적 쾌락을 정당하고 좋은 것으로 생각했다. 율리아누스는 아우구스티누스의 미친 논리에 의해서 모든 부모가 살인자가 된다고 주장했다. 자식을 낳는 행동 자체가 자식을 파멸의 운명에 빠뜨리는 행동이기도 했기 때문이다. 히포의 우울한 주교가 죄라고 비난한 것은 단지 "생명의 불"일 뿐이며, 이것은 하느님 자신의 계획에 따라 우리가 재생산을 하는 자연스러운 방식이다.[11]

아우구스티누스는 우리의 재생산 방식은 아담과 이브에 의해서 타락했으며 그 이후에도 계속 타락한 상태라고 반박했다. 아무리 독실한 부부가 성교를 승인된 가장 좁은 범위 안에 가두겠다고 결심한다고 하더라도 "욕정의 뜨거움 없이는" 아무런 결과가 생길 수 없다(『결혼에 관하여』). 아우구스티누스가 "색욕(concupiscence)"이라는 전문적인 이름을 부여한 이 뜨거움은 단순히 자연스러운 특질이나 신의 축복이 아니었다. 이것은 저주, 벌의 표지, 악의 손길이었다. 아우구스티누스는 자식을 낳으려고 하는 결혼한 남녀의 행동은 악하지 않으며 그것은 선하다고 주장했다. "하지만 그 행동은 악 없이는 이루어지지 않는다"(『율리아누스에 반대하여』).[12] 성욕이 필요하지 않다면, 욕정에 의해서 생식기가 불끈거려서 쾌감을 느끼는 방식 외에 어떤 다른 방식으로 자식을 세상에 내놓는 것이 가능하다면 얼마나 좋겠는가.[13]

우리가 알고 있는 세상에서는 이런 경건한 소망은 이루어질 수 없다. 아우구스티누스의 고뇌에 찬 강박적 사실 인식—부부 사이에 사랑을 나눌 때만이 아니라, "슬프게도 심지어 잠을 자는 동안에도, 또 심지어 순결한 남자의 몸에서도 일어나는 바로 그 불끈거림"의 불가피한 존재에 대한 인식—은 그의 가장 영향력이 큰 생각, 그 이후 수백 년을 짓누르고, 그의 후계자들인 우리가 아직까지도 완전히 자유로워지지 못한 관념, 즉 원죄(originale peccatum)라는 관념을 형성했다.[14]

우리는 모두 처음부터 악의 표시가 되어 있다. 이것은 특정한 잔혹 행위나 폭력 행위, 사회적 병리의 구체적인 형태의 문제나, 불운한 선택을 한 이 사람 저 사람의 문제가 아니다. 펠라기우스파처럼 우리가 빈 서판에서 시작한다거나, 우리 대부분은 상당히 착하다거나, 우리에게는 선을 선택할 힘이 있다고 생각하는 것은 가망 없을 정도로 피상적이고 순진하다. 주위를 둘러보라. 우리에게는 무엇인가 깊이, 구조적으로, 본질적으로 잘못된 것이 있다. 우리 종 전체가 아우구스티누스가 죄의 덩어리(massa peccati)라고 부른 것이다.

이런 관념은 예수가 했다고 전해지는 말에서는 흔적도 찾을 수 없고, 미드라시 랍바와 『탈무드』로 흘러든 엄청난 양의 랍비의 글이나 비교적 방대한 이슬람 전승에서도 주요한 주제로 등장하지 않는다.[15] 이런 관념에 대한 예고는 예를 들면 기원전 2세기 말에 나온 이상한 히브리 「희년서」, 다른 무엇보다도 리옹의 주교 이레나이우스(기원후 130년경—202년경)의 글에서 찾을 수 있다—하지만 그 누구도 아우구스티누스의 작업에서처럼 그것에 힘과 교조적 중요성을 부여하지는 않았다. 또 아우구스티누스 이전의 누구도 감히 그런 증거, 성적 흥분의 불끈거림에서 또 우리 모두 이런 흥분을 통해서만 세상에 온다는 지식에서 드러나는 증거를 제시한 적이 없었다. 우리는 죄에서 유래하며, 죄는 우리에 대한 장악력을 언제나 명백히 보여준다.

율리아누스와 다른 펠라기우스파는 부당하다고 외쳤다. 그들은 아우구스티누스는 그저 육신이 사악한 신의 창조물이자 소유물이라는 옛 마니교의 믿음으로 돌아가고 있을 뿐이라고 말했다. 당연히 이것은, 육신이 된 메시아에 대한 믿음을 가진 기독교에 대한 배신이었다. 아우구스티누스는 그렇지 않다고 대답했다. 하느님은 인간이 되겠다는 선택을 했지만, 이것은 "동정녀를 통해서였으며, 그의 수태에 앞서 육신이 아니라 영이, 욕정이 아니라 믿음이 있었다."[16] 예수의 존재는 다른 모든 인간이 발생하는 방식인 그 뜨거움의 상태에 조금도 의존하지 않았다. 우리 모두 예수 같을 수 있었다. 즉 우리 모두 욕정의 영향 없이 세계에 와서 세계에서 생존할 수 있었다. 그럼에도 우리가 욕정의 영향 없이 살 수 없는 것은 우리의 잘못, 우리가 저지른 어떤 일의 결과이다.

이 대목, 즉 우리의 개인적이고 집단적인 불신행위의 증거를 제출해야 하는 대목에서 아우구스티누스는 아담과 이브를 증인으로 불렀다. 우리 모두를 오염시키는 원죄는 우리 개인의 기원에 내재하는 죄일 뿐만 아니라—즉 우리 부모가 우리를 잉태할 수 있게 하는 성적 흥분에서—인류 전체의 기원인 남녀로까지 거슬러 올라갈 수도 있는 죄이다. 이것은 우리가 아주 먼 조상으로부터 물려받은 병, 유전적 결함의 도덕적 등가물이다. 그것은 우리의 불가피한 유산이기는 하지만, 우리는 그것 때문에 죄를 짊어지고 있다. 우리 종에게 부여된 죄이다.

아우구스티누스는 창조물에 내재하는 결함에 책임이 있다는 혐의로부터 하느님을 보호하기 위해서 낙원에서는 모든 것이 다를 수도 있었다는 것, 우리의 원종(原種) 아담과 이브는 원래 우리가 지금 재생산하는 방식으로 재생산하도록 설계되지 않았다는 것, 그들이 사악하게 그릇된 선택을 했다는 것, 우리가 불가피하게 그들의 범죄를 되풀이한다는 것을 보여주어야 했다. 증거를 얻기 위해서 그는「창세기」의 수수께끼 같은 말을 이전의 누구보다 깊이 파고들어야 했다. 그는 우리의 머나먼 조상들의 사라진 삶들을 재구성하기로, 에덴 동산으로 돌아가서 우리의 첫 부모들이 사랑을 나누는 광경을 지켜볼 방법을 찾기로 결심했다.

아우구스티누스는 펠라기우스파를 만나기 오래 전, 사제로 서품을 받기도 전에, 이 고대의 암호를 풀어보려고 했다. 그가 388년 8월 말, 개종 이후에 저술한 첫 몇 편의 저작 가운데 하나인『「창세기」에 관하여 : 마니교도에 대한 반박(De Genesi : contra Manichaeos)』은「창세기」의 첫 몇 장을 난해한 알레고리로 다루었다.[17] 인간이 하느님의 형상대로 만들어졌다는 것은 신체적인 몸을 가리키는 것이 아니었다. 사실 아담은 영적인 몸을 받았다. 아직 순수한 영혼은 아니라고 해도 적어도 "영혼적"이기는 했다. 에덴은 하나의 장소라기보다는 영적인 경험이다. 이브는 각 인간이 사랑해야 하는 영혼을 가리키는 상징이다. 생육하고 번성하라는 명령은 원래 육신을 가리키는 것이 아니라 "땅을 채우고 있는, 지적인 불멸의 기쁨들로 이루어진 영적 무리"를 가리키는 말이었다. 나무도 마찬가지로 영적인 기쁨의 상징이었다. "여호와 하느님이 이르시되, 보라 이 사람이 선악을 아는 일에 우리 중 하나 같이 되었으니 그가 그의 손을 들어 생명나무 열매도 따먹고 영생할까 하노라, 하시고 여호와 하느님이 에덴 동산에서 그를 내보냈다"(「창세기」 3:22-23)는 충격적인 구절을 보면, 그 말을 제대로 이해할 경우, 표면에서 말하는 것처럼 보이는 것의 정반대 뜻이 된다. "인간이 이 생의 지루한 노동을 하라고 보내진 이유는 언젠가 실제로 손을 내밀어 생명나무 열매를 따먹고 영생하게 하기 위한 것이었다. 손을 내미는 것은 틀림없이, 영원한 삶을 다시 얻는 수단인 십자가의 훌륭한 상징이다."[18]

아우구스티누스는 처음에는 오리게네스 식으로 이렇게 교묘하게 알레고리적 해석을 시도했지만, 이것이 잘못이었다고 느끼게 되었다.[19] 이런 해석은 어떤 구절들을 받아들이는 척하면서도, 사실은 어떤 당혹감을 감추지 못했다. 또 몸에 대한 혐오에서 자신이 논박하고 싶어했던 바로 그 마니교를 많은 부분 용인했다. 아담과 이브를 인식 가능한 인간이 아니라 상징적 인물로 다룸으로써, 예수 또한 살아 있는 구세주라기보다는 신화적 상징으로 다루는 길을 열어줄 위험이 있었다. 또 이 이야기를 상징적으로 읽음으로써 '원죄'의 기초를 찾는 데에 완전히 실패했다.

『고백록』을 완성한 뒤인 400년에 이르면 아우구스티누스의 접근방식은 바뀌기 시작했다. 그는 앞으로 나아가는 길은, 다른 무엇보다도 「창세기」의 말을 액면 그대로 사실이라고, 그 자신의 삶이나 부모, 이전 연인들, 친구들의 삶과 마찬가지로 말 그대로 사실이라고 받아들이는 것이라고 확신하게 되었다. 뱀과 이야기를 하는 벌거벗은 남자와 여자, 마법의 나무 이야기는 그가 젊은 시절에 멸시했던 유형의 민담과 비슷해 보였을 수도 있다. 하지만 진정한 신자의 과제는 그것을 수준 높은 철학적 신비를 가린 소박한 덮개로 다룸으로써 그것을 구하는 것이 아니었다. 오히려 그것을 역사적 현실의 꾸밈없는 재현으로 받아들이고 다른 사람들도 그런 식으로 받아들이도록 설득하는 것이었다.

아우구스티누스는 이 기획에 뛰어들어 열심히 연구하고 열정적으로 글을 썼다.[20] 그는 『「창세기」의 직해적 의미』라는 제목의 작업에 착수했는데, 그 목표는 "미래의 사건에 대한 불가해한 수수께끼 같은 언급을 따르는 것이 아니라, 실제로 일어난 일의 올바른 의미를 따라서 성서에 관해서" 이야기하는 것이었다. 그는 어서 완성해서 공표하라는 친구들의 강권에 저항하면서 약 15년간 이 작업에 계속 노력을 기울였다. 그는 아마 수많은 책들 중에서도 이 책에 가장 긴 기간 지속적인 관심을 쏟아부었을 것이다.[21]

결국 그는 이 작업에서 좌절했고, 스스로 그 사실을 알고 있었다. 그는 우주의 창조에 관한 히브리인의 이야기를 있는 그대로 받아들이려고 안간힘을 썼지만, 하느님이 우주를 만든 날이 우리의 날과 조금이라도 비슷하다거나, 첫 날 생겨난 빛(해가 창조되기 전에)이 우리의 빛과 조금이라도 닮았다거나, 지친 인간이 노동 뒤에 쉬듯이 하느님이 실제로 일곱째 날에 쉬었다고는 도저히 믿을 수가 없었다. 그는 『성서』에서 하느님이 땅의 흙으로 인간을 빚었다고 말한다는 것을 알고 있었지만, "하느님이 진짜 물질적인 두 손으로 흙에서 인간을 만들었다는 것은 지나치게 아이 같은 생각"이라고 인정했다. 하느님은 아담과 이야기를 했지만, 하느님이 신의 성대를 가지고 있었다고 생각하는 것은 어리석었다. 어디를 보나 비슷한 문제들이 있었다. 그는 생을 마감할 무렵 『「창세기」의 직해적 의미』에서 자신이 쓴 것을 돌아보며 "답을 발견하기보다는 질문을 더 많이 한 작업"이라고 인정했다.[22] "찾은 답들 가운데 몇 가지만 확실했고, 나머지는 아직 추가 연구가 필요한 방식으로 진술되었다."

그러나……그는 되풀이하여 이야기—모든 요소는 아니라고 해도 적어도 핵심 요소들—를 있는 그대로 받아들여야 한다는 주장으로 돌아갔다. 그는 자신의 저항을 극복하고 아담이 진흙으로부터 어른 남성으로 빚어진 진짜 인간이라고 단언했다. 그가 죽지 않으려면 먹지 말라는 명령을 받은 진짜 열매가 달리는 진짜 나무가 있었다.[23] 하느님은 아담에게 신비하게 말한 것이 아니라 "아담이 이해할 수 있는 목소리 신호로" 말했다. 동물을 모두 실제로 아담 앞에 데려다 놓았는데, "사냥꾼이나 새잡이가 잡을 수 있는 모든 동물을 추적하거나 그물로 몰듯이" 하느님이 직접 몰아온 것이 아니라, 천사들이 몰아서 적당한 시간에 적당한 장소에 데려갔다. 왜 하느님이 말 그대로 남자의 갈비뼈로 여자를 만들었다는 것을 의심하는가— "어떤 나무의 줄기에서 다른 나무의 싹으로부터 한 나무가 만들어진다는 것도 알지 못하는 주제에 농부들은 하느님을 섬겨 이런 것들을 만드는 과정에 참여한다."

가능할 때마다 『성서』말씀의 있는 그대로의 의미를 고수하지 않는 사람에게 화가 있을지어다.[24] 이브는 신성한 경고—"네가 먹는 날에는 반드시 죽으리라"—에 복종하지 않았는데 그것은 이브가 하느님의 말을 있는 그대로 받아들이지 않아도 된다는 참담한 가정을 했기 때문이다. 그녀는 하느님이 자비롭기 때문에 어떤 위반도 쉽게 용서해줄 것이라고 믿는 쪽을 택했다. "그래서 이브가 그 열매를 따먹고 자기와 함께 있는 남편에게도 주었다." 이브는 하느님의 명령을 가장 엄격하게, 있는 그대로 이해하는 것을 고수했으면 정말로 좋았을 것이다.[25]

문제는, 아무리 노력해도, 모든 말을 있는 그대로 받아들일 수는 없다는 것이며, 아우구스티누스는 있는 그대로 받아들이는 태도의 적절한 수준에 대하여 어떤 단순하고 믿을 만한 규칙을 찾아낼 수 없었다. 『성서』는 아담과 이브가 금단의 열매를 먹은 뒤에 "두 사람은 눈을 떴다"(「창세기」 3:7)고 말한다. 이 말은 그들이 눈이 감긴 채 "기쁨의 낙원에서 소경처럼 배회하고 더듬으며 다니다가, 자기도 모르게 손을 뻗어 금단의 열매를 만지고,

금지된 열매를 더듬다가 모르고 그것을 땄다"는 뜻일까? 아니, 그런 뜻일 리는 없다. 왜냐하면 우리는 동물들이 아담에게 왔다는 것을 이미 알고 있는데, 아담은 그들에게 이름을 지어주기 전에 그들을 보았을 것이 분명하기 때문이다. 또 우리는 이브가 그 운명적인 나무가 먹음직하고 "보암직도 하다"는 것을 알았다는 이야기를 들었다. 한 단어나 어구가 비유적으로 사용된다고 해서 구절 전체를 알레고리로 받아들여야 한다는 뜻은 아니었다. 있는 그대로의 핵심을 발견하는 것이 필수였다.

아우구스티누스가 『「창세기」의 직해적 의미』 집필에 15년 동안 안간힘을 썼다는 것은 약간 놀라운 일이다. 물론 다루는 문제가 작거나 한 것은 아니었다. 그것은 첫 부모에게만이 아니라 그들 후손 모두에게 삶과 죽음의 문제였다. 아우구스티누스는 손을 댈 수 있을 때마다 필사적으로 있는 그대로의 의미에 매달렸다. 아담과 이브는 열매를 먹기 전에 말 그대로 눈이 먼 것은 아니었다. 그도 그 점은 인정했다. 그러나 비유와는 다른 식으로 "너희의 눈이 뜨일 것이다"라는 말을 이해할 방법이 있어야 했다. 그는 이 남녀가 죄를 지은 뒤에 실제로 처음으로 본 것, 단지 비유적이지 않은 것이 틀림없이 있었다고 주장했다. 하지만 그것이 도대체 무엇일 수 있을까? 그에게 답이 찾아왔다. "그들은 그들 자신의 생식기에 눈을 돌렸고, 전에는 알지 못했던 그 불끈거리는 움직임으로 그것에 욕정을 품었다."

이런 이해의 열쇠는 열여섯 살 때 목욕탕에서 아우구스티누스가 경험한 것, 즉 그의 아버지가 관찰했던 활동적인 남성성(inquieta adulescentia)의 표시에 감추어져 있었다. 사춘기 소년의 아버지를 기쁘게 하고 어머니를 경악하게 했던 불끈거리는 움직임은 이제 아담과 이브가 둘 다 욕정과 수치를 느꼈던 최초의 순간까지 거슬러 올라갈 수 있었다. 그들은 처음으로 전에는 보지 못했던 것을 보았으며, 그것은 그들을 흥분시키는 동시에 수치로 가득 채웠고, "그것을 원한 사람들의 의지 없이 움직인 것"을 베일처럼 가리려고 무화과 잎으로 손을 뻗을 수밖에 없었다.[26] 그 순간 이전까지 그들은 완전한 자유를 소유했다―아우구스티누스는 이때가 인류의 역사에서 유일한 순간이었다고 생각했다. 이제, 그들은 자발적으로, 이유 없이, 오만하게 하느님이 아니라 그들 자신을 위해서 사는 쪽을 택했기 때문에 자유를 잃었다.[27] 그리고 그들과 더불어 우리도 우리의 자유를 잃었다.

아우구스티누스는 자신과 첫 인간들에게서 이런 상실의 표시가 흥분이 아니라 그 불수의적 성격이라고 믿게 되었다. 목욕탕 사건 이후 50년 이상이 지난 뒤에도 그는 여전히 그 밑에 깔린 의미에 관해서 곰곰이 생각하고 있었다. 그는 우리가 건강하다면 몸의 여러 부분들―눈, 입술과 혀, 손과 발―을 우리 마음대로 자유롭게 움직인다고 썼다. "하지만 자식 생산이라는 인간의 중요한 기능의 문제에서는 이런 목적을 위해 창조된 것이 분명한 부위가 의지의 지시를 따르지 않는다. 마치 욕정에 그 부위를 관장하는 법적 권리가 있는 것처럼, 그 부위가 작동하려면 욕정을 기다려야 한다."

우리가 신체 가운데 이 중요한 부분을 전혀 마음대로 움직이지 못한다는 것은 얼마나 이상한 일인가 하고 아우구스티누스는 생각했다. 우리는 흥분하며, 흥분은 우리 내부에 있는데―이런 의미에서 흥분은 온전히 우리의 것이다―그럼에도 우리 의지를 행사하는 힘 안에는 있지 않다. 음경이 딱딱해지거나 딱딱해지기를 거부하는 것은 리비도(libido)의 변덕에 따르는 것으로 보이는데, 리비도는 자체의 법칙이 있는 듯하다. 섹스를 남성적 맥락에서 생각하는 것은 아우구스티누스의 특징이자 사실 그의 시대 전체의 특징이었지만, 그는 여성들도 남성의 성적 흥분에 상응하는 어떤 동등한 경험을 하는 것이 틀림없다고 확신했다.[28] 그래서 「창세기」에서 첫 죄의 결과로 남자만이 아니라 여자도 수치를 느끼고 몸을 가린 것이다.

144

"여자가 덮은 것은 눈에 보이는 움직임은 아니었지만, 여자는 같은 부위에서 비록 감추어졌지만 남자가 느낀 것에 비견될 만한 어떤 것을 느꼈으며, 그들은 서로의 끌림에 얼굴을 붉혔다."

아우구스티누스의 성적 흥분 경험은 너무 강렬하고 집요하고 매우 신비해서, 그는 되풀이하여 똑같은 일군의 질문들로 돌아갔다. 도대체 이것은 누구의 몸인가? 욕망은 어디에서 오는가? 왜 나는 나의 육신을 마음대로 하지 못하는가? "때로는 마음이 원해도 움직이기를 거부하고, 종종 마음의 뜻에 반해 움직인다!"[29] 십대에 이른 남자아이는 의지와 몸 사이의 이상한 분리와 마주친다. 나이든 수사도 마찬가지이다. 아우구스티누스는 그 점을 인정한다. 그는 "육욕을 자극하는 생각", "저열한 쾌락과 연결된 혼란스러운 기억", "지저분한 개입으로 인한 어떤 소동" 때문에 자신의 작은 방에서 괴로워한다. 물론 다른 육체적 욕구도 있는데, 이것은 아무리 경건하고 규율이 잡힌 사람이라고 해도 불가피하게 경험하는 것이다. 그러나 먹고 마시기의 경우, 어느 정도 통제가 가능하며, 욕구를 충족시키는 와중에도, 정신과 영의 일들을 계속 생각하는 것이 가능하다고 아우구스티누스는 말한다. 성욕은 다르다. "그것은 영혼과 육체 전체를 사로잡지 않는가?"[30]

그러나 아담과 이브가—그리고 우리가—영원히 잃어버린 대안은 무엇이었을까? 구체적으로, 그들은 모든 인간이 하고 있고 또 기억할 수 없는 옛날부터 해온 방식이 아니라면, 그들의 재생산 방식은 본디 어떤 것이었을까? 펠라기우스파는 인간의 성은 하느님의 설계 가운데 자연스럽고 행복한 부분이라고 주장한 적이 있었다. 첫 남자와 첫 여자는 우리가 인간인 것과 마찬가지로 인간이었고, 그들은 우리가 하는 것과 똑같은 방식으로 재생산을 했을 것이다. 율리아누스는 물었다. 아우구스티누스는 아담과 이브가 우리 종에 속하지 않는다고 생각하는가?

아우구스티누스는 전에 한 번 시도했던 것처럼, 아담과 이브가 육체적인 존재라기보다는 "영혼 비슷한" 영들이라고 주장하여 이 질문을 피할 수가 없었다. 있는 그대로 받아들이겠다고 했기 때문에, 첫 인간들이 우리와 마찬가지로 물질적인 육체를 가졌다고 믿게 된 것이었다. 그들은 어떤 사람들이 추측한 것과는 달리 거인이 아니었고, 또 초능력을 부여받지도 않았다. 그들은 분명히 우리가 현재 아주 불충분하게 부분적으로 구현하고 있는 것의 완벽한 구현체였겠지만, 그럼에도 우리와 같은 종류였다.

그러나 핵심적으로 중요한 차이가 있었다—또는, 그들이 계속 낙원에서 살았다면 그런 차이가 있었을 것이다.[31] 아우구스티누스는 아담과 이브는 불수의적 흥분 없이 재생산을 할 수 있었다고 주장했다. "그들의 몸 안에는 동요를 일으키는 욕정의 활동이 없었을 것이다……다만 우리가 몸의 다른 부위를 움직일 때와 같은 평화로운 의지의 움직임만 있었을 것이다." 마음이 어지러워지지 않는 자제—흥분하고자 할 때에만 흥분하고, 그렇지 않을 때에는 흥분하지 않는 것—가 아우구스티누스에게는 자유로워진다는 의미의 핵심이었다.

자유를 정치적 또는 사회적 맥락에서 생각하는 데에 익숙한 우리에게는 동요 없는 내적 평정과 신체적 제어라는 이런 자유 개념이 아주 낯설어 보일 수도 있다. 그러나 불수의적 흥분이라는 문제에 몹시 시달려온 사람에게는 말이 되는 것이었다. 아우구스티누스는 자신이 혼자가 아니라고 확신했다. 그는 어떤 것도, 심지어 몹시 괴로운 통증이나 기가 막힌 쾌감도 흔들지 못하는, 자아에 대한 제어의 성취에 중점을 둔, 기독교만이 아니라 이교도의 오랜 도덕철학 전통에 의지하고 있었다. 그는 『신국론(De civitate Dei)』에서, 낙원에서 아담과 이브는—고통도 없고, 죽음에 대한 두려움도 없고, 내적 혼란도 없어서—완벽한 고요, 성교에까지 확장될 예정이었던 고요를 알았을 것이라고 썼다. 재생산 과정에서 남성과 여성이 함께하는 것은 원래 완전히 차분하게 이루어지도록 계획되어 있었다. 어떤 열정도 느끼지 않고—무엇인가가 앞으로 내모는 듯한, 그 이상한 자극을 느끼지 않고—"남편은 마음이 평정한 가운데 아내의 가슴 위에서 긴장을 풀었을 것이다."[32]

펠라기우스파는 어떻게 그런 일이 가능했겠느냐고 물었다. 아담과 이브의 몸이 실질적으로 우리의 몸과 같았다면? 아우구스티누스는 생각해보라, 지금도 우리의 현재의 조건에서 어떤 사람들은 자신의 몸으로 다른 사람들이 불가능하다고 여기는 일을 할 수 있다고 대답했다. "어떤 사람들은 귀를 한 번에 하나씩, 또는 한꺼번에 두 개를 움직이기도 한다. 어떤 사람들은 머리를 움직이지 않고도 머리가죽 전체—머리카락으로 덮여 있는 부분 전체를 이마 쪽으로 내렸다가 마음대로 다시 올릴 수도 있다." 또 어떤 사람들은—그가 직접 목격한 대로—마음먹은 대로 땀을 흘리기도 하고, 심지어 "뒤쪽으로부터 마음대로 (악취 없이) 음악적 소리를 내는" 것이 가능하여 "마치 그 부분으로 노래를 부르는 듯한 느낌을 준다." 그런데 왜 우리는 아담이 타락하지 않은 상태에서 딱 이브에게 들어갈 만큼만 조용히 음경을 단단하게 만들 수 있었을 것이라고 상상하지 못하는가? 이 모든 것이 아주 차분하여 씨를, "마치 생리혈이 처녀의 자궁에서 처녀성의 상실 없이 생산될 수 있는 것처럼 아내의 무결한 상태를 훼손하지 않고 자궁 안으로 보내는" 것이 가능할 수 있었을 것이다. 또 남자에게도 "몸의 무결한 상태의 훼손"은 없었을 것이다.[33]

아담과 이브가 사랑을 나누는 모습을 생각하는 것은 어색했다. 아우구스티누스는 그것이 독자들을 불편하게 하거나, 더 나쁜 경우, 웃음을 터뜨리게 할 것임을 알았다. 그는 성교가 수치스럽지 않았던 때를 상상하려고 최선을 다했지만, 우리는 이미 타락했다는 그 사실 때문에 우리는 그 시간을 복원할 수 없다. 그는 점잖은 모습을 보여주기 위해서 웅변을 의도적으로 자제했지만, 우리 첫 부모의 성교를 묘사하려는 시도는 어떤 것이든 당혹감을 불러일으킬 것임을 이해했다. 그보다 더 어색한 일도 있었다. 설교나 대화에서 성적 활동을 거론하는 것은 불가피하게 머릿속에 그림이 떠오르게 한다. 그런 그림은 꿈에까지 영향을 미치는데, 거기에서는 환상과 현실을 구별하는 것이 불가능하다. "육신은 즉시 불끈거리며 움직임으로 들어간다." 아우구스티누스는 『「창세기」의 직해적 의미』의 말미에 이렇게 말했다. "그 결과는 이런 움직임에 보통 뒤따르는 것이다."

그러나 자신이든 독자들이든 본의 아닌 몽정은 해볼 가치가 있는 모험이다(그는 여기에서 그것을 인정하는 것처럼 보인다). 아담과 이브가 누구였고 인간 조건은 원래 어떻게 될 예정이었는지를 이해하기 위해서는 그들이 원래 어떻게 재생산을 할 예정이었는지를 파악하는 것이 매우 중요하기 때문이다. 그들이 섹스를 하는 것을 그려보려고 할 때에 우리가 느끼는 당혹감도 문제의 일부이다. 아우구스티누스는 『신국론』에서 결혼한 부부가 자식 생산을 위해서 무슨 행동을 하는지 "모두가 알고 있다"고 썼다. 결혼식 전체의 핵심이 그 행동의 축성(祝聖)이다. "그럼에도 자식의 출산을 목적으로 이런 행동이 실제로 이루어질 때에는 그런 행동의 결과로 이미 태어난 자식들조차 그것을 보는 것이 허락되지 않는다." "자식들조차"라니! 그렇다면 아우구스티누스는 낙원에서는 자식들이 부모의 교접을 지켜보는 것이 허락되었을 것이라고 상상했을까? 그렇다, 그것이 바로 그가 상상한 것이었다. 그 행동은 눈에 두드러지지 않고, 주목받을 만하지 않으며, 불수의적 흥분이 조금도 없었을 것이기 때문이다.[34]

아담과 이브는 원래 이렇게 될 예정이었다. 그러나 아우구스티누스는

148

그런 일은 단 한번도 일어난 적이 없다고 결론을 내렸다. 그들이 먼저 죄를 저질렀고, "그 결과 열정에 방해받지 않는 의도적인 행동으로서의 자식 생산 작업에서 둘이 결합하기 전에 낙원에서 추방당하는 벌을 받았다." 그렇다면 그들의 성생활을 상상하는 이 모든 정교한 작업의 목적은 무엇일까? 아우구스티누스는 결코 세계의 모든 기독교인이 자신의 성적 감정이 부자연스럽다거나 악하다고 믿게 만들지는 못했을지 모르지만, 마니교도나 펠라기우스파와의 중요한 교리 논쟁에서 승리를 거두고, 열정 없이 임신하게 된 동정녀의 기적의 자식이라는 교리 속의 예수의 모습을 강화하는 데에는 일조할 수 있었다. 교리의 문제에서 온건하고 상식적인 입장과 강경하고 비타협적인 급진적 입장이 마주칠 때에는 후자가 승리를 거둘 가능성이 아주 높았다.

아우구스티누스가 아담과 이브의 이야기에 강박적으로 매달린 데에는 이런 교리적 목적과 더불어 그의 삶의 어떤 측면도 작용했다. 그가 낙원에서 섹스에 관하여 발견한—더 정확하게 말하자면 발명한—것은 그에게 인간이 원래는 타가스테에서 사춘기 시절에 그가 경험했던 것을 느끼지 않을 수 있었다는 점을 증명해주었다. 그것은 카르타고의 환락가로 그를 이끌었던 충동을 그가 원래는 느끼지 않을 수 있었다는 점을 그에게 증명해주었다. 무엇보다도 그것은 적어도 그가 갈망하는 구원받은 상태에서는 자신이 그의 정부에게서 되풀이해서 느낀 것을 원래는 느끼지 않을 수 있었다는 점을 증명해주었다. 그녀는 그의 유일한 자식의 어머니였고, 그가 13년(그가 『「창세기」의 직해적 의미』에 관한 책을 쓰느라 고생하던 시기만큼이나 길었다) 동안 사랑한 여자였고, 어머니의 간절한 부탁으로 그가 내보낸 여자였고, 그가 다른 여자와 다시는 함께 하지 않은 것과 마찬가지로 다른 남자와 결코 함께 하지 않겠다고 선언한 여자였고, 그의 말을 빌리면, 헤어지는 것이 그에게 자신의 옆구리에서 무엇인가가 찢겨나가는 (avulsa a latere meo) 것 같은 느낌을 주었던 여자였다.

아우구스티누스는『신국론』에서 이렇게 썼다. 아담이 타락한 것은 뱀에게 속아넘어갔기 때문은 아니다. 아담은 자만—"과도한 고양에 대한 열망"—때문에, 또 "유일한 동무와 단절되는 것을 견딜 수 없었기" 때문에 죄를 짓는 쪽을 택했다. 아우구스티누스는 자신의 타락한 조건이라는 한계 내에서 최선을 다해 아담의 선택을 무효로 만들려고 노력했다. 그는 성자와 같은 어머니의 도움을 받아 열정으로부터 멀어지고, 흥분으로부터 달아나려고 노력했다. 물론, 그는 여전히 그 무의식적인 꿈을 꾸고, 달갑지 않은 불끈거림을 느꼈지만, 순수의 상태에 있던 아담과 이브에 관해서 그가 알게 된 것은 그에게 약속해주었다. 그가 언젠가는 예수의 도움으로, 자신의 몸을 완벽하게 제어하게 될 것이라고. 그가 자유로워질 것이라고 말이다.

7

이브 죽이기

남편과 아들을 죄에서 구하려는 어머니의 눈물 어린 갈망을 그린 아우구스티누스의 이야기는 너무나 강력하여 수백 년에 걸쳐 일종의 종교 현상이 되었다. 마침내 그녀의 유해가, 그녀가 사망한 오스티아에서 로마로 옮겨졌을 때, 가는 길 내내 기적이 일어났다고 전해진다. 나보나 광장 근처에 세워져 그녀의 아들에게 바쳐진 바실리카에서, 그녀의 신성한 유골은 경의의 표시로 높은 제단 왼쪽에 있는 특별 예배당에 안치되었다. 지금 보아도 감탄할 만한 바실리카의 멋진 전면은 콜로세움에서 떼어온 석회화(石灰華)로 덮여 있다. 아들이나 어머니나 그 상징성을 놓치지 않았을 것이다. 그녀의 도움을 청하는 기도는 「로마 성무일도서」에 들어가 있으며, 산타 모니카—인내심 있는 부인, 오래 고난을 겪은 어머니, 학대당하는 피해자들의 성자—축일은 8월 27일이다. 캘리포니아의 작은 스페인 야영지는 번창하는 도시(와 고속도로)가 되어 지금도 그녀의 이름을 달고 있다. 그녀는 고집 센 아들에게—또 아들의 웅변을 통해서 다른 많은 사람들에게—낙원의 순수를 향해 돌아가는 길 역할을 했다.

아우구스티누스가 사랑한 다른 여자, 그의 성적 파트너이자 그의 아들의 어머니는 그의 삶에서 사라졌듯이, 그의 엄청난 양의 글에서도 그냥 사라져버렸다. 그는 그녀를 육체적 유혹의 상징으로 이용하는 데에도, 자신의 성욕에 대한 책임을 그녀에게 묻는 데에도 관심이 없었다. 결국 그런 욕망의 파괴적 존재감을 보여주는 근원적인 모델은 혼자 있을 때에 일어나는 흥분이었다. 목욕탕에서 젊은 남자의 불끈거리는 남성성, 노인의 에로틱한 꿈이었다.

그러나 아우구스티누스는 유혹과 순수 상실의 일차적 원천을 여자에게서 찾지 않았을지 몰라도, 다른 사람들은 찾았다. 아우구스티누스는 인간 존재의 드라마에서 아담과 이브의 이야기를 중심 삽화로 만듦으로써, 수백 년 동안 첫 여성이라는 인물을 둘러싸고 소용돌이 친 여성 혐오의 흐름이 쏟아져 나오게 될 수문을 열었다. 랍비 전승이 이브에게 핵심적인 책임을 묻는 일에 거의 관심이 없었다거나 『쿠란』이 아담과 이브가 똑같이 과실이 있는 것으로 기술했다는 점은 중요하지 않았다.[1] 형성기의 기독교가 로마의 사회적 질서에서 억압받던 노예나 범죄자 등과 더불어 여성을 환영하고 그들에게 축복받은 자들의 식탁에서 자리를 내주었다는 점은 중요하지 않았다. 아우구스티누스와 그 뒤의 수많은 신학자들이 인류에게 닥친 재앙의 책임을 주로 아담에게 물었다는 점도 중요하지 않았다. 교회 안팎의 다른 많은 권위자들은 기쁜 마음으로 이브에게 거의 전적으로 책임을 물었다.

그렇게 함으로써 그들은 적어도 간접적으로, 세상의 고통에 대한 책임을 여성들에게 묻는 오랜 이교도 전통에 의존했다. 이교도이건 기독교도이건 거의 모든 사람들이 판도라의 이야기를 알았을 것인데, 그중에서도 기원전 8세기의 숭배 받는 그리스 시인 헤시오도스가 전하는 이야기가 가장 유명했다. 이야기는 이렇게 진행된다. 제우스 신은 티탄 프로메테우스에게 속자 그에게 화를 냈다. 이 티탄은 인간을 특히 좋아했기 때문에, 제우스는 인간에게 화풀이를 하기로 마음먹었다. 제우스는 대장장이 신 헤파이스토스에게 진흙으로 아름다운 형체, 즉 첫 여자를 만들라고 명령하고, 모든 신에게 차례로 그녀에게 선물을 주라고 지시했다. 아테나는 그녀에게 천을 짜는 법을 가르쳤다. 아프로디테는 고혹적인 매력을 주었다. 미의 세 여신은 황금 목걸이를 주었다. 계절의 여신들은 머리에 쓸 관에 봄꽃을 짜서 넣어주었다. 교활한 헤르메스는 "암캐의 교훈"을 주었다.[2]

그런 다음 제우스는 저항할 수 없을 만큼 매력적인 판도라─이 이름은 "모든 재능을 갖추었다"는 뜻이다─를 프로메테우스의 동생 에피메테우스에게 보냈는데, 그는 제우스에게서 어떤 선물도 받지 말라는 이야기를 이미 들었다. 그러나 에피메테우스는 판도라에게 홀딱 반해 경고를 잊었다. 판도라는 그의 집에 들어가자마자 단지(16세기에 상자로 잘못 번역되었다)의 뚜껑을 열었고, 그녀가 미처 다시 닫기 전에 그 이후로 인간을 괴롭혀온 모든 불행이 뛰쳐나왔다. 단지에는 뚜껑 바로 밑에 딱 하나, 희망만 남아 있었다.

이 이야기에서 인류는 신과 티탄 사이의 갈등에 끼어 있었다. 애초에 인간이 잘못한 것이 없었기 때문에, 인간의 어떤 회개 의식으로도 성난 신을 달래는 것은 가능하지 않았다. 인간은 한때는 병이나 힘든 노역으로부터 자유로운 삶을 살았지만, 판도라 때문에 그런 삶은 영원히 사라졌다. 여기에는 배울 만한 훌륭한 도덕적 교훈이 없다. 이 재난에서는, 제우스가 늘 승리한다는 사실 외에, 건질 만한 것은 오직 삶의 불행의 원천에 대한 자각뿐이다. 그 원천이란 "치명적인 여성 종족과 부녀자 족속"이었다.

초대 기독교인은 그리스 로마 만신전의 다른 것을 받아들이지 않았듯이, 판도라 신화도 받아들이지 않았다. 하지만 신자들은 자신들이 거부하고 있던 문화를 뒤돌아보지 않을 수 없었다. 2세기의 신학자 테르툴리아누스는 판도라는 결코 존재하지 않았겠지만, 그녀가 상징하는 고혹적 유혹은 계속해서 끔찍한 피해를 준다고 썼다. 그는 여성의 복장에 관한 책에서 하느님이 이브와 그녀의 후손에게 내린 벌을 엄한 논조로 자세하게 이야기했다. 그런 뒤에 끓어오르는 분노를 드러내며 말을 이어갔다.

너희는 너희 (각각이) 이브라는 것을 알고 있는가? 하느님이 너희들의 성 (性)에게 내린 선고가 이 시대에도 살아 있다. 죄도 틀림없이 살아 있다. 너희는 악마의 관문이다. 너희는 그 (금단의) 나무의 봉인을 뜯은 자이다. 너희는 신성한 법을 처음 저버린 자이다. 너희는 악마가 용기가 없어 공격하지 못한 남자를 설득한 자이다. 너희는 아주 쉽게 하느님의 형상, 인간을 파괴했다. 너희의 저버림—죽음—때문에 하느님의 아들도 죽어야 했다. 그런데도 너희는 피부라는 외피에 또 장식을 할 생각을 하는가?

테르툴리아누스는 널리 읽히기는 했지만, 정통 기독교인들은 그를 경계했던 것으로 보인다. 그럼에도, 여성의 대책 없는 허영과 도덕적 약점에 관한 그의 강조는 여러 곳에서 되풀이되었다.[3]

초대 기독교의 주류에 더 깊숙이 들어가 있었던 사람은 아우구스티누스와 같은 시대 사람인 히에로니무스로, 그가 라틴어로 번역한 『성서』("대중적"이라는 뜻의 라틴어를 가져와 『불가타 성서』라고 알려져 있다)는 서양에서 기독교의 주요 통로가 되었다. 엄청난 영향력을 행사하고 존경도 받았던—그는 번역자, 사서, 백과사전 저자들의 수호성인이다—히에로니무스는 글에서 테르툴리아누스를 그렇게 격분하게 했던, 여성의 장식과 매력을 높이는 일에 관해서 되풀이해 이야기했다. 그는 "연지를 뺨에 칠하고 벨라도나로 눈을 칠하고, 얼굴에 분을 바르는……아무리 세월이 흘러도 자신이 늙었다고 믿지 않는, 빌린 머리카락을 머리 위에 쌓는, 젊음을 지나서도 나이로 인한 주름에도 불구하고 자신을 다듬는" 여자들을 호되게 질책했다.[4]

그러나 결혼을 하지 않은 히에로니무스는 결혼을 한 테르툴리아누스보다 훨씬 멀리 나아갔다. 이제는 화장을 하지 말라고 주의를 주거나, 머리카락을 가리거나 집안에만 있어야 한다고 주장하는 것으로는 충분하지 않았다. 관대한 후원자인, 신앙심이 뜨거운 여자들에게 둘러싸여 폭넓게 편지를 주고받았던 히에로니무스는 적극적으로 결혼을 비난했다. 이미 했을지도 모르는 결혼을 소급하여 없던 일로 만들 수는 없었지만, 과부들은 재혼을 하지 말라고 엄하게 조언했다.

그는 기원후 384년에 마르셀라라는 이름의 여자에게 편지를 보냈다, "혼인의 계약으로부터 자유로워진 과부에게는 이제 하나의 의무만 남아 있는데, 그것은 계속 과부로 남아 있는 것입니다." 과부의 나이도 생활 조건도 중요하지 않았다. 기독교인 과부는 두 번째로 결혼에 빠지는 것을 피하겠다고 결심해야 했다. "전갈이 그녀의 단호한 의지를 질투하여 부드러운 말로 금단의 나무를 다시 먹으라고 강권한다고 해도, 장화 대신 저주가 그를 짓밟게 하여 그가 자신의 운명대로 흙 속에서 죽어가는 동안 그녀는, '사탄아, 내 뒤로 물러나라' 하고 말하게 하십시오." "금단의 나무를 다시 먹는다"라니. 히에로니무스에게는 결혼 자체가 타락이었다.

무엇인가가 변했다. 히브리 창조 이야기는 결혼—"이것이로구나, 내 뼈 중의 뼈요, 내 살 중의 살이라"—과 생식에 대한 환희에 찬 찬양을 포함하는 것처럼 보였다. 랍비들은 생육하고 번성하라는 신성한 축복을 엄숙한 명령으로 해석했다. 『탈무드』에 따르면, 결혼을 하여 자식을 낳을 수 있는데도 그렇게 하지 않는 것은 살인과 등가의 죄를 지은 것이었다.

그러나 아우구스티누스와 히에로니무스는 영적 삶을 근본적으로 다시 생각하고, 그와 더불어 진정으로 독실한 기독교인이 살기를 갈망해야 하는 삶 또한 다시 생각하는 작업의 중심에 있었다. 신자 대부분은 불가피하게 계속 결혼을 유지하며 자식을 낳을 것이라고 그들도 인정했다. 그것이 세상이 돌아가는 방식이었다. 하지만 최고의 소명이 순결, 금욕적 자제, 다른 독신의 수사나 수녀들과 함께 하는 묵상의 삶이라면, 에덴 동산에서 아담과 이브의 이상적 삶에 관한 이야기 전체가 개정되어야 했다.

히에로니무스는 결혼을 찬양하는 글을 쓴 조비니아누스라는 이름의 기독교인 저자와 맞서는 격렬한 논쟁에서, 아담과 이브는 낙원에서 동정으로서 육체적 금욕의 축복받은 삶을 살았다고 주장했다. 아담은 금식을 하는 동안에는 "낙원에 있었다. 그러나 먹기 시작하자 쫓겨났다. 그는 쫓겨나자마자 아내와 결혼했다." 그는 그렇게 썼다. 그래서 그는 자신을 따르는 한 젊은 여성에게 낙원에서 이브는 동정녀였음을 지적했다. "낙원은 곧 너의 집이다." 그는 그 여성에게 말했다. "따라서 태어났을 때와 같은 상태를 유지하라."[5] 이 젊은 여자는 당연히 영원한 동정을 맹세했고 히에로니무스를 따라 팔레스타인으로 갔으며, 그곳에서 가혹한 금욕생활을 했다.

이런 금욕주의적 관점이 4세기의 기독교 공동체들에서 논쟁을 일으키지 않은 것은 아니지만, 히에로니무스와 동맹자들은 승리를 거두었다. 결혼을 찬양한 조비니아누스의 글들은 비난을 받고 불태워졌다. 조비니아누스는 이단으로 유죄선고를 받고, 적들에게 "기독교의 에피쿠로스"라는 낙인이 찍혀 매질을 당한 뒤 아드리아 해의 작은 섬으로 추방당했다. 결혼이 동정만큼이나 거룩하다고 주장한 다른 사람들도 비슷하게 이단으로 간주되어, 종종 모진 벌을 받았다. 남녀 가릴 것 없이 많은 기독교인들이 속으로는 결혼이 수도원의 금욕보다 열등할 것이 없고, 부부 사이의 성관계는 전적으로 좋은 것이며, 여성과 남성은 도덕적으로나 지적으로 동등하고 교회에서 자유롭게 자기 이야기를 해야 한다고 생각했겠지만, 그런 의견을 입 밖에 내지 않는 것이 분별 있는 행동이었다.

히에로니무스를 따르는 여자들은 부와 특권의 삶을 포기했다. 이들은 과감하고 결단력 있게, 가혹하고 위험한 환경에서 수녀원을 건설했는데, 상당한 수준의 학식도 갖추고 있었다. 그들은 역경에 맞서, 첫 여자가 운명적으로 손을 뻗어 금단의 열매를 맛보기 전에 가졌던 순수의 흔적이라도 회복하려고 했다. 그러나 이런 영적인 성취와 그에 따르는 권력도, 물려받은 오점으로부터 그들을 완전히 자유롭게 해주지 못했다. 이브가 죄를 지었고, 그 죄의 결과가 그녀의 후손들 가운데 가장 독실한 사람들에게도 영향을 미치고 있다는 사실을 부정할 수 없었기 때문이다. 하느님이 직접 내린 하나의 벌은 여자가 남자의 지배를 받게 된다는 것이었다. "남편은 너를 다스릴 것이니라." 모든 사람은 여자들이 어떤 권위를 휘두르든 결국 첫 여자의 죄에까지 거슬러 올라가는 한계들에 절대적으로 속박되어 있다는 점을 이해해야 했다.

히에로니무스는 그의 관점을 공유한 다른 많은 사람들과 마찬가지로 기독교 신앙의 기초가 되는 문건에서 지원을 구했다. 그는 사도 바울이 쓴 것으로 여겨지는 세 목회의 서신 가운데 하나인 「디모데서」에서 한 구절을 인용했다.[6]

여자는 일체 순종함으로 조용히 배우라. 여자가 가르치는 것과 남자를 주

관하는 것을 허락하지 아니하노니 오직 조용할지니라. 이는 아담이 먼저 지음을 받고 하와가 그 후며, 아담이 속은 것이 아니고 여자가 속아 죄에 빠졌음이라. (2:11-14)

성 바울은 「갈라디아서」에서는 "남자나 여자나 다 그리스도 예수 안에서 하나이니라"(3:28) 하고 확언했지만, 「디모데서」에서는 성 차별이 극단적인 형태로 다시 나타났다. 그리고 그 밑바닥에 깔린 정당화의 근거는 단지 디모데가 일하던 에베소의 현지 관습만이 아니라, 태초로 거슬러 올라가는 뿌리 뽑을 수 없는 차이였다.

"아담이 속은 것이 아니고 여자가 속아 죄에 빠졌음이라." 이 말은 수백 년 동안 되풀이되었다. 이 말은 어린아이에게 주입되고, 남편과 아내 사이의 권력 균형이 위협을 받을 때마다 소환되고, 자신의 자리를 알지 못하는 것처럼 보이는 똑똑하고 말 잘하는 여자들에게 던져졌다. "여자는 저주의 사실상의 원인이었다." 히에로니무스 이후 거의 1,000년이 지난 뒤에 한 교회법 학자는 말했다. "여자가 거짓말의 기원이었기 때문이다." 여자는 당연히 교육하지 말아야 한다. 13세기 스페인의 한 탁발 수사는 이런 식으로 표현했다. "예전에 여자가 한번 배우더니 온 세상이 뒤집혔다."[7]

이렇게 이브의 죄와 그녀의 모든 딸의 결함을 끝도 없이 되풀이해서 이야기하는 것은 순결의 맹세를 하고 다른 성과의 교제를 포기한—적어도 공식적으로는—수사와 탁발 수사들의 정신세계에는 어울렸을 것이 분명하다. 또한 아내와 딸을 지배하려는 투쟁에 몰두해 있는 남편들에게도 어울렸다. 이브가 가져온 불행은 양성 간의 싸움에서 일반적인 논란거리, 예측 가능하고 매우 유용한 공격 재료가 되었다. 『성서』 자체의 권위가 실려 있는 것처럼 보였기 때문이다.

초서의 14세기 고전 『캔터베리 이야기(*Canterbury Tales*)』에 나오는 떠들썩한 '바스의 아낙'은 그런 전형적인 실랑이를 희극적으로 슬쩍 보여준다. 그녀가 공표한 바에 따르면, 그녀의 남편 잰킨은 "조비니아누스에 반대하는 책을 쓴," 결코 빼놓을 수 없는 성 히에로니무스라는 이름의 추기경을 포함하여 끝도 없는 여성혐오적 저자들의 교훈을 밤이나 낮이나 읽어대는 것을 엄청나게 좋아했다. 그녀의 회고에 따르면, 어느 날 밤 남편은

난롯가에 앉아 책에서 먼저
이브 이야기를 읽는데, 내용인즉슨 그녀의 악 때문에
모든 인류가 비참한 상황에 빠졌고
그 때문에 예수 그리스도 자신이 죽었다는 것.

잰킨은 결론을 강조했다. "여자는 모든 인류의 손해"―즉 인류를 망친 존재―"였다."

'바스의 아낙'은 참을 만큼 참았다. 그녀가 손을 뻗어 그 "저주받은 책"에서 세 장을 찢어 남편의 얼굴을 후려치자 남편은 뒤로 자빠졌다. 남편은 일어서더니 그녀의 머리를 심하게 때려 정신을 잃게 했다. 그녀는 모든 일이 멋지게 잘 풀렸다고 말한다. 잰킨은 자신이 아내를 죽였다고 걱정하여 폭력을 뉘우치며 아내를 지배하겠다는 요구를 포기하겠다고 서약했다. "그이는 내 손에 모든 고삐를 쥐어주었고, 집과 땅을 관리할 권리를 주었지요." 그리고 맹세를 지키겠다는 완벽한 표시로 이브의 악의 이야기를 기록한 책―히에로니무스의 『조비니아누스에 반대하여(*Adversus jovinianum*)』―을 태웠다.

초서의 희극적 결말과 같은 일이 현실에서도 벌어졌을지도 모르지만,

이브의 죄의 도덕적 상징은 이미지와 설교에서, 가벼운 농담과 신랄한 비난에서 끝도 없이 되풀이되었다. 그것은 과학적 증거의 힘도 가졌다.

그 이야기를 불러내어 거기에서 여성 혐오적 함의를 끌어내는 것은 남자들만이 아니었다. 히에로니무스에게 자금을 대고 그와 동행한 여자들을 비롯한 많은 독실한 여자들이 여성의 본성에 불리한 심판을 받아들이고 환영했다. 이따금씩 예외는 있었다. 과감하고 성스러운 여자들이 일반화된 명예훼손에 도전했다. 그러나 대부분의 경우에는 그 시대에 널리 퍼진 사회적 통념에 무관심을 드러내던 기독교인 사이에서도 그런 지배적인 이야기가 위세를 떨쳤다. 단순한 사회적 규칙들과는 달랐다—이런 것들은 도전을 받거나 깨지도록 만들어져 있었다. 그러나 이브의 죄는 그와는 다른 것으로, 즉 역사적 사실, 인류학적 진실, 생물학적 본성, 종교적 교리로서 제시되었다. 인간 존재의 불행은 모두 이브에게까지 거슬러 올라갈 수 있었고, 이브의 딸들은 오점을 지니고 있었다.

이브에 대한 격한 비난은 종종 첫 여자의 죄를 없애주었다고 제시되는 마리아에 대한 열렬한 찬양과 연결되었다. 둘의 대조적인 측면은 일찍부터 자세하게 연구되었다. 이브는 옛 아담의 몸에서 끌어낸 반면 새 아담은 마리아의 몸에서 태어났다. 동정녀 이브가 나타나자 뱀의 말이 그녀의 귀에 흘러들어간 반면, 동정녀 마리아가 나타나자 '하느님의 말씀'이 그녀의 귀에 흘러들어갔다. 이브를 통해서 뱀의 말이 죽음의 집을 지은 반면, 마리아를 통해서는 '하느님의 말씀'이 생명의 건물을 지었다. 이브가 불신앙으로 묶은 불복종의 매듭을 마리아가 신앙과 복종으로 풀었다. 이브는 죄를 낳았고 마리아는 은총을 낳았다. 에바(Eva)는 아베(Ave)가 되었다.[8]

이 정교한 대위법은 오랜 세월에 걸쳐 놀라운 이미지들, 즉 그림, 책의 삽화, 조각, 벽화, 회화를 만들어내는 데에 기여했다. 11세기 힐데스하임의 위대한 청동 문 왼쪽 면에서는 이브가 카인을 기르는 반면, 오른쪽 면에서는 마리아가 예수를 기른다. 보스턴에 있는 네덜란드의 거장 로히어 판 데르 베이던의 그림에서 성 누가는 아기를 돌보는 '동정녀'의 그림을 그리고 있다. 그녀가 앉아 있는 나무 보좌의 팔걸이에는 아담과 이브가 작게 새겨져 있다. 가까이에서 보면 이브가 사과를 향해 손을 뻗고 있는 것을 볼 수 있다. 이런 식으로 '원죄'와 구원이 함께 모여 있다. 코르토나에 있는 프라 안젤리코의 훌륭한 제단화 또한 전면에서 수태고지를 보여주고, 멀리에서 천사 미카엘이 아담과 이브를 낙원에서 쫓아내는 모습을 보여주고 있다. 15세기 단테의 『천국(*Paradiso*)』에 들어간 이탈리아의 삽화에서는 시간과 공간을 재료로 훨씬 급진적인 게임이 벌어진다. 오른쪽 작은 예배당 앞에는 천사 가브리엘이 마리아에게 무릎을 꿇고 있다. 가브리엘 바로 뒤 왼쪽에는 벌거벗은 아담과 이브가 생식기를 가리고 환희에 찬 놀란 눈으로 그 장면을 보고 있다.[9]

　중세에 마리아 숭배가 종종 반유대주의 논쟁과 연결된 이후—결국 유대인이 '동정녀'의 슬픔에 책임을 져야 하는 것으로 이야기되었다—이브와 마리아에 대한 대조적 묘사는 종종 유대인과 기독교 사이의 대조로까지 확대되었다. 1420년에 나온 독일어 『성서』 삽화에서 이브는 운명의 나무의 한쪽 옆에 서 있고, 마리아는 다른 쪽 옆에 서 있다. 벌거벗은 이브는 사과를 잡으려고 한 손을 위로 뻗고 있다. 다른 손으로는 원뿔형 모자를 쓰고 턱수염을 기른 유대인 집단 가운데 한 명이 들고 있는 죽음의 머리를 어루만진다. 가운을 입은 마리아는 손을 들어 십자가를 들어올리고 자비로운 눈으로 사제와 수사의 무리를 돌아본다. 이 대립은 회당과 교회 사이의 대립이며—따라서 율법과 은혜 사이, 죽음과 삶 사이의 대립이다.[10]

　지금은 로마의 보르게세 미술관에 있는, 1605-1606년에 그려진 잊을 수 없는 그림에서 카라바조는 허리를 굽혀 맨발로 꿈틀거리는 뱀의 머리를 밟고 있는 '동정녀'를 묘사했다.[11] 그녀는 벌거벗은 아들을 안고 있고, 아들은 그녀의 발에 자기 발을 올려놓고 있다. 그들의 무게가 함께 뱀을 짓누르고 있는 것이다. 어두운 곳에서는 아이의 할머니인 성 안나가 지치고 주름진 얼굴로 그 광경을 보고 있다. 이브는 어디에도 보이지 않지만 암묵적으로 이곳에 있는 것으로 전제되어 있다. 이 사건은 태초에 예언된 것이기 때문이다. "내가 너로 여자와 원수가 되게 하고 네 후손도 여자의 후손과 원수가 되게 하리라."(「창세기」 3:15) 하느님은 이브를 꾀어 죄를 짓게 한 뱀에게 그렇게 말했다. 이제 신약의 구세주와 그의 동정녀 어머니는 구약의 예언을 이행하고 있다. 이것은 기독교의 승리이며, 따라서 아이인 예수가 할례를 받지 않은 것이 눈에 두드러진다.

이런 상징적인 대조 전체는 이브의 죄가 사실 위장된 축복임을 보여주는 데에 이용될 수 있었다. 그녀의 행동이 결국 마리아에 이르고, 마리아를 통해서 구세주의 탄생에 이르기 때문이다. 그러나 마리아는 이브가 아닌 모든 것이었기 때문에 그들을 나란히 배치하는 것은 종종 첫 여자가 후손에게 물려준 경솔, 허영, 자만에 대한 비난을 강화하는 역할을 했다. 신학자들은 서로 경쟁하며 여자들이 물려받은 결함을 이유로 그들을 꾸짖었다. 지적으로 탁월하고 도덕적으로 예민했던 철학자 토마스 아퀴나스조차 여자보다 남자가 하느님의 형상에 가깝다고 결론을 내렸다. 그는 여자는 결함 있고 절단된 남자(vir occasionatus)라고 말했다.[12] 이런 관념은 오래되고 이교도적인 것이었다. 토마스는 이것을 아리스토텔레스에게서 가져왔다. 하지만 이것은 중세적 사고에 안착했으며, 그곳에서 여자의 창조가 남자보다 늦은 것, 그녀가 이른바 구부러진 갈빗대에서 나왔다는 것, 그녀가 뱀의 설득에 운명적으로 넘어간 것을 설명해주는 것처럼 보였다.

아퀴나스는 그렇다면 왜 하느님이 애초에 여자를 창조했을까라고 물었다. 그녀는 협력자로 창조된 것이지만, 아우구스티누스가 수백 년 전에 말했듯이, 농사짓는 일을 도우려면 다른 남자가 나았을 것이다. 따라서 아퀴나스는 말했다. "함께 살고 서로 벗해주는 데에는 남자와 여자보다 두 [남성] 친구가 함께 있는 것이 낫다." 그는 여자의 창조는 생식이 목적일 때에만 완벽하게 말이 된다고 결론을 내렸다.

여자의 생식력은 무엇보다도 '동정녀와 아이'를 그린 헤아릴 수 없이 많은 따뜻하고 경이에 찬 이미지들에서 인정되고 기려졌다. 하지만 동정녀 마리아에 대한 숭배가 점점 중요해진다고 해서, 그것으로 이브에 대한 폄하가 줄지는 않았다. 적어도 일부 중세 기독교인에게, 특히 수도원 공동체에서 사는 사람들에게, 여성 혐오는 지금 우리에게는 분명히 병적으로 보이는 수준까지 올라가 있었다. 그런 여성 혐오적 폭언이 당시에 그렇게 보이지 않았던 것은 더 큰 믿음의 구조 안에서, 또 그런 것들을 받아들이게 해주는 제도 안에서 상대적으로 편안한 자리를 찾을 수 있다는 사실 때문이었다. 11세기 베네딕트회 수사였던 성 베드로 다미아노는 마리아에게 특별히 헌신했지만—그는 유명한 『성모 마리아 소성무일도(*Officium Beatae Virginis*)』를 썼다—그렇게 헌신했다고 해서 "우리의 파멸의 원인"에 대한 광적인 공격이 약화되지는 않았다.[13]

"줘, 줘! 쉬지 말고" 외치는 너희 암캐들, 암돼지들, 밤올빼미들, 암이리들, 거머리들(「잠언」 30:15-16). 이제 와라, 내 말을 들어라, 음탕하게 입 맞추는 창녀들, 뚱뚱한 돼지들이 뒹구는 장소 같은 너희, 불결한 영혼이 앉는 의자 같은 너희, 반(半) 여신들, 사이렌들, 마녀들, 디아나에게 헌신하는 자들, 어떤 조짐, 어떤 불길한 징조가 발견되면, 너희 이름에 걸맞게 심판을 받을 것이다. 너희는 악마의 자식들로, 영원한 죽음에 의해서 잘려나갈 운명이기 때문이다. 악마는 너희에게서 너희의 풍부한 정욕으로 살이 찌고, 너희의 유혹하는 잔치로 배를 불린다.

이런 광적인 혐오의 언어 속에서 「창세기」의 인간 쌍—"하느님이 자기 형상 곧 하느님의 형상대로 사람을 창조하시되 남자와 여자를 창조하시고"—은 무엇인가 불길한 것으로 변형되었다. 무엇보다도 여자는 남자의 동반자는커녕 불구대천의 원수가 되었다. 그녀 또한 사탄의 피해자임에도, 동시에 '악한 자'의 동맹자이자 인류 몰락의 주요 동인이 되었다. 작은 방에서 생각에 잠겨 있는 성자의 마음 어딘가에는 기독교보다 오래된, 또 유대인의 종교보다도 오래된 의심이 웅크리고 있었다. 여자는 단지 사탄의 동맹자가 아니라, 그의 연인이며, 더러운 의식에서 그의 몸과 자기 몸을 합쳤다.

이런 외설적인 공상에서 사탄은 가끔 뱀의 형체로 여자와 교접한다. 또는, 진짜 뱀은 여자이다. 학식 있는 주석가들은 이브라는 히브리 이름이 뱀을 가리키는 아람어와 관련이 있다고 말했지만, 여성 혐오자들이 이 방향으로 나아가는 데에는 언어학이 필요하지 않았다. 여자는 성적 매력을 이용하여 남자를 유혹하고 궁극적으로 파괴했다. 여자들이 실제로 피해자가 된 사실은 편리하게 잊히거나 여자들 자신의 흠으로 간주되었다. 이브의 딸들로서 남성적 욕망을 자극하게 되었기 때문이다.

이런 논리—논리라기보다는 정신적 불안이나 강박이지만—의 극단적인 형태에서 여자는 완전한 인간이 아니었다. 초기의 교회법 주석자는 이렇게 말했다. "여자는 생리하는 동물이며 그 피와 접촉하면 열매가 맺히지 않고, 포도주는 상하며, 식물은 죽고, 나무에는 열매가 사라지며, 녹이 쇠를 부식하고, 공기는 탁해진다."[14] 여자의 비인간화는 이와 비견되는 유대인의 비인간화와 마찬가지로 폭력을 불러왔다.

1486년에 도미니크 수도회의 두 탁발수사 하인리히 크라머와 야코프 슈프렝거는 『마녀 잡는 망치(*Malleus Maleficarum*)』라는 유명한 책을 출간하여, 그들이 교황으로부터 권한을 위임 받아 독일과 스위스의 넓은 지역에서 관장했던 종교재판을 묘사했다. 고문으로 받아낸 자백에 의거한 그들의 조사를 통해서 상당수의 이른바 마녀를 확인하게 되었으며, 그들 가운데는 남자도 몇 명 있었지만 대부분의 경우 여자들이 악마와 교섭한 것으로 고발되었다. 고발된 여자들은 유죄판결을 받고 처형되었다. 이 종교재판관들은 열심히 자신들이 한 일을 정당화하고 다른 사람들도 그들의 중요한 사명을 이어가라고 권했다.[15]

크라머와 슈프렝거는 교부를 비롯한 많은 사람들을 인용하여 남자보다 훨씬 많은 수의 여자들이 마법에 끌리는 이유를 설명했다. 그것은 모든 여성에게는 악을 행하는 타고난 경향이 있기 때문이었다. 물론 영웅적이고, 독실하고, 심지어 거룩한 여자들도 있었다. 슈프렝거는 베드로 다미아노와 마찬가지로 '동정녀 마리아' 숭배에 특별히 헌신했다. 그러나 진정으로 선한 여자는 아주 드문 예외였다. 전체적으로는 아주 나쁜 무리였다. 이 종교 재판관들은 말했다. "그들은 영혼과 육체 양쪽의 힘에 모두 결함이 있기 때문에 질투를 느끼는 사람들에 맞설 때 마법적 행위를 더 많이 일으키는 것은 놀랄 일이 아니다."

종교재판관들은 마법은 단순한 공상이 아니라고 주장했다. 마녀들은 진짜로 악마와 구속력 있는 계약을 맺어, 악한 힘을 얻는 대가로 악마를 숭배하고 섬긴다. 그들은 "악마들은 자기 것이 된 몸 안에서 여자 마법사들과 말을 하고, 그들을 보고, 그들의 말을 듣고, 그들과 함께 먹고, 그들과 함께 자식을 낳을 수 있다"고 설명했다. 마녀들에게 부여된 악마의 힘은 대개 매우 국지적이지만—이웃의 소를 죽이거나 아이를 불구로 만들거나 남자를 발기 부전으로 만들거나—마을을 넘어서는 범위에까지 영향을 줄 수도 있다. "우리는 세상의 거의 모든 왕국이 여자 때문에 뒤집혔다는 것을 알고 있다."

이 모든 것이 이브에게까지 거슬러 올라간다. 그들은 이렇게 말했다. 이 운명적 결함은 "여자가 처음 만들어지는 과정에서 볼 수 있다. 여자는 굽은 갈빗대, 즉 뒤틀리고, 말하자면 남자에게 맞서 고집을 부리는 갈비뼈로부터 만들어졌기 때문이다." 악마가 여자를 오도한 것은 사실이지만, 아담을 오도하여 인간의 파멸을 초래한 것은 악마가 아니라 여자였다. 여자가 그렇게 했다는 것은 여자가 불완전한 동물이라는 이론을 확인해줄 뿐이다. "지성이나 영적 문제에 대한 이해라는 맥락에서 여자는 남자와 다른 종류에 속하는 것처럼 보인다."

아주 약간 말을 주의함으로써—"여자는 남자와 다른 종류에 속하는 **것처럼** 보인다"—크라머와 슈프렝거는 그들의 책이 그렇게 자주 암시하는 것을 직접적으로 말하지는 않았다. 즉 여자는 완전한 인간이 아니라고. 이 책의 서문에는 책의 정통성에 대한 정교한 공식적 승인이 담겨 있지만, 쾰른 대학교 신학자들은 이 책에서 이단적 오류를 찾아냈고, 『마녀 잡는 망치』는 처음 출간된 지 3년 후에 종교재판소에서 허위 판결을 받았다. 이런 판결에도 불구하고 이 책은 다양한 판본으로 널리 유통되었으며, 둘 가운데 더 열렬한 종교재판관인 하인리히 크라머는 이 위험한 작업을 할 수 있는 권한을 교회 당국으로부터 여러 번 부여받았다. 어머니 이브까지 거슬러 올라가는, 악을 저지르는 타고난 경향이라고 상상되는 것 때문에 무고한 여자들은 계속 목숨을 잃었다.[16]

기원 서사에 깊이 장착된 여성 혐오적 경향이 여자에 대한 잔인한 학대를 정당화하는 데에 이용되었지만, 또 이브의 죄 때문에 일상적 모욕에서부터 재판을 통한 살해에 이르기까지 모든 것이 허용되었지만, 「창세기」이야기가 늘 그리고 불가피하게 모든 여자의 타고난 결함을 증명하는 데에 이용되었던 것은 아니다. 아우구스티누스와 아퀴나스에서부터 루터와 칼뱅에 이르기까지 모든 주요한 기독교 신학자들은 첫 여자가 첫 남자와 마찬가지로 하느님의 형상대로 창조되었다고 생각했다. 이런 신념이 이브에 대한 가장 극단적인 폄하에는 어느 정도 제동을 걸었다. 때로는 심지어 그녀의 결함이라고 주장되는 것들이 여자를 방어하는 데에, 적어도 죄책감을 피하는 데에 이용될 수도 있었다. 15세기 중반에 놀랄 만큼 학식 있는 인문학자 이소타 노가롤라는 여자의 불완전함—그들의 무지와 변덕—은 하느님이 준 본성의 일부이며, 따라서 그들의 죄는 경감된다는 교묘하고 설득력 있는 주장을 펼쳤다. 제대로 이해하자면, 이브는 "노인보다 죄가 덜한 소년 또는 귀족보다 죄가 덜한 농민과 같았다." 반면 아담은 완벽하게 만들어지고 자유의지를 부여받았기 때문에 그런 핑계를 댈 수 없었다.[17]

많은 기독교인, 여자만이 아니라 남자도, 이 쌍 가운데 아담이 더 죄가 많다는 생각을 공유했다. 여자는 사탄에게 속았지만, 남자는 자유로운 상태에서 죄를 지었기 때문이다. 첫 여자가 모든 인류의 파멸에 대한 죄라는 부담을 주로 져야 한다고 이야기가 될 때에도, 초대 교부들이 그랬던 것처럼 그녀의 행동이 구원을 가져오는 데에 기여했다는 사실을 떠올림으로써 그녀의 죄를 경감해줄 방법이 여전히 남아 있었다.

15세기 초, 놀랄 만큼 학식이 풍부한 여성인 프랑스의 인문학자 크리스티네 드 피잔은 자신이 "이성(理性) 부인"과 대화를 나눈다고 상상했다.[18] "만일 어떤 남자가 레이디 이브 때문에 추방을 당했다고 말한다면," '이성'

은 그녀에게 장담한다. "인간은 이브를 통해 잃은 것보다 마리아를 통해 얻은 것이 많다고 너에게 말해주겠다." 정확하게 이해하자면 이브는 인류의 은인이었다. "남자와 여자는 이 죄 때문에 기뻐해야 한다."

소수의 대담한 해석자는 더 나아갔다. 아마 가장 주목할 만한 사람은 베네치아의 폐쇄적인 베네딕트회 수녀원에 있었던, 말을 아주 잘했지만 동시에 아주 불행했던 수녀였을 것이다. 아르칸젤라 타라보티 수녀는 열한 명의 자녀 가운데 한 명이었다. 1604년 선천적 장애자로 태어난—아버지와 마찬가지로 절름발이였다—그녀는 아주 어렸을 때 수녀원에 맡겨졌다. 지참금을 저축하고 싶지 않거나 딸이 적당한 남편을 찾을 수 없을 것이라고 생각하는 부모가 자주 택하는 전략이었다. 그녀는 열일곱 살 생일에 평생 수녀원 안에 갇혀 살겠다는 돌이킬 수 없는 서약을 했다. 하지만 그녀는 자신의 운명에 조용히 체념하지 않고, 작은 방 너머의 세계와 소통할 방법들을 평생 되풀이하여 찾아냈다.

그녀가 마흔여덟 살에 죽고 나서 2년이 지난 1654년에 발간된 그녀의 가장 유명한 책 『아버지의 압제(*Tirannia paterna*)』는 자신을 비롯하여 자신과 비슷한 다른 사람들을 불행하게 만든 잔혹성에 대한 통렬한 고발이자, 사람들이 그런 잔혹성을 정당화하는 데에 이용하는 거짓말에 대한 고발이기도 하다. 제대로 이해한다면 『성서』는 첫 여자가 첫 남자와 동등할 뿐만 아니라 그보다 우월했다는 것을 분명하게 보여준다. 아담은 그저 진흙으로 빚었지만, 이브는 인간의 몸이라는 더 고귀한 재료로 만들어졌다. 그는 에덴 밖에서 태어났지만 그녀는 낙원 안에서 생겨났다. 그녀는 모든 완벽함의 구현체로서 하느님의 최종적인 최상의 걸작이었다.

남자들은 분명하게 열등한 위치에도 불구하고 폭력과 기만을 통해서 여자를 복속시키려고 꾀를 냈으며, 모든 것을 이브 탓으로 돌림으로써 자신의 사악함을 감추었다. 이브는 부당하게도 인류에게 닥친 모든 불행의 책임을 뒤집어썼다. 그리고 그녀에 대한 사악한 중상은 오랜 세월 동안 모든 여자의 실질적 노예화를 정당화하고 강화하는 데에 이용되었다. 이 무슨 거짓인가, 타라보티는 말했다. 하느님은 "아담에게 '너는 여자를 다스릴 것이다' 하고 말하지 않았다. 남성과 여성은 모두 자유롭게 태어났으며, 하느님에게서 받은 귀한 선물처럼, 자유선택이라는 아주 귀중한 자산을 가지고 있다."[19] 그러나 남자들은 반대 성에게 그들 자신은 소중하게 여기는 자유를 허락하지 않으려고 한다. 그들은 여자들을 억압적 결혼에 가두거나, 더 나쁜 경우에는, 진정한 소명을 가진 소수를 제외하면 대다수는 안에서 비참하게 살아갈 수밖에 없는 우울한 수녀원에 가둔다. "그들의 삶은 시작도 끝도 없고, 갉아먹지만 삼키지는 않으며, 죽이지만 완전히 죽음에 이르게 하지는 않는다."

17세기의 수녀가 동산의 첫 인간들의 이야기 전체를 의심할 수는 없었을 것이다. 그러나 『아버지의 압제』의 저자는 '거룩한 말씀'의 진실을 부정하지는 못한다고 해도, 적어도 그 해석은 더 인간적인 방향으로 가져올 수 있었다. 이브는 자만 때문이 아니라 지식에 목말랐기 때문에 금단의 열매를 먹으라는 권유에 응했다. 이것은 "비난하기 힘든 욕망"이었다. 그녀의 아름다움이 아담의 타락에 기여했을지는 모르지만, 그것은 여자의 흠이라고 하기 힘들다. "너희 허영심 강한 남자들은 여자의 아름다움을 싫어한다. 너희의 불순한 마음으로 인해서 욕정 없이 여자의 존재를 즐길 수 없기 때문이다."

타라보티는 수녀원의 작은 방에 평생 감금당한 상태에서 아담과 이브의 이야기가 잘못 이용되는 방식의 가면을 벗기려고 힘차게 노력했다. "나는 하느님이 여자를 자신의 의사에 반해 수녀원에 가둬두기를 바란다는 암시는 문자 그대로건 상징적으로건 조금도 찾을 수 없다." 그녀는 말했다. "축복받으신 창조주는 인류가 미래에 크게 불어날 것을 염두에 두고 우리의 첫 아버지 아담에게 자신을 섬기는 데 헌신하는 여자들의 종단을 세우는 임무를 맡길 수도 있었다. 그러나 그렇게 하지 않았다……." 『성서』 이야기에서 여자는 뱀의 형태로 나타난 악마의 감언에 넘어갔지만, 타라보티가 그 이야기를 다시 전하는 바에 따르면, 하느님은 이브와 모든 여자들이 그 이후로 얼마나 부당한 대접을 받았는지 분명히 보여주었다. 하느님은 이브에게 말한다. "진정 악마는 남성을 대표하며, 남성은 이제부터 계속 자신의 약점이 네 탓이라고 할 것인데, 여기에는 너를 속이고, 너를 배신하고, 나의 전능으로 네게 준 너의 모든 지배의 권리를 빼앗는 목적밖에 없을 것이다."

수녀원 안에서나 담 너머에서나 타라보티에게 동의하는 다른 여자들이 있을 수도 있었고, 그녀는 남성 동맹자들을 만들 수도 있었을 것이다. 그러나 그런 것이 가능했다고 해도, 공개적으로 말할 수 있는 사람은 거의 또는 전혀 없었다. 『아버지의 압제』는 즉시 공격을 당했고, 1660년에 종교재판소는 그 책 전체가 이후 출간되는 것을 금지하고, 책을 금서 목록에 올리는 판결을 내렸다.

아르칸젤라 타라보티, 이소타 노가롤라를 비롯한 여러 사람들의 영웅적인 노력에도 불구하고, 기독교 신앙 내부에서 이브의 유죄라는 저주를 완전히 지우는 것은 거의 불가능했다. 아담에게 더 책임을 묻거나 마리아의 구원의 능력을 열렬히 찬양한다고 해도, 여성 혐오라는 오점은 아무리 닦아도 지워지지 않는 통 안의 씁쓸한 찌꺼기처럼 그대로 남아 있었다. 페미니스트였던 메리 울스턴크래프트는 오직 이 이야기의 바깥이라는 자리에 확고하게 섰을 때에야 분노하여 돌아볼 수 있었다. "여자는 남자를 위해서 창조되었다는 지배적인 견해는 아마 모세의 시적인 이야기에서 생겨났을 것이다." 그녀는 1792년 『여성의 권리 옹호(*A Vindication of the Rights of Women*)』에서 그렇게 썼다.

그러나 이 주제에 관해서 조금이라도 진지하게 생각을 해본 사람들 가운데 이브가 말 그대로의 의미에서 아담의 갈비뼈 가운데 하나라고 생각한 사람은 아마도 거의 없을 것이기 때문에, 이런 연역은 실패로 끝날 수밖에 없다. 아니면 남자는 모든 창조가 자신의 편의나 쾌락만을 위해서 이루어졌기 때문에, 아주 먼 옛날부터 동반자를 복속시키는 데에 자신의 힘을 행사하고, 여자가 굴레 밑에서 고개를 구부려야 한다는 것을 보여주기 위해서 자신이 지어낸 것을 이용하는 것이 편리하다는 점을 알았다는 사실을 증명하는 선까지만 인정되어야 한다.

18세기 말이 가까워지면서 계몽주의와 미국이나 프랑스 혁명의 영향 아래에서 울스턴크래프트는 생각을 하는 사람들 가운데 아담과 이브의 이야기를 말 그대로 받아들이는 사람은 "극소수"라고 가정했다. 따라서 그녀는 그 이야기가 여자들의 복속을 정당화하기 위한 도구로 이용된다고—또 늘 그렇게 이용되어왔다고—공개적으로 주장할 수 있었다.

사람들은 1480년대라고 해서 1780년대보다, 또 굳이 말하자면, 지금보다 더 쉽게 속지는 않았다. 마법 고발의 경우 교회 내부를 포함하여 회의적인 태도가 널리 퍼져 있었다는 광범한 증거가 있다. 공중을 날고 악마와 몰래 만나고 초자연적인 힘을 이용하여 사람을 불구로 만들거나 죽인다는 이야기는 종종 망상으로, 정신적으로 아픈 사람들이나 감추어진 의도가 있는 사람들의 공상으로 비난당했다. 하지만 아우구스티누스는 동산에서 일어난 사건들의 있는 그대로의 현실성을 주요 원리로 확립하는 데에 성공했다. 이브와 뱀이 나눈 대화의 현실성에 대한 강조는 크라머와 슈프렝거 같은 마녀 사냥꾼들에게 간절히 원하던 틈을 제공했으며, 그들의 주장은 대중적으로 생산되고 점점 강력해지는, 에덴 동산의 운명적인 장면의 이미지들로 강화되었다.

　이런 이미지들 가운데 가장 위대한 것으로는 16세기 초 독일의 화가 한스 발둥 그리엔의 그림, 목판화, 에칭을 꼽을 수 있는데, 그는 또 강렬한 불안을 자아내는 가장 뛰어난 마녀의 이미지들을 생산하기도 했다. 마녀들은 벌거벗은 통통한 몸 둘레로 긴 머리카락을 불처럼 흩날리며 외설적인 사탄 의식에 함께 모여 껑충거린다. 이런 의식은 발둥 그리엔이 이브를 상상하는 방식과 결코 거리가 멀지 않다. 현재 오타와의 캐나다 국립 미술관에 소장된 그의 가장 유명한 그림에서는 머리카락이 치렁치렁한 살찐 이브가 운명의 나무 옆에서 등 뒤로 돌린 손에 사과를 들고 서 있다. 옆으로 삐져나온 나뭇가지가 신중하게 그녀의 벗은 몸을 가려주지도 않는다. 반대로 그녀의 몸은 관람자를 향해 완전히 드러나 있다. 하지만 그녀는 우리를 보지 않는다. 얼굴에 교활한 표정을 띠고 눈으로는 나무를 감싼 뱀을 내려다보고 있다. 에로틱한 함의가 분명한 동작으로 그녀는 손을 뻗어 손가락으로 뱀을 가리킨다.

　화가는 이 작은 섹스 게임의 결과를 오해의 여지없이 분명하게 전달한다. 나무 뒤에서 이브를 향해 웃음을 띠며 한 손으로 그녀의 팔을 잡고 다른 손은 위로 뻗어 열매를 따는 사람은 아담이다. 하지만 우리가 낙원에서 보기를 기대하는 사람은 아담이 아니다. 이미 주검이 된 아담의 살은 그의 뼈에서 누더기처럼 떨어지고 있다. 뱀은 남편이 아내를 만지려고 뻗은, 썩어가는 팔을 물어 원을 완성한다. 차라리 아내가 없었다면 좋았을 것을, 성적으로 흥분하지 않았다면 좋았을 것을, 여자의 몸을 보지 않았다면 좋았을 것을. 그러나 그림 자체는 애무하듯이 이브의 몸에 초점을 맞추고 있으며, 아주 분명하게—사실 포르노그라피처럼—관객을 흥분시킬 의도를 가지고 있다.

8

체현

현대 로마의 거리들 밑에는 카타콤(catacomb), 즉 죽은 자들의 도시의 거대한 망이 있으며, 그 가운데 많은 부분은 발굴되지 않았다. 석회화(石灰華)에 굴로 파인 좁은 길들은 몇 킬로미터씩 뻗어가며 구불거리고 휘어져 캄캄하고 곤혹스러운 미로를 이룬다. 기원후 3, 4세기에 이교도들은 죽은 자를 화장하는 경향이 있었다. 그들은 유골을 납골 단지에 담아 콜룸바리아(columbaria)라고 부르는 곳에 안치했는데, 이 말은 그곳이 비둘기장을 닮았기 때문에 생긴 말이었다(비둘기는 라틴어로 columba이다). 그러나 이 시기에 기독교인은 세상의 끝이 가까웠다는 믿음 때문에 화장보다는 매장을 택했다. 그들은 왜 몸을 재로 바꾸어 부활을 더 어렵게 만들어야 하는가라고 생각했다. 그래서 그들은 카타콤의 구불구불한 좁은 길을 따라 로쿨리(loculi)라고 알려진 홈 같은 틈새에 주검을 수천 구씩 안치했다.[1]

부자들의 주검은 가끔 위에 아치가 있는 틈에 안치했고, 또 더 비싼 선택지로, 쿠비쿨라에(cubiculae)라고 부르는 작은 방에 안치하기도 했다. 방에는 가족 전체를 안치했는데, 오늘날에는 이런 곳이 가장 관심을 끌고 있다. 이런 방의 벽과 천장을 프레스코화로 장식했기 때문이다. 수백 년 동안 습한 공기와 조문객과 순례자들의 횃불에서 나오는 연기 때문에 프레스코화에는 검은 막이 덮이게 되었는데, 결국 이것이 그림을 보호하는 역할을 했다. 검은 막을 제거하면 이미지들이 1,600년 전이 아니라 마치 어제 그린 것처럼 찬란한 색깔로 빛을 발한다.

성 마르첼리노와 성 피에트로 카타콤 ―로마의 약간 황량하고 외진 동네에 있는 특별한 장소이다 ―에는 어떤 형체들이 되풀이해서 나타난다. 나사로의 부활, 방주를 열고 부리에 가지를 문 비둘기를 보는 노아, 사자굴의 다니엘, 요나가 뱃전 너머로 던져지고, 큰 물고기에게 삼켜졌다가, 육지에 뱉어지고, 이윽고 포도시렁 그늘에서 행복하게 쉬는 모습을 연속적으로 보여주는 서사. 이런 것들은 치명적인 위험을 극복하는 장면이며, 죽은 자들을 안심시키려고, 아니, 그보다는 살아 있는 사람들, 사별한 사람들만이 아니라 성자와 순교자들의 유물 근처에서 기도를 하려고 카타콤을 찾는 순례자들을 위로하려고 기획된 것이다. 좁은 지하 동굴들로 이루어진 미로를 따라 배치된 쿠비쿨라에는 마음을 편하게 해주는 다른 표시들도 있다. 양떼를 이끄는 '선한 목자' 그리스도, 사도들과 함께 보좌에 앉은 그리스도, 축복받은 잔치에 참석한 모습, 피에 문제가 있어서 예수의 옷자락을 만진 여자, 우물가에서 사마리아 여자와 이야기를 하는 예수, 그리고 심지어, 약간 변칙적으로, 지하세계로 내려왔다가 빛으로 돌아간 이교도 신화의 오르페우스 이미지들.

이런 장면을 그린 화가들은 놀랍게도 카타콤을 만드는 데에 힘쓴 사람들에게도 경의를 바쳤다. 그래서 조문객과 순례자들은 작업복을 입고 연장을 든 무덤 파는 사람들을 크고 매우 사실적으로 묘사한 이미지를 몇 개 보게 되었다. 이 튼튼한 일꾼들은 관람자에게 등을 돌린 채 무덤을 더 만들기 위해서 석회화를 발굴하는 모습으로 묘사되어 있었다. 더욱 놀라운 것은, 어둠을 밝히는 횃불의 빛, 방문객들이 고개를 들어 나무의 양쪽에 서 있는 벌거벗은 아담과 이브를 그린 벽화들을 볼 수 있다는 점이었다.[2]

이 첫 인간들의 이미지를 만든 사람들이 누구건 간에 이 이야기를 낳은 히브리 세계로부터는 의지할 만한 모델을 거의 또는 전혀 얻을 수 없었을 것이다. 물론 아담과 이브는 늘 이런저런 종류의 몸을 가졌을 것이라고 늘 상상되어왔다. 우리가 앞에서 보았듯이, 일부 랍비는 엄청난 거인의 몸을 가졌다고 상상했고, 일부는 낙원에 있는 동안에는 몸을 보호하는 딱지에 덮여 있었다고 상상했고, 또 어떤 사람들은 몸이 마법의 탯줄 같은 것으로 에덴의 땅에 묶여 있었다고 상상했다. 하지만 유대교의 우상 금지 때문에 이런 몸을 그림으로 묘사한 것은 거의 없었으므로, 그들을 육체의 형태로 그릴 지침은 전혀 없었던 셈이다.

초대 기독교인은 우상에 대하여 유대교에 비길 만한 불안은 없었다. 기독교를 받아들인 로마인은 오랜 역사가 있는 그리스와 로마 예술의 상속자였기 때문에, 그들은 모든 인간 가운데 가장 아름다웠다고 전해지는 첫 남자와 첫 여자를 부끄러움 없이 벌거벗은 모습으로 묘사했을 것이라고 기대해봄 직했다. 그러나 성 마르첼리노와 성 피에트로 카타콤에 있는 아담과 이브는 이미 수치심에 사로잡혀 몸을 구부리고 수줍어하고 있다. 그들은 고개를 숙이고, 두 팔을 앞에서 활 모양으로 구부려 불안해하며 생식기를 가리고 있다. 그들 주위에는 온통 희망의 상징들이다. 왼쪽 벽에는 아직 완전히 수의에 싸인 나사로의 주검이 무덤에서 등장한다. 오른쪽에서는 모세가 바위를 쳐서 생명을 주는 물을 끌어낸다. 그들 머리 위에서는 노아가 아주 작은 방주에서 마치 도깨비상자에서 튀어나오듯이 나타난다. 그러나 이곳의 아담과 이브의 형상들에게는 그런 구원의 흔적이 없다. 그들은 부끄러워하는 것이 당연하다. 그들은 애초에 카타콤을 필요하게 만든 죽음에 책임을 져야 하는 한 쌍이니까.

3세기에 이르면 모든 종파의 로마인이 고대 그리스에서 허용되던 공적인 나체—그리스어 gymnasium은 벌거벗고 운동을 하는 장소를 뜻한다—에 거리를 두게 된다. 하지만 정숙한 복장이 유행했을 때에도, 로마의 조각상들은 계속 그리스 모델을 복제했으며, 따라서 늘씬하고 비율이 아름다운 나체에서 편안함을 느끼는 신과 영웅들을 찬양했다. 기독교인은 도처에서 그런 형상들을 보았을 것이다. 카타콤의 어둠 속에서 수치심에 시달리는 아담과 이브의 이런 상징적인 그림들보다 아폴론이나 베누스와 거리가 먼 이미지는 없었을 것이다.

콘스탄티누스 대제의 개종과 더불어 기독교는 로마 세계의 햇빛 속으로 확실하게 나왔지만, 신자들은 지하의 매장실에서 받아들였던 수치의 이미지들에 여전히 매달렸다. 기원후 359년 막강한 로마 원로원 의원 유니우스 바수스가 죽어 웅장한 대리석 관에 들어가 묻혔다. 죽을 무렵 개종한 사람에게 어울리게—비문에 따르면, 그는 "새로 세례를 받고 구월의 여덟째 날 하느님에게로 갔다"—석관에는 구약과 신약의 이미지들이 정교하게 새겨졌다. 벌거벗은 아담과 이브도 거기에 있었지만, 원로원 의원이 올라가기를 바랐던 낙원의 행복을 상징하지는 않았다. 오히려 죽은 자가 구원을 받아 벗어나고 싶어했던, 성 바울의 말을 빌리자면, "이 사망의 몸"을 상징한다. 뱀이 친친 감고 있는 운명의 나무 옆에서 그들은 아래를 보며 서로 눈길을 피하고 있다. 그들은 면목이 없어 수치감을 느끼며, 둘이 함께 있음에도 고통스러울 정도로 외로워하면서 생식기에 무화과 잎을 누르고 있다.

같은 시기와 그 뒤로 이어지는 수백 년 동안 만들어진 다른 기독교 석관들에서도 같은 모습이 반복된다.[3] 아담과 이브는 죄 이전의 순간으로 묘사되더라도 이미 자신들의 몸을 부끄러워한다. 한 손은 열매를 향해 뻗으며, 다른 손으로는 어색하게 몸을 가리고 있다. 열매는 아직 맛보지 않았지만, 타락은 실제로 발생하기 전에 발생했다. 또는 이 이미지들을 보는 사람들에게는 이미 돌이킬 수 없이 결정적으로 발생했다. 결국 관람자는 동산에서 벌어진 일의 결과 타락했으며, 수치로부터 벗어날 길은 없다.

수치가 지배하는 중세 초기의 아담과 이브 묘사에서 유일하게 의미 있는 예외는 비극적 파국을 향해 비틀거리며 다가가기 전, 즉 이야기의 앞쪽 부분에 관한 것이다. 현재 피렌체 바르겔로 박물관에 소장된, 400년경의 아름다운 상아 조각은 이름을 받으러 온 동물들과 함께 있는 아담을 보여준다. 우리의 예상과는 달리, 그는 군대를 사열하는 장군처럼 그들 앞에 서 있지 않다. 대신 마치 유명 동화 작가인 모리스 샌닥의 그림에서처럼, 곰과 사자를 비롯한 다른 동물들과 함께 일종의 꿈의 공간에 떠 있는 듯이 보인다―자신의 벌거벗은 상태를 전혀 부끄러워하지 않는다. 더 흔한 것은 창조의 장면들로, 특히 이브의 창조 장면이다. 아담은 누워서 자고 있고, 하느님은 그의 옆구리에서 이브의 형태를 끌어낸다. 둘 다 벗고 있으며, 손으로 몸을 가리지 않기 때문에, 적어도 여기에서 우리는 몸이 그 불명예에 대한 자각을 드러내지 않는 순간에 들어와 있다.

그러나 완벽한 순수의 상태라고 상상되는 이런 몸들조차 어떻게 된 일인지 이미 수치를 느끼는 것처럼 자신의 안으로 오그라들어 있는 듯이 보인다. 이 형체들은 이교도 재현물의 특징이었던 살의 풍만함을 거의 잃고, 대신 여위고 쇠약해진 상태이다. 840년경에 나온 그랑드비에-몽트발 채식(彩飾)『성서』, 그리고 같은 시기에 나온 카롤루스 대머리 왕의 호화로운 『제1성서』는 각각 타락하지 않은 벌거벗은 아담과 이브를 마치 무덤에서 나온 나사로처럼 죽음에서 살아난 몸과 비슷하게 묘사한다.

　이런 식으로 첫 인간들을 꼭 필요한 것만 남은, 거의 뼈와 가죽만 남은 금욕적인 인물로 재현하는 방식은 수백 년 동안 계속되었다. 내가 개인적으로 가장 좋아하는 것은 바티칸 도서관에 보관되어 있는, 보헤미아에서 나온 15세기 채식 필사본이다. 그 다음은 12세기의 프랑스 신학 저자인 페트루스 코메스토르가 만든 텍스트이다. 이 저자의 성은 "먹는 자"라는 뜻의 라틴어 별명인데, 식탁에서 두드러져 보여서가 아니라 만족을 모르고 책을 탐독했기 때문에 얻은 것이다. 중세의 많은 독자들은 「창세기」를, 좀처럼 읽는 일이 없는 『성서』에서 만난 것이 아니라, 페트루스 코메스토르가 풀어 쓴 인기 있고, 또 종종 채식이 들어간 이야기에서 만났다. 바티칸 도서관에 있는 판본에서 벌거벗은 아담은 말하자면 바위 소파에 푹 잠들어 있고, 가운을 입은 하느님이 왼손으로 조심스럽게 갈비뼈를 들고 있는데, 그 꼭대기에 이브의 머리가 달려 있다. 하느님이 아직 그녀의 몸의 나머지 부분은 만들지 않았기 때문에, 이브는 그야말로 막대 인형처럼 보이지만, 하느님은 오른손으로 이미 벌거벗은 갈비뼈에 축복을 내리고 있다. 아우구스티누스가 촉구한 대로, 화가는 있는 그대로 이해한 의미를 고수하고 있다. "여호와 하느님이 아담에게서 취하신 그 갈빗대로 여자를 만드셨다"(「창세기」 2:22).

　창조 장면의 그런 형체들은 결과적으로 낙원의 아담과 이브의 벌거벗은 상태를 가리키는 것이겠지만, 고대 말과 중세 초의 기독교 미술에서 첫 남자와 여자의 몸은 개념적으로만 존재한다. 그런 이미지를 만든 화가들은 이교도의 과거를 모르지 않았다. 그들은 부끄러움을 모르는 아름다움을 보여주는 고전시대의 누드 가운데 남은 것을 주위에서 여전히 많이 볼 수 있었을 것이다. 원하기만 하면, 이런 누드를 완전하고 타락하지 않은 순수한 상태로 존재하는 최초의 인간들의 모델로 삼을 수 있었을 것이다. 그러나 그들은 다른 것, 이미 넘어간 신앙의 문턱을 표시하는 어떤 것을 만드는 쪽을 택했다.

그 문턱은 물론 예술적 야망의 단념까지 표시하는 것은 아니었다. 오히려 정반대이며, 이것은 훌륭한 그림과 조각으로 장식된 수많은 로마네스크와 고딕 교회가 증언해준다. 이런 교회의 장식적 설계에서 아담과 이브는 입구에 새겨진 벌거벗은 작은 형상으로 나타나는 경우가 아주 흔하다. 또는 회화에서는 그리스도에 의해서 림보(Limbo)로부터 풀려난 나이든 가장과 여가장으로 묘사되거나, 아니면 단순하게, 아담의 경우에는, 예수가 십자가에 매달린 골고다, 즉 "해골의 장소"에서 십자가 발치의 해골로 묘사된다.

교회의 벽이나 중세의 기도서나 현재 세계의 박물관에서는 이렇게 그려진 해골들을 수도 없이 볼 수 있다. 그러나 오늘날의 관람자들은 중세의 관람자라면 즉시 알았을 것을 깨닫지 못하는 경우가 많다. 바로 그 해골이 세상에 죽음을 가져온 아담의 해골이라는 것을 말이다. 돌로미티 산맥의 알타 푸스테리아라고 알려진 곳의 이름 없는 한 골짜기에 자리잡은 산 칸디도 마을에는 오래된 교회가 있고, 그곳의 높은 제단 위에는 색을 칠한 나무 십자가가 있다. 턱수염을 기른 예수는 못 박힌 십자가에서 감정 없는 표정으로 앞을 바라보는데, 피가 흐르는 발은 머리를 딛고 있다. 이 경우에는 머리를 해골이라고 할 수 없다. 아직 살이 붙어 있고 이목구비가 보이기 때문이다. 예배를 보는 사람들은 사실상 아담의 얼굴을 들여다보고 있는 셈이다. 그는 동산에서 죄를 지은 결과 타락했지만, 그리스도의 희생을 통해서 구원을 받을 것이다.

이런 타락과 구원의 비전 가운데 가장 주목할 만한 중세적 재현으로 꼽을 만한 것이 약 1,000년 전 독일 북부 하노버 인근의 한 오래된 도시에서 창조되었다. 신성 로마 제국의 황제 오토 3세의 교사로 일한 부유하고 교육을 아주 잘 받은 귀족이 993년 봉사에 대한 보답으로 힐데스하임 주교가 되었다. 이 귀족, 베른바르트는 이탈리아를 방문하여 고대 세계의 경이를 보았기 때문에 자신의 주교 관구를 새로운 로마로 만들기로 결심했다. 그는 성당이 있는 언덕 둘레에 담을 쌓고 정교한 장식적 설계에 착수했고, 이를 자신이 직접 감독했다. 그 결과물은 오늘날에는 일부만 볼 수 있다. 그후 재건축이 이루어졌기 때문이기도 하지만, 그보다는 1945년 3월 22일 —종전 두 달 전—에 연합군 비행기들이 힐데스하임의 중세 도시 중심부를 심하게 폭격했기 때문이다. 다행히도 성당의 예술적 보물들은 보호하려고 치워놓았기 때문에 살아남아 전후 재건 시기에 제자리를 찾았다. 이 가운데 가장 큰 보물은 거대한 두 개의 청동 문으로, 여기에는 4분의 3 부조로 인물들이 조각되어 있는데, 가장 유명한 것이 아담과 이브이다.

베른바르트의 문은 각 문 전체가 한꺼번에 주조된 것으로, 이는 놀라운 기술적 성취이다.[4] 로마 제국 멸망 이후 청동으로 그런 규모의 제작이 이루어진 적은 없었다. 이 두 문에는 왼쪽 맨 위의 아담과 이브로부터 인간의 타락을 거쳐 바닥의 아벨 살해에 이르기까지, 또 오른쪽 문은 아래부터 위로 수태고지에서 십자가 처형을 거쳐 동산에서 마리아 막달레나에게 부활한 그리스도가 나타나기까지 16개의 장면이 묘사되어 정교한 이야기를 구성하고 있다. 전체적인 설계에 따라서 정교하게 배치가 이루어져, 한쪽의 구약의 사건들이 다른 쪽의 신약의 사건들에 조응하고 있다.

아담과 이브는 왼쪽 문의 중심인물들이고, 그들의 역사 전체가 일련의 장면에서 기억되고 있다. 타락 전의 장면들에도 이 첫 인간들에게는 자신 있고, 독립적이고, 아름다운 것이 전혀 없다. 자세나 형태에서 그들은 어색해하는 아이들에 가까워, 세계나 자신의 몸에서 완전히 편안해 보이지 않는다. 이 형체들은 중세의 창피스러운 몸이라는 비전을 설득력 있게 전달한다. 타락 후에 허리를 구부린 이브는 한 손에 든 무화과 잎으로 생식기를 가리고 있고, 다른 손으로는 아래에 있는 뱀을 가리키는데, 뱀은 용 같은 형태이며 꼬리가 그녀의 두 다리 사이에 놓여 있다. 움츠러든 아담 또한 허리를 구부리고 몸을 가린 채 이브에게 책임을 돌리려고 하고, 하느님은 (물론 옷을 완전히 입고) 비난하는 손가락으로 아담을 직접 가리킨다. 그런 손가락 앞에서 누가 위축되지 않겠는가?

이 장면들 가운데 첫 번째에 나오는 창조에는 누구도 만족스럽게 해결하지 못한 수수께끼가 등장한다. 장면 중앙에서 하느님은 허리를 굽히고 손으로 땅에 누운 인간을 조각하고 있다. 아마도 그 인간은 이 순간 진흙으로 빚어지고 있는 아담일 것이다. 그러나 오른쪽에 놀랄 만큼 심장을 닮은 나무의 건너편에 다른 형체가 있는데, 이 또한 분명히 아담으로, 놀란 표정으로 그 장면을 바라보고 있다. 중앙에서 만들어지고 있는 피조물은 이브일지도 모르지만, 갈비뼈는 흔적도 보이지 않고, 놀라서 바라보는 자는 분명히 깨어 있다. 혹시 일부 학자들이 주장해왔듯이, 하느님은 아담의 옆구리에서 이미 갈비뼈를 뽑아내, 지금 진흙을 붙이는 작업을 마무리하고 있는 것일까? 아니면 혹시 이 장면은 아담이 놀란 눈으로 자신의 창조를 돌아보는 것일까? 아니면 혹시 조각가는 진흙으로 남성을 창조하고 나중에 갈비뼈로 여성을 창조하는 「창세기」 제2장이 아니라, 두 인간을 동시에 창조하는 제1장을 생각하고 있었던 것일까?—"사람을 창조하시되 남자와 여자를 창조하셨다." 이것이라면 적어도 아무런 성적 차이가 드러나지 않는 것을 설명하는 데에는 도움이 된다. 이 인물들은 자웅동체이며, 타락 이전의 장면들에서는 계속 자웅동체로 나온다. 타락 장면에서는 이브가 아담을 유혹하면서 열매를 자신의 사과 모양의 가슴 앞에 가져다대고 있다. 성적 차이는 곧 그들에게 닥칠 수치의 일부인 것이 분명하다. 그러한 수치 때문에 중세의 예술가들이 그들에게 자랑스럽고 부끄럽지 않은 나체를 주는 것은 불가능했다.

11세기 힐데스하임 문에서 그렇게 두드러져 보이는 수치는 중세 이후 시기까지 계속 지배했다.[5] 하지만 일부 예술가들은 수치의 표시 밑에서도 벌거벗음을 재현하는 새롭고 놀라운 길들을 탐사하기 시작했다. 이런 탐사 가운데 장관은 프랑스 동부의 오툉이라는 읍에서 찾아볼 수 있다. 이곳에서는 1130년경 생-라자르 성당의 정문 상인방에 기슬레베르투스라는 이름의 석공이 실물 크기의 이브를 조각했다. 이것은 더 큰 장식의 일부였는데, 나머지는 사라졌다. 이브 또한 주택을 짓는 데에 사용되지 않았다면 사라졌을 것이다. 1856년에 이 집을 부수면서 이브가 발견되었다.

기슬레베르투스의 이브는 수치의 전통적 표지를 지니고 있다. 그녀의 생식기는 조각된 작은 나무의 줄기와 잎으로 신중하게 가려져 있고, 땅바닥에 몸을 뻗고 있지만 회개하듯이 무릎을 꿇고 있다. 머리는 오른손으로 괴고 있는데, 이것은 슬픔이나 가책을 표현하는 것일지도 모른다. 그럼에도 여기에서는 영락한 몸이라는 관습적 심상은 묘하게도 찾아볼 수 없다. 이 이브에게는 에로틱한 매력이 강하다. 긴 머리카락은 어깨 너머로 느슨하게 흘러내리며, 상체는 우리 쪽을 향해 밖으로 돌려 아름다운 젖가슴을 보여준다. 늘씬한 왼쪽 팔은 몸을 따라 뒤로 뻗고, 손은 뒤의 나무에 달린 열매를 쥐고 있는데, 나무 안에는 뱀의 몸이 꿈틀거리는 것처럼 보인다. 손은 그녀의 의식적인 의지 없이, 자기 혼자 움직이는 듯하다.

보면 볼수록 이 중세의 이브는 애를 태우며 분명한 해답에 저항한다. 분명히 과일을 따는 행동을 하고 있지만, 아직은 그것을 입으로 가져가지 않았으며, 실제로 머리를 손에 기대고 생각에 잠긴 표정으로 멀리 바라보고 있으니 그 운명의 순간으로부터 떠나 있는 듯하다. 아마 그녀는 아직 순수할 것이고, 그렇다면 그녀는 아직 수치를 느끼지 않을 것이기 때문에 우리 눈으로부터 그녀의 음부를 막고 있는 잎들은 그저 행복한 우연으로 적당한 자리에 놓인 것일 뿐이다. 따라서 그녀의 몸의 매력은 그녀가 자각한 성(性)의 표시가 아닐 것이다. 우리가 흥분한다면, 그것은 오히려 우리가 타락했다는 표시이다. 동시에 무릎을 꿇고 있는 그녀의 자세와 우울한 눈길은 불가피하게 그녀가 이미 타락했음을 보여준다. 그녀는 결국 순수를 잃은 것이 분명하며, 아름다운 몸을 우리를 향해 비튼 것은 의도적인 도발이다. 따라서 그녀는 사이렌이고, 인어이고, 뱀이다.

어느 쪽인가, 순수한 것인가 죄를 지은 것인가? 유혹녀인가 회개자인가? 우리가 교회에 들어갈 때 뒤에 두고 가야 할 모든 것의 상징인가, 아니면 성스러운 공간에 어울리는 품행의 모범인가? 답하는 것은 불가능하며, 이 난제의 핵심은 우리가 그녀의 허리를 보는 것을 막고 있는 뱀 같은 식물 뒤에 감추어진 것에 있다. 바로 우리 눈에 보이지 않는 거기에서부터 실제 인간의 몸으로는 불가능한 방식으로 그녀의 몸이 비틀리고 있기 때문이다.[6] 기슬레베르투스는 중세 예술의 비자연주의적 관습과 중세 철학의 지적 통찰력을 이용하여 죄를 자각하는 동시에 자각하지 않는 이브를 창조할 수 있었다. 조각가는 완전히 믿을 만한 인간의 몸—그리스인과 로마인이 아주 훌륭하게 표현했던 것—은 희생했지만, 그러한 고전주의적 유산은 먼 과거에 있었으며, 기슬레베르투스는 설사 그것을 인식했다고 해도 그가 뛰어나게 이루어낸 효과를 얻기 위해서 치러야 할 작은 대가로 여겼을 것이다.

중세의 예술가들은 「창세기」 기원 이야기의 복잡한 의미들을 섬세하게 탐사하는 데에 고대 회화와 조각이라는 자원이 필요하지 않았다. 그들은 엄청나게 많은 수의 조각된 상인방, 조각을 새긴 성가대석, 패널화, 필사본 채식에서 신비하게 잠들어 있는 아담의 옆구리로부터 갈빗대를 빼내고, 하느님이 솜씨 좋게 첫 여자를 만들고, 교활한 뱀이 나무를 둘러싸고, 열매를 향해 손을 뻗는 운명적인 행동을 하고, 낙원 문에서 쫓겨나는 장면을 묘사했다. 추방당하는 순간은 특히 극적이었다. 모든 인간적 욕구를 신의 설계로 충족시키는, 특별한 목적을 위해서 세워진 동산의 삶으로부터 가혹하고, 까다롭고, 죽음에 내몰리는 세계에서의 삶으로 들어가는 핵심적인 이행을 표현하기 때문이다. 그래서 12세기 전반에 영국에서 만들어진 「성 앨번스 시편」(현재 독일의 힐데스하임에 있다)에서는 하느님 자신이 아담과 이브를 낙원의 문을 의미하는 늘씬한 기둥들 너머로 밀어낸다. 가죽 옷을 입은 두 사람은 도구를 들고 있는데, 남자는 낫이고 여자는 물레의 가락이다. 아담은 하느님, 그리고 문을 지키는 자세를 취하고 있는 케루빔을 돌아본다. 이브는 전방을 보며 무엇인지 몰라도 앞에 놓인 것을 손가락으로 가리킨다. 만화 같은 얼굴에 나타난 표정은 파악하기 힘들지만, 이브는 마치 그래도 완전히 절망적이지는 않다는 듯이 희미하게 미소를 짓고 있는 듯하다. 100년쯤 뒤에 프랑스에서 만들어진(현재 뉴욕 모건 도서관에 있다) 아름다운 『십자군 성서』에서 칼을 휘두르는 천사에게 내몰려 좁은 탑이 있는 문 밖으로 나오는 아담과 이브는 그들보다 세상에 대한 준비가 덜 되어 있다. 그들은 옷도 없고 연장도 없다. 그럼에도 벌거벗고 부끄러워 무화과 잎으로 생식기를 가리고 있다. 둘 다 슬픔의 표시로 예의바르게 머리를 숙이고 있다.

그러나 이 장면에 대한 헤아릴 수 없이 많은 묘사들 가운데 어떤 것도 1425년경 피렌체의 카르멜파 수녀들을 위한 성당에 그려진, 추방의 프레스코화가 드러내는 강렬한 감정을 넘어서지는 못한다. 토스카나의 젊은 화가 토마소 디 세르 조반니 디 시모네, 또는 더 잘 알려진 이름으로는 마사초가 그린 이 프레스코화는 르네상스라고 알려진 지적이고 예술적인 운동의 압력하에 벌어진 광범하고 중요한 변화를 대표하게 되었다.

1960년대에 내가 처음 이 프레스코를 보았을 때, 아담과 이브의 형상은 몇 잎 되지 않는 무화과나무 잎들로 정숙하게 가려져 있었다.[7] 그러나 1980년대의 철저한 손질로 무화과 잎들이 제거되면서―알고 보니 나중에 덧붙여진 것이었다―마사초의 원래의 아담과 이브는 완전히 벌거벗었다는 사실이 드러났다. 칼을 휘두르는 천사와 더불어 그들 등 뒤의 문으로부터 뿜어져 나오는 듯한 신비한 광선들에 내몰려, 두 형체는 앞을 향해 걷고 있는데, 이브의 무게는 오른쪽 다리에 실려 있고, 아담의 무게는 왼쪽 다리에 실려 있다.

그들은 둘 다 완전히 상실감에 젖어 비참한 모습이다. 이브는 머리를 뒤로 젖히고 눈을 감았으며, 입을 열어 소리 없이 울부짖고 있다. 그녀는 한 손으로 생식기를 가리고, 다른 손으로 젖가슴을 가리려고 한다. 자신의 취약한 상태를 몹시 고통스럽게 자각하여, 나치가 찍은 그 무한히 잔인한 사진들에 나오는 벌거벗은 여자들처럼 이브도 자신이 들어가 있는 장면과는 전혀 관계가 없는 수치감에 반응하고 있다. 즉 그녀가 자신의 성을 가리려고 하는 행동의 바탕에 있는 것은 사회적 감정이 아니고, 위엄을 보존하려는 마음이 아니라는 것이다. 그것은 감당할 수 없는 취약한 상태에 직면하여 자신이 할 수밖에 없는 일에 대한 원초적인 감각이다. 아담의 반응은 다르다. 그는 머리를 숙이고 있고, 비참함 때문에 발작이 일어난 듯이 두 손으로 얼굴을 가리고 있다.

미술사가 마이클 백샌덜은 이 프레스코화에는 여자와 남자 사이에 도덕적 구분선이 그어져 있다고 주장했다. 이브의 몸짓은 그녀가 수치를 경험하고 있다는 것을 드러내는 반면, 아담의 몸짓은 그의 죄책감을 드러낸다는 것이다. 어쨌든 마사초의 잊을 수 없는 인물들은 그들이 압도적으로 부여하는 체현의 느낌, 원근법이 불러일으키고 그들이 던지는 그림자와 움직임의 효과에 의해서 강화되는 현실성이라는 환영에 의존하고 있다. 아담의 오른발은 아직 낙원의 문지방에 닿아 있지만, 오래가지는 않을 것이다. 그들은 이제 세상에 들어와 있으며, 날개, 아름다운 옷, 검, 일종의 마법 양탄자를 소유하고 있는 천사와 달리, 인간은 전혀 준비가 되어 있지 않다. 그들의 불행의 일차적 원천은 틀림없이 죄의 결과로 그들이 느끼는 수치와 죄책감이겠지만, 그들의 발이 이제 딛고 있는 황량한 땅의 모습은 또다른, 더 물질적인 원천 또한 암시해주고 있는지도 모른다. 그들은 매우 가혹한 환경에 들어서고 있으며, 자신들을 방어하거나 보호할 것이 전혀 없다. 이런 관점에서 보면, 덧칠한 무화과 잎들이 일단 제거된 후에 프레스코화의 구성에서 눈에 확 띄게 중심에 자리잡은 아담의 음경은 남성성의 표시라기보다는 그가 셰익스피어에 나오는 "갖추지 못한 남자"가 되었다는 표시이다.

마사초는 1428년에 스물여섯 살의 나이로 죽었지만, 그 짧은 인생에서 거의 혼자 힘으로 이탈리아 미술을 바꾸어놓았다. 젊은 화가들은 그가 이룬 것을 공부하러 와서 그의 이미지에 그렇게 강렬하고 극적인 힘을 제공한 혁명적인 새로운 기법을 흉내냈다. 그의 아담과 이브는 이제 추상적이고 장식적인 인간 죄의 상징이 아니었다. 그들은 부피, 무게, 그리고 무엇보다도 움직임이 있는 몸으로 특정한 고통을 받아들이고 있는 사람들이었다.

거의 같은 시기에 유럽 북부 플랑드르에서 또 한 명의 위대한 화가인 얀 반 에이크는 아담과 이브에게 깜짝 놀랄 만큼 새로운 육체적 현실성을 부여하는, 마사초에 비길 만한 급진적인 방법을 찾아냈다. 1432년 그의 유명한 겐트 제단화의 바깥 패널에 있는 형체들은 마사초의 방식으로 극적이지 않다. 그들은 슬퍼서 울부짖거나 죄책감에 몸을 떨지 않으며, 동산에서 폭력적으로 쫓겨나고 있지도 않다. 그들은 신비한 '하느님의 어린 양'을 통한 구원이라는 거대한 비전의 맨 끝에 자리잡은 벽감 모양의 그림 속에 서 있다.

시간의 끝에서 구원을 받는 것은 하느님이 구하겠다고 선택한 모든 사람이 될 것이며, 이들은 첫 인간들의 후손들 가운데 엄청난 수를 차지할 것이다. 반 에이크는 이들을 중앙 패널 속 생명의 물이 솟는 분수 주위에 모여 있는 모습으로 묘사한다. 아담과 이브 자신도 이 사람들에 포함될 것이라고 생각되었으며, 따라서 이들은 죄를 처음 지은 한 쌍으로서만이 아니라 구원받은 자들에 속하는 사람들로서 자신들의 벽감에 들어가 있다.

이런 신학적 예상에 전혀 새로운 것은 없었다. 이 패널들에서 새로운 것은 벌거벗은 남자와 여자의 정말로 놀랄 만한 실물 같은 모습이었다. 그들은 거의 실물 크기이며, 화가의 기적 같은 붓질이 감추어져 있기 때문에, 완벽하게 마무리된 표면 밑에 숨구멍 하나하나가 그대로 존재하는 것처럼 보인다. 현재 겐트에서는 관람자가 이 위대한 제단화에 다가가는 것을 허락하지 않는다. 사실 이 제단화는 나치의 절도, 그리고 19세기에는 아담과 이브에게 옷을 입히는 사건 등 우울한 침해의 전통을 가지고 있다. 하지만 지금은 디지털 이미징을 통해서 기이하다는 느낌이 들 정도로 가까이 다가가는 것이 가능하며, 그런 경우에도 이 인물들은 그곳에서 실제로 살아 있는 듯한 느낌을 준다. 그들은 무화과 잎으로 생식기를 가리고 있지만, 그런 정숙한 행동은 그들의 노출을 오히려 강조하기만 하여, 마치 권유를 받은 듯, 놀라서 거의 눈을 뗄 수 없이 그들의 벌거벗은 상태를 살펴보게 된다. 아담의 표정은 침착하며, 두 손은 아마 노동 때문이겠지만 불그스름하다. 이브는 한 손으로 묘하게 보이는 열매를 쥐고 있는데, 아마 밀감의 한 종류인 듯하다. 배—우리 모두가 그녀의 자손이 되게 만든 자궁—는 눈에 띄게 튀어나와 있다. 모든 것이 아주 세밀한 곳까지 눈앞에 펼쳐져 있는 듯하다. 아담의 잘라낸 발톱과 제멋대로 자란 머리카락은 특히 마음을 어지럽힌다.

약 80년 뒤에 시스티나 성당의 천장에 아담의 창조라는 유명한 프레스코를 그린 미켈란젤로를 포함하여 어떤 화가도 반 에이크가 표현한 아담과 이브의 놀라운 현실성을 뛰어넘기는커녕 그 근처에 미치지도 못한다. 반 에이크가 자신이 한 일의 의미를 완전히 자각하고 있었다는 사실은 이 작품에 대한 그의 전체적인 개념에 함축되어 있는데, 눈에 보이지 않는 작은 디테일 하나가 이 개념을 파악할 수 있는 특별한 통찰을 제공한다. 적외선 탐상 도형—화가의 원래의 의도와 작업이 진행되면서 이루어진 변경 사항을 볼 수 있도록 그림의 여러 층을 살펴볼 수 있는 현대적 기법—을 사용한 결과 아담의 오른쪽 발의 방향이 놀랄 만큼 바뀌었음이 드러났다. 반 에이크는 처음에는 아담이 자신의 벽감 안에 완전히 들어가서 서 있는 것으로 묘사했고, 그때는 두 발이 그림의 프레임과 평행하게 놓여 있었다. 그러나 어느 시점에, 아마 형체가 점점 육체적 현실성을 드러내면서 그렇게 되었겠지만, 마음이 바뀌었다. 그는 발을 바깥으로 돌렸으며, 그래서 발가락들이 벽감 밖으로 튀어나와 관람자를 향하고 있는 것처럼 보인다. 마치 아담이 살아서 우리 세계 안으로 걸어 들어오는 듯하다.

15세기에 제단화가 그려졌을 때에는 겐트의 성 바보 성당에 가서 펼쳐진 상태의 제단화를 보는 관람자들만 아담의 이런 마법적인 효과를 느낄 수 있었다. 특정한 장소에 가서 보아야 한다는 점은 물론 피렌체의 카르멜파 성당에 있는 마사초의 아담과 이브도 마찬가지이고, 첫 인간들에게 몸을 부여하는 기획에 참여한 다른 르네상스 회화 수백 점도 마찬가지이다. 이 모든 작품은 특정 장소에 설치하기 위해서 제작된 것이다. 어떤 경우에는 그림의 평판이 널리 퍼졌을 수도 있고, 스케치가 만들어져 유포될 수도 있었다. 하지만 그 실제 효과는 그림이 단단히 붙어 있는 장소에 직접 찾아가보는 사람들만 경험할 수 있었다.

그러나 1504년 서른세 살이 된 독일의 화가 알브레히트 뒤러가 판화 "인간의 타락"을 제작하면서 이 모든 것이 바뀌었다. 이 판화는 곧 유명해졌으며, 동판 기술은 반복해서 훌륭하게 재생산될 수 있다는 뜻이었기 때문에, 시장에 성공적으로 유통되었다. 유럽 전역에서 수천 명이 똑같은 매혹적인 이미지를 보고 이제 타락 전에 에덴 동산의 첫 인간들이 어떤 모습이었는지 알게 되었다고 확신했다. 아담과 이브의 긴 역사에서 거의 어떤 것도 이처럼 만족스러운 구체성을 획득한 적이 없었다.

뒤러의 판화는 아담과 이브, 그들의 찬란한 몸이 선악을 알게 하는 나무 양옆에서 우리를 똑바로 바라보고 서 있는 모습을 표현한다. 세심하게 조성된 폐쇄된 정원이나 장식적인 고딕 탑과 아치라는 형상은 사라졌다. 그들은 깊은 숲 속에 서 있다. 그들 뒤의 그늘에는 토끼, 영양, 황소가 보인다. 하늘은 멀리 바위산 위로 살짝 보일 뿐인데, 산에 있는 보일 듯 말 듯한 염소는 당장 뛰어내릴 듯한 자세이다. 운명의 나무는 모양이 그들 주위의 다른 나무와 눈에 띄게 달라 보이지 않지만, 이브의 머리 바로 위의 나뭇가지에 열매가 맺혀 있다. 이브는 왼손에 그 열매들 가운데 하나를 쥐고 있는데, 몸 반쪽을 가로질러 줄기에서 뻗어나온 잔가지가 있는 것을 보니 그것을 따면서 나무도 함께 당겨온 듯하다. 그녀의 자세에 수치의 흔적은 없지만, 잔가지의 잎들이 공교롭게도 그녀의 생식기를 가리고 있다. 그녀는 다른 손에도 손가락 끝으로 열매를 쥐고 있다. 아마 나무를 감고 있는 뱀에게서 받고 있는 듯하지만, 그녀의 자세는 우아하고 모호해서 동물에게서 받아먹는 것이 아니라 동물을 먹이고 있다고 주장해도 될 듯하다. 그녀는 고개를 돌리고 있어서 긴 머리카락이 뒤로 흘러내린 것이 보이며, 눈은 뱀과 열매를 열중해서 보고 있다.

아담도 머리를 돌리고 있지만 눈길은 이브 쪽으로 향하고 있다. 오른손을 뒤로 뻗어 어떤 나무의 가지를 쥐고 있는데, 아마 생명의 나무인 듯하다. 그 나무의 줄기 아랫부분에서 뻗은 작은 가지가 우연히 그의 생식기를 가리고 있다. 그의 왼손은 이브를 향해 뻗고 있으며, 손은 그녀가 뱀의 입으로부터 가져오는 열매를 받을 준비를 하는 듯이 펼쳐져 있다. 그들은 여전히 완벽하게 순수하고 수치를 모르나, 이것이 마지막 순간이다. 아담은 막 생명의 나무를 놓으려는 참이다. 인간의 본성은 영원히 변할 것이며, 동시에 자연의 모든 것도 변할 것이다.

『성서』는 에덴 동산의 동물들이 자연사를 하게 될 운명이었는지 아닌지는 말하지 않았다. 「창세기」는 첫 피조물이 모두 채식을 했다고 암시할 뿐이다. 하느님은 선포한다. "또 땅의 모든 짐승과 하늘의 모든 새와 생명이 있어 땅에 기는 모든 것에게는 내가 모든 푸른 풀을 먹을거리로 주노라"(「창세기」 1:30). 이런 식단은 곧 완전히 바뀌게 된다. 아담은 자칫 작은 쥐의 꼬리를 밟을 것 같은데, 다른 발 옆에서는 고양이가 졸고 있다. 운명의 열매를 먹는 순간 고양이가 달려들어 가엾은 쥐 또한 먹힐 것임을 우리는 안다. 하지만 멀리 산엽소의 중단된 도약과 마찬가지로 이 모든 것이 '아직은 아니다'의 영역에 속해 있다.

마치 셔터 속도가 아주 빠른 카메라로 포착한 듯한 이 순수의 마지막 순간에 대한 묘사는 이 작품이 거의 즉시 명성을 얻게 된 것이 이해가 될 만큼 뛰어나다. 감식안이 있는 사람들은 화가의 놀라운 기법, 한 위대한 뒤러 학자[8]가 말했듯이, "인간 피부의 따뜻한 빛, 뱀의 차갑고 미끈거리는 가죽, 머리카락과 길게 늘어진 머리채의 금속성 기복, 매끈하고, 텁수룩하고, 솜털이 나고, 빳빳한 털이 난 동물 가죽 각각의 특질, 원시의 숲의 여명 등을 모두 똑같이 세밀하게 다루는" 기술에 감탄했다. 그러나 뒤러와 같은 시대의 사람들을 가장 크게 사로잡은 것은 두 벌거벗은 인물, 우리의 첫 부모의 구속받지 않은 아름다움 자체, 특히 아담의 아름다움이었다. 마치 그런 신체적 완벽함은 처음 보는 듯했다. 힐데스하임의 수치의 청동 아이콘은 물론이고, 마사초의 절망하는 아담, 또는 반 에이크의 구근 모양의 이브에서는 물론 보지 못했던 것이었다.

물론 이와 마찬가지로 근사한 누드들은 바로 이 시기 또는 그 직후에 창조되었다. 르네상스 화가와 조각가들은 이상화된 누드가 넘쳐났던 고대 예술을 소생시키고자 하는 욕망에서 옷을 입지 않았지만 타락하기 전의 당당한 모습으로 표현될 수 있는 아담과 이브에게 눈을 돌렸다. 16세기 전반에 걸쳐 그런 표현물이 풍부하며, 그중에서도 특히 이탈리아의 티치아노, 틴토레토, 베로네세, 그리고 북방의 크라나흐 부자, 루카스 반 레이덴, 한스 발둥 그리엔, 얀 고사에르트의 그림이 유명하다. 그리고 물론 말 그대로 이 모든 그림을 위에서 굽어보고 있는 것이 미켈란젤로의 시스티나 천장에서 생명을 얻고 깨어나는 거대한 아담이다.

그러나 이런 방대한 천재들의 땅에서도 뒤러의 아담과 이브의 영향력은 현저하다. 이 동판화는 웅덩이에 던져진 거대한 돌과 같아서, 계속 끝없이 파문을 일으켰다. 심지어 다른 화가가 뒤러에게 공격적으로 맞설 때도—발둥 그리엔이 아담을 부패하는 주검으로 바꾸어놓았을 때처럼—그 그림에서조차 이 거장의 지문을 찾아볼 수 있다. 1504년의 이미지는 워낙 공적이고 워낙 완벽하여 거의 피할 수 없는 본보기였다.

이런 완벽함이 쉽게 찾아온 것은 아니다. 그것은 수십 년에 걸친 탐색의 결과였으며, 아담과 이브 이야기의 다른 위대한 진전의 사례와 마찬가지로, 화가의 전 경력, 또 삶의 모든 것과 연결되어 있었다. 뒤러는 어린 시절부터 재능을 타고난 신동으로, 처음에는 금 세공인인 아버지의 가게에서 훈련을 받았고, 이어 화가의 견습공으로 들어가, 숲 속의 웅덩이, 새의 날개의 가물거리는 색깔, 덤불, 딱정벌레 등 그의 날카로운 눈길을 끄는 거의 모든 것을 재현하는 기술을 습득했다. 그는 자신이 엄청난 재능을 쏟아붓는 대상들 다수가 초라한 것임을 부끄러워하지 않았다. 그는 말했다. "가장 천한 생물이라고 해도 그 아름다움을 완전하게 포착할 수 있는 사람은 살아 있는 인간 가운데 없다고 믿는다."[9] 그는 사물의 가없는 다양성에 놀라고 흥분했다. 그는 이렇게 썼다. 솜씨 좋은 화가가 "수백 년을 사는 것이 허락된다 해도, 매일 전에는 아무도 보거나 상상하지 못했던 수많은 새로운 인물이나 다른 생물을 빚거나 만드느라 시간이 모자랄 것이다." 관찰자가 이런 놀라운 다양성을 인식하게 해줄 뿐만 아니라, 그 헤아릴 수 없이 많은 표현물 가운데 적어도 몇 가지를 포착할 수 있게 해주는 것이 바로 예술적 솜씨—하느님이 준 재능과 엄청난 노력의 결합물—이다. 훈련받지 못한 눈은 지루하게 되풀이되는 소수의 형태들만 보는 곳에서 뒤러는 엄청나게 다양한 대상을 보았다. 목판과 판화 제작자로 특별히 훈련을 받은 것이 이런 다양성에 대한 그의 감수성을 높여주었다. 스스로 썼듯이, 아무리 능숙한 화가라도 똑같은 그림을 두 번 그리는 것, 심지어 똑같은 동판에서 동일한 이미지를 찍어내는 것조차 불가능하다는 것을 그는 알았기 때문이다.

뒤러는 열세 살에 막강한 집중력을 자기 자신에게 돌렸다. 그는 거울(당시에는 집안에 흔치 않은 물건이었다)을 보고 눈에 보이는 것을 그렸다. 약 40년 뒤 너무 유명해져서 아무렇게나 그린 것마저 보물처럼 여겨지게 된 후에, 그는 서류 뭉치 사이에서 이 그림을 우연히 발견하고 종이 위쪽에 메모를 하고 서명을 했다. "이것은 내가 아직 어리던 1484년에 거울에 비친 나 자신을 보고 그린 것이다." 인상적인 솜씨를 보여주는 이 그림을 시작으로 평생에 걸친 자화상 연습이 이루어졌는데, 미술사가 조지프 쾨르너는 이 연습을 분석한 뛰어난 연구서를 내기도 했다. 이 자화상들 가운데 가장 특별한 것으로 꼽을 만한 것은 1503년, 아담과 이브 판화를 만들기 전 해에 그린 것이다. 뒤러는 펜과 붓으로 자신의 누드를 그렸다. 그는 어두운 배경에 실루엣으로 나오는데, 한쪽 다리에 무게를 싣고 몸을 약간 앞으로 기울이고 있으며, 긴 머리는 뒤로 넘겨 망에 넣었고, 얼굴은 진지하고 긴장되어 있으며, 근육은 팽팽하다. 그의 벌거벗음에는 조금의 수치도 없다. 이 자화상을 특별하다고 말하는 것은 약하게 표현한 것이다. 쾨르너가 주목하듯이, 서양 예술 전체에서 20세기 초의 에곤 실레 이전에 이런 그림은 없었다.[10]

뒤러가 스스로 무엇을 하고 있다고 생각했건, 그의 동기가 자기애이건 자기 염려이건, 자신을 축하하는 것이건, 병의 결과를 냉혹하게 진단하는 것이건, 그 그림은 거의 같은 시기에 나온 아담과 이브의 판화에 나오는 벌거벗은 몸들과 어떤 관계가 있는 것이 틀림없다. 뒤러는 이미 그 판화를 그 전부터 얼마 동안 구상하고 있었으며, 가능한 포즈들을 상상하고, 실물 스케치를 하거나 추상적인 기하학적 모델을 그려보고, 열매를 쥐거나 열매를 향해 뻗은 손을 스케치해보고, 인체의 이상적인 형태에 관해서 곰곰이 생각해보았다. 그는 많은 누드를 연구하고 그렸다. 르네상스가 그리스와 로마의 조각상에 대한 관심을 다시 일깨웠을 때, 이것은 모든 화가 훈련의 중심적 요소가 되었고, 작업장에서 하는 작업의 중요한 부분이 되었다. 하지만 1503년의 이 누드 자화상은 무엇인가 다르다. 그것은 원래의, 본질적인 몸에 대한 탐색을 증언하고 있다.

뒤러는 아담의 후손이었고—그는 이 점을 확신했다—후손이라는 것은 그 자신의 벌거벗은 몸이, 적어도 어느 정도라도, 아담의 벌거벗은 몸을 닮았다는 뜻일 수밖에 없었다. 물론 낙원에서 아담의 몸은 완벽했고, 그 이후 모든 몸은 원래의 완벽함에서 멀어졌다. 그럼에도 아담의 몸을 파악하려면—너무 먼 과거여서 도저히 접근할 수가 없었는데—뒤러는 자신을 파악해야 한다고 느꼈을 것이 분명하다.[11] 뒤러 이전에 어떤 화가도 여기까지 오지 않았다는 것은 중요하지 않았다. 그는 그 자신의 가면을 쓰지 않은, 보호받지 않은 몸을 보고, 평가하고, 특유의 강렬함으로 재현할 수밖에 없었다. 그의 누드 자화상은 생식기를 감추기는커녕 눈에 띄게 중심에 배치한다. 마치 평소에 옷이라는 무화과 잎 뒤에 감추어져 있는 것을 드러내는 듯하다. 하지만 첫 인간과 그 자신 사이의 가족 유사성이 화가의 나르시시즘을 확인해주었는지, 아니면 그의 몸이 완벽으로부터 얼마나 멀어졌는지 일깨우면서 그것을 깨버렸는지는 분명하지 않다.

분명한 것은 뒤러가 자신이 관찰한 어떤 몸도—자신의 몸이건 다른 사람의 몸이건—아담의 실물 모델로는 이용할 수 없다고 느꼈다는 점이다. 그는 아담을 완벽하게 아름답게 만들어야 했다. 거울에서 그가 보는 이미지를 포함하여 세상 어디에서나 아름다움을 볼 수 있었지만, 그 아름다움은 첫 남자와 첫 여자—하느님이 직접 창조한 유일한 두 인간—에게 체현된 것과 같지 않았다. 뒤러는 이렇게 썼다. "원래 창조주는 인간을 가장 이상적인 모습으로 만들었다." 그런 아름다움의 이미지는, 포착하는 것은 물론이고 상상해보는 것도 거의 불가능하다. 사실 그는 풀잎 하나의 아름다움조차 살아 있는 사람은 그 누구도 온전히 파악할 수가 없다고 믿었다.

그럼에도 불구하고, 그는 『인간 비율에 관한 네 책(*Vier Bücher von menschlicher Proportion*)』을 비롯한 다른 이론적 논문에서 분명히 밝혔듯이, 모든 살아 있는 피조물 가운데 가장 아름다운 것, 즉 하느님이 처음 보여주려고 의도한 대로 만들어진 벌거벗은 인간의 몸의 온전한 아름다움을 보는—그리고 정확하게 재현하는—것을 과제로 설정했다. 이 도전은 거의 불가능할 정도로 엄청난 것이었지만, 뒤러는 자신이 그 일을 감당하기에 충분하다고 스스로 생각했다.[12] "가축에게나 어울리는 생각은 떠안지 않도록 하자." 그는 실패할 수 있다는 것을 알면서도 자신의 훈련, 자신의 연구, 자신의 특정한 천재성 때문에 살아 있는 그 누구보다 이 과제를 잘 감당할 준비가 되어 있다고 확신했다.

뒤러는 같은 종에 속하는, 피상적으로는 비슷해 보이는 생물들 사이에서도 끝없는 차이를 파악할 만큼 눈이 날카로웠다. 그는 세상으로 과감하게 나아갔으며, 하늘과 땅에는 뉘른베르크 안팎에서 꿈꾸었던 것보다 많은 것이 있음을 알았다. 1500년에 이르면 콜럼버스의 발견에 관한 이야기를 들었을 것이 거의 틀림없는데, 이 발견으로 세계의 지리학적, 인종적 지도가 요동쳤다. (세월이 흐른 뒤에 그는 코르테스가 멕시코에서 보낸 물건 몇 가지를 직접 보고 이 보물이 "내게는 기적보다 훨씬 더 아름답다"고 쓴다.) 그는 기독교인으로서 모든 인류에게 하나의 진실이 있다고 믿었지만, 그런 진리가 모든 차이를 지우지는 않았다. 한 장소에서 찬양되는 아름다움이 다른 장소에서도 반드시 찬양되지는 않았다. "여러 땅에는 종류가 다른 사람들이 있다." 그는 그 점에 주목했다. "누구든 멀리 여행하는 사람은 그렇다고 생각할 것이며 눈앞에서 그것을 볼 것이다."

그러나 뒤러는 아담과 이브의 진정한 형태를 탐색하면서 "생각할 수 있는 가장 아름다운 인간 형체", 즉 시간과 장소를 떠나 모든 인류를 보여줄 수 있는 단 하나의 완벽한 모델을 찾겠다고 결심했다. "누구도 나를 따라오라고 권하지 않을 것이다." 그는 말했다. "나는 내가 할 수 있는 일을 할 뿐이고, 그것은 나 자신을 만족시키는 데에도 충분하지 않기 때문이다." 그는 앞으로 나아갈 수 있는 최선의, 어쩌면 유일한 방법은 고대 그리스의 화가 제우크시스를 모방하는 것이라고 판단했다. 기원전 5세기에 살았던 제우크시스의 작품은 남아 있는 것이 없었지만, 그에 관해서 계속해서 떠도는 많은 이야기들 가운데 하나는 그가 세상에서 가장 아름다운 여자인 트로이의 헬레네를 훌륭하게 묘사해냈다는 것이었다. 그는 적당한 모델을 찾을 수 없었기 때문에 대신 아름다운 여자 다섯 명을 모델로 불러 그들 각각에게서 가장 훌륭한 특징을 골라, 이것들을 섞음으로써 멋진 초상화를 그려냈다. 그래서 뒤러는 이런저런 특징을 관찰하고 모으는 작업에 착수하게 되었다.

뒤러가 예민한 주의력으로, 열매 조각으로 손을 뻗거나 그것을 잡는 방식, 특히 그런 동작으로 생기는 손목의 주름을 관찰한 그림이 한 장 남아 있다. 이것이 누구의 손목인지는 지금까지 알려져 있지 않지만, 핵심은 그것이 특정한 인물에게 속한 것이고 화가는 펜을 손에 들고 그것을 응시하고 있었다는 것이다. 뒤러가 썼듯이, 자신의 내부에서 표현하고 싶은 것을 그냥 만들 수는 없다. 아무리 위대한 화가라도 보고 스케치하고 실제로 본 것을 마음속에 쌓아두어야 한다. "그런 뒤에야 마음에 모여 있는 은밀한 보물이 작품에서 공개적으로 표현되며, 사람이 마음에서 창조하는 새로운 피조물이 나타난다."

뒤러의 은밀한 보물 창고에는 수많은 특정한 몸과 몸의 부위—이 손목, 저 어깨, 이 허벅지 등—와 더불어 무게가 다른 발로 옮겨지는 순간에 발가락이 땅에 닿는 정확한 방식, 팔을 뻗을 때 엉덩이가 올라가고 옆구리에 주름이 지는 방식이 저장되어 있었다.[13] 아담이 운명의 열매를 향해 손을 뻗을 때의 모습에서 모델 역할을 한 것은 뒤러 자신의 옆구리였던 것으로 보인다[14]—누드 자화상에서 거울을 보고 관찰하고 스케치를 했듯이. 하지만 긴 세월이 지난 뒤여서 아담과 이브의 신체 부위 대부분의 출처를 확실하게 확인하는 것은 불가능하다.

힌트는 있다고 말할 수 있다. 뒤러는 그의 공책 가운데 하나에 자신이 본 아프리카인에 관한 관찰을 적어놓았다. (그의 관심을 입증하는 강렬한 그림도 몇 장 있다.) 그는 그들의 정강이뼈는 너무 두드러지고 무릎과 발에는 뼈가 너무 많다고 언급했다. 하지만 이런 문제들을 나열한 뒤에 계속해서 이렇게 쓰고 있다. "나는 그들 중 몸 전체가 아주 멋지게 잘 구축되어 있어서 더 나은 형체를 본 적이 없다고, 팔과 다리가 모두 아주 훌륭하여 어떻게 더 나아질 수 있을지 생각할 수 없다고 말할 수 있을 만한 사람 몇 명을 보았다." 뒤러가 첫 인간들의 모델로 흑인을 이용했다는 증거는 남아 있지 않다. 하지만 강박적으로 더 나아질 수 없는 형체를 찾아다녔고, 또 그가 말했듯이 자신이 관찰한 아프리카인들 사이에서 그런 형체를 보았기 때문에 그가 아담과 이브의 판화를 작업할 때에 그렇게 훌륭한 팔과 다리를 염두에 두었다고 생각하고 싶은 유혹을 느끼게 된다.

문제는 남아 있었다. 찾아낼 수 있는 가장 훌륭한 특징들을 모아 결합시켰을 때에도, 충분한 재능을 갖춘 화가라면 늘 더 아름다운 형체를 발견할 수 있다고 주장하는 것이 가능했다. 르네상스를 맞이하여 다시 퍼지기 시작한 고전적 누드에서 그 자신이 그런 우월한 아름다움의 예를 보고 스케치할 수 있었다고 느꼈다. 그는 우월성의 원천은, 특정한 부위보다는 비율에 있는 것이 틀림없다고 결론을 내렸다. 그러나 개인들 사이에는 아주 많은 차이가 있기 때문에 완벽한 아름다움의 정확한 비율을 계산하는 것은 곤란한 일이었다. "인간 몸매의 가장 훌륭한 비율을 잡아낼 수 있다고 말하는 것은 불가능해 보인다. 우리 지각에는 거짓이 있고 우리 주위에는 너무 짙은 어둠이 깔려 있어서 더듬는 것조차 실패하고 만다."

1500년에 뒤러는 그 답을 얻어냈다고 주장하는 베네치아의 화가 야코포 데 바르바리와 만나게 되었다. "그는 비율의 규범에 따라 만든 남자와 여자의 특징들을 나에게 보여주었다." 뒤러는 이런 비율의 규범을 찾고 있었다. 자신의 몸을 포함하여, 제각기 그 나름으로 특이한 나신들이 아니라, 화가가 이상적인 인체를 그리게 해줄 수 있는 일군의 객관적인 기하학적 수치를 말이다. 안타깝게도 야코포는 핵심적인 자세한 내용은 영업 비밀이라고 간주했던 것이 분명하다. 그는 그것을 이 재능 있는 젊은 독일 화가에게 알려주려고 하지 않았다. "이제 나는 새 왕국을 보는 것보다 그의 방법이 무엇인지 보고 싶은 마음이 더 강해졌다." 뒤러는 나중에 썼다.

뒤러도 야코포를 만날 무렵 그 나름의 영업 비밀을 가지고 있었을지도 모른다. 1490년경 로마 남부의 안치오 근처에서 고대의 대리석상이 발견되었다. 거의 온전했던 이 조각상은 2세기 로마에서 그리스의 태양신 아폴론 조각상을 복제한 것이었다. 교황 율리우스 2세가 이것을 바티칸 안뜰에 가져다놓고, 이곳에서 조각상이 "아폴론 벨베데레(Apollo Belevedere)"라는 이름을 얻게 되기 전부터, 이것은 화가들의 관심을 불러일으켰다. 뒤러는 1494-1495년에 이탈리아를 여행할 때 로마까지는 갈 수가 없어 직접 그것을 보지는 못했지만, 그것을 세심하게 그린 스케치나 밀랍 또는 청동으로 복제한 것은 분명히 보았을 것이다. 뒤러는 그것이 그가 필사적으로 풀려고 하던 수수께끼의 답이라고 생각하기 시작했다. 그는 재고 계산했다. 여기에 그가 찾던 정확한 비율이 있었다.[15] 머리는 몸길이의 8분의 1,

얼굴은 10분의 1, 가슴이 이루는 사각형은 6분의 1, 그 하단은 정수리로부터 3분의 1이다.

뒤러는 일찍이 1495년부터 그 형체를 되풀이해 그려서, 비율만이 아니라 정확한 형태, 즉 무게가 한쪽 다리에 실리는 모습, 구부러진 무릎, 한쪽은 뒤로 돌아가고 다른 쪽은 위로 올라간 팔, 돌아간 머리까지 정확하게 포착하려고 했다. 1503년경 그는 자와 각도기를 들고 다시 펜과 갈색 잉크로 이 형체의 비율을 따라가보았다. 팔과 손은 완성되지 않았다―1501년에 그린 그림에서처럼 술잔과 뱀을 쥐게 할 생각이었을 수도 있고, 1502년에 그린 그림에서처럼 홀과 양원(陽圓)을 쥐게 할 생각이었을 수도 있다. 그러나 이번에는 예비 스케치를 한 종이를 뒤집어, 그것을 안내자로 삼아 한 손으로는 나뭇가지를 쥐고 다른 손으로는 사과를 쥔 남자를 그렸다. 그는 아폴론을 아담으로 바꾸었다.

따라서 이것이 뒤러가 아담을 절묘하게 창조한 방식이었다. 즉 이교도의 우상에서 끌어낸 이상화된 기하학적 구도에 따라서 몸의 아름다운 조각들을 합쳐서 만든 형상이다. 이브에 대해서도―내 눈에는 아담만큼 성공한 것으로 보이지는 않지만―같은 일을 했다. 그런 다음, 동판을 반들반들하게 다듬고 밀랍을 바른 후에 거울상으로 인물들을 그렸다. 그리고 동판용 조각칼―그가 최고의 수준으로 다루던 단강(鍛鋼)으로 만든 날카로운 도구―을 들고 동판에 선들로 이루어진 빽빽한 망을 세심하게 새겨나갔다. 뒤러는 동판을 가열하고 잉크를 칠하여 첫 판화를 찍어내서 자신이 만든 것을 보았다. 그가 엄청나게 기뻐한 것도 당연했다. 이 판화는 여러 차례 재생산되어 유럽 전역에, 결국에는 세계 전체에 팔리면서 아담과 이브의 결정적인 이미지가 되었다. 아니, 그렇게 널리 또 자주 묘사된 인물들의 단일한 재현물로서는 결정판에 최대한 다가갔다. 물론 펜을 든 다른 모든 사람들과 더불어 뒤러도 계속 아담과 이브의 이미지를 그리고 칠했다. 하지만 그 이후의 모든 이미지들은 그 자신의 것이건 다른 사람들의 것이건, 묘하게 의도적으로 또는 부지불식간에 이 1504년의 이미지에 경의를 표하거나 반발하는 방식으로 그것을 가리키는 것처럼 보인다.

"인간의 타락" 판화는 뒤러의 명성을 확고히 했고, 그도 그렇게 될 것이라고 자신했던 것처럼 보인다. 아담이 쥐고 있는 가지 바로 뒤에, 너무 가까워서 같은 나무에서 나온 것처럼 보이는 또 하나의 가지가 있고 거기에 앵무새가 한 마리 앉아 있는데, 이 새는 이 화가가 그 아름다움을 포착하기를 간절히 바라던 생물 가운데 하나였다. 앵무새 옆, 아담의 어깨에는 판이 걸려 있는데—자연주의적인 동시에 전혀 있을 법하지 않게—거기에는 그의 모노그램과 더불어 "ALBERT DVRER NORICUS FACIEBAT 1504"(뉘른베르크의 알브레히트 뒤러가 이것을 만들었다, 1504)라고 새겨져 있다. 라틴어 동사는 사실 확장된 시간의 의미—"만들었다"가 아니라 "만들고 있었다"이다—를 담고 있다. 이 판은 역사에서 결정적인 순간에 이곳 동산에 이 화가가 있었고, 단지 있었을 뿐만 아니라 일을 하고 있었음을 암시한다. 알브레히트 뒤러의 "만듦"—그가 동판을 새길 때에 한 작업과 매번 동판의 이미지가 재생산될 때마다 계속하는 작업—덕분에 우리는 타락한 상태에서도 시간과 노동과 필멸성이 시작되기 전에 존재했던 그 완벽한 몸의 비전을 가지게 되었다.

9

순결과 그 불만

1504년 알브레히트 뒤러의 작업이 아담과 이브의 이미지에 가장 영향력이 큰 기여를 했다면, 그들의 이야기에 가장 영향력이 큰 기여를 한 것은 그로부터 거의 200년 뒤에 영국의 작가 존 밀턴이 한 작업이었다.『실락원 (*Paradise Lost*)』은 영어로 쓴 가장 위대한 시이다—적어도 나와 다른 많은 사람들은 그렇게 믿는다. 그러나 그 이상이다. 이 작품은「창세기」를 문자 그대로 해석하라는 아우구스티누스의 명령을 전례 없이, 심지어 충격적으로 이행한 것이다. 밀턴은 이 명령을 아담과 이브를 현실로 만들라는 도전으로 받아들였다. 그는 뒤러와 마찬가지로 르네상스가 빚어낸 모든 자원, 또 그 자신의 변화무쌍한 인생과 시대의 모든 면을 끌어와서 이 도전에 맞섰다. 그의 시는 이 오래된 서사를 영원히 바꾸어놓았다.

밀턴의 인생에서 결정적인 사건—그의 상상력이 이후에도 강박적으로 되돌아가고는 하던 경험—은 피렌체에서 갈릴레오와의 만남도 아니었고, 영국 내전 발발도 아니었고, 기름 부음을 받은 왕의 참수도 아니었고, 심지어 그 자신이 맹인이 된 것도 아니었다. 그것은 그가 1642년 여름 신랑으로서 젊은 신부인 메리 파월과 보낸 한 달 또는 다섯 주일이라는 짧은 시간이었다. 그 기간의 하루하루의 실제 경험에 관해서 우리는 거의 아는 것이 없다. 다시 걷을 수 없는 커튼이 드리워져 있다. 그러나 그가 서른세 살이던 1642년 7월에 무슨 일인가가 일어났고, 그것이 밀턴의 삶의 모든 것을 재편성하고 그가 결국 쓰게 되는 아담과 이브에 관한 위대한 시에 결정적인 영향을 주었다.

밀턴은 음악을 좋아하던 부유한 대부업자 겸 공증인의 맏아들로 태어난 총명하고 만족을 모르는 학생이었다. 런던의 엘리트가 모이는 세인트 폴 학교, 그리고 그 다음에 케임브리지의 크라이스트 칼리지에서 받은 교육의 모든 것—그리스어, 히브리어, 아람어 공부와 『성서』 열독과 신학 심취—은 박학한 성공회 성직자로서 관습적인 경력을 쌓아가는 방향을 가리켰다.[1] 그러나 밀턴은 결코 관습적이지 않았기 때문에 성직으로 나가지 않았고, 대신 기성 교회 옆구리의 가시가 되었다.

이미 케임브리지에 있을 때부터 앞으로 나타날 문제의 조짐이 엿보였다. 1626년 가을 열일곱 살의 학생 밀턴은 학업 감독을 책임지고 있는 지도교수 윌리엄 채펠과 언쟁을 벌였다. 자세한 내용이 정확하게 알려져 있지는 않지만, 밀턴은 체벌을 당한 뒤에 한 학기 동안 정학을 당하여 런던 집으로 떠나게 되었다. 성난 지도교수는 밀턴이 "대학과 인간들의 사회 양쪽"으로부터 추방당해 마땅하다고 주장했다. 밀턴은 가장 친한 친구에게 보낸 라틴어 시에서 케임브리지가 조금도 그립지 않다고 고백했다. 그는 시를 읽고, 극장에 가고, 예쁜 여자들에게 추파를 던지며 훨씬 즐거운 시간을 보내고 있었다.[2]

이 모든 것은 밀턴이 난폭한 학부생이었다는 것을 보여주는 듯하지만—나중에 그에게 적대적이던 한 명은 그가 "무절제하고 분방한 젊은 시절"을 보내자 대학이 그를 "토해냈다"고 썼다[3]—실제로는 그 반대에 가까 웠다. 지적으로 강렬하고 머리를 길게 기른 유미주의자 밀턴은 가망이 없을 만큼 낡았다고 생각하던 대학의 교과과정과 더불어, 심한 음주와 성적(性的)인 활약에 집착하는 학생문화도 경멸했다. 동료 학생들은 그에게 "크라이스트의 숙녀(The Lady of Christ's)"라는 별명을 붙여주었다.

이 까다로운 시인이 잔인한 놀림을 받았을 것이라고 상상하기 쉽겠지만 밀턴은 비무장 상태가 아니었다. 그는 흔들림 없는 자신감과 더불어, 피를 뽑아내기 위해서 예리하게 벼린 말솜씨를 갖추고 있었다. 그는 급우들에게 자신은 농장 노동으로 자신의 남성성을 확립할 필요가 없듯이, 음주와 창녀를 찾아가는 것으로 확립할 필요도 없다고 말했다.[4] 매음굴이 아니라 글로 자신의 남성적 힘을 보여주겠다. 그의 산문은 공격적이고 예리한 반면, 시는 고전적 가운으로 살짝 위장했지만 에로틱한 공상으로 가득했다.

밀턴은 친구들, 특히 절친했던 찰스 디오다티에게 자신이 쓴 시를 보여주었다. 그는 이 가까운 친구에게 자신의 가장 깊은 문학적 야심을 털어놓았다.[5] 그는 1637년에 쓴 편지에서 이렇게 썼다. "잘 들어, 디오다티, 하지만 내가 얼굴이 붉어지지 않도록 몰래 들어. 잠시 과장해서 너한테 말할게. 내가 무슨 생각을 하고 있는지 물었지? 진심으로 말하거니와, 불멸의 명성이야." 밀턴은 젊고 아직 제대로 검증을 거치지 않은 작가가 페가수스처럼 솟아오르는 공상을 한다는 것에는 무엇인가 창피스러운 것이 있음을 알았다. 밀턴은 케임브리지를 졸업하고 나서 5년 뒤에 시골의 집—그의 아버지는 그 무렵 런던에서 윈저 근처의 작은 마을로 이사했다—에서 살고 있었고 여전히 끝도 없이 책을 읽고 있었다. 그의 또래 가운데 다수는 이미 결혼을 했고 경력을 쌓아나가기 시작했다. 디오다티는 아버지의 뒤를 이어 내과의사가 되었다. 스물아홉 살의 밀턴은 여전히 독신이고, 영원

한 학생이었다. 그러나 그는 친구에게 고백한 대로 위대한 시인으로 찬양받는 꿈을 꾸고 있었다.[6]

그러나 이 목표를 향해 꾸준히 전진하고 있다고 보기는 힘들었다. 오랜 세월이 흘러도 밀턴은 가치가 있는 것을 전혀 생산하지 못한다. 하지만 그가 말한 대로, "무명으로 비좁은 거처"에서 살고 있고, 이런 말을 하면 자신의 얼굴이 붉어질 것임을 인정하면서도 내부에서는 위대함의 가능성에 대한 느낌이 꿈틀거리고 있었다. 1637년 가을에 사실 그는 희망을 품을 이유가 없지 않았다. 그는 이미 특별한 아름다움을 가진 작품을 몇 편 써냈다. 기쁨과 우울에 관한, 짝을 이루는 작품인 "쾌활한 사람(L'Allegro)"과 "사색에 잠긴 사람(Il Penseroso)", 익사한 대학 친구에 대한 통렬한 만가 "리시다스(Lycidas)", 더 야심만만한 것으로는, 부유한 권력자 브리지워터 공작의 위임을 받아서 쓰고, 1634년 9월 29일 러들로 캐슬에서 공연한 『코머스(Comus)』라고 알려진 극시 등이 그런 것들이다.

『코머스』는 이른바 가면극으로, 단 한 번의 공식적 행사를 위해서 쓴 연극이었다. 이 행사란 공작이 웨일스의 최고 행정관으로 임명된 것을 축하하는 축하연으로, 연기자들에는 공작의 자녀인 열다섯 살 난 딸 앨리스와 그녀의 두 남동생도 포함되어 있었다. 브리지워터 집안은 영국 사회적 위계에서 최상층에 가까웠지만, 가정 내부의 비밀이 많았다. 몇 년 전에는 공작의 처남이 남색과 강간 혐의로 처형당하기도 했다. 자세한 내용은 필름 느와르의 소재가 될 만큼, 탐욕, 변태 성욕, 근친상간, 살인이 모두 엉켜 있었다. 그가 결국 유죄판결을 받게 된 떠들썩한 재판에서 그의 유죄를 입증한 주요 증인은 그의 부인이었다.

추문의 기억이 아직 생생했기 때문에 브리지워터 집안은 자신들의 공적 이미지에 오점을 남길 수 있는 일에 아주 민감했으며, 따라서 젊은 시인에게 성적인 문제에서 올바른 태도를 찬양하는 무엇인가를 써보라고 지침을 내렸을 수도 있다. 당시 이십대 중반이던 밀턴은 틀림없이 이 주제가 마음에 들었을 것이고, 그래서 자기 나름의 구상을 제시했을 수도 있다. 그것은 순결의 특별한 힘을 찬양하는 가면극이었다. 플롯의 중심은 두 남동생과 함께 부모를 만나러 가는 길에 숲에서 길을 잃은 소녀—그냥 "숙녀"라고 불렀다—였다. 남동생들이 먹고 마실 것을 찾으러 떠났다가 돌아오지 않은 상황에서 그녀는 악한 마법사 코머스의 손아귀에 들어간다. 코머스는 아무런 의심을 하지 않는 동정녀를 자신의 쾌락의 궁으로 이끄는데, 그곳에서 마법의 의자에 앉자 그녀는 "끈적끈적한 열기가 있는 고무"로 인해서 그 자리에 달라붙어 움직일 수가 없다. 교활한 마법사는 감각적 탐닉이 주는 쾌락을 찬양하며 그녀에게 마법의 잔에 든 음료를 권하지만, 그녀는 그의 "양조된 마법"을 거절하며 절제와 순결에게 지원을 요청한다. 그녀는 확고한 미덕의 보호를 받아 결국 구출되고, 남동생들을 만나 그녀를 사랑하는 부모에게로 간다.

밀턴은 승리를 거둔 처녀성에 관한 이 동화를 쓰면서 학식과 시작(詩作) 솜씨를 멋지게 보여주었다. 브리지워터 집안에게 고전적인 암시와 음악적인 효과가 풍부한, 화려한 운문을 1,000행 이상 건네준 것이다. 물론 『코머스』는 엘리트 수용자들을 기리는 웅장한 공적 볼거리였지, 저자의 사적 진술은 아니었다.[7] 그럼에도 밀턴의 단 한 번의 가면극 형식 시도에는 개인적인 강렬한 관심이 독특하고 심오하게 배어 있었다. 숙녀의 남동생은 경고한다. "추잡하고 분별없는 죄의 행동이, 내부에 더러움을 들여올" 때, "영혼은 오염으로 엉겨 굳는다." "추잡하고 분별없는 죄의 행동"은 무슨 일이 있어도 피해야 한다. 『코머스』는 자신의 동정을 지키고 영혼이 엉겨 굳는 것을 막으려는 시인의 노력을 보여주었다.

자신을 "숙녀"라고 부르는 동료 학부생들의 조롱은 밀턴의 관점이 그의 시대의 젊은이들에게 전형적이지 않다는 사실을 분명히 보여준다. 당시에는 역사의 대부분의 시기에 그랬던 것처럼, 동정을 지켜야 한다는 태도는 젊은 미혼 여성에게 초점을 맞추고 있었다.[8] 밀턴은 이런 식으로 여성에게 초점을 맞추는 것은 올바른 상황이 역전된 모습이라고 믿었다. 나중에 그는 그 모든 것을 충분히 생각해보았다고 썼다. 만일 여자에게서 순결하지 않은 상태가 추문이라면, 그것은 "하느님의 형상이자 영광"인 남자에게서는 훨씬 더 불명예스러운 일임에 틀림없다.[9]

아우구스티누스와 그의 친구 알리피우스는 전적으로 그런 입장이었을 것이다. 그들은 수도 서원을 하면서 성적 금욕의 삶을 살겠다고 약속했기 때문이다. 그러나 밀턴은 20대에 줄곧 동정을 온전하게 지켰지만, 수도원과 수녀원이라는 가톨릭의 이상을 지지하는 주장을 펴지는 않았다. 그는 대신 선한 프로테스탄트로서 "결혼한 순결"이라는 이상을 받아들였다. 자신의 내부에서 보호하고 보전하기를 갈망했던 순수는 성교와 완전히 양립할 수 있다고 믿었다. 이런 성교가 결혼에 의해서 축성되기만 한다면 말이다. 그는 결혼식 날 밤까지 동정을 보전해야 했다.

17세기 초의 열렬한 복음주의적인 분위기는 다른 진지한 젊은 남자들에게도 비슷한 불안과 비슷한 신념을 가지도록 자극했을 것이다. 물론 그들은 여전히 분명한 소수였다. 여기서 매우 특별한 것은 시와의 연결이었다. "분별없는 죄의 행동"—결혼 전의 성교—이 자신의 시적 영감을 위협하고 불멸이라는 꿈을 훼손할 것이라는 밀턴의 두려움은 매우 독특한 것이었다. 그때는 수백 년 전(또 후)과 마찬가지로, 시가 에로틱한 갈망, 그 충족과 불가분의 관계였다. 창조력은 보통 성욕에 의해서 꺼지는 것이 아니라 강화된다고 여겨졌다. 오비디우스와 카툴루스, 셰익스피어와 단테에 심취

했던 밀턴은 이 점을 완벽하게 파악하고 있었다. 마법사 코머스는 현재를 즐기라(carpe diem)는 유혹적인 말을 하기도 한다. 그러나 숙녀—가면극의 숙녀와 '크라이스트의 숙녀'—는 단호하게 유혹에 저항한다.[10]

결혼을 위해서 동정을 보전하려는 밀턴의 노력은 처음에는 케임브리지에서, 다음에는 런던에서, 다음에는 시골에서 사실 어려운 것이었을 수도 있다. 케임브리지 외곽에는 매음굴이 성업 중이었고, 밀턴이 자주 찾던 런던 극장들에서는 매춘부들이 영업을 했고, 비록 책벌레 청년이지만 그래도 그는 가끔은 갈망하는 마음으로 젖을 짜는 나긋나긋한 여자들을 바라보기는 했을 것이다. 하지만 그는 저항했다. 후기의 한 작품에서, 아마 자신을 뒤돌아보고 하는 이야기이겠지만, 그는 식단—욕정을 자극한다고 간주되는 어떤 음식들을 피하는 것—과 운동을 통해서 성욕을 제어하는 것이 가능하다고 말했다. 그리고 물론, 그는 남성 친구들과 강한 우정을 쌓았고, 책에 파묻혔고, 그러다가 고개를 들어 이런 성적 자제를 통해서 보호하고 고양시키려고 했던 시 가운데 적어도 일부는 써냈다.

진짜 시험은 1638년 서른 살의 밀턴이 하인 한 명과 함께 대륙으로 떠났을 때에 왔을 것이 분명하다. 그는 파리(좋아했던 것 같지 않다)에 잠깐 머문 뒤 바로 이탈리아로 가서 1년 이상 지내며 많은 도시들을 보았고, 피렌체, 로마, 나폴리, 베네치아에서 오랜 시간 머물렀다. 이탈리아어가 유창했던 교양 있는 밀턴은 인상적인 여러 지식인, 시인, 화가, 과학자와 더불어 그들의 귀족 후원자들의 환영을 받았다. 피렌체에서는 평생 가택 연금 상태에 있던 일흔다섯 살의 갈릴레오를 찾아갔다. 그는 밀턴의 표현대로 "프란치스코회와 도미니크회의 검열관들이 생각하는 것과는 다른 방식으로 천문학을 생각한 죄로 종교재판소에서 죄수"가 되었다.[11] 밀턴은 이탈리아에서 어디를 가든 자료가 풍부한 도서관을 찾아갔고, 콘서트에 참석했으며, 새로 사귄 친구들과 라틴어 시를 교환했다. 그는 고향의 조카를 비롯한 여러 사람들에게 보낸 편지에서 풍경의 자연적인 아름다움, 쾌적한 기후, 세련된 언어, "구조물의 고상함, 주민들의 빈틈없는 인정과 예의"를 찬양했다.[12]

이 광범한 여행의 수많은 흔적들 가운데 성적 모험의 기미는 전혀 보이지 않는다. 이것은 그렇게 놀랄 일이 아닐지도 모른다. 그런 기미가 왜 지금까지 남아 있겠는가? 그러나 밀턴 자신의 이야기로 보아도, 그는 이 장기간의 해외 체재에서 동정만이 아니라 프로테스탄티즘까지 안전하게 보전한 채로 영국에 돌아왔다. 그것이 사실이라면(그것을 의심할 이유는 없다) 밀턴은 그의 시대에 그런 여행에서 성적 순수의 상태로 돌아온 아주 드문 젊은 영국 남자 가운데 한 명이었을 것이다.[13] '대여행'에 나선 영국 신사들에게 이탈리아는 마르칸토니오 라이몬디의 『모디(*Modi*)』(아렌티노의 음탕한 소네트가 적혀 있는 유명한 체위의 판화)의 세계였고, 줄리오 로마노, 안니발레 카라치, 코레조 등 에로틱한 흥분을 다룬 대가들의 세계였고, 따뜻한 살에 닿는 손가락의 촉감을 돌로 포착한 조각들의 세계였기 때문이다. 쾌락은 가상적인 것만이 아니었다. 그 시대에 이탈리아를 여행하는 영국인은 일상적으로 그곳 여자들의 아름다움, 더 중요한 것으로는, 고급 창부들이 주는 세련된 즐거움을 증언했다.

밀턴은 문학과 과학 학계에서부터 귀족의 살롱과 추기경이나 주교의 공관에 이르기까지 이탈리아 상류 사회를 편하게 돌아다니면서도 자신의 도덕적 우월성이라고 여겨지는 면을 알리려고 비상한 노력을 기울였던 것으로 보인다. 하필이면 '반종교개혁'의 이탈리아였기 때문에 자신의 종교적 신념에 관해서는 드러내놓고 말을 하지 말았어야 하지만—그는 결국 가톨릭 주인들이 특별히 친절하게 접대하는 손님이었다—신중한 태도를 취하는 것을 거부했던 것이 분명하다. 네덜란드 시인 니콜라스 헤인시우스는 한 친구에게 보낸 편지에서 "영국인"―밀턴―"이 오랫동안 함께 어울리던 이탈리아인들에게 지나치게 엄격한 도덕적 태도 때문에 미움을 받았다"고 전했다.[14] 뜨거운 프로테스탄트인 서른 살의 동정남은 유혹에 넘어가지 않겠다는 뜻을 분명히 했던 것이다.

밀턴이 나폴리에서 시칠리아와 그리스까지 여행 범위를 넓히는 일을 고민하고 있을 때, 영국에서 걱정스러운 소식들이 전해졌다. 그가 떠날 무렵에 이미 긴장 상태였던 정치적 상황이 악화되어, 나라가 점점 위험한 물속으로 떠내려가는 것처럼 보였다. 밀턴은 더 멀리 항해하기보다는 귀국하기로 결정했다. 그럼에도 서둘지는 않았다. 자신을 짓누르던 소명의 문제를 아직 해결하지 못한 상태였다. 그는 이탈리아 여행을 사랑하는 것이 분명했는데, 이탈리아는 그의 표현대로 "인간성(humanitas)과 더불어 문명의 모든 예술의 숙박소"였다.[15] 그는 또 가슴 아픈 개인적 상실과 직접 맞닥뜨릴 준비가 되지 않았다고 느꼈을지도 모른다. 1638년 8월 이후 어느 시점에 사랑하는 친구이자 영혼의 벗 찰스 디오다티가 죽었다는 소식을 들었던 것이다.

밀턴은 영국으로 돌아온 직후, 1639년 여름에 라틴어로 긴 목가적 만가를 지어 친구의 죽음을 추모했다. 이 장르의 관습―전원적인 고전주의적 그리스 풍경 속에서 탄식하는 목자와 그의 양떼―은 현실 세계로부터 일종의 형식적인 거리를 두는 것이지만, 그럼에도 시는 강렬하고, 친밀하고, 묵시적이다. 그는 그 끔찍한 소식을 이탈리아에서 들었을 때는 그 현실성을 완전히 받아들이지 못했다고 말했다. 고국에 와서야 그 엄청난 슬픔을 있는 그대로 경험했다. 그것이 그렇게 중요했을까, 그는 자문했다. "무덤 속의 로마"를 보려고 그렇게 멀리 여행하며 그렇게 오래 떠나 있는 것이?

그 시간에 가장 귀한 친구와 함께 있을 수도 있었는데? 그들 사이에 그렇게 먼 거리가 있지 않았다면 적어도 죽어가는 벗의 손이라도 잡고 작별 인사라도 할 수 있었을 텐데. 이제 그는 혼자 남아 말로 표현할 수 없는 외로움을 느끼고 있었다. 시의 마지막에서 그가 매달리던 위안이 되는 생각은 찰스―"오점 없는 젊은이"―가 틀림없이 영광 속에 하늘로 올라갔으리라는 사실이었다. 밀턴은 그의 죽은 친구를 향해 말했다. "결혼 침대의 기쁨을 맛본 적이 없기 때문에, 동정의 명예가 너에게는 예비되어 있으니."

이 시점에서 서른두 살인 밀턴의 "동정의 명예"가 자신에게 얼마나 위로가 되었는지는 분명하지 않다. 그는 이제 찬란한 경력의 입구에 서 있는 유망한 젊은이가 아니었다. 그렇다면 과연 무엇이었을까? 돈은 문제가 아니었다. 대부업자인 아버지가 일부 대출금을 아들 이름으로 할당해놓아, 런던에 자리를 잡은 밀턴은 약간의 독립적인 수입을 얻고 있었다. 그리고 두 조카부터 시작하여 학생 몇 명의 개인교사 일을 맡아 수입을 보충했다. 하지만 그 모든 강박적 공부와 엄청난 학습과 거대한 지적 야망, 이 모든 것이 라틴 동사 활용도 제대로 하지 못하는 몇 명의 어린아이들에게 매질을 하는 교사에서 끝날 것인가?

문학적 불멸이라는 꿈은 죽지 않았다. 밀턴은 가능한 문학적 기획의 제목과 간략한 개요로 공책 여러 장을 채웠는데―케임브리지의 트리니티 칼리지 도서관에 남아 있다―대부분은 성서적 주제를 다룬 비극이었다. 인간의 타락을 주제로 한 5막극의 스케치가 여럿 있는데, 그 가운에 하나의 제목은 "낙원을 빼앗긴 아담"이었고 또 하나는 "실락원"이었다. 밀턴은 등장인물 명단을 세심하게 짰다. 아담과 이브는 당연히 포함되고, 그와 더불어 루시퍼에서 모세에 이르기까지, '자비'에서 '불만'에 이르기까지 다양한 인물들이 등장했다. 그런 뒤에는 명단 전체에 줄을 그어 지웠다. 여성과의 경험이 거의 없는 상태에서는 그런 희곡을 쓰기가 어렵다고 생각했을 것이 틀림없다. 어쨌든 밀턴은 이런 기획에서 조금도 진척을 보이지 못했다. 그때 역사가 개입했다.

절대 통치를 꿈꾸는 찰스 1세와 그와 대립하면서 점점 비타협적으로 변해가는 의회가 심한 분열을 일으키면서 나라가 무너지고 있었다. 프랑스 또는 러시아의 혁명에 이르는 혼란의 몇 달과 마찬가지로 수많은 분파가 대립하는 의견을 내고, 타협을 시도하다가 실패하고, 뜻밖의 동맹을 맺고, 적을 바꾸었다. 그러나 1640년대 초 밀턴에게 큰 싸움은 단 하나였다. 하느님을 섬기는 쪽과 섬기지 않는 쪽의 대립이었다. 그의 관점에서, 하느님을 섬기지 않는 쪽의 중심에는 성공회 주교들이 있었다. 이들은 부유하고, 세속적이고, 냉소적이고, 자만심이 가득하고, 가망 없이 오류 속에서 뒹굴고 있었다.[16] 하느님을 섬기는 쪽의 중심에는 급진적 종교개혁을 원하는 계몽된 선각자들이 있었는데, 이 사람들을 적들은 가끔 퓨리턴(Puritan)이라고 불렀다.[17] 이 용감한 개혁가들에게는 의회에 동맹자들이 있었으며, 이들은 주교와 왕이 통제하는 무장군에 기꺼이 맞서려고 했다.

1640년대 초에 상황은 절정을 향해 치닫기 시작했다.[18] 밀턴의 집에서 멀지 않은 런던 시티에서 퓨리턴의 영향을 받은 군중이 폭동을 일으켜, 주교 제도를 폐지하고 영국을 천주교에서 구하는 "뿌리와 가지" 개혁을 요구했다. 비밀 인쇄소에서 인쇄하여 지하에서 돌리는 엄청난 수의 대판지(大版紙) 신문은 체포, 시위, 의회의 불만 제기, 군대 이동, 학살 소식으로 가득했다.

책에 잠겨 있다가 이따금씩 머리를 내밀고 학생들에게 그리스어, 라틴어, 히브리어를 가르치던 밀턴은 그때까지 옆에 서서 점증하는 혼란을 관찰하기만 했다. 하지만 1641년 초에 이르자 더는 그냥 지켜보며 기다릴 수가 없었다. 그는 놀랄 만큼 짧은 시간에 쓰고 발표한 긴 논문 5편을 통해서 주교와 그들의 옹호자들에게 엄청난 학식과 더불어, 그동안 그의 안에 쌓여가던 경멸과 분노를 쏟아부었다. 술을 마시고 매춘부를 사던 급우들의 놀림과 고압적인 교사들의 지적 불모성에 대응하여 풍자를 날카롭게 벼리던 오랜 수습 기간이 갑자기 가치를 드러내게 되었다. 그의 상상 속에서 두 적은 하나로 합쳐졌다. 그는 주교들이 대개 "빈둥거리고, 술이나 마시고, 매음굴이나 다니면서, 도움이 안 되는 문제와 상스러운 궤변으로 젊음을 소비하고, 야망과 게으름 속에서 중년을 소비하고, 탐욕, 노망, 질병 속에서 노년을 소비하는" 사람들이라고 말했다.[19]

그러나 밀턴은 자신보다 지위가 훨씬 높은 사람들의 심판자로 자리를 잡고 그들에게 "축성받은 신랄함"을 퍼붓는 것을 어떤 식으로 정당화했을까?[20] 그가 뭔데―가면극 한 편을 쓰고 이탈리아 '대여행'을 다녀온 영원한 학생―나라의 운명을 가늠하는가? 그가 1642년 4월에 발표한 작품에서 한 대답은 깊은 독서와 도덕적 규율이라는 기초 위에 놓여 있었는데, 그는 전부터 바로 이 기초 위에서 위대한 시인으로서 자신의 경력을 세우기를 바라고 있었다. 그는 자신의 권위와 영감은 단지 지적 엄격성만이 아니라 순수성에서도 나온다고 주장했다.[21] 자신은 어떤 여자와도 혼인 이외의 성관계를 맺어 자신을 더럽힌 적이 없다. 서른세 살의 동정이다. 그것이 그의 도덕적 권위였다.

밀턴은 자신에 관한 이런 이야기를 발표하고 나서 불과 한 달 뒤에 신중한 아버지가 그를 대신해서 한 투자들 가운데 하나의 미해결 대출금 문제 때문에 옥스퍼드 근처 포리스트 힐이라는 장원으로 말을 달렸다. 채무자 리처드 파월은 원래 300파운드를 빌리고 이자 8퍼센트를 2년에 걸쳐 두 번에 내기로 합의했다. 나라는 내전 가능성으로 긴장감이 감돌았지만―

밀턴 자신이 의용군 훈련을 받아왔다—런던과 옥스퍼드셔 사이의 도로는 뚫려 있었고, 대출금 이자는 지금 만기가 되었다. 밀턴은 6월에 포리스트 힐에 도착하여 7월에 런던으로 돌아갔다. 그가 받아야 할 12파운드를 손에 쥐었는지는 알려져 있지 않다. 알려진 것은 집으로 아내, 그에게 돈을 빌린 사람의 장녀인 열일곱 살의 메리 파월을 데려갔다는 것이다.[22]

17세기의 자산가들 사이의 결혼은 로맨틱한 구애라기보다는 장기적인 업무 협상의 결과에 가까운 경우가 많았지만, 이 결혼의 갑작스러움은, 적어도 밀턴 쪽에서는 계산과는 다른 무엇인가가 있었음을 암시한다. 사실 밀턴은 오래 전부터 사랑의 본질, 신부에게서 발견하기를 바라는 도덕적 자질, 결혼 침대의 기쁨과 양립하는 순결 등에 관해서 생각해왔다. 그러나 이것은 결혼 시장에서 이루어지는 전형적인 계산이라고는 할 수 없었다. 오히려 처음 이 젊은 여자를 만난 6월 오후에 밀턴은 어떤 감질 나는 축복의 가능성을 느꼈던 것 같다. 사실 구애의 회오리가 끝난 뒤, 밀턴은 여자의 아버지로부터 1,000파운드의 지참금을 약속받았는데, 이것은 실로 큰돈이었다. 하지만 필요한 만큼 주의를 기울일 시간은 없었다. 열렬한 구애자는 장인의 지불 능력에 관해서는 아무것도 몰랐다. 사실 리처드 파월은 수상쩍은 토지 투기업자로, 너그럽게 약속한 결혼 합의금을 제때 주기는커녕, 원래의 300파운드의 대부금도 갚을 가망이 없었다.

신부가 남편에 관해서 아는 것도 똑같이 얼마 되지 않았을 것이다. 그녀의 가족은 고집스럽게 왕당파에 동조했으며, 밀턴은 곧 주교들의 적들 가운데 가장 사납게 목청을 높이는 사람으로 자리를 잡았다. 온 나라가 곧 폭발할 듯한 상황이었는데, 그들은 정말로 포리스트 힐의 저녁 식탁에서 이 주제를 완전히 피할 수 있었을까? 아마 리처드 파월은 이 혼인을 이루고 싶은 간절한 마음에 딸과 다른 모든 가족에게 정치 이야기는 피하라고 말했을지도 모른다. 어쩌면 밀턴은 눈이 부시고 행복하여 분노를 잠시 가라앉혔는지도 모른다.

그들이 실제로 서로를 얼마나 많이 또는 적게 알았건, 존과 메리는 결혼한 부부로서 올더게이트 스트리트의 작은 집에 도착했다. 십대의 신부는 결혼식을 축하하러 온 친족—아마 부모, 그리고 많은 형제들 가운데 몇 명이었을 것이다—몇 명과 함께 런던에 왔다. 며칠 뒤에 손님들은 떠나고 신혼부부는 그들이 한 일에 관해서 생각해볼 여유가 생겼다.

밀턴은 결혼을 했지만 오랜 세월 동안 자기 인식의 토대로 삼아온 순결, 그리고 그와 더불어 도덕적 권위, 시인으로서의 소명을 훼손하지 않았다고 뜨겁게 믿었다. 그는 말했다. "결혼은 더럽힘이라고 부르지 말아야 한다."[23] 결혼은 에덴 동산에서 타락 전에, 아담과 이브가 아직 완벽하게 순결하고 순수할 때에 하느님 자신이 제도화한 것이다.[24] 결혼한 부부는 아담과 이브에게 허락된 순수의 상태를 누릴 수 있다. 밀턴은 포리스트 힐의 메리 파월과 결혼했을 때, 아담의 말을 빌려서 자신에게 말할 수 있었다. "이것이로구나, 내 뼈 중의 뼈요 살 중의 살이라." 침실 문지방에서 희미한 불안을 경험했다고 해도, 그는 「창세기」에서 그 다음에 나오는 말을 기억했을 것이다. "아담과 그의 아내 두 사람이 벌거벗었으나 부끄러워하지 아니하니라."

이제 낙원으로 들어갈 참이다. 그는 그렇게 생각했다.

메리 파월은 밀턴 부인으로서 새로운 생활을 한 달 남짓 하다가 포리스트 힐로 돌아갔다. 공식적인 구실은 딸과 함께 있고 싶다는 어머니의 "간절한 청원"이었으며, 약 4주일 뒤, 즉 9월 말에 런던으로 돌아오겠다고 약속했다. 그녀도 그녀의 남편도 그녀가 결혼 후에 그렇게 빨리, 그렇게 믿기지 않는 이유로 짐을 싸게 된 불행한 가정사에 관한 이야기를 직접 남기지 않았다. 밀턴의 조카는 올더스게이트 스트리트의 "철학적 삶" 탓이라고 했다. 활발한 시골집에 익숙한 젊은 여자에게는 그것이 지루했을 것이라는 이야기였다. 17세기 호사가 존 오브리는 더 자세한 이야기를 찾으려고 뒤지고 다니다가, 메리가 "사람들이 자주 어울려 즐겁게 춤도 추고 하는 곳에서" 성장했다는 이야기를 들었다. 그러다가 아무도 찾아오지 않는 음침한 집에 있게 되었으며, 집의 고요를 깨는 것은 옆방에서 남편의 매질에 어린 학생들이 우는 소리뿐이었다. 철학적 삶의 즐거움이라는 것이 고작 이 정도였다. 오브리는 공책에 불화의 또 한 가지 이유를 적어놓았다. 여주인 파월은 왕당파였으며, "서로 다른 종교가 같은 베개를 베고 잘 지내기는 어렵다."[25]

메리는 약속된 시간에 돌아오지 않았고, 상황을 해명하는 말을 전하지도 않았다. 그녀에게 편지를 쓴 사람은 버림받은 남편이었지만, 답장을 받지 못했다. 그는 계속 편지를 썼지만, 그래도 포리스트 힐에서는 답이 없었다. 그러는 동안 나라의 위기는 심각해졌다. 과거에 관한 이야기들은 개인적인 것과 정치적인 것을 별도의 영역에 유지하는 경향이 있지만, 물론 그 둘은 늘 서로 스며든다.

1642년 8월 아주 젊고 불행한 한 여자가 함정에 빠졌다고 느낀 결혼에서 달아났고, 같은 달 국왕 찰스 1세는 노팅검에서 부대를 주위에 모아놓고 기(旗)—"카이사르에게 그의 것을 주라"는 구호가 적힌 기—를 들어올려 내전을 시작하는 운명적 걸음을 내디뎠다. 두 사건은 이보다 닮지 않았을 수 없지만, 그럼에도 별도의 우주에서 벌어진 것이 아니었다. 밀턴과 그의 신부는 침대에서 성공회와 퓨리턴의 차이점을 두고 싸우지는 않았을지 모르지만, 적대 행위의 발발은 원인이 무엇인지는 몰라도 두 사람 사이에 이미 부글거리고 있던 긴장을 틀림없이 악화시키고 굳혀갔을 것이다. 가장 실제적인 수준에서, 런던—의회파의 핵심부였다—과 왕당파의 옥스퍼드셔 사이의 여행이 처음에는 어려웠다가, 위험해졌다가, 극히 위험해졌다. 밀턴은 아내를 데리러 직접 포리스트 힐로 가지는 않았지만, 편지에 답장이 없자 하인을 보냈다. 밀턴의 조카 에드워드 필립스의 기억에 따르면, 하인은 만족할 만한 답을 듣고 오지 못했을 뿐만 아니라, "어떤 형태의 경멸을 당하며 쫓겨났다"는 소식을 전했다.

신부의 집안은 처음에는 분명히 자신들이 큰 돈을 빚고 있는 부유한 런던 사람과 딸을 짝지어주는 데에 의욕적이었다. 다른 때였더라면 불행한 딸에게 적법한 남편에게로 돌아가라고 강권, 심지어 강요했을지도 모른다. 그러나 1642년 가을에 포리스트 힐의 관점에서 볼 때, 옥스퍼드 근처에 본부를 설치한 왕은 곧 적들을 혼내줄 것처럼 보였다. 왕당파는 우위를 점하여 나라에 질서를 회복하는 순간, 문제를 일으킨 자들을 처리할 것이었다. 그리고 평화를 방해한 자들 가운데는 주교들에 대항하는 그 선동적인 소책자들을 쓴 난폭하고 오만한 자도 있었다. 메리는 포리스트 힐을 떠나지 않았다.[26]

그렇다면 밀턴은? 밀턴은 런던의 집에 그대로 있었다. 즐거운 시간은 아니었다. 그는 참담한 실수를 했으며, 풋내기 청년 같은 변명을 할 수도 없었다. 그는 오래 전부터 심오한 학문, 도덕적 정직성, 웅변을 자랑해왔다. 자신이 위대한 인물이 될 것이라는 느낌을 간직해왔다—이것은 혼자만 잘 간직한 비밀이 아니라 자신과 세상에 대한 공개적 약속이었다. 그런데 이제 자신이 바보라는 것, 동정과 동시에 조롱의 대상이라는 것을 보여주었다.

10월 말 국왕의 군대는 런던을 목표로 삼고 템스 강 유역을 따라 꾸준히 이동하고 있었다. 봉기의 종말이 눈앞에 보이면서 사람들은 안달이 났다. 국왕군은 터넘 그린—지금은 런던 지하철 디스트릭트 라인의 역이 세워졌을 만큼 가까운 곳이다[27]—에 이르렀으나 훈련받은 의용군이 급조한 요새와 맞닥뜨렸다. 이 의용군은 상점주인과 장인과 도제들로 이루어진 시민 무리에 늙은 재향 군인이 조금 섞여 있었다. 왕은 망설였고, 전황을 평가했고(불길하게 다가오는 에식스 공작이 이끄는 의회군도 고려하면서), 뒤로 물러섰다. 그후 왕은 두 번 다시 런던에 그렇게 가까이 다가갈 수 없었다.

밀턴은 훈련을 받아왔지만—어깨에 미늘창을 메고 연병장을 행군하는 긴 머리의 깐깐한 시인—막상 왕의 군대가 다가왔을 때는 올더스게이트 스트리트에서 나와 터넘 그린으로 달려가 방어벽을 세우지 않았다. 대신 소네트를 써서 문에 붙여놓았다(아니면 단지 그렇게 했다고 상상한 것일 수도 있다). 시는 누가 되었든 그의 무방비 상태의 집에 다가오는 사람에게 안에 있는 사람을 피해로부터 보호해달라고 간청하는 내용이었다. 왜? 이곳은 시인의 집이고, 시인은 "땅과 바다에 이름을 퍼뜨릴" 능력을 소유하고 있기 때문이다. 이렇게 말하는 것이 공정하겠지만, 이것은 가장 영웅적인 밀턴의 모습은 아니다. 하지만 그 시는, 반은 장난으로 반은 진지하게, 시의 힘과 자신의 소명에 대한 밀턴의 믿음을 보여준다. 사실 그는 그 나름의 방식으로 대단히 용감했지만, 이것은 전쟁사가의 관심을 끌 만한 형태의 용기는 아니었다.[28]

이 국가 위기의 시기에 밀턴은 남의 눈에 띄지 않게 몸을 낮추었을 수도 있고, 또는 성급하게 행동하기로 결심했다면, 주교들과 논쟁을 재개했을 것이라고 생각해봄 직하다. 그러나 그는 다른 일, 믿을 수 없는 용기가 필요한, 또는 믿을 수 없는 자기 몰두가 필요한 일을 했다.[29] 그는 무과실

이혼의 경우에는 모든 영국 남녀에게 재혼할 권리를 법적으로 허용할 것을 요구하는 일련의 감동적인 소책자를 쓰는 데에 몰입했다. 그는 그것이 아담과 이브의 이야기를 제대로 이해하면 정당화될 수 있다고 주장했다.

밀턴의 시대 사람들은 이 소책자들을 충격으로 받아들였는데, 거기에는 그럴 만한 이유가 있었다. 17세기 영국에서 결혼은 평생 구속력을 가지는 것으로 간주되었다. 그것은 오직 배우자의 죽음으로만 끝이 났다. 16세기 초로 거슬러 오르면 헨리 8세는 로마 가톨릭 교회와 결별했는데, 그 이유는 종종 18년간 그의 부인이었던 아라곤의 카탈리나와의 이혼 요구라고 이야기되고는 한다. 사실 그는 이혼을 하려고 하지 않았고, 프로테스탄트인 캔터베리 대주교에게서 이혼을 얻어내지도 못했다. 그가 얻어낸 것은 무효 선언이었다.[30] 영국 교회는 가톨릭의 결혼에 대한 이해의 본질을 바꾸지는 않았다. 밀턴이 요구한 변화는 그로부터 300년 이상이 지나서야 1969-73의 '이혼개혁법'으로 최종적으로 합법화되었다.

남자와 여자가 법적으로 결혼하면—중혼, 근친상간, 정신병, 또는 애초에 약혼이 금지되었어야 할 다른 상황이 없었고, 그런 상황에서 결혼이 완성(성교가 이루어진다는 뜻/역주)되었다면—그 매듭은 풀릴 수 없었다.[31] 남편에게 습관적으로 맞거나 폭력적으로 항문 성교를 당한 아내가 공감을 불러일으킬 수는 있었다. 만일 학대가 매우 잔인하다면, "침대와 식탁에서" 공식 분리를 얻어낼 수도 있었지만, 이 또한 결코 얻기가 쉽지는 않았다. 그러나 간통이나 이단이 아닌 경우 이혼이나 재혼의 권리는 얻을 수 없었다. 버림받는 경우도 마찬가지였다.[32] 아내가 남편을 버리면 (또는 반대의 경우) 버림받은 배우자는 당연히 동정을 받겠지만, 남편도 부인도 다른 짝을 구하거나 처음부터 다시 시작할 수 없었다. 성격 불일치—관계가 깨지거나 복구 불가능하다는 인식—는 희극의 전통적인 주제이기는 하지만 법정에서 다룰 문제는 아니었다.

당시의 상황으로 보자면, 밀턴은 참담한 실수라고 생각한 결혼에서 오도 가도 못하고 있었고, 그 점에서는 메리도 마찬가지였다. 밀턴의 성격의 모든 면은 현재 처하게 된 상황을 수동적으로 받아들이는 데에 반발했다. 오랫동안 그는 결혼을 위해서 자신을 아껴두었다. 자신은 조용히 우울하게 타협을 하고, 속으로 부글거리며 원한을 품고, 주위에서 보이는 사람들처럼 교활하게 속이며 살아가는 인생보다는 나은 것을 얻을 운명이라고, 그는 그렇게 절대적으로 확신했다. 게다가 생각해볼수록 기존의 모든 법이 자신만이 아니라 모두에게 악몽으로 보였다.[33]

가장 큰 문제는 이 법이, 당시 실제로 그러했던 대로, 유서 깊은 관습에 기초를 두고, 교회법의 규정으로 굳어버렸다는 사실이 아니었다. 밀턴은 이렇게 썼다. 용감하고 학식 있는 사람의 자유로운 영혼은 "교회법에 대한 무지라는 쓰레기"를 쉽게 쓸어버릴 수 있다.[34] 진짜 심각한 문제는 메시아 자신이 아담과 이브의 이야기를 인용하여 간통이 이유가 아닐 경우 이혼을 공개적으로 금지한 것처럼 보인다는 점이었다.

「마태복음」에서 바리새인은 예수에게 이혼의 적법성에 관해서 묻는다. 예수는 그 대답으로 「창세기」에서 첫 남자는 아내와 결합하여, 둘은 한 몸이 되었다는 사실을 일깨운다.[35] 예수는 선포한다. "그러므로 하느님이 짝지어주신 것을 사람이 나누지 못할지니라"(「마태복음」 19:4-6). 이혼법을 바꾸기를 원하는 어떤 기독교인도 이 구절을 무시하거나 쉽게 피해갈 수 없었다.

밀턴은 이 어려움에 정면으로 맞서, 전통적으로 "자비의 법"이라고 부르는 것을 불러내서 예수의 말을 재해석했다. 「신약성서」는 복음이다.[36] 그것이 모세의 법을 더 경직되고 부담스럽게 만들 의도가 있을 리 없다. 따라서 예수의 이혼에 대한 가혹한 발언은 겉으로 의미하는 것처럼 보이는 것을 의미하지 않았을 것이 분명하다. 구세주는 바리새인들에게 그 "오만한 종교재판관들"이 받을 만한 답을 주었다. 하지만 그가 훌륭한 신앙을 갖춘 사람들에게 주고자 했던 답은 완전히 달랐으며, 그 실마리는 예수의 아담과 이브에 대한 언급이다.

예수는 우리에게 인간 삶의 처음으로 돌아가, 동산에 홀로 있는 아담을 그려보고, 창조주가 이브를 만든 목적을 파악하라고 가르치고 있다. 밀턴은 그 목적이란, 첫째이자 우선적으로 섹스는 아니라고 주장했다. 결혼의 유대가 일차적으로 육신의 욕망을 충족시키고 제어하고자 제도화된 것이라고 믿는 것은 근본적인 오류, 인간들을 단지 짐승의 범주로 무너뜨린 오류이다. 교회는 가톨릭이건 성공회건, "하나의 몸"이 되는 것이 남자와 여자에게 가지는 의미를 사정—밀턴은 더 거친 표현으로 "배설의 진수"라고 불렀다—이라는 상스러운 사실로 축소시켰다.

밀턴은 하물며 결혼의 주된 목적이 자녀의 생산은 아니라고 생각했다. 심지어 교회도 후손을 생산하지 못했다는 이유로 결혼을 무효로 만들 만큼 어리석지는 않다. 하느님은 들판의 소떼와 공중을 나는 새들과 더불어 첫 인간들에게도 생육하고 번성하라고 명령했다. 그러나 첫 결혼—아담과 이브의 결혼—은 다른 이유로 제도화되었으며, 그것은 하느님 자신의 말에 완벽하게 요약되어 있었다. "사람이 혼자 사는 것이 좋지 아니하니라." 여기에는 복잡하거나 모호한 것이 없다. 모두가 그 의미를 파악할 수 있을 것이다. "외로움은 하느님의 눈이 보기에 처음으로 좋지 않았던 것이다."[37] 결혼의 주된 목적은 섹스도 자식도 아니다. 그것은 동반관계이다. 외로운 아담은 낙원에 살았지만 불행해질 운명이었다. 하느님이 여자를 창조하고 그녀를 남자에게 배우자로 데려온 것은, 밀턴이 표현한 대로, "정신과 영의 외로움을 막기" 위한 것이었다.

밀턴은 낙원에서 이루어진 최초의 결혼의 목적을 파악했다고 자신하고 개인적인 고민을 끌어들였다. 그는 분명하고 강력하게, 아마도 처음으로, 불행한 결혼생활을 해본 사람만이 증언할 수 있는 경험을 표현했다. 엉뚱한 사람과 결혼하면 외로움—"하느님이 금한 외로움"—은 줄어드는 것이 아니라 심해진다. 이런 일이 있어서는 안 된다. 배우자가 방안에 함께 있지만, 혼자 있을 때보다 더 외로움을 느끼기 때문이다. 정적은 고통으로 가득하고, 고립을 끝내려고 하는 말은 오직 그것을 강화할 뿐이다. 이것이 1642년 여름의 몇 주일이 그에게 가르쳐준 것이었다. 그는 이 교훈을 감당할 수 없다고 생각했다.[38]

메리는 어땠을까? 결국 그녀는 부모와 11명의 형제자매와 익숙한 하인들로 북적거리는 활기찬 포리스트 힐을 떠난 사람이고, 열일곱 살에 올더스게이트 스트리트에 있는 음침한 집으로 온 사람이고, 자기보다 훨씬 나이가 많고 책벌레이고 격하게 논쟁적인 남편이 낯설고 당혹스럽다고 느끼게 되었을지도 모르는 사람이었다. 메리야말로 새로운 생활이 고통스러울 정도로 외로웠을 것이 틀림없다. 밀턴 또한 자신만이 아니라 그녀의 고통도 인식했을 것이라고 생각하는 것이 합당하며, 적어도 원칙적으로는 그런 자세를 취했다. 메리가 그를 떠나고 나서 1년 뒤인 1643년 8월에 그가 익명으로 발표한 선동적인 소책자의 제목은 『양성에게 유익하게 복원된 이혼의 교리와 규율(*The Doctrine and Discipline of Divorce, Restored to the Good of Both Sexes*)』이었다. 단지 남성만이 아니라 양성이었다.

그러나 밀턴이 해결하겠다고 나선 딜레마를 기술하는 방식은 어느 모로 보나 그가 자신의 불행에만 진정으로 기민하게 반응한다는 것을 보여준다. 그는 자신이 남편으로서 한 행동이 완벽하게 정당하고 적절하다고 생각했다. 자신이 신부에게 한 말은 저항에 부딪혔고, 그것 때문에 돌아버릴 지경이었다. 자신은 말 없고 영 없는 짝에게서 결혼의 가장 중요한 핵심이자 "두 마음이 기질적으로 어울릴 때"에만 가능한 "명랑한 대화"를 빼앗긴 피해자였다.[39] 밀턴은 그렇게 느꼈다.

그렇다면 밀턴은 어떻게 하다가 그런 참담한 실수를 했는가? 그는 지성이나 도덕 양쪽에서 자신보다 훨씬 열등하다고 본 사람들을 포함하여 주위의 친구와 지인들의 결혼을 둘러보았고, 이런 결혼 가운데 다수, 어쩌면 모두가 자신의 결혼보다 행복하고 지혜롭다는 점을 인정했다. 이혼 소책자에서 그는, 결코 자신의 일에 관해서 생각하며 하는 말이라는 것을 인정하지는 않지만, 어떻게 그런 일이 일어날 수 있었는지 설명하려고 노력한다. 그는 이제 "동정녀의 수줍어하는 말없음"은 자신의 나태와 우둔함을 감추는 것일 수도 있다는 사실을 이해했다. 또는 구혼자에게 충분한 "접근의 자유"가 주어지지 않았을 수도 있고, 주어졌을 때는 너무 늦었을 수도 있다. 또는 아직 어떤 의심이 남아 있는데도, 그에게 "서로 더 잘 알게 되면 다 좋아질 것"이라고 설득하려고 하는 친구들이 불가피하게 있기 마련이다.

그러나 이 가운데 어느 것도 왜 철저한 불한당이 종종 훌륭한 결혼을 하고, "순결하게 젊음을 보낸" 사람들이 그렇게 쉽게 끔찍한 결혼에 빠져드는 실수를 할 수 있는지 설명해주지 못한다. 밀턴은 그 답이 한 연인에게서 다른 연인에게로 제멋대로 옮겨다닌 사람들은 귀중한 경험이라는 자산을 쌓았기 때문이라고 생각했다. 그러나 순결하고 경험 없는 젊은이는, 단 한 번 치명적인 실수를 했음에도, 어쩔 도리가 없다는 말을 듣게 된다. 평생을 견디며 살아가야 한다.

밀턴은 그렇게 하기를 거부했다. 어쨌든 싸워보지도 않고 그럴 수는 없었다. 결혼의 명랑한 대화를 박탈당하고 자신이 결혼한 여자에게서 그것을 결코 찾을 수 없다고 확신하자, 그는 자신의 내부에서 다른 감정이 솟아오르는 것을 느꼈으며, 그 이름을 부르는 것을 망설이지 않았다. 그는 실패한 결혼에 관해서 말했다. "그러자 증오가 찾아온다. 죄를 짓는 증오가 아니라, 단지 자연스럽게 불만을 느끼고 실수한 대상으로부터 고개를 돌리는 증오일 뿐이다." 사랑은 혐오로 바뀌었다.

밀턴은 평생 사랑 없는 결혼이라는 덫에 갇힌다는 생각에 구역질이 났다. 자신이 절대로 위안을 찾으려고 매음굴이나 간통에 기대지는 않을 것임을 알았다. 하지만 증오하는 파트너와 잠자리를 하는 것—그의 표현대로, "기쁨이 없는 굴욕적인 교합이라는 방앗간에서 빻음질을 하는 것"—은 일종의 "강요된 노동"이다.[40] 그는 신랄하게 썼다. 하나의 몸 대신, "부자연스럽게 서로 묶인 두 시체", 또는 "주검에 묶인 살아 있는 영혼"이 있을 뿐이다.[41] 하느님이 그런 압제자일 수 있을까?

하느님이 그에게 이런 불행을 주려고 했다면, 밀턴은 자신이 선택된 사람에 속하는 것이 아니라, 칼뱅주의자들이 배덕자, 즉 하느님에게 거부당한 죄인이라고 부르는 사람이라고 믿을 수밖에 없었을 것이다. 만일 자신이 그런 저주받은 사람들에 속한다고 믿지 않는다면? 밀턴에게는 훨씬 더 큰 두려움, 배덕이라는 느낌보다 더 무시무시하고 어쩌면 더 유혹적인 두려움이 있었다. 불행한 결혼에 갇힌 예민한 사람에게는 하느님이 그 모든 일과 아무런 관계가 없다는 생각이 찾아들 수 있었다. 매음굴과 이웃의 침대에서 시작되는 일련의 비참한 대안들 가운데 마지막이자 최악은 무신론이었다.

그러나 그 가운데 어느 것도 진정으로 필연적인 것은 아니다. 밀턴은 그렇게 추론했다. 에덴 동산에서 결혼을 명한 하느님이 무고한 실수를 범

1. 로마 카타콤의 이 그림은 『성서』의 첫 인간들을 보여주는 이미지들 가운데 현존하는 가장 오래된 것으로 꼽힌다. "아담과 이브", 기원후 3세기, 프레스코화.
photo PCSA Archives

2. 로마의 한 기독교인의 석관에 등장하는 타락한 아담과 이브. "유니우스 바수스의 석관"(부분), 기원후 359년경.

3. 이름을 지어준 동물들 몇 마리와 함께
있는 아담. "에덴 동산의 아담", 5세기.

4. 정교한 이야기를 보여주고 있는 청
동 문에 새겨진 장면들. 왼쪽에는 「창
세기」의 장면이 있고, 오른쪽에는 세
심하게 짝을 지어 배치한 복음서의 장
면이 있다. 베른바르트 문, 1015년경.

5. 유명한 문제—지켜보고 있는 사람은 누구일까?
"이브의 창조"(베른바르트 문의 부분).

6. 아담은 이브를 탓하고, 이브는 뱀을 탓하고, 하느님은 셋을 모두 탓한다.
"하느님의 아담과 이브 심판"(베른바르트 문의 부분).

7. 노동에 필요한 도구를 든 아담
과 이브를 하느님이 직접 낙원에서
밀어내고 있다. 12세기.

8. 생-라자르 성당의 문에 있는 12세기 이브의 형상은 회개와 도발의 중간에 있는 느낌이다.
기슬레베르투스, "이브의 유혹", 1130년경.

9. 이 13세기 십자가에서 볼 수 있듯이, 예수의 피 흘리는 발 밑에 있는 머리는 전통적으로 아담의 것으로 간주된다. 1200년경.

10. 이 그림에서 하느님은 잠든 아담의 옆구리에서 꺼낸 갈빗대로 막 여자를 만들기 시작했다.

11. 유대인들과 함께 있는 이브는 세상에 죽음을 가져오는 반면, 십자가를 든 마리아는 기독교 신자들에게 구원을 준다. "이브를 통해서는 죽음, 마리아를 통해서는 생명", 1420년경.

12. 낙원에서 단테와 베아트리체가 타락에서 수태고지를 거쳐 십자가 처형에 이르기까지 구원의 모든 역사를 보고 있다. 조반니 디 파올로, "천국 7편"의 "구원의 신비", 1450년경.

13. 마사초의 아담과 이브는 그려지고 나서 오랜 뒤인 17세기에 무화과 잎을 얻게 되었는데, 이것은 1980년대에야 제거되었다. 마사초, "추방", 1424-1428년.

14. 마사초는 아담과 이브의 벌거벗은 상태와 절망적 슬픔을 강조한다. 마사초, "추방", 1424-1428년.

15. 아담과 이브가 섬뜩하게도 완전히 살아서 벽감에 서 있는 듯하다. 아담 위의 장면은
카인과 아벨의 제사를 묘사하고 있다. 이브 위의 장면은 카인의 아벨 살해를 묘사하고 있다.
얀과 후베르트 반 에이크, 겐트 제단화의 왼쪽과 오른쪽 날개 내부, 1432년,
패널에 유채, 겐트의 성 비보 성당.

16. 뒤러가 묘사한 순수의 마지막 순간. 마치 셔터 스피드를 아주 빠르게 설정한 카메라로 포착한 듯한 이 이미지는 즉시 유명해졌다. 알브레히트 뒤러, "아담과 이브", 1504년.

17. 뒤러는 이 예비 스케치에서 아담 자신이 운명의 열매를 딴다는 생각을 해보고 있다. 1504년 "아담과 이브" 판화를 위한 아담의 손과 팔, 바위와 관목을 그린 여러 장의 스케치.

18. 아담과 이브의 나체에 대한 뒤러의 매혹은 이 그림에서 자신의 몸으로까지 확대된다. 알브레히트 뒤러, "누드 자화상", 1505년.

19. 이브는 교활한 유혹자인 반면, 아담은 썩어가는 주검이다. 한스 발둥 그리엔, "이브, 뱀, 죽음", 1510-1515년경.

20. 보스는 에덴의 피조물들이 서로 잡아먹는 동안 아담이 무아경에 빠져 이브를
바라보는 모습을 보여준다. 히에로니무스 보스, "기쁨의 동산"(부분), 1504년.

© Madrid, Museo Nacional del Prado.

21. 아름다운 여자—아마도 이브—가 구경하는 가운데 생명의 불꽃이 하느님의 손가락
에서 아담의 손가락으로 전해지는 듯하다. 미켈란젤로, "아담의 창조", 1508-1512년.

22. 아담은 타락으로 이미 기력을 빼앗겼다. 얀 호사르트, "아담과 이브", 1520년경.
© Devonshire Collection, Chatsworth.

23. 당황한 아담이 이브가 반쯤 먹은 열매를 받아든다. 아버지 루카스 크라나흐, "아담과 이브", 1526년.

24. 천사 같은 뱀이 주는 금단의 열
매를 향해 이브가 손을 뻗고 있을
때, 아담은 막으려는 것일까, 아니면
몸을 받쳐주고 있는 것일까? 티치아
노, "아담과 이브", 1550년경.
© Museo Nacional del Prado.

25. 동정녀 마리아와 아들이 함께 뱀
을 밟고 있다. 카라바조, "팔라프레
니에리의 성모"(부분), 1605-1606년.

26. 렘브란트는 기겁할 정도로 솔직하게 아담과 이브의 나이 들어가는,
너무나도 인간적인 몸을 묘사하고 있다. 렘브란트 판 레인, "아담과 이브", 1638년.

27. 렐리의 하이퍼리얼리즘적인 아담과 이브 상은 인간의 뼈에 밀랍을 발라서 만들었다.
에르콜레 렐리, "아담과 이브의 해부학적 밀랍 모형", 18세기.

28. 이브가 아담에게 주는 열매는 자신의 젖가슴인 듯하다. 막스 베크만, "아담과 이브", 1917년.

29. 현존하는 발자국에 기초한, 이 상상의 루시와 그녀의 짝 장면은
낙원에서 추방된 아담과 이브를 불러낸 듯하다.
"루시"(오스트랄로피테쿠스 아파렌시스)와 그녀의 짝,
이언 태터솔의 감독하에 존 홈스의 재구성.

한 모든 사람에게 평생의 불행을 선고하고 싶어할 리가 없기 때문이다. 하느님이 의도한 대로, 사랑, 상호 원조, 친밀이 결혼에서 빼놓을 수 없는 것이라면, 이혼의 가능성이 있을 수밖에 없다. 부패한 교회 때문에 오도된 남녀는 자신이 만든 감옥에 갇혀 지내왔으며, 거기에서 그들을 이끌고 나와줄 누군가가 간절히 필요하다. "이 예속의 미로에서 밖으로 끌어줄" 실을 제공할 수 있는 사람은, "예의바르고 인간적인 생활의 공적 은인으로 간주될 자격이 있으며, 포도주와 기름의 발명자보다 위에 있다." 밀턴은 그렇게 주장했다.

밀턴은 1644년에 이르자 자신의 개인적인 상황이 독자 다수에게 잘 알려지게 될 것임을 이해했다. 그곳은 작은 세계였고, 그 안에서 그는 격렬한 주교 공격문을 발표하여 이미 눈에 잘 띄는 존재가 되어 있었다. 이제 어린 아내가 떠났기 때문에 그는 자신의 이혼 주장이 어떤 사람들에게는 그저 개인적인 변론 취지서처럼 보일 것임을 알았다. 하지만 그것이 어떻다는 말인가? 그는 개인적인 위기를 최대한 강력한 공적 주장으로 바꿀 것이고, 그런 과정에서 결혼 자체의 구원자, 포도주와 기름의 발명자보다 큰 감사와 존경을 받을 자격이 있는 사람이 될 것이다.

밀턴은 1643년에 『이혼의 교리와 규율(*The Doctrine and Discipline of Divorce*)』(이 제목은 실제로는 이혼의 "이론과 실제"라는 뜻이다)을 처음에는 익명으로 내놓았다. 그러나 2쇄가 거의 즉시 팔리고 난 뒤인 이듬해에는 개정증보판을 냈는데, 이번에는 대담하게 속표지에 존 밀턴이라고 이름을 넣었다.

그러자 존경은커녕 조롱과 분노가 쏜살같이 몰려왔다.[42] 『이혼의 교리와 규율』은 "교수형 집행인이 불태워" 마땅했다. 그 근거는 "그리스도 자신에 대한 모독에 다름없다"는 것이었다.[43] 엉뚱한 사람과 결혼한 누군가가 느끼는 견딜 수 없는 외로움에 관한 밀턴의 이야기를 두고 그의 적 한 명은 조롱했다. "히브리어, 그리스어, 라틴어, 프랑스어를 하지 못한다면, 또 당신만큼 교회법을 논박할 수 없다면……당신은 어떤 여자도 대화가 가능하다고 인정하지 않을 것이다."[44]

밀턴은 불행한 결혼의 아이들—"분노와 고뇌의 자식들"—이 "평화로운 이혼"에 합의한 부모의 아이들보다 더 나쁜 상황에 빠진다고 주장했다. 마찬가지로 불행한 아내들도 불행한 남편들만큼이나 이혼과 재혼 가능성을 환영할 만한 충분한 이유가 있다고 그는 생각했다. 남자도 마찬가지이지만, 왜 여자라고 증오하게 된 배우자와 계속 어쩔 수 없이 굴레로 묶여 있어야 하는가? 그러나 밀턴의 17세기에 살던 사람들 거의 모두에게 이런 주장은 사악하거나 아니면 놀랄 만큼 순진해 보였다. 그런 주장은 남자들에게 책임을 버리고 하느님 자신이 에덴에서 수립한 제도를 파괴하는 것을 허락할 것이다. 그들은 그렇게 생각했다. 한때 자신의 동정을 자랑하고 순결을 찬양하는 가면극을 썼던 시인이 난봉꾼을 위한 넓은 길을 닦아주고 있었다.

밀턴은 반격했다. 그는 이렇게 물었다. 비판자들은 실제로 『이혼의 교리와 규율』을 읽어보고 그 주장을 이해하기는 했는가? 하느님은 아담에게 남성 동반자—하느님이 그러고자 마음먹었다면 1,000명이라도—를 창조해줄 수도 있었다. "그런데도 이브가 아담에게 주어지기 전까지 하느님은 그가 외롭다고 생각했다." 그것은 성교 때문만이 아니었고, 심지어 그것이 일차적인 이유도 아니었다. "결혼에는 다른 사교(社交)가 제공하지 못하는 따뜻한 침대 외에도 그것만의 위로가 있기" 때문이다.[45]

밀턴은 보통 힘 들이지 않고 웅변을 토해내는 사람이었음에도 그 자신이 아직 경험해보지 못한 이 위로가 어떤 것인지를 묘사하느라 어려움을 겪었다. 이것은 깊은 만족을 주는 것이 분명했다. 하느님이 아담에게, 밀턴의 표현대로, "텅 빈 세상에서 그렇게 많은 은밀한 세월을 한 여자와 함께 보내도록" 해준 것이기 때문이다. 하지만 그것이 잠자리가 아니라면—"따뜻한 침대 외"의 것이라면—과연 무엇일까? 그는 약간 어색하게 썼다. 그것은 "결혼 생활의 여가 시간의 여흥에서 느끼는 일종의 환희와 몸을 그르칠 만한 좋아함"이다. 이것이 그가 다가갈 수 있는 최대한이었다.

이와 비교하여 밀턴은 비판자들을 묘사할 말을 찾는 데에는 어려움이 없었다. "백치", "뇌 벌레", "얼토당토않은 궤변꾼", "가증스러운 바보", "식충", "야만인", "닭대가리 간청자", "주제넘은 무뢰한", "똥개", "뻔뻔스러운 나귀."[46] 그러나 이런 쏟아지는 욕설에도 적들은 도망치지 않았다. 부도덕하고 비종교적인 글의 허가받지 않은 출간을 조사할 목적으로 구성된 의회 위원회에 『이혼의 교리와 규율』에 대한 민원이 제기되었다. 밀턴은 자신이 해방시키고자 하는 그 사람들에게 경멸을 당하는 해방자라는 분통 터지는 자리에 놓인 느낌이었다.[47]

밀턴은 그답게 패배를 받아들이기를 거부했다. 그는 자신을 뒷받침할 주장들을 찾아 두꺼운 신학 책들을 뒤지면서 학자 같은 말투에서 성난 사람의 말투를 오가며 이혼을 옹호하는 소책자들을 계속 쓰고 발표했다. 열띤 노력에는 대가가 따랐다. 적어도 밀턴에게는 그렇게 보였다. 이 무렵 그의 여생을 괴롭히는 소화 불량 문제를 겪기 시작했고, 훨씬 더 심각한 문제도 알아채게 되었다. "아침에도 평소처럼 읽으려고 하면, 눈 안쪽 깊은 곳에서 바로 통증이 느껴져 읽던 것에서 눈을 떼게 되는데, 나중에 약간 운동을 하고 나면 괜찮아졌다. 등을 볼 때면 종종 무지개 같은 것이 등을 뿌옇게 가리는 듯했다."[48] 물론 당시에는 진짜 원인이 무엇이든 이런 시력 약화가 몇 년 뒤에 완전한 실명에 이를 줄은 몰랐지만, 자신이 노고에 매우 비싼 대가를 치르고 있다고 느꼈던 것은 분명하다.

1644년 밀턴은 자유언론에 대하여 지금까지 나온 글들 가운데 가장 웅변적이고 영향력 있는 옹호로 꼽을 만한 『아레오파지티카(*Areopagitica*)』를 발표했다. 그는 오래 전부터 검열에 반대해왔다.[49] 일반 교수형 집행인에게 그의 책을 태우게 하라는 요구에 대응하여 그는 썼다. "좋은 책을 죽이는 것은 사람을 죽이는 것과 같다."[50] 왜냐하면 "사람을 죽이는 것은 이성적인 피조물, 하느님의 형상을 죽이는 것이지만, 좋은 책을 파괴하는 것은 이성 자체를 죽이고, 하느님의 형상 가운데, 말하자면 눈을 죽이는 것이기" 때문이다. 대립하는 생각들의 공적 충돌을 통해서가 아니라면 진실은 나타나지 않을 것임을 자신의 적들이 어떻게 상상하겠는가? 그들은 인간을—17세기에 "동작"이라고 부르던 쇼에서처럼—당국이 복화술로 대신 말해주는 것을 입만 뻥긋거려 표현하도록 설계된 단순한 꼭두각시라고 생각하는가? "아담이 죄를 짓게 한 것에는 하느님의 섭리가 있다고 말하는 사람들이 많다. 어리석은 혀들!" 밀턴은 선언했다. "하느님이 그에게 이성을 주었을 때는 선택할 자유도 준 것이다. 이성은 다름 아닌 선택이기 때문이다. 그렇지 않았다면 그는 인공적인 아담, 동작에 나오는 것 같은 아담이었을 것이다." 자신이 무엇이든 무엇이 되든, 밀턴은 적어도 인공적인 아담, 다른 사람의 말을 내뱉고 자신이 부당하다고 믿는 법을 받아들이는 꼭두각시는 될 생각이 없었다.[51] 하느님은 우리를 자유로우라고 창조한 것이 아닌가?

1642년 여름, 참담한 신혼 이후 3년이 흘렀지만 밀턴은 우리가 아는 바로는 메리에게서 전혀 연락을 받지 못했다. 하지만 이제 역사—런던과 옥스퍼드를 적대 진영으로 만든 그 역사—가 결혼의 교착상태에 개입했다. 전쟁의 흐름이 바뀌었다. 메리가 포리스트 힐의 가족에게로 돌아갈 때만 해도 왕당파가 거의 손에 넣은 것 같던 승리가 가물가물 신기루처럼 사라졌다. 1645년 봄, 의회파가 상승세를 탔다. 포위 공격을 당하는 왕당파의 옥스퍼드는 물자가 떨어지기 시작했으며, 국왕 찰스는 직접 군대를 이끌고 북부에 밀집한 적 군대를 치러 가기로 했다. 왕당파 병사들은 왕이 있다는 사실에 들떴다. 부유한 장교의 부인이나 정부(情婦) 다수가 마차를 타고 예상되는 승리를 구경하러 나왔다. 그러나 1645년 6월 중순의 안개 낀 어느 아침, 네이즈비 전투에서 토머스 페어팩스와 올리버 크롬웰이 지휘하는 의회의 '신모범군'은 왕의 군대를 박살냈고 이것은 결국 내전의 결정적인 전투가 되었다.[52]

참사 소식이 옥스퍼드서에 전해지자 파월 집안은 파멸을 앞두고 빨리 행동해야 한다는 것을 알았다. 하지만 어떻게 해야 하는가? 장녀는 적어도 명목상으로는 의회파의 중요한 인물과 결혼한 상태였지만, 이미 그를 버렸다. 증오하게 된 아내와 함께 있으면서 느낀 비참한 외로움—"주검에 묶인 살아 있는 영혼"—을 전혀 감추지 않았던 밀턴이 이제 와서 그녀의 귀환을 환영할 것이라고 기대할 수는 없었다. 파월 집안이 생각해낸 전략은 밀턴의 사촌들, 윌리엄과 헤스터 블랙버러의 협조에 의존하고 있었는데, 이들은 런던에서 밀턴과 가까이 살면서 화해를 주선하려고 열심이었던 것이 분명하다. 왕당파가 패배한 직후의 어느 여름 날 밀턴은, 아마 자주 그랬던 것 같은데, 친척의 집에 들렀다. 문이 열렸고, 밀턴의 조카가 전하듯이, "갑자기 그가 더는 보고 싶지 않다고 생각하던 사람을 보고 놀랐다." 이 장면은 조심스럽게, 심지어 기발하게 연출된 것이었다. 메리는 자신이 버린 남편 앞에 굴복하여 무릎을 꿇고 용서를 청했다.

밀턴은 "선택의 자유"를 뜨겁게 믿었던 터라 자유롭게 몸을 돌려 나가는 선택을 할 수 있었다. 그러나 그렇게 하지 않았다. 그는 회개하는 신부를 일으켜 세워 집으로 데려갔다.[53] 이번에는 결혼이 오래 지속되었다. 밀턴이 가르치는 아이들은 여전히 그의 매질에 울었을 것이 분명하고, 집은 여전히 스무 살의 메리에게는 음침할 것이 틀림없었다. 하지만 그녀는 이제 시골에 있는 자신의 가족의 활기 넘치는 장원 저택으로 달아나는 것은 생각도 할 수 없었다. 의회군에게 점령당한 포리스트 힐은 끝장났으며, 그와 더불어 그녀가 성장했던 개방적인 사교 세계도 막을 내렸다.

늘 도깨비불에 불과했던 1,000파운드의 지참금은 이제 물 건너갔다. 의회의 승리로 인해서 집을 잃은 메리의 가족은 런던에 가도 좋다는 허가를 얻었다. 하지만 어디에 가서 산단 말인가? 정말로 어디에? 그들 가족의 무리 전체—리처드 파월과 부인 앤, 그들과 더불어 어린 조지, 아치데일, 윌리엄, 두 엘리자베스, 그리고 아마 그들의 헤아릴 수 없이 많은 형제자매들 가운데 다른 아이들도—가 딸과 그들이 증오하던 사위가 사는 곳으로 들어갔다.

가을에 메리는 임신했고 1646년 7월 29일에 밀턴의 첫 자식인 딸이 태어났다. 밀턴은 1647년 4월 20일 이탈리아인 친구 카를로 다티에게 라틴어로 쓴 편지에서 자신의 새로운 생활방식에 관해서 느끼고 있었던 것이 분명한 감정을 적어도 약간은 드러냈다. "단지 인척 관계라는 것만으로 나와 밀접하게 묶여 있고, 그 외에는 달리 내 마음을 끄는 것이 없는 사람들이 매일 나와 함께 있고, 시끄러운 소리로 내 귀를 먹먹하게 하고, 맹세하는데, 자기들 원하는 대로 자주 나를 괴롭힙니다."

그러면 메리는? 그녀는 정말로 별거를 후회하고, 그것이 자신이나 간섭하는 어머니 탓이라고 느꼈을까?[54] 결혼으로 돌아온 후 그녀의 감정에 관하여 우리는 아무것도 모른다. 1648년 10월 그녀는 두 번째 딸(메리라는 이름을 지어주었다)을 낳았고, 1651년에는 아들(존이라고 이름을 지어주었다)을 낳았고, 여름이 끝날 무렵에 다시 임신했다―6년 반 동안 네 번 임신한 것이다.

결혼의 끝은 이혼이 아니라 결혼식 자체가 상상했던 수단을 통해서 찾아왔다. "죽음이 우리를 갈라놓을 때까지."[55] 1652년 5월 2일 메리 밀턴은 네 번째 아이를 낳았지만, 며칠 뒤 스물일곱 살의 나이로 죽었다. "내 딸 데버라가 1652년 5월 2일 일요일 새벽 3시 조금 전에 태어났다." 밀턴은 『성서』에 그렇게 쓰고, 이어 놀랄 만큼 모호하게 말을 이어갔다. "내 아내이자 아이의 어머니는 약 사흘 뒤에 죽었다."[56]

메리는 자신의 내면생활에 대한 기록을 남기지 않았지만―일기나 편지는 남아 있지 않다―그녀가 생각하고 느꼈을지도 모르는 것을 상상해보려는 놀라운 시도가 있었다. 이런 상상은 그 나름으로 감동적이지만, 동시에 완전히 간접적이고 신뢰할 수도 없는 것이었다. 그것은 밀턴 자신의 상상이었기 때문이다. 밀턴은 이혼 소책자에서는 상처받고 분노하여 자신의 불행한 신부가 틀림없이 경험했을 것에 관해서는 전혀 생각할 여유가 없었으며, 우리가 말할 수 있는 한, 그녀가 돌아온 뒤에 그녀의 감정의 정확한 상태에도 관심을 보이는 것 같지 않았다. 그러나 세월이 흐른 후에 그는 자신이 들을 수 있었다면 그녀의 목소리가 어떠했을지 기록을 하려고 했다. 그때도, 우리의 관점에서 보자면, 그 목소리에 완전하고 확실한 존재감을 부여하지는 않았다. 어쩌면 그는 가망 없을 정도로 틀렸을 수도 있다. 하지만 밀턴이 자신의 불행의 반향이 아닌 다른 무엇인가를 들으려고 했다는 것은 주목할 만한 일이다. 그는 자신을 아담이라고 상상하고 자신이 불러낸 목소리의 주인공인 여자를 이브라고 불렀다.

10

낙원의 정치

1381년, 사제 존 볼은 궁핍한 영국 농민에게 설교하면서 인간이 타락한 세계에서 처음 삶을 시작했을 때에는 억압당하는 농노 위에 군림하며 제멋대로 구는 귀족은 없었다는 점을 지적했다. 첫 남자는 작물을 재배하면서 직접 땅을 파헤쳤다. 첫 여자는 옷을 만들기 위해서 양모를 직접 자았다. 볼은 혁명적 구호를 사용했고, 이것은 금세 유명해졌다. "아담이 땅을 파고 이브가 실을 자을 때, 그때 누가 귀족이었는가?" 청중이 이해를 하지 못할 경우에 대비해서 볼은 자신의 선동적인 짧은 운문의 의미를 설명했다.[1] "처음부터 모든 인간은 본디 평등하게 창조되었다." 반역자들은 법원 기록을 태우고, 감옥을 열고, 왕의 관리를 죽였다.

봉기가 진압되자, 선동자들은 반역자를 위해서 특별히 마련된 섬뜩한 종말을 맞이했다. 머리는 창에 꽂아 런던 다리에 효수되고, 몸은 넷으로 쪼개져서 경고의 표시로 네 읍내에 전달되었다. 볼의 운명은 14세기 '농민 반란'의 종말을 보여주지만, 그의 구호는 잊히지 않았고, 그가 죽었다고 해서 아담과 이브에 대한 급진적 독법(讀法)이 뿌리 뽑히지는 않았다. 그런 독법은 늘 이야기 안에 숨어 있었으며—낙원의 속박 없는 자유와 타락 이후 아담과 이브의 육체노동 양쪽에—사회적 항의를 정당화하고 합법화라는 방식들을 찾는 누구나 이용할 수 있었다.

정치적이고 사회적인 불안의 시기에 시간은 묘하게 뒤틀리곤 하여, 현재가 무너져 과거로 들어가거나 과거가 그 속박을 부수고 뛰쳐나와 현재에 살기도 하는 것처럼 보인다. 『성서』의 인물들만 갑자기 현재로 치고 나오는 것이 아니었다. 이탈리아에서 르네상스가 일어난 뒤에는 고전적이고 이교도적인 과거가 현재로 솟구쳐 오르곤 했다. 14세기 로마에서는 선술집 주인의 사생아인 콜라 디 리엔초가 스스로 호민관의 자리에 올라 이탈리아의 통일과 새로운 로마 제국을 호소했다. 18세기 말 미국과 프랑스 혁명의 지도자들은 토가(고대 로마 시민의 겉옷/역주)를 입은 것으로 묘사되었다. 러시아 혁명의 독일인 추종자들은 자신들이 스파르타쿠스가 이끈 로마 노예 반란의 직접적인 후계자들이라고 상상했다. 그러나 17세기 영국의 과열된 종교적 분위기, 열렬한 『성서』 독자들의 문화에서 기이할 정도로 가깝게 느껴진 것은 무엇보다도 아담과 이브의 이야기였다.

어떤 사람들에게는 너무 가까워서, 남자와 여자들이 은밀히 만나, 옷을 벗고, 낙원에서 아담과 이브가 그랬듯이 하느님에게 예배를 드렸다. 어쨌든 그랬다는 소문이 돌았다. 이 사람들—아담파라고 알려졌다— 이 실제로 존재했는지는 분명하지 않지만, 공상이라고 하더라도 이 소문은 정통성 방어자들이 얼마나 놀랐는지, 그들이 「창세기」 이야기의 위력을 어떻게 인식하고 있었는지 드러낸다. 보수적인 권위자들은 지나친 종교적 열광에 불안을 느끼며 동산의 사건들을 가장 먼 옛날 안에 안전하게 고정해 두려고 노력했다. 정치적으로 온건한 성공회 주교인 박학한 제임스 어셔는 역사적 기록을 자세히 살피고, 『성서』의 모든 "낳았다"에서 추론한 세대 수를 세심하게 계산한 끝에 세상은 기원전 4004년 10월 23일 전날 밤에 창조되었다고 결론을 내렸다. 그리고 아담과 이브는 11월 10일 월요일에 낙원에서 쫓겨났다고 덧붙였다. 이 날짜가 시원의 사건들의 자리를 잡아 주었다.

그러나 어서와 같은 시대 사람들 다수는 오히려 의사이자 자연과학자인 토머스 브라운 경의 "배꼽 없는 사람이 여전히 내 안에 살고 있다"는 선언에 동의하는 쪽이었다. 역사적 거리는 무의미했다. 유혹에 빠지기 쉬운 아담은 브라운 자신 내부에서 불끈거리며 숨 쉬고 있었다. 타락이 오래, 오래 전에 일어난 구체적 사건이라는 생각을 고수하는 사람들조차 종종, 설교사 존 에버라드와 더불어, "우리는 이 역사들을 똑똑히 자각해야 한다. 그렇지 않으면 나에게 시나이와 시온, 하갈과 사라가 무슨 의미이겠는가?"하고 주장했다.[2]

역사들을 똑똑히 자각한다는 것은 단지 죄를 짓는 것에 대한 개인적인 책임을 지는 문제가 아니었다. 그것은 잃어버린 순수에 대한 느낌을 회복한다는 뜻일 수도 있었다. 17세기 말엽 퀘이커교를 세운 조지 폭스—영국 국교를 반대한 죄로 여러 번 수감되었다—는 신앙을 통하여 영에서 들어올려져 다시 낙원 안으로 들어갔다고 증언했다.[3] "모든 것이 새롭고, 모든 피조물이 나에게 전과는 다른 냄새를 풍겼다." "나는 위로 올라가 아담의 상태로 들어갔다." 폭스는 설명했다. "그것은 타락 전 아담의 상태였다." 폭스와 같은 시대 사람들 가운데 일부에게 이런 완벽한 순수는 한번도 잃은 적이 없는 것이었다. 그것은 유년의 소박한 경험에서 모든 인간이 소유한 것이다. 본디 모든 어린아이들, 심지어 갓난아기도 이미 타락했고 죄를 지은 상태라는 아우구스티누스의 우울한 주장은 거짓이다. "나는 그곳에서 아담과 같았다." 시인 토머스 트러헌은 아주 어렸던 시절을 기억하며 썼다. "기쁨의 영역에 있는 작은 아담."[4]

17세기의 이 모든 탐색자들은 깊은 진실은 「창세기」에서 찾을 수 있다고 믿었다. 밀턴은 쉼 없이 그곳을 탐색했다. 그는 공책에 아담과 이브의 타락에 관한 비극적 드라마에 대한 구상을 스케치하면서 이것이 자기 내부에서 성장하고 있던 위대한 예술작품이 될 것이라는 희망을 잠깐 품었다. 그러나 이 희곡은 좀처럼 진도가 나아가지 않았다. 그는 하느님이 자신에게 인간의 기억에 오래 남을, 호메로스와 베르길리우스의 작품들만큼이나 오래 남을 무엇인가를 만들 재능을 주었다고 계속 믿었지만, 그의 그런 재능은 그냥 묻혀만 있는 것 같았다. 그는 자신이 너무 늦은 것일까 봐, 기회의 핵심적 순간이 그의 손에서 빠져나간 것일까봐, 시간은 바닥이 나고 있는데 아직도 창조적 성취는 이루어지지 않고 있는 것일까봐 걱정했다.

1648년 12월에 마흔 번째 생일에 이르자, 엄청나게 튼튼한 에고로 떠받쳐지는 사람이었지만, 그런 그에게도 자신이 꿈꾸던 걸작을 쓰는 일에는 전혀 다가가고 있지 못하다는 사실이 분명해졌을 것이다. 그는 자신에게 생각할 다른 것들이 있다고 말할 수 있었고, 또 그것을 얼마든지 정당화할 수 있었을 것이다. 1646년에 불안한 휴전에 들어간 나라는 2년도 지나지 않아 다시 비틀거리며 내전에 빠져들었다. '신모범군'은 두 차례의 공성전, 파괴, 유혈 끝에 승리를 거두고 나자 이번에는 타협적 해결책을 찾아 협상을 벌이고 싶은 생각이 없었다. 전례 없는 상황 전개 속에서 국왕은 대역죄 혐의로 재판을 받고 유죄 판결을 받았으며, 판사 59명이 사형 영장에 서명했다.

1649년 1월 30일, 찰스 1세는 화이트홀 궁의 연회관 앞에 세워진 비계를 올라갔다. 그는 가까이 서 있는 사람들만 들을 수 있는 목소리로 연설을 한 다음 기도를 하고 나서 단두대에 머리를 내려놓고 준비가 되었다는 신호를 보냈다. 두건을 쓴 처형자—그의 정체는 신중하게 감추어 지금까지도 알려져 있지 않다—는 단 한 번 칼을 휘둘러 머리를 몸통에서 떼어냈다. 퓨리턴 목사여서 왕과는 적대관계였던 한 목격자는 칼이 목에 닿는 순간 "그것을 본 사람들 수천 명이 모두 음울한 신음을 토했는데," 그 소리는 "전에 들어본 적도 없고 다시 듣고 싶지도 않은 것"이었다. 영국은 미지의 목적지를 향해 근본적으로 새로운 경로를 따르기 시작했다.

신중한 사람이라면 이런 순간에 남의 시선을 끌지 않는 쪽을 택했겠지만, 존 밀턴은 결코 신중한 사람이 아니었다. 그는 이미 주교를 공격한 격렬함으로, 나아가서 이혼의 옹호로 악명을 떨쳤다. 이제 거기서 더 나아갔다. 1649년 2월 13일, 찰스 1세의 처형 불과 2주일 뒤, 그는 『왕과 행정 장관의 임기(The Tenure of Kings and Magistrates)』를 발표했다. 국왕 살해에 아무런 책임이 없던 밀턴은 결과적으로 이 긴 논쟁적 소책자를 통해서 앞장서서 사형 영장에 공적인 서명을 한 셈이 되었다. 그는 왕들은 늘 자신들이 하느님의 선택을 받은 척하지만, 사실 "왕의 신권"은 거짓이며, 왕의 신민이 그의 명령에 복종하기 위해서 태어난다는 주장도 마찬가지로 거짓이라고 말했다. 밀턴은 존 볼을 기억나게 하고, "미국 독립 선언문"을 예고한다는 점에서 주목할 만한 표현으로 자신이 핵심 원리라고 생각하는 것을 정리했다. "모든 인간은 본디 자유롭게 태어났다."

밀턴은 볼과 마찬가지로 낙원의 아담과 이브에 관해서 열심히 생각하여 급진적인 입장에 이르렀다.

조금이라도 아는 사람은 모든 인간이 본디 자유롭게 태어났다는 것, 하느님 자신의 형상이며 하느님을 닮았다는 것, 모든 피조물보다 나은 특권으로서

복종이 아니라 명령하기 위해서 태어났다는 것을 부정할 만큼 어리석을
수는 없다.

「창세기」에서 하느님이 첫 인간들에게 한 말—"바다의 물고기와 하늘
의 새와 땅에 움직이는 모든 생물을 다스리라"—은 밀턴에게는 정치적 성
명, 족쇄를 채울 수 없는 타고난 자유의 선언이었다. 인간들은 이런 자유
속에서 살다가 "아담의 죄의 뿌리 때문에 그들 사이에서 타락을 하여 잘못
을 하고 폭력을 휘두르게 되자, 그런 경로로 가면 모두 파멸에 이르게 될
수밖에 없다는 것을 내다보고, 공동의 동맹에 의해서 서로 결속하여 상호
피해를 주는 것을 막고 힘을 합쳐 자신들을 방어하기로 약속했다." 따라서
정치적 협정은 사회적 계약이며, 그 이상이 아니다. 만일 통치자가 계약에
서 자신이 맡은 부분을 지키지 못하면, 신민은 더 복종할 의무가 없다.

100년 뒤 존 애덤스와 토머스 제퍼슨이 잘 이해하고 있었듯이, 이런 주
장은 혁명적이었다. 밀턴에게 그것은 「창세기」 읽기에서 자연스럽게 나오
는 결론이었으며, 이런 독법은 그 전에 주교를 공격할 때에 그가 취했던
입장을 낳기도 했다. "우리는 모든 인간이 아담 이후 가지고 있던 똑같은
인간적 특권, 즉 자유롭게 태어났다는 특권을 가지고 있다."[5] 그는 불행한
결혼 뒤에 이런 입장의 함축된 의미를 끌어냈다. 이브의 창조가 증명하듯
이, 결혼의 핵심은 행복의 추구이지, 깰 수 없는 결속이 아니다. 그는 『이
혼의 교리와 규율』에서 말했다. "결혼을 하는 자는 충성을 맹세하는 자와
마찬가지로, 자신의 파멸을 꾸밀 의도가 없다." 그는 정치적 유추를 밀고
나아갔다. "나쁜 결혼과 마주한 남자는 나쁜 정부와 마주한 전 인민과 같
다." 내전의 상황 전개는 1643년 밀턴이 쓴 말들에 불가사의한 예언적 힘
을 실어주었다. 1649년에 영국 인민은 이혼을 요구했고, 국왕이 허락하지

않자, 첫 인간 때부터 생득권이었던 자유와 행복을 회복하기 위해서 해야 할 일을 했다.

이 결정적인 순간에 많은 혁명가들에게 아담과 이브는 핵심 동맹자들로 보였다. 왕의 처형 직후 제라드 윈스탠리라는 사람이 추종자들을 불러 모았다. 전쟁으로 인한 경제적 혼란으로 파산한 영국 북부의 재단사 윈스탠리는 거의 바닥까지 내려갔다. 살아남기 위해서 소치는 일을 해야 했다. 그러나 절망하지 않았다. 그는 강박에 사로잡힌 듯이 에덴의 첫 남녀를, 타락 이후 사회가 그렇게 비참하게 바뀌어온 이유를, 피해를 복구할 가능한 방법을 생각했다.

1649년 4월 1일 윈스탠리는 마음이 맞는 남녀 몇 명을 이끌고 런던에서 약 32킬로미터 떨어진 서리 주의 세인트 조지즈 힐에서 땅을 파고 작물을 심었다. 그들의 지도자는 그들은 아담과 이브이니, 함께 에덴 동산을 재창조할 것이라고 말했다. 그들은 다른 사람의 재산을 착복하지 않으려고 조심했다. 그들이 경작한 땅은 공유지, 즉 공동체 전체의 유서 깊은 소유지였다. 현지 토지 소유자들은 즉시 그들의 상징적 행동의 급진성을 이해했다. "땅 파는 사람들"—이 코뮌의 구성원을 그렇게 불렀다—은 개인 소유와 부, 토지, 지위, 권력을 극소수 엘리트 집단의 손에 집중시키고 나머지 사람들은 무능과 빈곤에 넘겨버리는 계급구조 전체에 도전하고 있었다. 폭력으로 강요되는 왜곡된 체제는 특권을 가진 소수가 하느님이 모두를 위해서 마련한 것을 자신의 소유로 간주하여 담장을 치고 막는 것을 허용했다.

윈스탠리는 추종자들에게 타락은 아주 오래 전 과거에 일어난 사건이 아니라고 말했다. 그것은 지금 이곳에서, 어떤 사람이 자기애에 취해 탐욕을 부리고 부를 축적하기 위해서 다른 사람들 위에 군림할 때마다 늘 벌어지고 있다. "어떤 사람이 타락하면 6,000년 전에 죽은 사람이 아니라 그 자신을 탓하게 하라." 사적 소유야말로 운명의 열매이다.[6]

윈스탠리는 낙원은 우리의 먼 조상이 잠깐 알았다가 영원히 잃어버린 것이 아니라고 말했다. 그것은 우리 각자가 어린 시절에 이미 경험했던 삶이다.

새로 태어난 아이를 보라. 또는 그 아이가 몇 년 자라는 동안 지켜보라. 아이는 순수하고, 해를 주지 못하고, 겸손하고, 참을성 있고, 부드럽고, 말을 잘 듣고, 시샘하지 않는다. 이것이 **아담**이다.[7]

이생에서 우리는 결코 다시 순수를 회복할 수 없다고 말하는 설교자들은 거짓말을 하는 것이다. 우리는 아이였을 때에 그것을 소유할 뿐만 아니라, 우리의 소유욕과 소유를 없애기만 하면, 어른이 되어서도 그것을 회복할 수 있다. "사고파는 것, 장터와 시장이 없어지고, 온 땅이 모든 사람에게 공동의 보고가 될 것이다. 땅은 주의 것이기 때문이다."[8] 우리의 소유욕이나 탐욕과 더불어 발전해온 사회적 위계 전체를 해체해야 한다. 이제 주인과 노예, 귀족과 평민은 사라질 것이다. 남자는 이제 여자를 지배하지 않을 것이다. 모두가 평등할 것이다. '땅 파는 사람들'은 세인트 조지즈 힐에서 이런 비전이 한갓 꿈이 아님을 증명하러 나섰다. 그것은 지금 여기에서 실현할 수 있는 삶이었다.

현지 지주들이 민원을 제기했지만, '신모범군'이 보낸 당국의 대표자들은 공유지에서 작물을 재배하기를 원할 뿐인 비폭력적 몽상가들에게서 처음에는 아무런 위협적인 면을 보지 못했다. 군대가 행동을 거부하자, 토지 소유자들은 스스로 알아서 대처하기로 했다. 그들은 급진적 코뮌이 자기

지역에서 계급으로부터 자유로운 낙원을 설립하려는 시도를 허락할 생각이 없었다. 서리는 새로운 아담과 이브를 위한 장소가 아니었다. 1650년 고용된 무장 폭력배들이 정착자들을 폭행하고, 작물을 짓밟고, 오두막을 불태웠다. 윈스탠리의 열정적인 소책자들—『의로움의 새로운 법(The New Law of Righteousness)』, 『덤불 속의 불(The Fire in the Bush)』, 『자유의 법(The Law of Freedom)』—은 계속 유포되었지만, 그의 사회적 실험은 끝났다.

밀턴은 정치적으로 급진적이었고 검열에 확고하게 반대했지만, 결코 윈스탠리 같은 사람들에게 공감하지는 않았다. 그는 1640년대와 1650년대에 영국 전역에서 생겨난 종파들—'땅 파는 사람들', '가족파', '머글톤파', '퀘이커교도', '고함치는 사람들'—은, "물에 뜬 우리 신앙의 배에 시련을 주는 바람과 폭풍에 불과하다고 말했다."[9] 당면한 큰 기획은 이런저런 소규모 몽상적 퓨리턴 집단의 구원이 아니라 나라 전체의 구원이다. 밀턴은 하루 종일 양배추를 심은 뒤에 오두막에서 떨거나 장차 아담과 이브가 되겠다며 시끄럽게 떠드는 무모한 무리와 함께 벌거벗고 성찬식에 참여할 생각은 없었다.

지주가 보낸 폭력배들이 세인트 조지즈 힐에서 '땅 파는 사람들'을 몰아내고 있던 바로 그때, 밀턴은 새로 구성된 '공화국 국무회의'의 외국어 비서관 지위를 받아들였다. 그는 국왕의 처형을 옹호하는 팸플릿을 발표하고 나서 불과 한 달 뒤에 연봉 288파운드라는 상당한 보수를 지급하는 그 자리를 제안받았다. 그는 이를 계기로 무과실 이혼의 악명 높은 옹호자라는 주변부적 지위로부터 권력의 중심 근처의 자리로 이동했다. 그는 유럽에서 잉글랜드 공화국의 주요한 옹호자였으며, 국왕 처형과 의회 통치를 지칠 줄 모르고 변호하는 박식한 인물이었다.

밀턴의 임무는 대륙 전역의 충격받은 군주제 옹호자들로부터 쏟아지는 수많은 공격에 대응하여 영국 혁명가들이 감히 하려고 했던 일을 길게 설명하는 것이었다. 그의 주장은 영어로 썼을 때와 마찬가지로 라틴어—논쟁이 이루어지던 언어—로 썼을 때에도 예의를 지키지 않았으며, 밀턴은 늘 받은 만큼 돌려줄 수 있는 사람이었다. 문제는 문학적 불멸이라는 꿈이 전보다 멀어진 듯하고, 더욱 불길하게도, 시력이 꾸준히 나빠지고 있다는 점이었다. 이혼 소책자를 쓸 때에 시야에 출몰했던 무지개는 더 심한 증상으로 바뀌었다. 이마와 관자놀이 속에 안개가 낀 듯했다. 초점을 맞추려는 물체는 가만히 있지를 않고 둥둥 떠다녔다. 눈을 감으면 앞에서 강렬한 빛이 번쩍였다. 그는 해볼 수 있는 모든 의학적 치료를 받아보았지만, 휴식 외에는 도움이 되는 것이 없었는데, 휴식할 시간은 없었다.

1652년, 마흔두 살에 그는 완전히 실명했다. 그의 적들은 그 병이 국왕의 시해에 협력한 것에 대한 신의 벌이라고 말했지만, 그는 심술궂게도 그러면 같은 논리로 하느님이 왕의 죄를 벌하기 위해서 국왕 시해를 일으켰다고 결론을 내릴 수밖에 없을 것이라고 대꾸했다. 그가 눈이 먼 것은 자연적 원인이 지칠 줄 모르는 노력 탓에 악화되어 벌어진 일이라고 보는 것이 합리적이었다. 그럼에도 밀턴은 외국어 비서관 자리를 포기하지 않았다. '국무회의'는 여전히 그가 필요했기 때문에 그를 재임용하고, 그에게 문서를 읽어주고, 책을 가져다주고, 구술을 받아쓸 조수들을 제공했다. 막강한 기억력을 타고난 밀턴은 머릿속에서 복잡한 논리를 따라가고, 글을 구상하고, 수정하고, 번역하고, 그 결과물을 구술하는 훈련을 했다. 이 훈련은 장차 그가 자기 내부에 있다고 믿었던 위대한 시를 마침내 쓰게 되었을 때에 중요한 역할을 하게 된다.

밀턴은 국가에 봉사하는 동시에 가정생활에서도 바빴다. 여러 가지 면에서 시력 상실에 적응해야 했다. 챙겨야 할 투자, 법적 분쟁, 방문하거나 집에서 맞이할 친구들이 있었다. 자원이 풍부했다고 해도 집안을 운영하는 것은 대단히 복잡한 일이었을 것이 틀림없다. 1652년 메리가 죽으면서 그는 딸 셋이 딸린 맹인 홀아비가 되었는데, 장녀는 겨우 여섯 살이었다. 이후 4년은 하인들, 그리고 아마도 메리의 어머니(둘 사이에 반목이 있었음에도)의 도움을 받아 이럭저럭 버텼다. 그러다가 마흔여덟 살에 20년 연하인 캐서린 우드콕과 결혼했다. 1년 뒤에 그녀는 밀턴의 넷째 딸을 낳았지만, 가족은 이런 새로운 구성으로 정착하지 못했다. 불과 넉 달 후에 캐서린이―밀턴의 『성서』에 기록된 것에 따르면 "폐병으로"―죽었고, 아기는 한 달밖에 더 살지 못했다.

1658년 쉰아홉 살의 올리버 크롬웰이 요도 감염에 이은 패혈증으로 갑자기 죽었다. 아들 리처드가 뒤를 이었지만, 강인하고 교활한 그의 아버지가 간신히 한데 묶어놓고 있던 갈등하는 세력들이 서로 심하게 적대하기 시작했다. 공화국은 무너져서 화해 불가능한 분파들로 쪼개졌고, 과거의 상태로 복귀하는 것에 대한 대중적 지지가 급증했다. 죽은 왕의 아들은 당연히 그의 것―그동안 쭉 그의 것이었다고들 했다―인 왕국의 반환을 요구하라는 권유를 받았고, 1660년 5월 29일 찰스 2세는 서른 살 생일에, 종이 울리고 그를 사랑하는 신민이 환희에 젖어 환호하는 가운데 런던에 입성했다.

밀턴은 아무것도 모른 채 이런 상황 변화를 맞이하지는 않았겠지만, 적어도 비서관으로서 받은 보수를 저축한 모든 돈―거의 2,000파운드에 이르는 아주 큰 돈이었다―을 자신과 딸들을 위해서 감추거나 안전한 곳에 둘 만큼 대비를 하고 있지 않았던 것은 분명하다. 그 돈을 비롯하여 그가 공화국을 위해서 봉사하는 일과 관련됨으로써 오염이 된 부는 모두 몰수

당하게 된다. 공화국이 일찍이 유명한 왕당파의 재산을 몰수한 것과 똑같 았지만, 밀턴은 이런 상황 전개를 너무 늦게 깨달았다.

그러나 어쩌면 그것은 밀턴에게는 문제도 되지 않는 일이었을지 모른 다. 그는 왕정복고는 피의 세례를 받게 된다는 뜻임을 알게 되었다. 왕정 당국이 국왕 시해와 그 결과에 책임이 큰 사람들을 거명하기 시작하자, 밀턴의 적들은 큰 소리로 이 눈먼 반역자의 체포와 처형을 요구했다. 반역 에서 유죄 판결을 받은 자들에 대한 전통적인 처벌은 "목을 매달고, 산 채로 팔다리를 절단하고, 음부를 자르고, 산 채로 배에서 장을 꺼내 그 자리에서 태우는 것"이었다. 이런 운명을 피하기 위해서 그의 공화파 동료 일부는 보호를 기대하며 네덜란드나 다른 곳으로 탈출했지만, 모든 항구 에 배치된 파수꾼들의 눈에 쉽게 띌 수 있는 눈먼 밀턴은 나라를 빠져나가 려는 시도를 하지 않았다. 대신 런던의 친구 집에 가서 숨었다. 이 친구의 정체는 밝혀진 적이 없지만, 누구였든 그가 심각한 위험을 감수했던 것은 분명하다.

왕당파 사법부의 즉각적이고 가장 분명한 타격 대상은 찰스 1세의 재판 을 관장했던 판사 59명과 1649년 그의 처형에 밀접하게 관련된 사람들이 었다. 그들 가운데 일부는 이미 죽었고, 일부는 피신했다. (사형 영장에 서명하고도 용케 체포를 피한 사람들 가운데는 코네티컷 주 뉴헤이븐까지 떠나온 세 사람도 있는데, 지금은 딕스웰, 웰리, 고프 등 거리 이름으로 기념되고 있다.) 그만큼 민첩하지 못하거나 운이 좋지 못한 사람들은 지체 없이 체포되어, 재판을 받고, 처형당했다. 그러나 이 무시무시한 처형도 왕을 죽인 도끼질이나 그 이후 공화정 11년에 대한 보복으로는 충분하지 않았다.[10]

새로 왕이 된 순교자 왕의 아들은 상냥하고, 관대하고, 복수보다는 성적 정복에 관심이 많았다. 그럼에도 보복은 거기에서 끝나지 않았다. 하원과 추밀원은 처형이든 무기징역이든 벌이 필요한 사람들의 명단을 추가로 작성했다. 밀턴은 이 명단에 포함될 1번 후보였다. 결국 그는 아담과 이브의 이야기에서 왕을 죽이는 것을 정당화할 주요 근거를 찾은 사람이었다. "모든 인간은 본디 자유롭게 태어났다." 그러나 그의 이름은 언급되기는 했지만 최종 명단에서는 빠졌다. 의회와 법원 양쪽의 영향력 있는 친구들의 효과적인 개입 때문이었을 것이 거의 분명하다.[11] 그후 왕이 무너진 정권에서 봉사했던 다른 모든 사람들을 사면하는 '면책 및 사면법'에 서명했고, 밀턴은 안전해졌다.

밀턴은 은신처에서 벗어나 집으로 돌아왔지만 계속 은둔했다. 아주 이른 시기에 그의 전기를 쓴 한 사람에 따르면, 밀턴은 "암살당할 것이라는 공포에 늘 사로잡혀 있었다."[12] 그가 죽기를 바라는 사람은 많았지만 그의 두려움에 근거가 있었는지는 분명하지 않다. 어쨌든 그의 공적인 삶은 끝났다. 그의 "사악하고 반역적인 저작"을 가지고 있는 사람은 당국에 제출할 것을 요구하는 왕의 포고가 나왔고, 당국은 공개 교수형 집행자에게 책을 태우게 한다.

밀턴은 이제 열네 살, 열두 살, 여덟 살이 된 세 딸과 재결합했다. 눈이 먼 아버지는 도움이 필요했다. 부를 많이 잃었지만 그래도 그는 여전히 자산가였으며, 하인들이 계속 기본적인 집안일을 많이 처리해주었다. 그러나 비서관직에 있을 때에 데리고 있던 유능한 조수들, 책을 가져와서 그에게 읽어주던 조수들은 없었다. 그에게 생명의 피는 독서였으며, 이제 자신밖에 의지할 사람이 없는 밀턴은 그 어느 때보다 자신의 귀중한 책들에 다가갈 수 있기를 갈망했다. 의리 있는 친구들이 찾아오면 그들에게 책을 읽어달라고 할 수 있었다. 또 라틴어를 어느 정도 아는 젊은 퀘이커교도를 고용하여 매일 집에 오게 하기도 했다. 그러나 젊은이는 자주 체포 당했고—퀘이커교도가 되는 것은 불법이었다—그것이 아니라 해도 그의 도움은 어차피 불충분했다. 밀턴은 딸들에게 종종 그들이 알지 못하는 언어로 기록된 책을 읽어달라고 요구하기 시작했다. 그는 딸들에게 그리스어, 히브리어와 다른 문자들을 인식하고 발음하는 법을 가르쳤지만, 아동 교육에 그렇게 깊은 관심을 가졌으면서도 자신의 딸들에게는 그들이 읽고 있는 것이 무슨 내용인지 이해하는 법을 굳이 가르치려고 하지 않았다. 집에 온 손님들이 그의 딸들이 그렇게 많은 언어를 읽으면서도 뜻은 모르는 것이 이상하다고 말하면, 그녀들의 아버지는 농담으로 "여자에게는 언어 하나면 충분해" 하고 말하고는 했다. 분명히 재치 있는 대꾸로 여겨졌을 것이다.

두 번째 아내가 죽고 나서 5년이 지난 1663년, 밀턴은 다시 결혼했다. 이번에는 30년 연하인 자작농의 딸 엘리자베스 민셜—그는 베티라고 불렀다—이었다. 이 무렵, 십대에 이른 딸들, 특히 장녀 메리와의 관계가 거의 완전히 무너졌다. 메리는 아버지가 결혼을 할 것이라는 이야기를 듣자, "아버지의 결혼은 새로운 소식이 아니지만, 아버지의 죽음 이야기를 듣는다면, **그것은** 새로운 소식"일 것이라고 대꾸했다. 가족은 6년 동안 모두 한 지붕 아래에서 계속 함께 살았지만, 관계가 나아졌다는 표시는 없다.

밀턴의 정치적 희망은 무너졌다. 20여 년간 끝도 없이 이어지던 노력과 웅변적인 글은 물거품이 되었다. 의기양양한 적들은 웃음을 터뜨리며 그의 책을 태웠다. 재산은 대부분 사라졌다. 친구들 다수는 죽거나 숨어 있었다. 그가 때로는 무시하다가 때로는 괴롭히던 딸들은 그를 증오했다. 그는 책을 읽기는커녕 펜을 사용할 수도 없었다. 멀어버린 눈과 암살에 대한 두려움 때문에 계속 칩거했다. 모든 것이 사라졌다. 그러나 그의 내적인 세계는 가늠할 수 없이 광대하게 확장되었다. 그의 말을 믿을 수 있다면, 그는 매일 밤 또는 이른 새벽, 이 내적인 세계로 여자 손님을 맞이했다.

밀턴은 이 밤손님을 우라니아라고 불렀다. 이 이름은 이교도에게서 온 것으로, 고대 천문학의 뮤즈였지만, 라틴어에서 말 그대로의 의미는 "하늘의 존재"였는데, 그녀는 밀턴에게 그가 평생 쓰게 될 운명이라고 꿈꾸었던 위대한 서사시를 마침내 쓸 수 있게 해주는, 그의 내부의 신비한 힘이었다. 그런 작품을 쓰려던 이전의 시도는 성과가 없었다. 친구들에게 산발적인 운문 몇 편을 보여줄 수는 있었지만, 그뿐이었다. 셰익스피어가 전업 작가로서의 활발한 경력을 접고 스트래트퍼드로 은퇴한 뒤 죽었을 때, 그의 나이는 쉰두 살이었다. 찰스 2세가 잉글랜드로 돌아온 해에 쉰두 살이 된 망해버린 밀턴은 인생의 이 뒤늦은 시점에서 무엇을 이루기를 기대할 수 있었을까? 그런데 그가 "천상의 후원자"라고 부르는 존재의 거의 기적적인 도움으로, 갑자기 그것이 시작되었다.

나는 아무리 이상하게 들린다고 해도 천상의 존재의 방문이라는 밀턴의 주장을 진지하게 받아들여야 한다고 생각한다. 뮤즈는 그의 표현대로 "간청하지도 않았는데" 그를 찾아오고는 했다. 그는 그녀의 보호를 받아 지하 세계로 내려갔다가, "하늘 중의 하늘"로 올라가고는 했다. 무엇보다도 아직도 눈이 보이는 것처럼, 그늘진 숲이나 해를 받는 언덕, 예루살렘 성지 옆 물이 보글거리는 신성한 개울을 따라 돌아다니고는 했다. 이런 백일몽에서 빠져나오면 전에는 한번도 연주하지 못했던, 전에 누가 한번도 들려주지 않았던 독특한 음악이 공간을 가득 채우고는 했다.

정해진 일과가 생겼다. 아침 4시면 일어나(겨울에는 5시) 30분 동안 침대에 누운 채 누가 읽어주는 것, 이왕이면 히브리어 『성서』에 귀를 기울였다. 그런 다음 한두 시간 가만히 앉아 명상에 잠겼다. 7시면 준비가 되었다. 서기가 도착하고, 그러면 밀턴은 머릿속에서 지은 시─높은 곳에서 오거나 안에서 솟은 것이다─를 구술하기 시작했다. 서기가 늦으면 눈먼 시인은 간신히 참느라 괴롭다는 듯이 불평을 하기 시작했다. "어서 내 젖을 짜내고 싶어."

그것은 그에게서 격류처럼 솟아나왔다. 그는 말의 밀도가 높고, 구문이 복잡한 약강오보격(弱强五步格) 무운시를 40행씩이나 구술할 수 있었다. 그런 다음 시행들을 들려달라고 했다. 안락의자에 앉아 다리 하나를 팔걸이에 걸친 채 시를 조정하고 자르고 압축하여, 때로는 40행을 20행으로 줄이기도 했다. 아침 시간 전체가 이렇게 흘러갔다.

이것으로 그날은 끝이 났다. 자신이 너무 늦은 나이에 시작한 것이 걱정이었던 밀턴은 시간의 압박을 강하게 느끼며, 마침내 시작된 것─그 자신의 표현대로 "오랫동안 고른 뒤에 늦게 시작된"(9:26) 것─을 어서 완성하고자 안달이 나서 계속 밀어붙이고 싶은 마음이 간절했다. 그러나 더 많은 시행이 오도록 강요할 수는 없다는 것을 알았다. 또 한 밤, 또 한 번의 청하지 않은 방문을 기다려야 했다. 점심을 먹은 뒤에는 작은 정원을 한 번에 서너 시간씩 어슬렁거리거나, 날씨가 나빠서 밖에 나가지 못하면 자신이 고안한 그네에 앉아 앞뒤로 움직이고는 했다. 저녁이면 음악을 연주하고, 손님 몇 명을 맞이하고, 시에 귀를 기울였다. 9시에는 침대에 들면서 잠을 청하고 뮤즈의 귀환을 빌었다.

몇 달이 몇 년으로 바뀌도록 이 귀환은 기적처럼 계속되었다. 아침이면 더 많은 시가 나와 "젖을 짜낼" 일이 또 생겼다. 언제 닥칠지 모른다고 걱정하던 암살자의 칼을 피하면서, 더 현실적으로 말하자면, 주기적으로 런던 시민을 유린하던 페스트를 피하면서 계속 진행하는 것이 과제였다. 1665년 여름 그는 젊은 퀘이커교도 조수에게 보여줄 엄청난 시─1만행이 넘었다―의 초고를 손에 쥐게 되었다. 불가능해 보이던 것이 현실이 되었다. 1667년에 발표되고, 다시 1674년에 개정판이 발표된『실락원』은 밀턴이 젊은 시절 절친한 친구에게 꿈꾸고 있다고 고백하던 시적 불멸을 향한 시도였다. 그는 실제로 호메로스나 베르길리우스와 겨루는 데에 성공했다. 그는 셰익스피어가 오른 정상에 올랐다. 세상에서 가장 위대한 시로 꼽힐 만한 시를 쓴 것이다.

11

현실이 되다

이런 규모의 창조적 성취는, 뮤즈의 야간 방문에 관한 밀턴 자신의 이야기가 보여주듯이, 합리적으로는 거의 설명이 불가능하다. 그러나 그 가운데 완벽하게 이해가 가능한 한 가지는 이 시가 아담과 이브에 관한 것이어야 했다는 점이다. 이 인물들은 결혼의 축복에 대한 기대에서부터 이혼 청원에 이르기까지, 교육 계획에서부터 예수의 이해에 이르기까지, 정치적 급진주의에서 혁명이 실패한 이유에 대한 이해에 이르기까지 밀턴의 경험의 모든 면에 따라붙었다. 그에게 「창세기」의 이야기는 인류학, 심리학, 윤리학, 정치, 신앙 등 사실상 모든 것의 의미를 푸는 열쇠였다. 이런 집착을 공유했던 아우구스티누스와 마찬가지로 밀턴은 이 이야기에 자신의 삶 전체를 대입했다.

그의 삶 전체를 이 이야기에 대입했다는 것이 그와 동시대 사람들을 그 이야기의 등장인물들—메리 파월을 이브로, 크롬웰을 사탄으로, 그 자신을 아담으로 등—로 바꾸어놓았다는 뜻은 아니다. 이것은 그에게 가장 중요한 모든 것—젊은 시절의 여행, 고전과 셰익스피어의 열독, 성적 갈망, 메리와의 참담한 신혼, 이혼 소책자들에서 표현된 외로움, 신학적 묵상, 내전, 크롬웰의 비서관으로 참여한 국무회의, 패배의 쓰디쓴 경험 등 모든 것—이 이 시 속에 자리를 잡았다는 뜻이다.

가장 근본적인 이유에서 그 이야기의 모든 것이 중요했다. 그는 우리 각자가 아담과 이브라는 이 중심인물들의 말 그대로의 후계자라고 믿었다. 그들은 우리만큼이나 현실적이었으며, 그들의 운명은 우리 자신의 운명에 직접적인 영향을 주었다.

밀턴은 그 점을 확신했다. 아우구스티누스와 마찬가지로 예수 그리스도의 액면 그대로의 진실이 아담과 이브의 액면 그대로의 진실과 단단히 묶여 있다고 확신했기 때문이다. 구세주의 진짜 피가 진짜 첫 인간들이 진짜로 저지른 죄로 인해서 우리 모두가 지게 된 빚을 갚아주었다. 밀턴은 성서의 액면 그대로의 의미와 더불어 생 빅토르의 후고(c. 1096-1141), 성 보나벤투라(1221-1274), 성 토마스 아퀴나스(c. 1225-1274)가 수고스럽게 다듬어놓은 영적 수준의 『성서』 해석도 두루 꿰고 있었다. 그는 『성서』에서 묘사하는 역사적 인물과 사건들이, "네 겹 방법론(four-fold method)"적 독법이라고 부르는 것이 제시하는 훨씬 큰 일군의 의미들 가운데 오직 한 부분을 이룰 뿐이라는 사실을 알았다. 그는 「구약」의 사건들과 구세주의 삶 사이의 **알레고리적** 연결들을 파악하려고 애쓰는 성서 예표론(豫表論)에도 몰두했다. 성스러운 과거의 자취들로부터 현재를 위한 **도덕적** 안내를 끌어내는 데에도 재능이 있었다. 또 **신비적** 해석에 능숙한 독자들만 올라갈 수 있는 축복이 가득한 비전을 늘 곰곰이 생각하고는 했다. ("신비적 해석[anagogy]"이라는 말은 "위로 올라감"이라는 뜻의 그리스어와 관계가 있다.)

따라서 밀턴은 아담과 이브라는 「구약」의 이야기와 예수와 마리아라는

「신약」의 이야기로부터 풍부하고 정교한 일군의 상징적 연상, 윤리적 교훈, 영적 암시를 끌어낼 수 있다는 것을 알았다. 하지만 모든 것이 『성서』에 적힌 말의 액면 그대로의 진실로부터 솟아나오고 다시 그곳으로 돌아가야 한다고 확신했다. 그런 진실이 없다면 밀턴의 기독교 신앙과 그런 신앙의 기초에서 그가 택한 모든 입장은 의미를 잃게 될 것이다. 동산과 그 첫 거주자들이 단순히 알레고리적 우화라면, 거룩한 이야기들의 서로 얽힌 구조 전체가 이교도의 프로메테우스와 판도라 우화와 마찬가지로 신뢰할 수 없는 신화로 떨어져버릴 것이다.

다행히도 그의 신앙에 따르면, 모세가 「창세기」에서 아담과 이브가 현실의 사람들이라는 무오류(無誤謬)의 기록된 증언을 제공했다. 밀턴은 이 현실성을 이어나가는 일에 착수했다. 하지만 어떤 방법으로? 또 아우구스티누스가 15년이나 애를 썼음에도 미완으로 남긴 『「창세기」의 직해적 의미』보다 그가 더 잘할 수 있는 이유가 무엇인가? 밀턴이 이해하기에, 그 답은 그 자신─하느님이 자신에게 내려주었다고 믿고 있는 그 재능─만이 아니라 그의 시점(時點)이라는 크나큰 행운에서도 찾을 수 있었다. 겉으로만 보자면 그의 시점은 재앙처럼 보일 것이다. 나라에 대한 그의 꿈은 박살났고, 그의 경력은 망가진 상태였다. 그러나 정확하게 이해한다면, 그것은 섭리였다.

밀턴은 고대 세계 이후 예술적 재현에서 가장 큰 혁명 뒤에 시인으로 등장했다. 르네상스는 모든 규칙을 바꾸어놓았다. 마사초, 파올로 우첼로, 피에로 델라 프란체스카 같은 화가들은 직선 원근법을 개발했다. 그들의 그림 속 인물들은 기하학적인, 즉 수학적으로 계산된 공간 안에 자리잡고 있었다. 중세 예술과는 달리 화가들이 묘사하는 크기, 인물들 사이의 관계는 이제 그들의 영적 또는 사회적 중요성을 따르지 않고, 그 공간에서 그들이 서 있는 자리를 따랐다. 화가들은 단축법, 그리고 단일하고 통일된 장면에서 공유되는 하나의 소실점 같은 장치들을 이용하여 전례 없는 현실의 환각을 이루어낼 수 있었다.

그러나 모든 것을 바꾸어놓은 것은 단지 기술적 혁신만이 아니었다. 거대한 창조적 에너지의 분출도 중요한 역할을 했다. 밀턴은 이제 눈이 멀었지만, 과거에 이탈리아에서 1년 이상을 보냈으며, 당시 그가 보고 느낀 것이 의식에 새겨져 있었다. 그는 기록을 남기지는 않았지만, 만테냐, 티치아노, 틴토레토, 보티첼리, 레오나르도 다 빈치, 라파엘로의 작품들을 틀림없이 만났을 것이다. 무엇보다도, 밀턴을 읽어본 사람이라면 반드시 궁금해할 수밖에 없는 일이지만, 하루쯤 누군가—아마도 그의 친구였던 바티칸의 사서 루카스 홀슈타인—가 이 시인을 바티칸 심장부로 데리고 들어가 미켈란젤로의 시스티나 성당을 안내하지 않았을까? 아마 밀턴의 확고한 프로테스탄트적 감수성은 처음에는 그 광경에 충격을 받았을 것이다. 그 눈부신 만화경 같은 색채는 처음 보았을 때는, 마치 『미들마치(*Middlemarch*)』에서 조지 엘리엇의 여주인공이 성 베드로 성당의 실내를 보고 그랬던 것처럼, "망막의 병"같이 느껴졌을지도 모른다. 하지만 장차 『실낙원』을 쓰게 되는 시인이, 결국은 그를 실명으로 이끄는 병에 아직 오염되지 않은 눈을 들어, 천장의 엄청난 광경을 보며 경이감에 사로잡혔을 것이라고 상상하지 않는 것은 불가능하다. 허연 머리에 턱수염이 흘러내리는 장엄한 신이 천사의 푸토(putto : 르네상스의 장식적인 조각으로 큐피드 등 발가벗은 어린이의 상/역주)들에 둘러싸인 채 왼팔로는 벌거벗은 아름다운 여자(아마도 아직 태어나지 않은 이브일 것이다)를 감싼 채 강력한 오른팔을 내밀어 쭉 뻗은 검지로 아담의 늘어진 손가락을 건드린다. 우리는 금방 이해하게 된다. 그 접촉이 아직 바닥에 엎드려 있던 첫 인간에게 생기를 불어넣어 그 훌륭한 몸이 일어서게 한다는 것을. 우리는 우리 종의 기원, 모든 인간 생명—따라서 다름 아닌 우리 자신의 존재의 가능성—이 시작되는 순간을 보고 있다.

미켈란젤로의 잊을 수 없는 장면은 훨씬 넓은 비전, 우주의 창조에서부터 결국 인간들이 창조주로부터 비극적으로 소외되는 과정을 시간 순서에 따라 기록하는, 「창세기」의 여러 장면들로 이루어진 거대한 연속체 가운데 일부이다. 전체 구도는 기독교 전통에서 승인하는 방식으로 「구약」과 「신약」을 함께 묶어, 마침내 제단 벽에 프레스코화로 그려진 "마지막 심판"의 웅장한 장관에 이른다. 미켈란젤로와 같은 시대 사람들은 그의 이른바 테리빌리타(terribilità : 예술 작품에서 지각되는 압도적인 힘/역주) 앞에서 경외감에 사로잡혔다. 엄청난 솜씨, 강렬한 상상력, 거의 무한한 야망을 가진 단 한 명의 화가가 하나의 방대한 작품 안에 모든 것을 포착해냈다. 마치 하느님 자신의 창조력을 재현하거나 모방할 뿐만 아니라 사실상 그 힘을 착복한 것 같았다.

밀턴 자신도 문학적인 형태로 미켈란젤로의 테리빌리타를 가지고 있었다. 고대의 영광을 회복한다는 꿈에 젖은 르네상스 인본주의 문화에 깊이 젖어 있던 밀턴은 아담과 이브에게, 호메로스가 헥토르에게 부여했고 베르길리우스가 아이네이스에게 부여했던 강렬한 존재감을 부여하겠다고 결심했다. 「창세기」의 서두에는 트로이 전쟁의 전율을 일으키는 싸움이나 로마 건국의 역사적 구체성이 없다는 점을 그도 인정했다. 그러나 그런 간략한 형식으로 서술된 기원 이야기가 훨씬 더 중요하며, 제대로 이해하면, 그리스나 라틴의 걸작보다 영웅적이고 통렬하다고 확신했다. 문제는 이교도 서사시와 같은 지속적인 웅장함을 부여하기 위해서 숭고하지만 간결한 『성서』의 서사를 확장하는 방법이었다.

기독교 전통은 오래 전부터 이런 확장 과정에 관여해왔다. 암브로시우스, 아우구스티누스를 비롯하여 그들과 같은 시대를 살았던 사람들은 천사들 가운데 일부가 첫 인간들의 창조에 이의를 제기하고 하느님이 그들에게 부여하려는 특질을 시샘했다는 고대 미드라시(midrash)의 추측을 발전시켜 뱀의 이브 유혹 뒤에 깔린 배경 이야기를 제시하기 시작했다. 사탄과 그의 군대의 반역 이야기였다. 중세에 이르면 이런 추측이 정교하게 다듬어지면서 천국에서 벌어진 전면전 이야기가 되었고, 거기에서 사탄은 천사들 가운데 3분의 1을 이끌고 하느님에 대항하여 무모하고, 광적이고, 실패할 수밖에 없는 봉기를 일으킨 다음, 패배하자 하느님의 피조물인 첫 남자와 여자를 해치려는 음모를 꾸민다.[1]

밀턴은 이 전설을 고전 서사시의 대규모 전투 장면을 흉내내거나 심지어 그것을 넘어설 기회로 보았다. 『실락원』에는 하늘의 화려한 전쟁 이야기가 포함되어 있는데, 이것은 번쩍이는 검, 산 전체를 집어던지기, 심지어 악마적인 화약 발명까지 다 갖추고 있다. 하지만 한때 문 앞을 지나가는 군인에게 온화한 대접을 간청하는 소네트를 붙여놓았던 시인이 호메로스와 베르길리우스가 그린 전사들의 모질고 가차 없는 긴박성을 불러올 수는 없었다. 게다가 넘을 수 없는 장벽이 있었다. 천사는 선하건 악하건 산에 맞으면 잠시 숨이 턱 막히기야 하겠지만, 불멸의 재료로 만들어져 있기 때문에 곧 회복한다. 더 심각한 것은, 하느님의 힘은 무한하고 절대적이기 때문에, 전쟁의 결과에는 의심의 여지가 전혀 없다. 밀턴 자신도 독자들이 『성서』의 서사에 군사적인 힘과 서사시의 긴장을 부여하려는 자신의 시도를 진지하게만 받아들일 것이라고 기대할 수는 없다는 사실을 인정했다. 하느님이 아들에게 다가오는 적군에 맞서기 위한 방어 준비를 도와달라고 재촉하자, 아들은 즉시 아버지가 농담을 하고 있다는 사실을 인식한다. 하느님은 도움이 필요 없기 때문이다.

밀턴이 하늘의 반역을 효과적으로 묘사할 수 있었던 것은 크롬웰의 라틴어 비서관으로 일하던 시절, 국무회의의 토론을 열심히 들은 덕분이었다. 아마도 다른 어떤 위대한 서사시인—단테는 물론 아니고, 심지어 베르길리우스도 아니었을 것이다—도 막강하고 야심만만한 사람들이 자신의 정치적 의지를 관철하려는 회의장에 그렇게 지속적으로, 매일, 가까이 다가가지는 못했을 것이다. 『실락원』에서 악마들이 추구할 최선의 정책을 놓고 지옥에서 몰록, 벨라이얼, 마먼, 베엘제붑이 모여서 토론하는 평의회 장면이 놀랄 만한 설득력을 보이는 것은 아마 그가 그런 접근의 특권을 누렸기 때문일 것이다.

밀턴은 말로 된 것을 현실적인 것으로 바꾸는 데에 위대한 시각 예술가들처럼 선과 색과 형태를 이용한 것이 아니라, 주문을 외는 듯한 박자, 수사, 비유, 또 자신의 모국어의 풍부한 소리를 이용했다. 르네상스에는 자국어 문학 작품에서 아담과 이브의 이야기에 생명을 불어넣은 선례가 거의 없었다. 화가들은 자신이 선택하는 어떤 방식으로든 에덴 동산을 자유롭게 묘사할 수 있다고 느꼈지만, 작가들은 조심스럽게 발을 내디뎌야 했다. 『성서』에 있는 말을 너무 자유롭게 처리하는 것은 어려웠고 또 위험해질 수도 있었다. 그러나 밀턴은 정치에서와 마찬가지로 시에서도 매우 대담했다. 게다가 정확히 어디에서 문학적 영감을 얻을 수 있는지도 알았다. 그에게는 르네상스가 새로 양성한 그리스어와 라틴어 시인들 외에도 바로 끌어다가 쓸 수 있는 토착 자원이 옆에 있었다.

그는 자신의 세계 안에서, 거의 손이 닿을 만큼 가까운 곳에서, 그가 갈망하던 문학적 힘의 놀라운 구현체를 발견했다. 벤 존슨의 말을 빌리자면 "한 시대가 아니라 모든 시간에서" 위대한 극작가인 셰익스피어를 기리는 퍼스트 폴리오(First Folio)는 밀턴이 열다섯 살 때에 출간되었다. 1632년의 제2판에는 셰익스피어를 찬양하는 새로운 시가 포함되어 있었다. "그대는 우리의 경이와 놀라움 속에서 자신을 영원한 기념비로 세워놓았다." 그 시의 익명의 저자는 젊은 존 밀턴이었다. 이것은 그가 영어로 발표한 첫 시였다.

밀턴은 강력한 사탄을 만들어내기 위해서 셰익스피어가 어떻게 했는지 세심하게 연구했다. 맥베스의 살인을 불사하는 야망과 절망의 묘사는 어둠의 군주를 위한 심리적이고 수사적(修辭的)인 본보기가 되었으며, 밀턴은 여기에 리처드 3세와 이아고를 보면서 작성한 메모를 보탰다. 그는 지나치게 똑똑한 연구자였는지도 모른다. 그런 연구의 결과로 나온 인물은 너무 생생하여 특히 첫 몇 권에서는 시를 접수하겠다고 위협할 정도였기 때문이다. 뒤의 책들에서 밀턴은 자신의 평생에 걸친 집착의 중심에 있는 인물인 아담과 이브를 위한 공간을 확보하기 위해서 사탄을 의도적으로 축소하는 쪽을 택했다.

그러나 아담과 이브는 천국이나 지옥 묘사를 힘들게 했던 어떤 난제보다도 훨씬 큰 도전이었다. 문학에서든 다른 것에서든, 결혼생활의 지속적인 묘사를 위한 선례가 거의 없었기 때문이다. 셰익스피어는 밀턴에게 제공할 것이 거의 없었고, 호메로스나 베르길리우스, 단테나 페트라르카도 마찬가지였다. 그들의 작품에 결혼이 나온다고 해도 그것은 추구할 목표나 단순한 사실로 등장하지, 친밀한 반려의 지속적인 동반관계로 등장하지는 않는다. 셰익스피어에서 중요한 예외가 맥베스 부부의 결혼생활이지만, 그것은 에덴의 한 쌍을 위한 모델 역할을 하기는 힘들었다. 밀턴은 결혼생활의 중심에는 남편과 아내 사이의 친밀한 대화가 있다고 굳게 믿었지만, 그런 친밀성을 상상하고 묘사하는 것은 그에게나 그가 깊이 들어가 있던 문학적인 문화에 속한 사람들에게나 대체로 미답의 영역이었다.

만일 밀턴이 엄청난 양의 독서를 하는 가운데 12세기의 프랑스 희곡 『아담의 놀이(*Le Jeu d'Adam*)』를 만났다면 재미있는 시골뜨기 아담과 이브를 보게 되었을 것이다. (그들의 대화는 "임자가 얘기를 하던 뱀은 뉘시더라, 마누라?" 하는 식이다.) 또는 훨씬 대중적인 프랑스 문학으로 더 들어갔다면 "우화시(fabliaux)"라고 알려진 상스럽고 희극적인 이야기들 속에 묘사된 아담과 이브를 발견했을지도 모른다. 하느님은 남편에게 규칙적으로, 이왕이면 하루에 서너 번은 아내를 때려주어야 한다는 것을 보여주기 위해서 아담의 옆구리에서 뽑아낸 단단한 뼈로 이브를 창조했다— "삽으로 만든 씹"이라는 제목의 이야기는 그런 식으로 흘러간다. 첫 여자는 아주 매력적인 피조물이었지만, 하느님이 부주의하게도 생식기를 빠뜨리는 바람에 여자는 불완전한 상태였다. 일을 마무리할 임무를 부여받은 악마는 이용 가능한 연장들—"망치, 까뀌, 끌, 나무망치, 날이 선 도끼, 날이 둘인 자르는 연장, 가지 치는 갈고리" 등—을 모두 살피다가 삽을 사용하기로 한다. 왜냐하면 "삽의 날카로운 날로 거의 즉시 크고 깊은 틈을 낼 수 있다"는 것을 알았기 때문이다. 악마는 삽을 손잡이 바로 밑까지 밀어넣어 음부를 만든 다음 여자의 혀에 방귀를 뀌는 것으로 마무리를 한다. 그래서 모든 여자가 쉴 새 없이 수다를 떠는 것이다. 이야기는 그렇게 결론을 맺는다.

밀턴이 물려받은 문학적 창고에는 그런 황당하고 폭력적일 정도로 여성 혐오적인 자료가 풍부했지만—많은 시대, 많은 문화의 표면 아래에 잠복해 있었다—그는 그런 것에는 관여하고 싶지 않았다. 그런 이야기들이 인간 쌍에 대한 『성서』의 비전을 천박하게 배신하는 것임을 쉽게 알 수 있었다. 하지만 그에게 무엇이 남았을까? 완벽한 순수는 실제로 무엇을 닮았을까? 첫―이상적인―결혼생활이 어떠했는지를 어떻게 설득력 있게 보여줄 수 있을까? 첫 인간들은 어떻게 생겼을까? 동물처럼 먹었을까, 아니면 식사를 준비해서 차려 먹었을까? 하루를 어떻게 보냈을까? 무슨 이야기를 했을까? 섹스는 했을까? 밤에 꿈을 꾸었을까? 꾸었다면, 그런 완벽한 행복의 상태에서 악몽도 꾸었을까? 낙원에서 지루하거나 짜증이 나거나 불안했을까? 가끔 서로 의견이 맞지 않았을까? 완벽한 행복을 약속했던 관계가 어쩌다가 그렇게 참담하게 어긋나버렸을까?

우선 밀턴은 아직 시력을 잃지 않았을 때에 보았던 것들을 불러냈다. 사랑했던 풍경, 특히 토스카나의 풍경을 기억했고, 이것을 자신이 직접 읽거나 조수들이 읽어준 수많은 책에서 모은 묘사들과 합쳤다. 하느님―"지고의 '경작자'"―이 첫 인간들을 위해서 만들어준 동산은 그의 시대에 유행하던 그런 형식적인 구조물, 가위질을 한 산울타리들이 정교한 기하학적 패턴으로 예술적으로 배치된 형태는 아니었다(우리말에서는 동산이라고 부르지만, 영어에서는 garden이기 때문에 정원이라고 이해될 수도 있다/역주). 밀턴은 그렇게 확신했다. 오히려 숲이 무성하게 우거지고는 했으며, 가파른 야생의 땅 꼭대기에 자리잡은, 잎이 무성하고 물이 풍부한 땅이었고, 아주 높은 나무들에 둘러싸여 있었다. 틀림없이 꽃이 만발했을 텐데, 이 꽃들은 절묘하게 다채로운 색깔들만이 아니라 짙은 향기 때문에도 선택받았을 것이다. (밀턴은 아라비아 해안으로부터 불어오는 향풍에 배로 실려오던 달콤한 향기들에 대한 선원들의 이야기를 기억했다.) 또 이 동산은 폐쇄되기는 했지만 눈 먼 밀턴이 여전히 마음의 눈으로 볼 수 있는 그런 매혹적인 전망, 저 너머 숲과 강과 먼 평원이 보이는 기나긴 경치를 보여주었다. 그가 상상하던 낙원은 웅장한 시골의 장원과 비슷한 것이었다. "여러 곳이 보이는 행복한 전원의 터"(4:248).

이 장원의 영주와 여주인에 관하여, 밀턴은 이탈리아 여행 동안, 또 귀국해서도 다시 뚫어져라 바라보았을 것이 틀림없는 아담과 이브의 그림과 판화에 의지했다. 그에게 남은 이미지들은 영락하여 슬픔에 젖어 허리를 구부린 인물들이 아니었다. 오히려 전성기 르네상스 예술에서 볼 수 있는, 위엄, 활력, 독립성으로 빛나는, 벌거벗은 한 쌍이었다. 그는 첫 남자와 여자는 "타고난 명예를 입어 하느님처럼 꼿꼿했다"(4:289)고 말했다. 아담은 이마가 넓었다. 앞에서 가르마를 탄 머리카락은 송이를 이루듯이 늘어져 있었지만, 넓은 어깨 밑으로 내려오지는 않았다. 이브의 금발은 훨씬 길었다. 그녀의 분방한 곱슬머리는 늘씬한 허리까지 내려왔다. 인간들이 지금은 죄책감과 수치심 때문에 감추는 "그 신비한 부위"를 둘 다 감추지 않았다. 그들은 죄책감도 수치심도 몰랐기 때문이다.

밀턴은 일종의 신비한 아지랑이를 통해서 보이는, 또는 전략적으로 배치한 무화과나무 잎 때문에 교묘하게 시야에서 감추어진 아담과 이브를 묘사하고 싶지 않았다. 그는 건강한 젊음의 모든 힘을 드러내는 그들을 보고 싶었고, 독자들이 보게 해주고 싶었다. 그들에게는 지상을 초월한 것이 아무것도 없었다. 밀턴은 그들이 서로 깊이 사랑하여, 틀림없이 손을 잡고 쾌적한 동산을 거닐다가, 종종 걸음을 멈추고 이야기를 나누고 입을 맞추고 "젊음의 놀이"에 탐닉했을 것이라고 생각했다(4:338). 배가 고프면 개울가의 부드러운 둑에 앉아 주위에서 풍요롭게 자라는 열매를 먹었다. 시가 이 장면을 묘사하는 말에 따르면, "맛있는 과육을 씹고, 목이 마르면 그 껍질로 넘치는 개울물을 떠 마신다"(4:335-36).

밀턴은 군데군데 비상한 노력을 기울여 신학적인 주장을 펼쳤다. 아담과 이브는 알레고리적인 상징이 아니었다. 그들은 살과 피로 이루어진 사람들이었으며, 물론 우리보다 낫지만 우리와 다른 종류는 아니었고, 철학적인 추상물도 아니었다. 그는 심지어 천사들도, 인간적인 맥락에서 이해해야 한다고 주장했다. 우리가 물질적 본성 때문에 삶의 더 높은 형태와 단절되는 것은 아니기 때문이다. 따라서 아담과 이브에게 사탄에 대해서 경고하려고 하느님이 보낸 천사 라파엘이 친근하게 에덴을 찾아온 것을 묘사할 때, 하늘의 손님은 식사를 하기 위해서 인간들과 함께 앉아, "신학자들의 일반적 주석처럼 시늉만 하는 것이 아니라, 진짜 허기를 얼른 달래고 싶은 마음에" 먹는다(5:435-37). 영적 존재들은 인간과 마찬가지로 물질로 이루어졌다. 밀턴은 더 나아갔다. 그는 만일 천사들이 실제로 진짜 음식을 먹는다면, 인간과 마찬가지로 그것을 소화하고 무엇이든 "생기는" 것은 배출했을 것이 분명하다고 주장했다.[2] 하지만 자신의 평생에 걸친 소화 불량 문제를 슬쩍 곁눈질하면서 적어도 천사들은 위(胃)의 불편은 겪지 않았다고 덧붙였다. "생기는 것은, 영을 통하여 쉽게 배출된다."

 그러나 밀턴이 첫 인간들의 액면 그대로의 진실성을 현실 속에 자리잡게 하기 위해서 생생하게 재현해야 했던 것은 신체적 존재만이 아니었다. 그의 비전을 형체로 만드는 데에 도움을 준 르네상스 예술 덕분에 그것은 쉬운 일이었다. 훨씬 큰 도전은 그들의 내적인 삶, 그리고 그들의 관계의 본질이었다. 가장 어려운 과제는 아담과 이브의 결혼에 생명을 부여하는 방법이었다. 이 대목에서 셰익스피어가 도움이 될 수 없다면, 하물며 아우구스티누스나 루터나 칼뱅은 말할 것도 없었다. 분노를 담은 논쟁적인 글과 교육적 논문과 외교 서신을 쓰던 오랜 공직생활은 전혀 도움이 되지 않았다. 그는 자신의 가장 내밀한 경험, 찰스 디오다티와의 열정적인 우정, 순결을 지키려고 노력하던 긴 세월 동안 소중히 간직하던 공상, 그리고 무엇보다도 첫 결혼과 참담한 신혼 시기에 자신의 내부에서 자극받았던 감정에서 앞으로 나아갈 길을 찾아냈다. 용감하게 또 가차 없이, 이런 후미진 곳들에 다가감으로써 비로소 그는 필요한 것을 발견하게 되었다. 시인으로서 그는 자신의 창조물이 현실이 되기를 간절히 바랐다. 그도 알고 있었듯이, 그것은 아우구스티누스의 신학적 명령일 뿐만 아니라 가장 위대한 문학의 비밀이었다. 그리고 그는 성공했다. 『실락원』에서 아담과 이브는 그들이 처음 구상된 이후 수천 년의 세월 동안 소유했던 삶 가운데 가장 강렬한 삶—완전하게 현실화된 개체만이 아니라 결혼한 부부로서의 삶—을 얻게 되었다.

밀턴의 아담은 천사 라파엘과 대화를 나누다가 하느님이 그의 앞으로 모든 동물을 둘씩 데려오던 순간을 기억한다. 아담은 지체 없이 이름을 지어주었지만—시는 분별력 있게 이 퍼레이드가 얼마나 오래 걸렸는지 암시하는 것을 피한다—자신이 왠지 무엇인가 놓치고 있다는 느낌에 사로잡힌다. 그러나 그것이 정확히 무엇인지는 알지 못한다. 그는 옆에 서 있는 거룩한 존재를 돌아보며 묻는다. "혼자서 무슨 행복이 있습니까?" 하느님은 웃음을 지으며 혼자라는 말이 무슨 뜻인지 아느냐고 묻는다. 인간은 방금 온 세상의 모든 종을 소개받지 않았는가? 이 종들 가운데 일부는 이성을 가지고 있으며, 아담은 그들과 놀 수 있다. 하느님은 그렇게 덧붙였다. 아담은 고집을 부린다. 동물 모두가, 심지어 가장 훌륭한 동물이라고 해도 자신보다는 한참 아래이다. 그가 구하는 친교는 상호적인 것이다. 그렇지 않으면 아무리 대화를 해보려고 해도 지루하기만 할 것이다. 그에게는 짝, 동등한 존재가 필요하다. 그는 하느님에게 묻는다. "동등하지 않은 존재들 사이에서, 무슨 교제가 이루어지고, 무슨 조화나 진정한 기쁨이 있겠습니까?"(8:383-84)

신의 반응은 이상하다. 나는 어떻다고 생각하는가? 하느님은 아담에게 묻는다. 나는 영원토록 혼자였고 동등한 존재가 없었다. 내가 대화를 나누는 피조물은 나보다 무한히—말 그대로 무한히—아래이다. 모두 내가 만든 것임은 말할 필요도 없다. "네가 보기에 나는 행복을 충분히 누리는 것처럼 보이는가, 아닌가?"(8:404-5) 이것은 하느님은 말할 것도 없고 누가 물어도 불편한 질문이며, 따라서 이때 인간의 답이 무슨 말인지 모를 만큼 외교적인 것도 놀랄 일은 아니다. 하지만 아담은 푸짐한 칭찬과 회피의 와중에, 감히 하느님을 대신해서 말하지는 못하지만, 자신보다 낮은 동물이 아니라 다른 인간과 대화를 나누고 싶다는 자신의 욕망은 증언할 수 있었다. 더욱이 하느님은 완벽하기 때문에 번식이 필요하지 않지만, 인간인 그는 아무래도 무엇인가 부족하다는 것을 안다고 덧붙였다.

첫 인간에게 이런 부족의 느낌이 생긴 이유는 분명하지 않다. 「창세기」는 아무런 안내도 해주지 않기 때문에, 밀턴은 자신의 경험으로 1642년 그 운명의 7월에 혼자인 삶을 끝내고 아내를 얻는 쪽으로 자신을 몰아간 것이 무엇인지 돌아가보아야 했다. 아담은 틀림없이 자신이 "혼자인 불완전함"이라고 부른 것, 즉 "혼자 있는 불완전함"을 고통스럽게 의식했을 것이다. 밀턴은 그렇게 생각했다.

대화의 이 지점에서 하느님은 다른 것을 이야기하는데, 아담은 분명히 동요를 느꼈을 것이다. 하느님은 아담에게 그를 시험했을 뿐이라고, 그가 앞에 데려온 짐승들 가운데 혹시 어느 것을 기쁜 마음으로 선택하지 않나 보려고 했을 뿐이라고 말했다. 『성서』에는 시험에 관한 이야기가 전혀 없다. 「창세기」에서 하느님은 이렇게 말한다. "사람이 혼자 사는 것이 좋지 아니하니, 내가 그를 위하여 돕는 배필을 지으리라 하시니라." 이 구절은 수 세대에 걸친 주석가들을 괴롭혔듯이 밀턴도 괴롭혔을 것이 분명하다. 하느님은 이제야 자신이 빠뜨린 것을 눈치챘다는 것일까? 전능한 하느님이 어떻게 실수를 할 수 있을까? 엘레아자르 랍비가 『탈무드』에서 주장했듯이, 아담이 여자의 창조 전에 정말로 모든 동물과 섹스를 시도해보았을까?[3] 히브리어를 공부했던 밀턴은 랍비들의 주석을 열심히 살펴보았지만, 이 생각은 너무 극단적임을 알게 되었다. 차라리 하느님이 인간의 식별력을 관찰하고 싶어서 아담이 동물들 가운데 어느 것을 대화 파트너로 고르는지를 보려고 전부 데려왔다고 상상하는 것이 나을 것 같다고 그는 생각했다. 아담이 끝까지 버티며 인간 대화 상대를 요구하자 하느님은 시험을 통과했다고 선포하면서, 아담이 말하기 전부터 사람이 혼자 사는 것이 좋지 않다는 사실을 이미 알고 있었다고 덧붙였다.

아담은 시험이 이 지점에서 끝난 것이 다행이라고 라파엘에게 말한다. 하느님과 대화를 하는 긴장감이 너무 커서―"어지럽고 진이 빠져"(8:455)―당장이라도 쓰러질 것 같았기 때문이다. 실제로 그는 쓰러졌다. 그러나 마치 몽환 상태에 빠진 듯, 자신은 땅바닥에 누워 있고, 하느님이 허리를 굽혀 그의 왼쪽을 열고 "싱싱한 생명의 피가 흐르는" 갈비뼈를 꺼내는 것을 볼 수 있었다. 랍비들도 비슷하게 아담이 자신의 뼈로 하느님이 여자를 만드는 과정을 지켜볼 수 있었을 가능성을 생각했지만, 만일 그랬다면 아담이 눈에 보이는 것을 너무 역겨워하여 하느님은 그 피조물을 부수고 처음부터 다시 시작했을 것이라고 상상했다. 밀턴은 미드라시의 이런 주석을 염두에 두었을지 모르지만, 아담에게는 그 광경이 흥미진진하기만 했다고 주장했다. 아담은 그녀의 모습을 보자 "나의 마음에 전에는 느껴보지 못한 달콤함이 스며들었다"고 기억한다(8:475).

밀턴 이전에 다른 사람들도 아담에게 그런 감정이 솟아올랐을 것이라고, 적어도 암시는 했다. 그가 알다시피 히브리어 「창세기」 절들은 여성 대명사 zo't를 되풀이해서 반복하는, 즉 "이것", "이것", "이것"을 반복하는 시로 그런 감정을 암시한다.[4]

이것이로구나, 내 뼈에서 나온 뼈요,

　내 살에서 나온 살이로구나.

이것은 지아비에게서 나왔으니

　이것을 지어미라고 부르리라! (2:23, 올터 번역)

"지상의 기쁨의 동산"이라고 알려진 히에로니무스 보스의 유명하고 이상한 그림에서 아담은 황홀하고 경이로운 표정으로 새로 창조된 묘령의 이브를 바라본다. 밀턴은 그런 경이감을 전달하기 위해서 영국 르네상스에 만개했던 사랑시―"첫눈에 사랑에 빠져보지 않은 누가 사랑을 해보았다고 할 수 있겠는가?" 하고 크리스토퍼 말로는 물었다―에 기댈 수 있었으며, 또 자신이 처음 경험한 사랑의 달콤함에도 의존했던 것으로 보인다. 『실락원』의 아담, 시인의 밤의 꿈들로부터 등장한 남자는 웅변적으로 매우 강렬하게 자신의 감정을 표현한다.

　환상에서 깨어난 아담은 이브와 비교할 때, 세상의 다른 모든 것―그는 사실 낙원에 있었는데도―이 갑자기 추레해 보인다는 것을 알았다. 그는 그녀를 찾으러 나갔을 때, 만일 그녀를 찾아내지 못하면 그녀를 잃은 것을 영원히 애달파하게 될 것이라고 확신했다. 하느님이 보이지 않게 그녀를 그에게로 이끌었고, 그녀는 처음에는 고개를 돌렸지만, 그의 구애를 받아들이고 얼굴을 붉히며 "결혼의 침실"로 이끌려왔다. 그곳에서 아담은 처음으로 그가 "지상의 행복의 절정"이라고 부르는 것을 경험했다.

　밀턴은 가톨릭 지식인들이 오래 전부터 낙원에서 성교는 오직 후손을 생산하기 위해서 기획되었고, 따라서 냉정하게 거리를 두는 듯한 방식으로 이루어졌다고 추측해왔다는 것을 아주 잘 알고 있었다. 그 행동이 자극이나 흥분 없이 수행된다면 전혀 특별할 것이 없는 공적인 일이었을 것이라는 아우구스티누스의 주장도 읽었다. 『실락원』은 이런 신학적 전통 전체가 거짓이라는 일종의 목격자 증언을 상상한다. 밀턴은 이렇게 주장한다. "위선자들이 순수와 장소와 순결에 관해 아무리 금욕적으로 이야기했다 해도"(4:744-45), 낙원의 아담과 이브는 볼 만하게 훌륭한 잠자리를 했고, 또 은밀하게 했다. 그들의 침실은 가려져 있었으며, 그곳은 그들만의 것이었다. 다른 피조물, "짐승, 새, 곤충, 벌레"(4:704)는 감히 들어오지 못했다. 이브는 혼인 침대를 꽃과 달콤한 냄새가 나는 약초로 장식했고, 그곳에서 그들은 서로의 몸을 배타적으로 소유했다—다른 모든 것은 공동으로 누리는 세상에서 유일한 형태의 사적 소유였다고 시는 말한다.

그러나 가없는 사랑과 열정적인 상호 소유가 어떻게 밀턴이 결혼에 필수적이라고 생각했던 위계적 질서—남자가 위에 있다—와 양립할 수 있었을까? 밀턴은 그런 질서가 어떤 기분이고 어떻게 들릴지 알았다. 아담은 이브에게 동산의 수풀이 너무 무성하니 다음 날 아침 일찍 일어나서 가지를 쳐야겠다고 말한다. 이브는 유순하게 애정을 담아 대답하는데, 아마 이것은 갓 결혼한 밀턴이 자신과 결혼한 여자에게서 기대했던 것임에 틀림없다.

그대가 명하시는 것을
나는 두 말 없이 따릅니다. 그렇게 하라고 하느님이 명령하시는데,
하느님은 그대의 법이고, 그대는 나의 법입니다. 그 이상 알지 못하는 것이
여자의 가장 행복한 앎이고 여자가 칭찬받는 이유입니다. (4:635-38)

완벽한 아내는 모든 일에서 명랑하게 남편의 뜻을 따른다.
이브는 프랑스의 우화시들이 주장하는 것과는 달리 길들여지거나 매를

맞아 이런 복종하는 자세를 취하게 된 것이 아니다. 밀턴의 관점에서는, 또 그와 같은 시대에 살았던 많은 사람들의 관점에서는, 낙원에서 여자의 복종은 자연스럽게 우러나왔을 것이다. "그런 순수의 상태에서 아내는 남자에게 복종을 했을까?" 17세기 퓨리턴인 알렉산더 로스는 물었다. "그렇다." 그는 자신의 질문에 대답했다. "하지만 아내의 이런 복종은 나중에 죄에 의해서 내키지 않고, 원한을 품고, 문제를 일으키는 쪽으로 변질되었던 복종과는 달랐을 것이다."[5] 하느님의 설계에서 아담과 이브는 모두 인류의 훌륭한 표본이었지만, 결코 동등하지는 않았다. "남자는 명상과 용기를 위하여 빚어지고, 여자는 부드러움과 달콤하고 매력적인 우아함을 위하여 빚어졌다." 밀턴은 이렇게 쓴 다음, 자족적이고 자화자찬격인 성 차별로 악명을 높이게 되는 행을 덧붙였다. "남자는 하느님만을 위하여, 여자는 남자 안의 하느님을 위하여 빚어졌다"(4:297-99).

놀라운 점은 밀턴이 이런 널리 공유되는 그림을 따랐다는 것이 아니라, 그 안에서 근본적이고 해결 불가능한 문제를 인식했다는 것이다. 그 문제란 그가 생각했던 것과는 달리 여자가 복종하지 않으려고 한다는 것이 아니었다. 그의 이야기는 릴리스(유대 전설에서 이브에게 쫓겨난 아담의 첫 부인/역주)에 관한 것이 아니다. 오히려 바로 그런 행복의 경험 자체에 무엇인가 파괴적인 것, 적어도 여자만큼이나 남자에게도 파괴적인 것이 있었다.

아담은 라파엘에게 그 문제를 설명하려고 한다. 나는 여자가 열등한 존재라고 알고 있다고 그는 천사에게 말한다. 우리 둘 다 하느님의 형상대로 만들어졌지만 내가 여자보다 하느님을 더 닮았다는 것을 알고 있다. 내가 우위이고 또 계속 그렇게 되는 것으로 이해하고 있다. 하지만 그녀의 아리따움에 다가가면 공식적인 이야기는 이제 진실로 보이지 않는다. "여자는 절대적으로 또 그 자신 안에서 완전해 보여서"(8:547-48) 오히려 우월한 인간은 여자인 것처럼 보인다.

천사의 답—이맛살을 찌푸리며 아담에게 자존심을 더 가져보라고 말한다—은 도움이 되지 않는다. (그런 답은 도움이 되는 법이 없다.) 사랑에 깊이 빠진 인간이 느끼는 것을 천사가 어떻게 이해할 수 있을까? 라파엘은 아담에게 단순한 성적 쾌감, 그가 경멸하는 말투로 하는 말에 따르면, 소나 다른 모든 짐승에게도 내려주신 쾌감을 과대평가하지 말라고 경고한다. 아담은 물론 침대에서 일어나는 일도 라파엘의 말이 암시하는 것보다 훨씬 존중하지만, 자신이 묘사하려고 하는 느낌을 자극하는 것은 단지 그것만이 아니라고 위엄 있게 덧붙인다. 오히려 그는 이브가 그에게 그렇게 즐거운 것은 완벽한 결합—"우리는 둘이지만 하나의 영혼"—을 보여주는 "그 우아한 행동, 그 수많은 품위 있는 몸짓"이라고 말한다. 그의 사랑, 아내와의 신체적이고 영적인 친밀한 교제는 남성으로서 자신이 고수해야 하는 우월감을 지워버린다. 대신에 압도적인 유대감을 느끼게 한다. "우리는 둘이지만 하나의 영혼"(8:604).

아담의 말에는 공식적인 노선에 대한 암묵적 거부, 또는 적어도 천사를 비롯한 하늘의 무리가 인간의 경험을 매우 불완전하게 이해하고 있다는 정중하지만 단호한 주장이 담겨 있다. 사실 밀턴의 첫 인간은 천사의 둔감함을 보고 천사의 성적 경험은 과연 어떠한지 의문을 품기까지 한다. "하늘의 영도 사랑은 하지 않는가." 그는 라파엘에게 묻는다. "그럼 그들은 사랑을 어떻게 표현하는가, 그냥 표정으로만?" 라파엘은 적어도 천사 치고는 특별한 일을 한다. 그는 얼굴을 붉힌다. "우리가 행복하다는 것을 알아두라고만 말하겠다. 사랑이 없으면 행복도 없다"(8:620-21). 말을 적당한 데에서 끝낼 줄 모르는 부모처럼 라파엘은 세밀한 부분까지 노골적으로 이야기하려고 한다─천사에게는 막(膜)이나 "배타적 장벽"이 없다느니 하면서. 그러다가 말을 뚝 끊고 오후의 시간이 다 지났다고 하며 다시 하늘로 날아간다.

아담은 천사와 대화를 할 때, 심지어 그 전에 하느님과 대화를 할 때에도 어떤 고집스러운 인간 독립성을 분명하게 보여준다. 이것은 밀턴이 분노한 선생에게 케임브리지에서 쫓겨나고, 눈앞에 놓여 있던 교회에서의 손쉬운 출셋길을 거부하고, 왕이나 주교와 맞서 일어서고, 자신의 개인적 신학을 세워보겠다고 결심한 사람이라는 사실을 기억하지 않는다면 완전히 충격으로 다가올 것이다. 밀턴의 상상에서 살아 있는 형태를 취한 아담은 위에서부터 건네준 교리를 무조건 받아들이는 사람이라고는 할 수 없다. 하지만 이 경우─남성의 여성에 대한 원칙적인 우월성─밀턴은 관습적 교리가 진실이라는 것은 의심하지 않았다. 문제는 이런 진실이 누군가를 사랑할 때에 실제로 느끼는 것과 조화를 이룰 수 없다는 것이었다. 아담은 신에게 물었다. "동등하지 않은 존재들 사이에 무슨 조화나 진정한 기쁨이 있겠습니까?"(8:583-84)

이브는 아담의 갈망에 대한 답이었다. 그러나 그녀는 아담을 구성하고 있는 바로 그 재료로 빚어져 있고 이런 의미에서 그와 동등하기는 하지만, 그럼에도 완전히 똑같지는 않다. 깨어나서 의식을 가지게 되는 순간 그녀는 아담이 그랬던 것처럼 창조자를 찾아 하늘을 쳐다보지 않았다. 대신 근처 호수로 가서 맑고 잔잔한 물에 비친 자신을 살펴보았다.[6] 신비한 목소리가 그녀를 뒤로 끌어내고 아담이 살며시 그녀의 손을 잡았을 때에야 그녀는 머뭇거리며 기쁨을 주는 자신의 이미지를 떠났다.

물론 이 자기도취의 순간을 이브의 결함으로 해석하는 것도 가능하다. 수백 년에 걸친 여성 혐오적인 설교는 그런 주장을 해왔다. 그러나 밀턴이 반드시 그런 결론을 끌어냈던 것은 아니다. 그는 여자가 남자에 비해서 내적인 불완전함이라는 느낌에 덜 시달리고, 누군가를 덜 필요로 하는 것처럼 보인다고 상상했다. 그리고 이 시에서는 이런 차이의 인식으로부터 참사에 대한 이해가 생겨난다.

밀턴이 젊은 신부와 함께 런던으로 돌아와서 잠깐 함께 살다가 신부가 떠나버린 1642년 여름—사반세기 이상 지난 일이었다—의 몇 주일 동안 실제로 무슨 일이 있었는지 우리는 전혀 모른다. 그 경험이 시인의 상상 속에 나타난 아담과 이브의 직접적인 모델이었을 가능성은 적다. 하지만 적어도 밀턴은 관습적인 기대와 실제 느낌 사이에 고통스러운 긴장이 존재한다는 인식에 이르기는 했을 것이다. 『실락원』에서 그 긴장은 풍부하면서도 이상한 어떤 것으로 변형된다. 위계—"남자는 하느님만을 위하여, 여자는 남자 안의 하느님을 위하여"—는 아내의 아름다움, 친절, 그리고 무엇보다도 자율성에 대한 남편의 압도적 인식 밑에서 무너지기 시작한다.

천사의 방문 뒤, 이 남녀가 잠에서 깨어나 동산에서 하루의 일과를 시작할 때 이브의 자율성은 시험을 받는다. 그 과제는 즐거운 것이어야 하지만 일은 진짜이지 단순한 상징이 아니며, 이브는 그 과제가 감당할 수 없게 되어간다는 아담의 말을 반복한다. 시는 그렇게 주장한다. 그들이 낮 동안에 이룬 것—"우거진 것을 자르거나 가지를 치거나 받쳐주거나 묶어주고"(9:210)—은 밤에 다시 전부 자라면서 쓸모없는 일이 되어버린다. 그녀는 "더 많은 일손이 우리를 돕기" 전에는 더 뒤처지게 될 뿐이라고 말한다. 그녀는 그들 모두 인식하게 된 문제를 처리하기 위해서 자신이 고안한 실험, 새로운 구상을 제시한다. "우리 일을 나누어요." 그녀는 제안한다. 함께 있으며 한가한 대화로 낭비하는 시간을 줄이자는 것이다.

아담은 처음에는 "온화한 대답"을 한다. 이브의 분업 제안은 칭찬할 만하지만—"집안일을 잘 살피는 것보다 여자에게서 더 어여쁜 것은 없기 때문이다"—이것은 오도된 것이다. 왜냐하면 이곳은 결국 낙원이고, 일은 고된 것이어서는 안 되기 때문이다. 짧은 순간 그는 태도를 바꾼다. 만일 이브가 하는 말의 속뜻이 그들의 대화가 지루하다는 것이라면, 기꺼이 잠깐 혼자 있게 해주겠다. "가끔은 혼자 있는 것이 최선의 사교이기 때문이다"(9:249). 그런 뒤에 답을 기다리지도 않고, 충분히 혼자 있게 해주지도 않고, 사탄이 근처에 숨어 있을지도 모르니 어떤 경우든 자기 곁을 떠나면 안 된다고 말하는 실수를 저지른다.

이브는 "달콤하지만 엄하고 침착한" 대꾸로 상처받은 감정을 드러낸다. 그녀는 아담에게 당신이 나의 확고함을 의심한다는 이야기를 "듣게 될 줄은 몰랐어요"라고 말한다. 밀턴이 가엾고 "가정적인 아담"이라고 부르는 남자는 그녀를 달래려고 한다. 그는 단지 사탄이 어떤 식으로 위협하든 함께 맞서야 한다는 이야기를 하려고 했던 것뿐이다. 그러나 이미 준 상처는 복구하기가 쉽지 않다. 이브는 여전히 "달콤한 말투"를 사용하지만 이번에는 단도직입적으로 묻는다. "이것이 우리의 조건이라면 우리가 어떻게 행복하다고 할 수 있나요?" 우리는 함께 있든 혼자든 유혹에 저항할 수 있는 도덕적 힘—그녀가 사용한 말은 "성실성"이다—을 가진 존재로 창조된 것이 분명하다. 우리가 방어를 위해서 늘 서로 붙어 있어야 할 만큼 창조주가 우리를 "불완전하게" 만들었다고 상상하지 말자. "만일 그렇다면 우리의 행복은 덧없고, 그렇게 위험에 노출되어 있다면 에덴은 에덴이 아닐 거예요"(9:340-41).

우리는 물론 이 모든 상황이 참사를 향해 다가가고 있다는 것을 알지만, 이브의 주장에 반격을 하기는 어렵다. 우리 또한 사탄의 위협이 일시적인 것이 아님을 알기 때문이다. 그들은 절대 떨어져 있을 수 없는 것일까,

몇 시간이라도? 사실 자신의 성실성에 대한 그녀의 자신감을 보면 그녀가 "그녀 자신 안에서 완전해" 보인다는 아담의 찬사가 빈말이 아님을 알 수 있다. 비참해지고 약이 오른 아담은 발끈해서 소리친다. "오 여자여." 마치 사물의 질서 전체를 방어하라는 부름을 받은 것처럼 그는 하느님이 창조한 어떤 것에도 "불완전하거나 부족한 것은 없다"고 선언한다. 그의 방어는 조금 이상해 보이는데, 그것이 바로 이브가 주장하는 바이기 때문이다. 그러나 돌이켜보면 아담은 앞에서 하느님에게 혼자 있을 때, 자신이 불완전한 동시에 부족하다는 느낌을 받는다고 자신의 감정을 표현했다. 하지만 이제 아담은 이브가 원칙적으로 유혹에 저항하는 데에 필요한 확고함이 부족할 리가 없다고 인정함으로써 구석에 몰렸다. "하느님은 의지를 자유롭게 두셨다." 아담은 그렇게 말한 이상 이브가 자기 곁을 떠나는 것을 허락할 수밖에 없다. "가라, 자유롭지 않게 그대가 머물면 그대는 더욱 더 없는 사람이 된다." "그럼 그대가 허락한다면"(9:378) 하고 이브는 대꾸하며, 그의 손에서 손을 빼내 혼자 떠난다.

배우자와 말다툼을 해본 사람이라면—다시 말해서 어떤 사람과 상당한 기간 동안 친밀하게 함께 살아본 사람이라면—밀턴이 사랑, 분노, 다친 감정, 달래려는 시도, 말뿐인 칭찬, 수동적 공격, 좌절, 굴복, 독립, 갈망으로 이루어진 독특한 시소 놀이를 얼마나 뛰어나게 포착하고 있는지 인정할 것이다. 밀턴이 독자에게 이런 말다툼하는 남편과 아내가 에덴에 있고 아직 타락하지 않은 상태임을 설득할 필요가 있다는 사실을 고려할 때, 이런 창의적 천재성은 더욱 돋보인다. 이것이 낙원에서 벌어지는 부부싸움의 모습이다.

정교한 배경 이야기—천국의 전쟁과 하느님이 창조한 인간들에 대한 사탄의 악의에 찬 적대—는 「창세기」에서 뱀의 수수께끼 같은 역할을 이해하는 데에 도움을 주었다. 그러나 밀턴은 첫 인간들이 그냥 사탄에게 속아서 복종을 하게 되었다는 생각, 천상의 음모의 피해자들이라는 생각을 받아들일 수 없었다. 아담과 이브는 틀림없이 똑똑하고, 아는 것도 많고, 미리 경고를 받았다. 그들은 틀림없이 자유로웠고 순수했다. 그러나 그들이 둘 다 자유롭고 순수하다고 해도, 순수에는 그것을 휘저어놓는 것이 있고, 자유에는 그것을 위협하는 것이 있을 수밖에 없었다.

순수에서 그것을 휘젓는 것은 아무리 여러 번 경고를 받아도, 아무리 상상을 하려고 해도, 악을 이해하는 것이 불가능하다는 사실이다. 자유에서 그것을 위협하는 것은 아담이 이브를 보내면서 인정하는 고통 속에서 엿볼 수 있다. "가라, 자유롭지 않게 그대가 머물면 그대는 더욱더 없는 사람이 된다." 강요할 수 없는 것들이 있고, 진정한 친밀성은 그중에서도 가장 중요한 것이다. 그리고 이브는 다정하게 어쩌면 약간 아이러니를 섞어 복종의 외피를 입으려고 하지만—"그럼 그대가 허락한다면……"—그럼에도 끈질기게 자유를 포기하려고 하지 않으며 그런 포기는 있을 수 없다는 태도를 감추지 않는다. 그녀는 설득당할 수 있을지는 모르나, 강요당할 수도 없고 강요당하지도 않을 것이다.

자유는 순수를 위협한다. 그러나 밀턴은 자유 없는 순수는 가치가 없고, 영원한 미성숙이나 속박의 상태라고 생각한 것이 분명하다. 그의 삶의 모든 것—정치에서, 신앙에서, 교육 이론에서, 결혼과 이혼을 바라보는 입장에서—은 동의, 자유롭게 수락하거나 거부하는 동의에 초점을 맞추고 있었다. 그래서 이혼 소책자들의 신랄함에도 불구하고, 밀턴은 아내에게 자신을 떠날 권리가 없다고 한번도 주장하지 않은 것이다. 그는 그녀가 자신의 의지에 반해 계속 머물러야 한다고는 주장할 수 없었다.

이런 개인적 자유의 영역은 밀턴이 살 가치가 있는 삶이라고 생각하는 것에서 핵심이었으며, 아담이 불안과 좌절감에도 불구하고 이브가 혼자 몇 시간 동안 떠나 있는 것을 완벽하게 납득할 수 있는 이유이며, 그녀가 운명적인 유혹과 마주할 때에도 혼자 있는 것이 어울리는 이유이다. 자유는 그 핵심에서는 집단적 소유물이 아니다. 그것은 각 개인에게 속한다.

밀턴의 이야기에서는 이브가 충동적으로 또는 아무런 생각 없이 유혹에 굴복했을 리가 없다. 그녀와 뱀 사이에는 긴 대화가 있을 수밖에 없었고, 그녀는 배가 몹시 고팠음에도 뱀의 주장에 담긴 의미들을 모두 끝까지 생각한 뒤에야 금지된 열매를 먹겠다는 운명적인 결정을 내렸을 수밖에 없다. 그녀는 속으로 선과 악을 아는 것은 그 자체로 좋은 것임에 틀림없다고 추론한다. "알지 못하는 선은, 가지지 못한 선이기 때문이다"(9:756). 열매를 먹지 말라는 금지는 "우리에게 선을 금하고, 우리에게 지혜로워지기를 금하는 것"일 수 있을까? 그것은 말이 되지 않는다. "그런 금지는 구속력이 없다." 복종하지 않는 누구에게나 위협으로 다가오는 죽음에 관해서 말하자면, "그렇다면 우리의 내적인 자유가 무슨 득이 되는가?" 따라서 그녀는 결론을 내린다. 열매를 먹지 말라는 금지는 신의 시험임에 틀림없다. 『실락원』의 독자들은 하느님이 아담에게 방금 이름을 지어준 동물들 사이에서 상대를 찾으라고 제안했을 때에 그런 시험을 목격했다. 이브는 시험을 통과하기 위해서—하느님이 인간에게 부여한 자유를 누릴 자격을 갖추기 위해서—손을 뻗어, 금지된 열매를 따고, 그것을 먹기로 결정한다. 타락하는 쪽을 선택한다.

밀턴의 이야기에서 이브는 이 운명적인 행동의 결과로 즉시 또다른 선택과 마주한다. 아담에게 자신이 한 일을 이야기하고 그도 이 새로 얻은 지식에 참여하자고 할 것인가, 아니면 열매를 먹음으로써 자신이 얻게 된 우위—그녀는 그렇게 상상했다—를 그냥 유지할 것인가? 만일 그녀의 표현대로 "지식의 차이를 이용해 나의 힘을 높이기로" 결정하면, 그녀는 그것으로 여성에게 귀속된 열등한 위치, 천사 라파엘이 아담에게 염두에 두라고 엄하게 촉구했던 위치를 보완하게 될 것이다.

이브는 아담과 마찬가지로 가장 진정한 사랑은 동등한 두 사람 사이에만 존재한다고 믿었다. 그녀는 추가로 얻은 지식을 이용하여 다음과 같은 일을 할 수는 없다고 스스로에게 말한다.

그의 사랑을 더 끌어내고
나를 더 동등하게 만드는 것. 어쩌면
바람직하지 않은 일은 아닐지도 몰라, 언젠가
우월해지는 것. 열등해서는 누가 자유롭겠어? (9:822-25)

밀턴은 마지막 질문이 이브에게서 심각하게 어긋난 것의 표시라고, 그녀의 죄의 결과로 이미 일어나기 시작한 타락이라고 이해했을 것이 거의 틀림없다. 그럼에도 그의 상상에 나타나는 인간들은 자신의 권리의 힘을 주장할 만큼 독립적인 현실성을 달성한 인간들이었다. 이브가 아담이 열등한 존재를 사랑하고 싶어하지 않는다고, 심지어 이따금씩 위계질서의 역전이 일어나서 여자가 우위에 서는 것도 "바람직하지 않은 일은 아니"라고 믿는 데에도 그럴 만한 이유가 있었던 것이다.

결국 이브는 아담과 공유하기로 결정한다—자신은 결국 죽고 그런 다음 아담이 "다른 이브"와 결혼할지도 모른다는 생각을 감당할 수 없었기 때문이다. 그렇다면 아담은? 밀턴의 생각 속에서 아담은 속지 않았다. 그는 이브가 엄청난 잘못을 했다는 것을 알았지만 즉시 그녀와 운명을 함께하기로 결심한다. "내가 그대 없이 어떻게 살 수 있겠나?" 그는 자신에게 부여된 공식적 우월성을 받아들이지 않으려고 했다. 그녀는 그에게 "모든 하느님의 작품 가운데 마지막이자 최고"였다. 그리고 그는 직관적으로 공식적인 해결책이라고 파악한 것, 즉 하느님에게 "또다른 이브를 창조하게" 하는 것도 받아들이려고 하지 않았다. 아담 자신의 표현대로 갈비뼈는 또하나 내놓을 수 있지만, 사랑하던 여자를 잃은 상실감은 결코 그를 떠나지 않을 것이었기 때문이다.

열매를 먹겠다는 아담의 결정은 '원죄'라는 참사를 완성했다. 그 뒤에, 밀턴의 비전에서는, 서로에게 취해 강렬한 성적 쾌감이 이어졌고, 이것은 씁쓸한 수치심을 낳았다. 타락 전에는 그렇게 복잡하고 섬세하게 그려졌던 결혼의 친밀함이 해체되고 서로에 대한 비난과 불행만 남았다. 아담의 오랜 탄식―왜 내가 그런 짓을 했을까? 내 죄의 무게를 어떻게 감당할 수 있을까? 나는 어떻게 될까?―은 이브가 그에게 다가오려고 하자 분노로 터져나온다. 그는 격하게 그녀를 물리친다. "내 눈앞에 나타나지 마라, 이 뱀아"(9:867).

아담의 마음에서 이브는 그들의 파멸을 가져온 가증스러운 작인(作因)과 구별이 되지 않았으며, 그녀를 보게 되자―밀턴이 이혼 소책자들에서 썼듯이―오직 "괴로움과 상실의 고통, 신에게 버림받은 사람들이 느끼는 것과 어느 정도는 비슷한 감정"이 찾아왔다. 밀턴은 첫 남자가 몹시도 비참하여 이브만이 아니라 모든 여성에 대한 혐오에 빠져들었을 것이라고 확신했다. 아담은 이렇게 자문한다. "왜 하느님은……지상에 이런 새로운 것, 자연의 이 아름다운 결함"을 창조했을까?(10:891-92) 왜 그나 여느 남자는 "적과, 자신이 증오하거나 수치스러워 하는 것"과 결혼을 하고 마는 것일까?

그러나 이 지점에서 밀턴이 파경 이후 그 자신이 느꼈던 가장 유독한 감정을 끌어들이고 있었다고 해도, 그는 동시에 그 감정들을 놓아버렸던 순간도 기억했다. 그는 자신에게 큰 잘못을 저지른 여자가 런던의 친구 집에서 자신의 발 앞에 무릎을 꿇고 용서를 빌던 때를 기억했다. 이브는 아담의 여성 혐오적 책망에도 물러서지 않고,

> 멈추지 않고 눈물을 흘리며,
> 머리카락을 완전히 흐트러뜨린 채, 그의 발 앞에
> 겸손하게 쓰러지며, 두 발을 끌어안고
> 그가 화해해주기를 탄원했다. (10:910-13)

그러자 아담은 "마음이 누그러졌다."

1645년에 울고 있는 메리를 안아 일으켜서 결혼생활을 다시 이어갔을 때 밀턴 자신도 마음이 실제로 누그러지지 않았을까?[7] 이 순간, 그리고 그 뒤에 이어진 세월로부터 그는 자신이 아담에게서 찾아낸 깊은 사랑의 느낌을 끌어낸 것일까? 그 뒤로 그들이 자식 넷을 잇따라 낳았다는 사실―1652년에 네 번째 아이를 낳다가 메리가 죽을 때까지―이 우리에게 답을 주지는 못한다. 그러나 『실락원』은 적어도 밀턴이 소원해진 남편과 아내 사이의 완전한 화해를 뜨겁게 갈망했다는 것을 보여준다. 사실 아담은 하느님에게 다른 이브를 만들어달라고 부탁하지 않겠다고 결심하여 에덴에서 이혼에 해당하는 행동을 의도적으로 거부했다. 타락 뒤에 이브는 하느님의 진노의 결과를 온전히 혼자 감당하겠다는 청원을 하겠다고 제안하지만 아담은 이런 생각을 받아들이지 않는다. 또 함께 자살하자는 그녀의 제안, 자식을 두지 않기 위해서 잠자리를 하지 말자는 생각도 마찬가지로 거부한다. 결국 그들은 결혼한 한 쌍으로서, 천천히 자신들의 부서진 삶을

수습할 수밖에 없다.

그들은 똑같이 행동함으로써 그 과정을 시작한다. 함께 무릎을 꿇고 하느님에게 자신들의 잘못을 고백하고 자비를 간청하는 것이다. 밀턴은 그들이 여전히 하느님의 벌을 피할 수 있을지도 모른다는 희망을 품고 있었다는 점을 분명히 해둔다. 아담은 자신과 아내에게 하느님은 "틀림없이 누그러져서 불쾌한 마음을 돌리실 거다"라고 장담했다(10:1093-94). 결국에 흙으로 돌아가는 것이 변함없는 그들의 운명이라고 해도, 적어도 "하느님에게서 안락을 주는 것들을 많이 받아 이 세상을 편안하게 지나가게 될 것이라고" 기대할 수는 있을 것이다. 그것이 아담의 생각이었다. 사실 그들은 그동안 상상할 수 있는 가장 아름다운 동산에서 살아오지 않았는가. 아담은 일어서며 그들이 함께 한 기도를 하느님이 들었다고 확신했다. 그는 이브에게 말했다. "죽음의 괴로움은 지나갔고 우리는 살게 될 것이다"(11:157-58).

물론 제목이 이미 암시하듯이 『실락원』은 그렇게 행복한 결말로 끝나지 않는다. 죽음의 괴로움은 지나가지 않았다. 아담이 가장 절망적인 분위기에서 직관적으로 하느님이 "느리게 걷는 악, 우리의 고통을 늘리는 기나긴 죽음"(10:963-64)으로 자신들을 괴롭히는 쪽을 선택했다고 생각한 것이 진실에 더 다가가 있었다. 인간들이 '생명의 나무'로 손을 뻗어 "그것을 먹고 영원히 살"(11:94-95) 기회를 절대 가지지 못하게 하기 위해서 낙원에서의 추방이 선포된다. 이 대목에서 밀턴은 그냥 「창세기」를 직접 인용하고 있지만, 이 오래된 구절이 불편했던 것으로 보인다. 그래서 하느님이 수식 어구—"적어도 영원히 살 꿈을 꾸지"—를 덧붙이게 하지만 이 수식 어구는 추방의 동기를 훼손하는 것으로 보인다.

하느님이 인간들이 동산에 그대로 남을 경우 그들을 불멸의 존재로 만들어줄 마법의 나무 열매를 먹을 것이라고 실제로 걱정할 수 있었을까? 밀턴은 그답지 않게 이 신학적 문제와 씨름하여 무릎을 꿇리지 못한다. 그는 대신 하느님의 선포로 인해서 생겨난 인간의 강렬한 불안에 초점을 맞춘다. 아담은 슬픔 때문에 어쩔 줄을 모르고 서 있다. 아무런 말도 하지 못한다. 이브는 자신이 심은 꽃이나 자신이 장식한 결혼의 침실과 영원히 작별해야 한다는 생각에 운다. 하느님이 이 선포를 전달하고 또 집행하게 하려고 보낸 대천사 미카엘은 그냥 여자에게 애초에 그녀의 것이 아니었던 것을 "지나치게 좋아하지" 말라고 말한다. 천사의 이러한 시각과 도저히 달랜 수 없는 지주에 의해서 집으로부터 추방당한 인간들의 시각 사이의 단절이 밀턴의 시의 결말을 규정한다.

『실락원』의 종결부에 이르면 아담과 이브가 밀턴의 상상 속에서 완전히 현실이 되어 그들을 탄생시킨 신학적 장치 전체를 부수기 시작했기 때문이다. 아우구스티누스가 열렬히 바란 대로, 그들은 우화적 인물의 가물거리는 분위기에서 완전히 벗어났다. 그들은 집요하고, 부인할 수 없고, 액면 그대로인 인간적 존재감을 소유하게 되었다. 이것은 셰익스피어가 폴스타프, 햄릿, 클레오파트라에게 부여한 것과 같은 존재감이었으며, 문학의 승리를 알리는 존재감이었다. 그러나 문학의 승리에는 신학의 희생이 따랐다. 아담과 이브와 비교하면, 다른 모든 등장인물들―미카엘, 라파엘, 사탄, 심지어 하느님과 그의 아들까지―은 어떻게 된 일인지 의미가 축소된 것으로 보인다. 물론 밀턴은 하잘것없는 인류와 비교할 때 도무지 상상도 할 수 없는 그들의 거대함, 힘, 중요성을 강조하고, 자신은 하느님의 길을 인간에게 정당화하고 있다는 믿음을 유지했다. 그러나 자신의 가장 깊은 충성심을 제어할 수는 없었으며, 이것이 실패했기 때문에 더 위대한 예술가가 되었다.

하느님의 명령에 따라 대천사 미카엘은 이브를 깊은 잠에 빠지게 해놓은 뒤에 아담을 데리고 산꼭대기에 올라가 그에게 시간이 흐르면서 나타나게 될 인간의 삶의 모습을 보여준다. 거의 모든 세목이 실망스러운 그 광경에는 병원도 포함되어, 아담은 발작, 간질, 담석, 궤양, 광기를 비롯하여 인간들이 당하게 될 모든 것을 보게 된다. 그 모두가 아담의 잘못이다, 미카엘은 애써 그렇게 강조한다. "인간의 유약한 부주의에서 그것이 시작된다"(11:634). 우리는 라파엘이 타락 전에 아담에게 하려고 했던, 지배적인 자리를 고수하라는 엄격한 경고로 돌아가게 된다.

이런 경고의 흐름에서 미카엘은 길고 고통스러운 역사 답사를 마무리한다. "그는 끝냈고, 둘 다 산을 내려온다"(12:606). 하지만 바로 여기에서, 웅장한 천사의 개관으로부터 평범한 인간의 삶이라는 불확실한 땅으로 내려올 때, 밀턴 자신이 충성하는 대상의 변화가 가장 분명하게 느껴진다. 아담은 천사가 있는 자리에서 더 미적거리려고 하지 않는다. 오히려 얼른 천상의 방문객에서 벗어나 배우자에게로 돌아가려고 한다. "아담은 이브가 잠든 신방으로 먼저 달려갔다." 그러자 이미 깨어 있던 이브는 자신도 온전히 짝에게만 관심을 두고 있다는 점을 분명히 밝힌다.

그대와 함께 가는 것은
여기 머무는 것이나 마찬가지, 그대 없이 여기 머무는 것은
내키지는 않으나 떠나는 것. 그대는 나에게
하늘 아래 모든 것, 그대는 모든 곳. (12:615-18)

신학적 구도는 물론 아직 그대로이다. 밀턴은 인간의 첫 불복종의 결과 모든 인류에게 찾아올 무시무시한 벌에 담긴 정의와 더불어 그리스도에

의해서 신자들에게 찾아올 구원을 믿는다. 그러나 무엇보다 시인의 관심을 사로잡는 것은 타락과 구원이라는 이 웅장한 비전이 아니라 결혼한 부부의 조용한 친밀성이다. 아담은 이브와 단둘이 있을 시간을 가지려고 앞장서서 달려갔지만, 밀턴의 상상에서는, 이브의 다정한 말에 대꾸하지 못한다. "대천사가 너무 가까이 서 있기 때문이다." 이런 순간에 남자와 여자가 서로 하는 말은 천사에게 들려줄 공적인 발언이 아니다. 케루빔이 불의 검을 들고 전진하여 자기 자리를 지키면서 낙원의 온화한 날씨는 리비아의 혹심한 더위를 닮은 것으로 바뀐다. 미카엘은 양손에 아담과 이브를 붙들고, 서둘러 그들을 문밖 너머 아래쪽 평원으로 데려간 뒤에 사라진다.

그 다음 시의 마지막은 밀턴이 쓴 가장 아름다운 시행들로 꼽힌다. 이 시행들은 계속 신의 섭리에 대한 믿음을 표현하지만 그보다는 자유에 대한 믿음을 훨씬 강하게 표현한다. 밀턴이 믿기에 이것은 하느님이 첫 부부에게 부여한 자유이고, 여전히 모든 인간에게 속한 자유이다. 『실락원』은 종결부에서 아담과 이브를 그들을 낳은 이야기에서 해방시키고 그들이 함께 불확실한 미래를 향해 나아가는 것을 지켜본다.

> 그들은 자연스럽게 눈물을 몇 방울 떨어뜨리지만, 곧 닦아냈다.
> 그들 앞에 온 세상이 펼쳐져 있고, 그곳에서 그들은
> 쉴 자리를 찾을 것이며, 섭리가 그들을 안내할 것이다.
> 그들은 손에 손을 잡고 방황하는 걸음으로 천천히
> 에덴을 통과하여 외로운 길을 갔다. (12:646-49)

아우구스티누스 이후 1,000여 년이 지난 뒤에 아담과 이브는 마침내 현실이 되었다.

12

아담 이전 사람들

이삭 라 페이레르는 주일학교 교사들에게 심한 두통을 안겨준 아이였을 것이 틀림없다. 그는 교사들에게 너무 많은 질문을 했는데, 그가 한 질문은 다 골치 아픈 것들이었다. 라 페이레르는 1596년 보르도의 한 부유한 프로테스탄트 가정에서 태어났다. 이곳의 독실한 칼뱅주의자들이라면 이런 유형의 아이를 쉽게 알아보았을 것이다. 지적으로 빈틈이 없고 영적인 열의가 가득하지만 동시에 짜증날 정도로 호기심이 많고 논쟁적이고 모험적이고 독립적인 유형을 말이다. 그는 열렬한 신자의 소질을 갖추었지만, 동시에 묘하게 거리를 두듯이 신앙의 가장 소중하고 익숙한 조목들을 정밀하게 검토했다.

그 특정한 시대와 장소에서는 아이의 특질 가운데 적어도 몇 가지가 마라노(marrano : 중세 스페인과 포르투갈에서 박해에 못 이겨 기독교화한 유대인/역주)—즉 포르투갈 출신인 그의 가족이 이베리아 반도에서 유대인이라는 이유로 추방당한 뒤에도 버리지 않은 감추어진 유대주의—라는 뿌리까지 거슬러 올라갈 수도 있다고 연역하는 것이 합리적이었을 것이다. 1580년대에 보르도 시장을 지낸 위대한 에세이스트 미셸 드 몽테뉴는 외가 쪽이 비슷한 배경이었는데, 어쩌면 이것이 그의 상대적으로 독립적인 정신을 낳는 데에 기여했을지도 모른다. 종교전쟁들—16세기 후반 내내 벌어졌던 프랑스의 로마 가톨릭과 프로테스탄트 사이의 살인을 불사하는 갈등—은 가톨릭이건 프로테스탄트이건 생각하는 사람들 대부분에게서 사회와 신조 양쪽의 안정된 전제들을 어떤 식으로든 흔들어놓았다.

어린 라 페이레르는 『히브리 성서』, 특히 「창세기」에 강렬한 관심을 드러냈다. 그의 끝없는 호기심은 이 신성한 책의 앞부분에 있는 독특한 언급에 자극을 받았다. 카인은 형제를 죽인 뒤에 쫓겨나 에덴 동쪽의 놋 땅에서 살게 된다. 『성서』는 추가의 설명 없이 이렇게 전한다. 그곳에서 카인은 "아내와 동침하매 그가 임신하여……카인이 성을 쌓고"(「창세기」 4:17). 이 대목에서 초등학생은 궁금해서, 카인이 결혼한 여자는 어디에서 왔을까라고 중얼거렸다. 터무니없게도, 전통적인 답은 그녀가 그의 여동생 가운데 한 명이라는 것이었다. 물론 「창세기」에는 이 지점까지 아담과 이브의 딸에 대한 언급이 없었다.

여기에서 주일학교의 토론은 끝나게 되어 있었다. 그러나 어린 이삭의 호기심은 가라앉지 않았다. 도망자 겸 방랑자인 카인은 하느님에게 "무릇 나를 만나는 자마다 나를 죽이겠나이다"(「창세기」 4:14) 하고 두려움을 토로하는데, 아직 세계에 사람들이 살지 않았다면 이 "만나는 자"는 도대체 누구일까? 카인이 결혼한 여자는 놋 땅에서 무엇을 하고 있었을까? 안에 들어가 살 다른 사람들도 없는데 도망자가 어떻게 그곳에서 성을 쌓을 수 있었을까?[1] 소년은 자문했다. 이 모든 실마리가 혹시 아담과 이브의 창조 이전에 세상에 이미 인간이 있었다는 것을 보여주는 것이 아닐까? 에덴 동산의 담 너머에 사람들이 살고 있었고, 아담과 이브와 두 사람의 후손은 그들과 교류하지 않았을까? 어린 라 페이레르가 감히 이런 추측을 공개적으로 밝혔는지는 분명하지 않다. 아무리 호기심만 많은 무책임한 초등학생이라고 해도 그런 질문을 했다가는 심각한 문제가 일어날 것임을 알았다.

아마 이전 여러 세대의 지나치게 호기심이 많은 초등학생들의 경우에는 대개 그 정도에서 사태가 진정되었겠지만, 라 페이레르의 삶과 그가 태어난 문화에서는 몇 가지 독특한 반전과 전환이 일어났다. 그는 법률가로 훈련을 받은 뒤에 권세를 잡은 콩데 공작의 눈에 들었고, 공작은 그를 비서로 삼아 파리로 데려갔다. 이런 보호받는 위치 덕분에 그는 잠재적으로 이단이 될 수도 있는 끊임없는 탐구의 경향이 자신을 이끄는 데로 가 볼 수 있었다. 또 그는 과감한 철학자, 신학자, 과학자의 서클에도 다가갔다.[2] 이 서클의 구성원들은 특히 100여 년 넘게 이루어져왔지만 그 불온한 함의 때문에 아직도 너무 공개적으로 말하는 것이 위험한 발견과 만남에 특히 민감했다.

그런 함의는 1492년 10월 12일, 콜럼버스와 그의 부하들이 카리브 해에서 육지를 발견하고 엄청나게 모여든 원주민들을 목격했을 때에 이미 나타나기 시작했다. 제독은 일지에 기록했다.[3] "그들 모두 어머니가 낳아주신 대로 벌거벗고 돌아다닌다. 여자들도 마찬가지이다." 몸에 칠을 하기는 하지만, 옷은 입지 않는다. 무장한 유럽 모험가들에게 이런 벌거벗음은 좋은 소식이었다. 주민들이 공격에 약하다는 뜻이었기 때문이다. 하지만 동시에 신학적인 문제도 제기되었다. 어떻게 엄청난 주민 전체가 타락의 첫 번째이자 가장 기본적인 결과, 즉 수치를 면제받은 것일까? "이에 그들의 눈이 밝아져 자기들이 벗은 줄을 알고 무화과 나뭇잎을 엮어 치마로 삼았더라"(「창세기」 3:7).

수치는 문화적 획득물로 여겨지지 않았다. 그것은 죄의 결과로 나타난 피할 수 없는 본질적인 인간 조건이었다. 그러나 이곳에서는 엄청나게 많은 사람들이 벌거벗고 돌아다니고 있었다. 왜 이들은 자신의 조건을 인식하지 못하는 것일까? 왜 이들은 하느님이 나체를 가리라고 인간에게 직접 건네준 수단—"여호와 하느님이 아담과 그의 아내를 위하여 가죽옷을 지어 입히시니라"—을 이용하지 않는 것일까?

원주민은 수치를 모두 잃어버려 옷이라는 선물마저 잊어버렸다고 주장할 수는 있었다. 실제로 유인원은 한때 우리와 같았으나 짐승의 상태로 타락했다는 생각이 널리 퍼져 있었다.[4] 따라서 어떤 사람들은 신세계의 원주민이 인간의 수준 이하로 타락한 피조물이라고 주장했다. 1550년 스페인의 일부 지식인들이 바야돌리드에서 열린 공식 토론에서 그런 주장을 제기했다. 그들은 새로 만난 피조물이 겉으로는 우리와 닮아 보일지 모르지만, 사실 인간이 아니며 말처럼 들리는 것은 동물의 소리에 불과하다고 주장했다. 그들과 의사소통을 하여 원주민도 사실 인간이라고 증언할 수 있었던 목격자들의 말은 증거로 불충분하다고 간주되었다. 그들이 이성을 사용하지 못하는 짐승이라는 입장은 결국 경험적 관찰이 아니라 종교적 교리에 의해서 무너졌다. 승리를 거둔 주장은, 원주민은 기독교로 개종할 수 있을 만큼 성숙한 영혼을 가지고 있다는 내용이었다. 하지만 이런 섬에 사는 주민이 짐승이 아니라면, 즉 다른 모든 사람들과 마찬가지로 아담과 이브로부터 이어져 내려온 사람들이라면, 그들이 벌거벗고 다니는 것은 어떻게 받아들여야 할까?

그 답은 콜럼버스가 암시하고 있다. 제독은 인도 제국에 도달했다는 믿음이 흔들리는 상태에서 세 번째 항해에 나서며 새로운 가능성을 받아들이기 시작했다. 그는 세계는 완벽하게 둥글지 않고, "여자의 젖꼭지 같은 것"이 달려 있는 배나 공 모양이라고 썼다. 그가 발견한 새로운 땅은 그 완벽한 아름다움과 풍요로 볼 때, 그 젖꼭지에, 또는 그것과 아주 가까운 곳에 자리잡고 있는 것이 틀림없으며, 젖꼭지의 정중앙이 '지상 낙원'의 자리이다. 콜럼버스는 자신이 적어도 이 필멸의 삶에서는 동산에 들어갈 수 있을 것이라고 믿지 않았다. 그러나 벌거벗고 사는 것을 볼 때, 그가 본 사람들, 에덴 가까이에서 사는 사람들이 에덴의 첫 거주자들과 닮았다는 것은 말이 되는 이야기였다. 타락 후의 수치는 거리가 멀어지면 강해지는 것이 분명하다. 원래의 지복의 자리로부터 멀리 옮겨올수록 수치는 더 깊이 자리를 잡는다.

그곳이 낙원에 가깝다는 이야기가 스페인 뱃사람들이 보고 놀란, 트리니다드의 파리아 만에서 급류처럼 흐르는 민물을 설명해줄 수도 있었다. 「창세기」에는 에덴 동산에서 큰 강 네 개가 흘러나온다고 적혀 있었다. 1498년에 콜럼버스가 생각할 수 있었던 유일한 다른 설명은 훨씬 더 황당해 보였다. 그는 덧붙였다. "만일 이 강이 지상 낙원에서 흘러나오는 것이 아니라면, 남쪽에 있는 거대한 땅, 지금까지 전혀 알려지지 않은 땅에서 발원한다고 생각할 수 있다." 이 생각—미지의 대륙이라는 생각—은 헤아리기가 너무 어려워서 그는 에덴이라는 더 안전한 근거로 물러났다. "하지만 나는 앞에서 말한 대로 지상 낙원이 있다는 이야기를 훨씬 더 믿는 쪽이다."[5]

추가 탐사의 결과 진짜로 남쪽에 거대한 땅—즉 남아메리카 전체—이 있다는 것이 분명해졌을 때에도 낙원이 근처에 자리잡고 있다는 생각은 그냥 사라지지 않았다. 16세기와 17세기 초 스페인의 연대기 기록자들인 로페스 데 고마라와 안토니오 데 에레라는 그 가능성을 진지하게 받아들였고, 위대한 박물학자 호세 데 아코스타도 『인도 제국의 자연사와 정신사 (*Historia natural y moral de las Indias*)』에서 같은 입장을 보여주었다. 17

세기 중반 안토니오 데 레온 피넬로—라 페이레르와 마찬가지로 포르투갈계 마라노 집안의 아들이었다— 는 라플라타, 아마존, 오리노코, 마그달레나가 '지상 낙원'에서 쏟아져 나오는 네 개의 큰 강이라고, 적어도 자신은 만족하는 수준에서 증명했다.[6]

첫 만남의 충격 뒤에 신세계 원주민의 벌거벗은 상태는 어떻게 되었을까? 유럽 식민주의자들은 대부분 자신들이 제압한 민족들을 무자비하게 이용하는 경향이 있었으므로, 편리하게도 그것을 그들의 원시적 상태의 표시라고 해석하고 거기에 머물렀다. 바야돌리드의 '대토론'에서 원주민들이 인간이라는 결론이 나왔다고 하지만, 동시에 그들은 아리스토텔레스가 "타고난 노예"라고 부른 존재, 즉 저열한 조건 때문에 노예가 되는 것이 정당하고 심지어 자비로운 일이 되는 사람들이라는 결론도 나왔다.

그러나 적어도 한 사람의 중요한 인물, 도미니크 수도회의 바르톨로메 데 라스 카사스는 격렬하게 반대했다. 원래 식민주의자로서 신세계에 온 라스 카사스는 자신이 목격한, 원주민에 대한 잔학 행위에 큰 충격을 받아 유명한 고발문, 『인도 제국 파괴의 간략한 이야기(*Brevísima relación de la destrucción de las Indias*)』(1542)에서 그것을 강력하게 비난했다. 그는 남북 아메리카가 사라진 에덴 동산의 터로 가장 유력하다는 콜럼버스의 믿음을 공유했다.[7] 원주민에 관해서 보자면, 그들은 기독교인과 비기독교인 가릴 것 없이 다른 모든 인간과 똑같은 인간일 뿐만 아니라, 사실 낙원의 땅에 어울리게 도덕적으로 우월하다. 라스 카사스는 말했다. "하느님은 이 영역의 모든 민족, 실제로 다양하고 많은데, 이 민족들을 상상할 수 있는 가장 개방적이고 순수한 사람들로 만들었다. 그들은 세상에서 가장 순박한 사람들로—꾸밈없고, 오랫동안 견딜 줄 알고, 자기를 내세우지 않고, 순종적이다—악의나 기만이 없고, 전적으로 충실하고 유순하게 복종한다."[8] 그들이 낙원 안에 있는 것은 아니지만—그들에게는 가톨릭 신앙이 없기 때문이다—그들의 벌거벗은 면이 보여주듯이 낙원과 아주 가까운 곳에 있다.

라스 카사스는 탄식했다. "이런 착한 어린 양들을 본 첫날부터 스페인 사람들은 먹이를 찾아 우리를 덮치는 이리떼처럼 그들을 공격했다." 죽은 자들의 수는 상상을 넘어선다. "최대한 적게 계산해도, 기독교인의 전제적이고 악마적인 행동으로 인해서 지난 40년간 1,200만 명 이상이 부당하게 아무런 근거도 없이 죽음에 이르렀는데, 그들 가운데는 부녀자들도 있다. 하지만 나 자신의 추정치인 1,500만 명 이상이 사실에 더 가깝다고 믿을 만한 근거들이 있다."(현대의 인구통계학적 연구는 라스 카사스의 수치—오랫동안 논쟁을 위한 과장이라고 간주되었다—가 진실에 가까울 가능성이 높다고 결론을 내렸다.[9] 만일 이 비극적 피해자들이 에덴의 아담과 이브의 순수를 지녔다면, 스페인 사람들은 뭐가 되는가? 라스 카사스는 망설이지 않고 결론을 끌어냈다. "독자들은 자문할 수도 있다……이 가엾은 사람들은 기독교인으로 가장한 신세계 악마들의 손아귀보다 차라리 지옥의 악마들에게 맡겨지는 것이 훨씬 편하지 않았을까."

라스 카사스의 책은 유럽에서 베스트셀러가 되었는데, 스페인 정복자(conquistadore)들이나 가톨릭 교회를 악마로 만드는 것이 주된 바람이었던 사람들만 읽은 것은 아니었다. 그의 뜨거운 고발은 몽테뉴의 전복적인 질문들, 모든 유럽 기독교인을 대상으로 삼는 질문들 뒤에 자리잡고 있었다. 왜 우리의 방식이 그들의 방식보다 낫다고 생각하는가? 누가 진정으로 문명화된 사람들이고 누가 야만인들인가?[10] 그런 질문들은 시원의 순수, 타락, 그리스도를 통한 구원이라는 기본적인 이야기와 불편한 관계를 맺고 있었다. 사람들이 그렇게 동요하게 된 것은 식민지 개척자들의 사악함 때문만이 아니었다. 지구에서 지금까지 알려지지 않은 지역,『성서』에서 아무런 실마리도 주지 않은 지역에 사는 사람들의 수 자체 때문이기도 했다. 그들은 도대체 어떻게 거기에 이르렀을까? 왜 세계 전체에 단 하나의, 모든 것에 다 들어맞는 이야기가 있다고 생각해야 할까?

유럽 모험가들이 남북 아메리카에서 만나는 사람들의 규모와 다양한 식물이나 동물은『성서』의 연대기와 양립하기 어려웠다. 17세기 중반 영국의 저명한 법학자 매슈 헤일은 이렇게 주장했다. 최근의 "엄청나게 큰 아메리카 대륙의 발견, 사람들이 많이 살고 있을 뿐만 아니라, 유럽, 아시아, 아프리카의 어느 지역 못지않게 많은 소떼[즉 동물들]가 있는 것으로 보이는 대륙의 발견으로 두 공동의 부모……즉 아담과 이브……로부터 나온 모든 인류의 이동과 관련하여 약간의 어려움과 논쟁이 생겨났다."[11]

헤일이 주목하듯이, 문제는 "이동"이었다. 어떻게 그렇게 많은 생명이 한 세계에서 대양을 건너 다른 세계로 옮겨갔을까? 예수회 소속의 호세 데 아코스타는, 한때는 아시아와 남북 아메리카를 연결하는 육교(陸橋)가 있었던 것이 틀림없다고 추측했다. 이제 우리가 알고 있듯이 이것은 정확한 추측이다. 그는 그런 육교의 존재에 대한 물리적 증거는 없었지만『성서』이야기를 구해내기 위해서 증거를 제시할 필요가 있었다. "내가 이 인도 제국의 첫 사람들이 유럽이나 아시아에서 왔다고 말할 수밖에 없는 이유는 모든 인간이 아담의 후손이라고 분명하게 가르치고 있는『성서』와 모순이 되지 않게 하려는 것이며, 따라서 우리는 인도 제국의 사람에게 다른 기원을 줄 수가 없다."

라 페이레르에게 육교라는 구상은 파산한 관념을 구하려는 필사적인 시도—말하자면, 성모송(최후에 한번 운을 믿고 해보는 일을 가리키는 말/역주)과 같은 것—로 보였다. 정통적인 이야기에 따르면, 노아의 방주의 일곱 생존자의 거의 직계 후손일 수밖에 없는 인간들이 엄청난 수로 불어나서 세계 전역으로 상상도 할 수 없을 정도로 빠르게 퍼져나간 셈인데, 사라진 육교로는 이것을 도저히 설명할 수 없었다.[12] 심지어 인간 문화의 다양성 자체—라플란드의 유목민과 중국의 조신(朝臣), 파리의 유행을 따르는 숙녀들과 신세계의 벌거벗은 원주민—가 아담과 이브가 세계의 모든 인간의 조상이라는 통념에 심각한 도전이 되는 것으로 보였다.

라 페이레르만 그런 의심에 사로잡힌 것이 아니었다. 밀턴이 아담과 이브를 그 어느 때보다 강렬하고 충만한 현실체로 만드는 작업에 착수하던 바로 그 시기에 「창세기」 앞부분 몇 장의 신뢰성은 여러 전선에서 공격을 받고 있었다. 어쩌면 밀턴은 한편으로는 라 페이레르 등 그와 같은 시대 사람들을 동요시키고 있는 도전들을 자각했기 때문에 그것이 동력이 되어 『실락원』을 쓰는 일에 나섰던 것인지도 모른다. 그런 도전들은 각기 다른 방식으로 반응하고 있었지만, 알려진 세계의 엄청난 확장, 그곳에서 사는 무리들 다수에게 보편적인 수치심이 없는 것처럼 보이는 상황, 종교전쟁의 잔혹성, 코페르니쿠스와 갈릴레오의 당혹스러운 주장 등 똑같은 지진의 진동을 기록하고 있었다.

『성서』의 기원 이야기에 금이 가게 만든 진동은 이것만이 아니었다. 유럽 전체에 걸쳐 인문주의자와 화가들은 고전주의적 고대에 다시 관심을 가지게 만들었다. 고대 세계의 핵심적 텍스트들의 복원은 수백 년 동안 잊혔거나 무시되어왔던 이교도의 인간 기원 이론에 새 생명을 부여했다. 그렇다고 「창세기」의 절대 권위에 서둘러 이의를 제기한 사람은 없었지만, 대안들을 의식하게 되자 동요가 일어나는 것은 당연했다.

이런 대안들 가운데 가장 강력하다고 여길 만한 것은 기원전 4세기 말의 그리스 철학자 에피쿠로스에게서 유래했다. 그의 작업들은 거의 다 사라졌지만, 기원전 50년경 로마인 제자 루크레티우스가 쓴 길고 뛰어난 시는 르네상스의 책 사냥꾼 포조 브라촐리니가 발견한 뒤에 사본을 만들어 다시 유통시켰다. 루크레티우스는 우리 종이 다른 모든 종과 더불어 무한한 시간 동안 무작위적인 원자 변화가 일어난 결과로 나타났다고 썼다. 그는 우주가 영원하며 자연이 쉼 없이 새로운 종의 창조를 실험한다고 주장했다. 이 종들 가운데 대부분은 사라지지만─자연은 실패와 낭비에 무심하다─우리 종을 포함하여 일정 수의 종들이 용케 생존하여 먹을 것을 발견하고 번식했다.

인간은 점진적으로 또 단속적으로 야만에서 문명으로 진화한 것이 틀림없다고 루크레티우스는 주장했다. 가장 초기의 인간은 삐삐 마르고 무지한 원시인들로 가혹한 환경에서 생존하려고 안간힘을 썼다. 그들은 사회 질서나 공동의 선에 대한 감각이 없었다. 각자 본능적으로 스스로 손에 쥘 수 있는 것을 쥐려고 했다. 남자와 여자의 관계는 부드러운 감정 같은 것보다는 강간이나 물물교환에 가까웠다. "여자는 상호적인 욕망 때문에 굴복하거나, 남자의 충동적인 힘과 과도한 욕정에 정복당하거나, 도토리나 딸기나 좋은 배를 받고 몸을 팔았다."[13]

르네상스 학자들의 그리스 지식 복원과 그리스 고전의 라틴어 번역으로 사람들은 다른 많은 이교도의 기원 이야기를 볼 수 있게 되었다. 고대 그리스 시인 헤시오도스는 황금시대의 비전과 더불어, 묘하게 이브를 떠올리게 하는 판도라 신화를 제공했다. 이야기꾼 아이소포스는 인간만이 아니라 동물들(또 그와 더불어 돌, 솔잎, 바다)도 모두 말을 하는 황금시대를 불러냈다. 아리스토텔레스의 제자인 메시나의 디카이아르코스는 신들처럼 살고, 엄격한 채식주의자이고, 전쟁이나 분쟁을 피하는 인간들, 우리 자신이 다다를 수 있는 최고의 모습으로 태어난 원시의 인간들에 관해서 썼다. 그리스의 수사학자 막시무스 티리우스는 프로메테우스가 처음으로 인간을 창조하는 이야기를 기술하면서, 인간이 "정신에서는 신들에게 아주 가깝고, 몸은 늘씬하고 꼿꼿하고 대칭적이며, 표정이 온화하고, 손재주가 좋고, 걸음에 흔들림이 없다"고 말했다.[14]

인쇄술의 발전과 더불어 토착어 번역본들이 그런 이야기들을 널리 알려, 많은 사람들이 「창세기」가 유일하거나 독보적이지 않다는 사실을 알게 되었다. 따라서 이제는 예를 들면 플라톤에서 성적 재생산 없이 인간들이 땅으로부터 생산되던 이전 시대의 이야기를 만나는 것도 상대적으로 쉬워졌다. 이 철학자는 그 오래 전의 시간에는 기후가 온화했고, 인간들은 벌거벗은 채 야외에서 살았으며, 필요한 모든 것을 가졌다고 말했다. "땅은 그들에게 열매를 풍부하게 주었는데, 이것은 요구하지 않아도 나무나 관목에서 자랐으며, 인간의 손으로 심지 않았다."[15] 어떤 형태의 정부도 없고, 개인 소유도 없고, 빈약한 자원을 두고 서로 경쟁하는 분리된 가족들도 없었다.

이것들을 비롯해서 이와 비슷한 이교도 이야기들은 언제나 진짜 기원 이야기, 모세가 쓴 이야기의 왜곡된 변형으로 취급될 수 있었지만, 축적된 영향력은 여전히 충격적이었다. 그런 이야기들을 그냥 손에서 놓아버리기 힘들게 만드는 것은 단지 고전시대 저자들의 명성만이 아니었다. 문제는 그런 이야기들이 종종 불러내는 연대기에도 있었다. 『히브리 성서』에 기록된 세대를 세심하게 세어보면 세계는 약 6,000년이 된 것으로 드러나는 듯했다. 그러나 사라진 왕국 아틀란티스의 묘사가 나오는 플라톤의 대화록 『크리티아스(Critias)』는 약 9,000년 전의 근본적인 사건들을 이야기한다. 또 그리스의 역사가 헤로도토스는 1만1,340년 이상 거슬러 올라가는 기록을 소유하고 있다고 주장하는 이집트 사제들과 폭넓게 토론을 했다고 전한다. 서양이 고대 바빌론에 관해서 알고 있는 것 대부분을 배운 인물인 바빌론의 사제 베로소스는 첫 왕인 칼데아의 알로로스에서부터 '대홍수'에 이르기까지 약 43만 2,000년이 흘렀다고 계산했다.[16] 그 수치가 완전히 불가능해 보인다고 해도(불가능하다),『성서』의 연대기는 지나치게 짧다는 불편한 느낌은 그대로 남아 있었다.

르네상스 시대에 『성서』의 연대기를 선뜻 버리려는 가톨릭이나 프로테스탄트는 거의 없었으며, 어쨌든 진지한 의심을 조금이라도 인정하는 것은 위험한 일이었다. 1590년대에 런던에서는 정부의 첩자가 극작가 크리스토퍼 말로를 염탐하여 그가 "인도인을 비롯한 고대의 많은 저자는 분명히 1만 6,000년 이상 이전에 글을 썼는데도, 아담이 살았던 것은 6,000년도 안 되는 일로 증명되고 있다"는 말을 하고 돌아다닌다고 보고했다.[17] 거의 같은 순간에 배교자인 이탈리아의 수사 조르다노 브루노는 "세계의 새로운 지역에서 1만 년 이상 된 기념물들이 발견되었다"는 사실에도 불구하고 그렇게 많은 사람들이 계속 『성서』의 연대기를 믿는 것이 어떻게 가능한 일이냐고 물었다.[18] 말로와 브루노는 강박에 사로잡힌 듯이 위험을 무릅쓰는 사람이었다. 말로는 엘리자베스 여왕의 비밀경찰 요원에게 칼로 눈을 찔려 치명상을 입었고, 부르노는 로마의 캄포 데이 피오리에서 말뚝에 묶여 화형을 당했다.

그럼에도 소문은 계속 퍼졌다. 라 페이레르는 멕시코에서 아즈텍 사제들이 「창세기」보다 훨씬 앞선 기록을 남겼으나 스페인 교회 당국이 그것을 파괴하거나 묻어버리라는 명령을 내렸다는 이야기를 들었다. (현재 멕시코시티의 국립 인류학 박물관에 있는 '아스테카 역석[曆石]'은 16세기 중반에 묻혔다가 1790년에야 재발견되었다.) 그런 의심의 계기들에는 거리를 두는 것이 당연히 신중한 태도였으나, 라 페이레르에게는 그것들이 그가 어린 시절 이후 은밀히 품어온 이론을 확인해주는 역할을 했다.

1640년대 중반에 라 페이레르는 스웨덴과 덴마크에서 몇 년을 보냈는데, 그곳에서 올레 보름(영어권 사람들에게는 기이하게 들릴 것이다[Ole Worm은 영어로는 늙은 벌레라는 뜻이 된다/역주])이라는 유명한 의사이자 학자와 가깝게 사귀었다. 보름은 정열적으로 줄기차게 "진기한 물건들"을 수집했다. 그가 보르미아눔이라고 알려진 집안 박물관에 모아놓은 물건은 화석 뼈에서부터 일각고래의 엄니에 이르기까지, 에스키모의 카약에서부터 고대 로마의 걸쇠에 이르기까지, 박제한 악어에서부터 아메리카의 담배 파이프에 이르기까지 상상을 뛰어넘을 정도로 다양했다. 라 페이레르가 어린 시절부터 자신에게 싹이 텄던 위대한 생각을 친구에게 말한 것은 이런 물건들의 존재, 또는 다양한 사물 자체에 대한 두 사람의 관심 때문이었는지도 모른다.

라 페이레르는 아담과 이브가 확실히 존재했다고 주장했다. 그러나 그들은 결코 지상의 첫 인간들은 아니었다. 그들 전에 또 그들 주위에 헤아릴 수 없이 많은 다른 사람들이 있었던 것이 틀림없다. 언어와 문화와 역사가 다양한 무리들이다. 타락 오래 전부터 이 무리들은 생존하려고 애를 쓰고, 그들 나름의 전쟁, 역병, 열병을 겪고, 출산의 고통을 경험하고, 모든 필멸의 인간들이 겪는 운명을 공유했다—즉 금단의 열매를 먹어서가 아니라 그것이 인간의 타고난 삶이기 때문이다.

라 페이레르는 올레 보름에게 자신이 "아담 이전 사람들"이라는 제목의 원고에 자신의 이론을 모두 적어놓았으며, 설득을 해볼 마음으로 이미 몇 사람에게 초고를 보여주었다고 말했다. 그도 그들의 첫 반응은 고무적이지 않았다는 점을 인정했다. 그것을 읽어본 저명한 네덜란드 철학자 휘호 흐로티위스는 특히 화를 냈다. 아메리카 원주민의 존재가 종교적 정설에 문제를 제기하는 것으로 보인다는 점은 흐로티위스도 인정했다. 그러나 그들이 '붉은' 에릭과 레이프 에릭손이 이끈 바이킹 원정대의 후손이라고 하면 문제가 해결된다고 덧붙였다. 라 페이레르의 대안적 주장은 유포가 허락되어서는 안 된다. "그런 것을 믿게 되면 종교에 큰 위험이 닥칠 것이라고 본다."[19]

자신이 모은 귀한 물건들에 둘러싸여 있던 올레 보름은 흐로티위스에게 동의하지 않았다. 아마 그는 오직 아담 이전 사람들 가설만이 그의 박물관에서 눈에 두드러진 곳에 자리잡고 있는 유물을 만든 아메리카 인디언과 그린란드 에스키모의 존재를 설명할 수 있다는 라 페이레르의 주장에 매력을 느꼈을 것이다. 그는 경고 신호들에도 굴하지 않고 라 페이레르의 연구를 돕고, 그를 중요한 친구들에게 소개했으며, 더 넓은 세계에 그의 견해를 알리라고 격려했다.

그 결과 1655년에 암스테르담에서 라틴어로 『아담 이전 사람들(Prae-Adamitae)』이 출간되었고, 1년 뒤에는 런던에서 영어 번역본이 나왔다.[20] 처음에 그를 고용했던 공작은 죽었지만, 그의 아들이자 상속자인 콩데 공작은 계속 그를 곁에 두었는데, 아마 이런 상황 때문에 그는 안전하다고 느꼈을 것이다. 그래서인지 그의 책에서는 자제를 찾아볼 수 없다. 그도 위험을 인식했다. "얼음 위를 가는 사람이 금이 가지나 않을까 주의하듯이……나도 처음에는 이런 의심 많은 논의에 발바닥을 베지나 않을까, 또는 어떤 깊은 이단으로 곤두박질치지나 않을까 두려웠다." 하지만 이제 오랜 기간의 연구와 조사 끝에 자신이 안전한 땅을 걷고 있다고 확신하고 대담하게 걸었다.

라 페이레르는 아담이 모든 인류의 아버지가 아니라고 주장했다. 그는 오직 유대인의 아버지일 뿐이며, 하느님은 유대인을 자신의 신비한 뜻에 따라서 율법을 받을 민족으로 선택하고 예수 그리스도를 통한 구원의 대리인으로 삼았다. 이 특정한 계보 때문에 「창세기」의 기간이 "오래된 것이든 새로운 것이든 모든 세속적인 기록, 얼마 전 콜럼버스가 발견한 멕시코의 기록"은 말할 것도 없고 "칼데아인, 이집트인, 스키타이인, 중국인의 기록"과 맞지 않는 것이다. 그러나 아담의 창조 이전에 이미 세상에 사람들이 가득했다는 것을 인정하면 문제는 사라진다.

그러나 「창세기」에서 동산의 아담과 이브의 죄에서 나왔다고 말하는 결과들—일, 출산의 진통, 죽음—은 어떤가? 아담과 이브 이전의 거주자들은 이런 괴로움 없이 살았을까? 전혀 그렇지 않다. 라 페이레르는 이렇게 말한다. "사람들의 자연스러운 죽음은 죽을 수밖에 없는 인간의 본성에서 나온다." 또 여자들은 늘 자연스럽게 진통을 했고, 뱀은 늘 흙 속을 기었다. 「창세기」에서 하느님이 내린 저주는 영적인 벌로, 삶의 일반적이고 자연스러운 조건에 보태진 것이다. 전쟁, 역병, 열병은 금단의 열매를 먹은 결과로서 나타난 것이 아니다. 그것은 자연의 "불완전성"의 일부였고, 지금도 일부이다.

라 페이레르는 놀랄 만큼 솔직하게 말했다. 『성서』의 독자 가운데 이런 간단한 진실들을 이해한 사람이 그렇게 적었던 것은 『성서』가 그만큼 불완전한 문서이기 때문이다. 우리의 구원에 필요한 몇 가지는 분명하게 나와 있다. 그러나 나머지 많은 부분은 "아주 부주의하고 모호하게" 기록되어 있어서 "가끔 이보다 더 모호한 것은 있을 수 없을 정도라는 생각이 들 정도이다." 모세는 어떻게 그렇게 부주의할 수 있었을까? 그 답은 현재 우리가 가지고 있는 『성서』가 모세 자신이 직접 써서 건네준 것이 아니기 때문이다.[21] 사실 우리는 『성서』에서 그의 죽음에 관해서 읽는다. 헤아릴 수 없이 많은 필사가 이루어지는 과정에서 오류가 불가피하게 생길 수밖에 없었다. 그렇게 많은 것들이 "혼란스럽고 무질서한" 것은 놀랄 일이 아니다. 『성서』는 "혼란스럽게 모아놓은 사본 무더기"이다.

이런 혼란으로 인해서 헤아릴 수 없이 많은 부조리한 해석이 나타났다. 아담은 대부분의 주석이 주장하는 것과는 달리 어른으로 창조되었을 리가 없다. 그는 아기로 빚어졌을 것이며, 느린 유년기의 성장을 거친 뒤에 하느님이 낙원으로 데려왔을 것이다. 그렇지 않고서야 그가 달리 어떻게 인간들이 어렸을 때에만 얻을 수 있는 기본적인 능력을 갖출 수 있었겠는가? 또 낙원에서 동물의 이름을 짓는 것도 대부분의 사람들이 상상하는 것보다 훨씬 오래 걸렸을 것이다. 그것은 한나절의 일이었을 리가 없다.

코끼리는 아주 먼 **인도**와 아프리카에서 와야 했을 텐데, 그들은 무겁고 느리게 걷는다. 우리 반구에는 알려지지 않은 그렇게 많은 종의 생물, 아주 넓은 바다를 헤엄치고, 아주 많은 땅을 건너, **아메리카**로부터 와서 이름을 받은 생물에 관해서는 뭐라고 해야 할까?

이런 구절에서 라 페이레르는 아담과 이브 이야기를 조롱하는 듯 들리지만 사실은 정반대이다. 우리는 믿음을 마치 스위치처럼—어떤 특정한 이야기를 진실로 받아들이거나 받아들이지 않거나—생각하는 경향이 있다. 그러나 맹목적인 믿음과 명백한 거부 사이에는 많은 중간 단계들이 있다. 밀턴과 마찬가지로 라 페이레르도 첫 인간들에 관한 『성서』의 이야기를 있는 그대로 받아들이자는 아우구스티누스의 주장의 상속자였다. 그러나 이 신화를 현실 묘사로 다루려는 순간에 나타나는 균열 때문에 어린 시절부터 짜증이 났다. 그는 어떤 위험을 무릅쓰더라도 그런 흠을 고치기로 결심한 뒤에 「창세기」 서사를 훨씬 큰 인간 역사 가운데 한 가닥—유대인

의 기원—으로 축소하면 그렇게 할 수 있겠다고 생각했다.[22]

이렇게 하자 더 복잡한 인구학적 역사가 담긴 더 방대한 세계를 위한 자리가 마련되었다. 예를 들면 노아의 홍수도 세계적인 사건이라기보다는 지역적인 사건이었다. 그것은 "지구 전체가 아니라 유대인의 땅에서만 벌어졌다." 하느님의 의도는 오직 유대인만 파괴하는 것이었기 때문에, 이렇게 이해를 수정하면 다양한 민족들—라크탄티우스 같은 초대 기독교인, 그리고 심지어 위대한 아우구스티누스조차 그 존재를 의심했다—의 세계적 확산을 고려할 수 있었다. "대척지(對蹠地 : 지구에서 정반대편에 있는 땅. 가령 북반구에서 보자면 남반구의 오스트레일리아/역주)를 비웃었던 아우구스티누스와 라크탄티우스가 지금 살아 있으면 좋겠다."라 페이레르는 말했다.

> 만약 그들이 모든 것이 분명해진 이 시대에 동서인도 제도에서 발견된 것들과 사람으로 가득한 다른 많은 큰 나라들, 아담의 후손이 도달하지 않은 것이 분명한 나라들을 듣거나 본다면 정말이지 자신들이 가엾다고 여길 것이다.

아담과 이브가 창조되기 오래 전부터 아담 이전 사람들은 생육하고 번성하여 땅을 채웠다.

라 페이레르에게 이런 정확한 이해는 「창세기」 이야기를 격하하는 것이 아니라 유대인의 중요성을 승격하는 일이었다. 『아담 이전 사람들』은 "땅의 표면에 흩어져 있는 모든 유대인 회당에" 헌정되었다. 그의 헌사는 이렇게 말을 맺는다. "더 나은 일들을 위하여 꿋꿋하게 자신을 지켜라." 더 나은 일에는 예수를 통한 구원이 포함되며, 유대인은 율법을 낳기 위해서 하느님의 신비한 뜻에 따라 선택받았듯이, 예수를 낳기 위해서 선택받았다.[23] 그는 그렇게 믿었다.

그런 선택은 어떤 특별한 장점이 있어서가 아니었다. "유대인이 창조된 상황을 살펴보면, 그들이 선택받을 만하다고 여길 수 있는 점들을 전혀 찾지 못할 것이다. 그들은 이방인과 똑같은 살과 피로 이루어져 있고, 다른 사람들을 빚은 것과 똑같은 흙으로 반죽되었기 때문이다." 그러나 선택받은 민족으로서 그들의 역사에는 유일무이한 중요성이 있으며, 라 페이레르에게 그것은 십자가 처형에서 그들이 한 역할로도 치명적인 손상을 입지 않았다. 사실 예수는 십자가에 달리지 않았다면 모든 인류의 구원자가 될 수 없었을 것이다. 그는 1세기에 유대인이 예수를 죽인 것은 사실이지만, 유대인은 이미 이 행동에 참여한 죄로 여러 세대에 걸쳐 큰 벌을 받았다고 썼다. 지금 유대인을 박해하는 것은 1세기에 그들이 저지른 신(神) 살해와 거의 똑같은 범죄이다.

라 페이레르는 두려움 없이 이 주장에 담긴 함의를 계속 풀어냈는데, 그가 사용한 표현은 그 시대의 사람들에게는 그의 아담 이전 사람들 이론만큼이나 충격적이었을 것이다. 그는 세상은 곧 유대인 메시아가 오는 것을 목격할 것이라고 썼다. 이렇게 오는 것으로 유대인—세상의 방대한 주민 가운데 그 작고 한정된 부분—의 역사는 완성될 것이며 그 과정에서 또 모든 인류에게 구원을 가져올 것이다. 메시아는 아담 이전 사람들과 아담의 후손을 구별하지 않을 것이며, 구원받은 자와 저주받은 자를 분리하지 않을 것이다. 다른 영혼들이 지복을 누리러 올라가는 동안 우는 영혼들이 지옥으로 쫓겨나서 영원히 고통받는 일도 없을 것이다. 모두가 구원을 받을 것이다.

라 페이레르는 이렇게 말했다. 메시아가 오는 일을 완성하려면 유대인과 기독교인이 단결해야 한다. 기독교인이 보기에 유대인이 역겹더라도, 유대인에 대한 차별은 즉시 중단되어야 한다. 기독교인은 예수를 낳아준 민족에게 얼마나 배은망덕했는지를 인식하고 이제부터라도 유대인을 잘 대접해야 한다. 둘이 협력하면 유대인을 그들이 추방당했던 성지로 돌려보낼 수 있을 것이며, 그러는 과정에서『성서』에서 예언된 큰 계획을 이루게 될 것이다. 유대인이 개종하고 이스라엘로 돌아가면서 역사는 끝날 것이다.

아마 다른 어떤 제안도 이보다 보편적인 분노를 자극하기는 힘들었을 것이다.[24]『아담 이전 사람들』이 출간되자 가톨릭, 프로테스탄트, 유대인 모두 격렬하게 비난했다. 라 페이레르는 넘기는커녕 가까이 다가가려고 한 사람조차 드문 선을 건너가버렸다. 공격이 거세지고 책을 불태우기 시작하자, 그는 점점 공포에 사로잡혔다. 그의 후원자 콩데 공작은 가톨릭이 지배하는 브뤼셀에 있었다. 라 페이레르는 그곳으로 가서 보호를 구했지만, 이것은 참담한 실수가 되고 말았다.

1656년 2월, 무장한 사람들 30명이 브뤼셀에서 그의 방을 습격하여 그를 "혐오스러운 이단자(un hérétique détestable)"라는 혐의로 감옥에 집어넣었다. 그는 초기의 긴 심문에서는 완강하게 자기 입장을 내세웠지만, 공작이나 그 누구도 그를 위해서 나서지 않을 것임이 분명해졌다. 상황은 매우 위험했지만, 아마 이 지점에서 라 페이레르가『아담 이전 사람들』의 저자로 악명을 높인 사실 자체가 도움이 되었을 것이다. 그를 체포한 사람들은 그에게 만일 그가 그릇된 의견을 철회하고, 교황에게 사과하고, 가톨릭이 된다면, 그의 목숨은 살려줄 것이라고 통보했다. 6월에 라 페이레르는 이 조건을 받아들여 로마로 이송되었으며, 그곳에서 교황 알렉산드로스 7세를 알현하게 되었다. 교황은 웃음을 지으며 말했다고 한다.[25] "아담보다 이전인 이 사람을 안아주도록 합시다." 알현자들 가운데 있었던 예수회의 수장은 『아담 이전 사람들』을 읽고 자신과 교황이 한참 웃음을 터뜨렸다고 말했다.

이런 즐거운 분위기에 라 페이레르가 어떻게 대응했는지에 대한 기록은 남아 있지 않지만, 자신의 입장을 철회하는 글쓰기에 착수했다는 것은 우리도 알고 있다. 그는 자신이 이성과 자신의 양심에 따라서 『성서』를 해석해야 한다고 그를 잘못 가르친 칼뱅주의 교육에 의해서 길을 잃었다고 썼다. 그 길로 나아가 아담 이전 사람들 이론에 이르게 되었지만, 이제는 알게 되었다. 이성의 지시도 양심의 촉구도 따르지 말고, 오직 교황의 권위만 따라야 한다. 따라서 그는 아담 이전 사람들에 관한 주장, 홍수가 지역적 사건이라는 주장, 모세가 구약 전체(모세5경을 가리키는 듯하다/역주)의 저자가 아니라는 주장을 비롯하여 잘못된 해석 전체를 철회했다. 그는 이렇게 말했다. 자신의 이론은 코페르니쿠스의 가설과 같다. 교황이 틀리다고 하면 틀린 것이 분명하다.

라 페이레르의 철회는 받아들여지고 철회문은 인쇄되었다. 소르본의 신학 박사 두 명이 승인 서신을 첨부했다. 교황은 크게 만족하여 회개한 이단자에게 성직록과 함께 로마에 남을 기회를 제안했지만, 라 페이레르는 예의를 지켜 잠시 시간을 두었다가 파리로 돌아가게 허락해달라고 요청했다. 그곳에서 그는 다시 콩데 공작을 위해서 일을 했다. 그는 신중하게, 유대인이 성지로 돌아가는 메시아적 꿈을 자신이 완전히 버린 것은 아니라고 암시하기는 했지만, 더 큰 문제는 일으키지 않도록 조심했다. 그는 이교도로서의 처형을 아슬아슬하게 면한 뒤로 조용하고 긴 삶을 살았다. 그의 처자식—그들에 관하여 우리는 거의 아무것도 모른다—이 아마 그보다 먼저 세상을 떠났을 것이며, 그는 수도원에서 말년을 보냈다.

이 이상한 지적 모험은 도대체 어떤 결과에 이른 것일까? 메시아는 오지 않았고, 유대인은 시온으로 돌아가지 않았고, 아담 이전 사람들이라는 과감한 생각은 사방에서 공격을 받고 희미해지다가 잊혔다. 그것은 관습적인 설명이나 기존에 받아들여지던 가정이 무너지기 시작할 때에 진실을 찾는 탐색자들이 과감하게 따라가보는 막다른 골목 가운데 하나였다. 그렇다고 『성서』의 기원 이야기가 벌써 무너지고 있었다는 것은 아니다. 문제는 그것이 너무 현실적이 되었다—『실락원』에서 절정에 이른 긴 과정 끝에 얻은 승리였다—는 것이다. 이 현실성—역사적 시간이 시작되던 시점에 특정한 지리적 환경에 존재한 지각력을 갖춘 몸들로서의 아담과 이브의 손에 잡힐 듯한 존재감—때문에 라 페이레르처럼 생각이 많고 강박에 사로잡힌 사람은 그들을 그때까지 알려지게 된 실제 세계 속에 집어넣으려고 할 수밖에 없었다.

라 페이레르가 벽에 부딪히는 것 이상의 일을 했던 것일 수도 있다. 그 나름의 미묘한 방식으로 집요한 문제제기에 기여했고, 이것이 결국 「창세기」에 대한 더 비판적이고, 인류학적이고, 역사적인 접근을 낳던 것일 수도 있다. 그는 시온주의의 선구자들 가운데 한 사람이자 관용과 모든 민족의 구원을 정열적으로 외친 사람이었다. 그러나 그의 위대한 생각은 결국 가망 없을 정도로 틀렸다는 것이 드러났으며, 묘한 아이러니에 의해서 이후 그의 작업의 가장 의미심장한 쓸모는 인종주의와 노예제를 정당화하는 도구가 되는 것이었다. 오랫동안 망각에 잠겨 있던 라 페이레르의 『아담 이전 사람들』은 18세기 말과 19세기에 자신들이 노예로 삼은 유색인 무리들이 사실 아담과 이브의 후손이 아니라고 주장하고 싶어했던 사람들에 의해서 부활했다. 라 페이레르 자신은 아담 이전이건 이후건 지구상의 다양한 주민들을 우월성이라는 잣대로 잰 적이 없다는 사실은 중요하지 않았다. 다양한 인간 기원이라는 그의 생각—일원발생에 대비되는 다원발생—은 인종주의자들에게 그들이 딱 원하는 것을 주었다.

공교롭게도 미토콘드리아 DNA에 대한 과학적 연구는 모든 근대 인간들이 아프리카 기원을 공유하고 있다는 생각을 압도적으로 뒷받침한다. 아프리카에서 이주해온 것은 지질학적 기준에서 보면 최근—즉 12만 5,000년 전에서 6만 년 전 사이의 어느 때—이며, 이때 라 페이레르가 조롱했던 육교 같은 지형지물들을 이용했다. 또 하나의 착오가 있었는데, 이것은 라 페이레르를 반박할 때에 핵심적인 요소가 되었다. 맬서스가 보여주었듯이, 인구는 기하급수적으로 증가한다. 따라서 인구가 그렇게 빠르게 증가하지 말았어야 할 수학적 이유는 없다[26]—물론 지리적 확산은 『성서』가 허용하는 시간보다 오래 걸렸을 수도 있지만.

그러나 라 페이레르의 생각이 맞이한 묘한 운명은 아담과 이브 이야기에 늘 잠복해 있는 평준화의 힘을 유용하게 일깨워준다. 중세의 사제 존 볼이 이 힘을 활용하여 귀족의 내재적 우월성이라는 환상에 문제를 제기했듯이—"아담이 땅을 파고 이브가 실을 자을 때, 그때 누가 귀족이었는가?"—노예 소유자들은 모든 인류가 단일한 공동 조상 한 쌍으로부터 나왔다는 것은 자신들에게 문제가 될 수 있다고 느꼈다. 그들 모두가 다원발생을 지지한 것은 아니었다. 모든 인류가 아담과 이브의 후손임을 뜨겁게 믿은 유대인과 기독교인 가운데 다수가 얼마든지 같은 후손을 노예로 만들 준비가 되어 있었다. 그러나 그들은 노예 폐지론자들이 우리가 공유하는 인간성을 가장 강력한 도덕적 논거 가운데 하나로 삼을 것임을 알고 있었다.

13

사그라지다

말뚝에 묶여 화형을 당할 수도 있다는 위협―언제나 정신을 집중하게 하는 효과적인 유인이었다―은 회의적인 주장이나 환영받지 못하는 의심의 공개적 철회를 강요할 수 있었다. 그러나 그렇게 간단하지는 않았다. 라 페이레르 같은 "혐오스러운 이단"은 회의주의의 산물이 아니었다. 그것은 아담과 이브를 현실로 생각한 결과였다. 즉 르네상스 탐험가들이 동산의 위치를 표시하게 하고, 르네상스 연대기 기록자들이 추방 이후 세대의 정확한 수를 계산하게 하고, 르네상스 화가들이 그들에게 신체적 현실성을 부여하게 하고, 원숙한 르네상스 시인 밀턴이 그들에게 복잡한 결혼관계를 부여하게 했던 바로 그 힘의 표현이었다. 신자들에 의한 이 모든 노력의 집단적 성공―액면 그대로의 해석이라는 아우구스티누스의 오랜 꿈의 성공적 실현―은 의도하지 않은 참담한 결과를 낳았다. 이야기가 죽기 시작한 것이다.

물론 이야기 속의 아담과 이브라는 인물들은 늘 필멸의 존재로 이해되었으며, 이는 그들의 죄의 결과였다. 그러나 르네상스 과학, 미술, 문학의 힘을 통해서 완전한 삶을 얻음으로써 그들이 자리잡고 있던 구조 전체가 필멸의 존재가 되어버렸다. 설득력 있는 현실적인 사람들과 눈에 두드러지게 비현실적인 환경—신비한 동산, 마법의 나무들, 말하는 뱀, 시원한 저녁 바람을 맞으며 산책하는 하느님—사이의 간극을 유지하는 일이 점점 어려워졌기 때문이다. 또 너무나 생생하고 인간적으로 매혹적인 아담과 이브는 오래 전부터 이 이야기를 따라다니던 윤리적 문제들을 더욱더 선명하고 불편하게 부각시켰다. 완전한 순수로부터 악으로의 설명할 수 없는 이동, 금지 자체를 준수하는 데에 필요한 바로 그 지식을 금하는 하느님의 금지, 사소한 국지적 죄로 보이는 것에 대한 무시무시한 보편적 벌. 문제들은 계속 쌓이고, 라 페이레르의 시도처럼 그것을 해결하려는 성실하고 진지한 시도는 새로운 문제만 더 만들 뿐이었다.

하나의 서사—하나의 신조로서 진실로 받아들여진 서사—의 필멸성은 인간의 필멸성과 같지 않다. 노화 과정은 비교가 될 수 없다. 임박한 붕괴의 분명한 표시가 없다. 상속자들이 침대 주위에 모여들어 울거나 유산을 바라지도 않는다. 무엇보다도 살아 있는 신화가 결정적으로 숨을 멈추고, 면허를 가진 의사가 황급히 방으로 들어와 실제로 모든 것이 끝났음을 확인해주는 순간이 없다. 벌어지는 일이라고는 그저 상당수의 사람들이 그 이야기가 현실을 설득력 있게 묘사하고 있다고 믿지 않게 되는 것뿐이다. 어떤 사람들은 쇠퇴가 시작된 후에도 계속 열렬히 믿었을지도 모르지만, 이미 상황은 바뀌기 시작했으며, 그 과정은 보통 역전이 불가능하다. 그 이야기가 진실이 아니라고 생각하는 사람들도 한동안은 그냥 매달려 있을 수 있다. 그렇게 하지 않는 것이 어색하거나 위험해서일 수도 있고, 대안이 분명하지 않아서일 수도 있고, 그 이야기가 여전히 삶에 관해서 무엇인가 중요한 것을 전달하는 듯이 보이기 때문일 수도 있다. 그러나 핵심적 요소들은 이미 신기루처럼 흐릿해지기 시작했다. 그것은 이제 현실 세계에서 견고한 진실은 아니며, 이미 가공물 취급을 받기 시작했다. 서사는 그대로 해주는 이야기(원래 러디어드 키플링의 *Just So Stories*라는 책 제목에서 나온 것으로, 현상을 설명하는 근거 없는 이야기라는 뜻으로 쓰인다/역주), 사물의 이치를 설명하려는 공상적 시도가 된다. 만일 꽤 강력한 서사라면 예술 작품이 된다.

가공물 취급을 받는다고 해서 반드시 환멸로 끝날 필요는 없었다. 사실 우리가 보았듯이, 교회의 역사 초기에도 동산의 아담과 이브 이야기는 인간 삶에 관한 깊은 진실을 감춘 것이지 실제로 일어난 역사를 묘사한 것은 아니라고 열심히 주장한 사람들이 있었다. 기원후 3세기의 신앙심 깊은 오리게네스는 물었다. "하느님이 농부가 하듯이 에덴의 동쪽에 있는 낙원에 나무들을 심었다고 믿을 만큼 어리석은 사람이 있을까?"[1] 하지만 이런 입장은 철저하게 패배했다. 4세기의 주교 에피파니우스는 이렇게 답했다. "만일 낙원은 없고 이것은 알레고리일 뿐이라고 한다면," 나무도 없었다. "나무가 없으면 열매를 먹는 일도 없었다. 열매를 먹지 않았다면 아담도 없었다. 아담이 없었다면 인간도 없고 모두 알레고리뿐이다. 진실 자체가 우화가 된다."[2] 이렇게 위협을 인식하게 되자 아우구스티누스 정통파의 방어자들은 결속을 굳혔다. 중세의 성직자들은 「창세기」 이야기를 알레고리로 읽는 것은 가능하다고 가르쳤다. 그것을 현재를 위한 도덕적 교훈이나 미래에 대한 예언으로 읽는 것이 가능한 것과 마찬가지이다. 다만 그것을 동시에 말 그대로 받아들이는 경우에 한해서였다. 『성서』 서사의 엄격한 정확성은 1,000년 동안 교조의 지위를 유지했으며, 『성서』에 적힌 논쟁의 여지없는 말들과 교회의 권위가 그것을 보증했다.

이런 엄청난 교조적 투자 뒤에 다시 뒤로 돌아 알레고리라는 개념으로

가는 것은 극히 어려웠다. 르네상스 유럽의 상상력의 자원들이 결합되어 그 이야기에 많은 사람들이 그토록 오랫동안 원했던 생생함을 부여하고 있던 바로 그 시기에 그렇게 한다는 것은 더욱 어려운 일이었다. 라 페이레르가 보여주었듯이, 문제는 그런 생생함이 위험한 질문들을 불러온다는 것, 심지어 요구한다는 것이었다. 신학자들 자신이 그런 질문들을 고집스럽게 제기했고, 신자들도 그 뒤를 따랐다. 그러나 회의주의가 기다리고 있었으며, 회의주의는 불신과 반걸음 차이였다. 1630년대에 불안한 당국은 런던 북동부 에식스에서 일부 교구민이 짓궂게도 아담과 이브가 무화과 잎을 엮을 실은 어디에서 구했느냐고 묻는 것에 주목했다.

한 지방에서 나타난 이런 아이러니는 앞으로 다가올 일을 아주 약간 미리 맛보는 것에 불과했다. 밀턴이 『실락원』을 처음 출간하고 나서 30년 뒤에 프랑스의 철학자 피에르 베일은 『역사적이고 비판적인 사전(*Le Dictionnaire historique et critique*)』이라는 책을 출간했다. 제목은 아주 온건해 보이지만, 당시 프랑스에서 심한 박해를 당하던 프로테스탄트인 저자는 자신이 위험한 영역으로 과감하게 들어서고 있다는 것을 알았다. 엄격한 순응의 압력이 거세지자 그는 네덜란드로 달아났으며, 그곳에서 더 자유롭게 자신의 생각을 진전시킬 수 있었다. 그 생각들을 통해서 그는 무엇보다도 먼저 관용을 요구하게 되었다. 그는 고문과 화형으로 신앙의 일치를 달성하려고 하는 기독교 교회는 예수의 복음의 핵심을 침해하고 있다고 말했다. 이제 실제로 모든 것을 세심하게 살피고 무엇을 받아들이고 무엇을 버리는 것이 적절한지 결정할 때였다.

1697년 암스테르담에서 처음 출간된 『사전』은 완전히 뒤죽박죽이었다. 신학적이고 철학적인 개념들에 관한 에세이가 전기적 스케치, 텍스트 탐구, 이상한 이야기와 경쟁하고 있었으며, 모두 엄청나게 자세하고 또 종종 짓궂은 아이러니가 섞인 각주가 주렁주렁 달려 있었다. 이런 책이 베스트셀러가 되었으니, 출판사와 베일 자신도 놀랐을 것이다. 세월이 흘러 판을 거듭하면서 이 책은 결국 길이가 약 600만 단어가 되었다. 이것을 실제로 다 훑어본 독자는 거의 없었을 것이다. 그러나 들추어보면 거의 어디에서나 깜짝 놀랄 만한 것들을 볼 수 있었다.

베일은 『사전』의 모든 항목에서 해당 주제에 관하여 알려진 기본적인 사실을 분명히 서술한 뒤에 각주에서 미심쩍은 주장이나 해결되지 않은 문제를 고려하려고 했다. 아담과 이브 항목은 중요성에 걸맞게 여러 페이지였지만 주로 각주로 이루어졌다. 뒤죽박죽인 전기적 세부사항들 가운데 베일의 회의적인 눈을 견딜 수 있는 것은 거의 없었기 때문이다. 베일은 절대 완전한 불신자가 아니었기 때문에, 자신이 부정할 수 없는 핵심적 진실로 여기는 것을 우선 세심하게 열거했다. 그렇다, 아담은 첫 인간으로, 하느님이 창조의 엿새째 되는 날에 흙으로 창조했다. 그렇다, 이브는 아담의 부인으로, 그의 갈비뼈로 만들었다. 아담은 동물들에게 이름을 주었다. 그와 그의 배우자는 하느님의 축복을 받고, 생육하고 번식하라는 명령을 받고, '선과 악을 알게 하는 나무' 열매는 먹지 말라는 경고를 받았다. 그들 둘 다―처음에 이브가, 그리고 그녀의 부추김으로 아담이―금지 명령을 어겼다. 그들은 이 불복종 때문에 벌을 받아 동산에서 쫓겨났다.

베일은 이 정도는 믿을 필요가 있다고 단언했다. 하느님의 말이 그것을 분명하게 확인해주기 때문이다. 그러나 이것과 다른 몇 가지 문서상의 "사실"을 제외하면, 나머지는 의심을 해도 좋다. 그래서 『사전』은 1,000년 이상 천천히 쌓여온 전설들을 쓰레기 더미에 던졌다. 베일은 이렇게 말했다. 아담은 아마도 "훌륭한 사람이고 몸은 균형이 잡혔을" 테지만, 왜 그가 거인이거나 양성동체라는 이야기, 그가 할례를 받은 몸으로 태어났다는 이야기, 그가 동물만이 아니라 모든 식물의 이름도 지었다는 이야기, 그가 위대한 철학자로서 여가 시간에 창조에 관한 책을 썼다는 이야기까지 믿어야 할까? 일부 주석가들이 단언하듯이, 하느님이 원래는 첫 인간에게 꼬리를 주었다가 마음이 바뀌어 잘라내어 여자를 만드는 데에 사용했을까? 이브가 정말로 너무나 아름다워서 사탄이 사랑에 빠져 유혹을 했을까? 동산에서 이브는 '선과 악을 알게 하는 나무'의 가지를 하나 꺾어 그것으로 커다란 몽둥이를 만들어 남편이 그 열매를 먹을 때까지 때렸을까? 또는 다른 주석가들이 단언하듯이, 그녀 자신이 그 운명의 나무였고, 그 열매를 먹는 것은 금지되어 있었을까?

베일은 아담과 이브가 추방 전에는 섹스를 하지 않았던 것이 분명하다고 생각했다. 추방 후에야 아담이 아내를 "알았다"고『성서』에서 말하기 때문이다. 그러나 그들의 삶에 관해서 생겨난 나머지 헤아릴 수 없이 많은 추측은 어떨까? 첫 인간들은 정말로 동물들에게 가르쳐주기 위해서 빨리 결혼을 완성해야 했을까? 그렇게 하지 않으면 동물들이 어떻게 재생산을 해야 할지 모를까봐? 이브는 뱀과 동침하여 악마들을 낳았을까? 이브는 매년 임신을 하여, 늘 적어도 아들 하나 딸 하나, 때로는 심지어 많은 수의 자식들을 낳았을까? 이렇게 임신을 자주 했는데도 그녀는 어떻게 940살이라는 고령, 남편보다 10살 더 많은 나이에 이를 수 있었을까? 늘 동정을 유지하며 하늘에서 아벨의 제물에 떨어지는 불을 꺼뜨리지 않고 유지하는 젊은 여자들의 종교단을 이브가 세운 것이 사실일까?

베일은 이런 유서 깊은 주장들에서는 대부분 낡은 로망스 책이나 "수도사나 할 것 같은" 공상의 곰팡내가 난다고 말했다. 이런 것들을 물리치는 것 자체에는 특별히 새로운 것이 없었지만,『사전』이 세부사항들을 점점 쌓아갈수록 이야기 자체의 신빙성이 떨어졌다. 아담과 이브의 딸들 가운데 한 명의 가상의 이름은 슬쩍 지나갈 수도 있지만, 여러 자료에서 뽑아 주석에 모아놓은 이름들의 목록—칼마나, 아즈룸, 델보라, 아위나, 아주라, 사바 등—은 『성서』가 무심하게도 이름을 단 하나도 제공하지 않았다는 사실을 조용히 아이러니를 섞어 일깨워주었다. 베일은 좀처럼 노골적으로 나아가지 않는다. 아무리 관용적인 암스테르담이라고는 하나 그에게는 사나운 적들이 있었고, 게다가 그는 자신의 핵심적 신앙에는 진지하게 매달리려고 하는 것처럼 보인다. 그럼에도 안전한 범위 내에서는 그도 아이러니를 참기 힘들었다.

모두가 이것을 재미있게 보았던 것은 아니다. 이전에 베일을 안전한 네덜란드로 보내는 데에 도움을 주었던 칼뱅주의 신학자 피에르 쥐리외는 『사전』에 격분했는데, 그만 그런 것이 아니었다. 아담과 이브 주위에 쌓인 허무맹랑한 전설에 대한 아이러니 섞인 사유는 받아줄 수 있었을지 모르지만, 이런 사유는 그것대로 인간 죄의 기원과 하느님의 벌의 정당성에 관한 혼란스러운 질문과 연결되었다. 『사전』에 나오는 이 질문들에 대한 대응은 베일의 적들에게는 『성서』의 창조 이야기를 훼손하고, 따라서 하느님에 대한 신앙을 훼손하는 것처럼 보였다.

베일은 긴 철학적 에세이 몇 편에서 만일 처음 창조된 세상이 정말로 순수하고 깨끗했다면, 어떻게 악이 침투하는 것이 가능했겠는가라고 물었다. 『사전』은 정통 신학자들이 제공한 전통적 답변은 한심하거나 터무니없다고 단언한다. 이단이 이런 신학자들에게 할 말을 상상한다는 아주 얄팍한 위장막 밑에서 아담과 이브 이야기의 아연할 만한 개념적 난제 전체가 굴러나왔다.

베일이 상상한 이교도는 진정으로 선한 전능한 하느님이 어떻게 자신이 사랑하는 피조물을 그런 엄청난 불행에 노출시킬 수 있었을까 하고 묻는다.[3] 진정으로 마음씨 좋은 신이라면 인간들을 행복하게 만들고 그들의 행복을 유지시키는 데에서 즐거움을 누리지 않을까? 물론 전지(全知)의 창조주는 자신의 피조물이 타락하고, 그 과정에서 그들의 모든 후손에게 역병, 전쟁, 기근, 말할 수 없는 고통을 전하게 될 것임을 미리 알았다. 그렇다면 그는 칼이 수천 명의 죽음을 낳을 범죄에 이용될 것임을 잘 알면서도 군중 속의 남자에게 아주 날카로운 칼을 주는 통치자와 같지 않을까?[4] 재앙을 예방하는 쪽이 낫지 않았을까?

다른 정통적인 주장도 나을 것이 없다. 하느님이 사랑하는 피조물에게 자유의지를 주는 쪽을 택했다는 생각에 대해서도 베일은 선량한 부모라면 자식이 자신을 해치는 일을 하지 않도록 막을 것이라고 말한다. 위험이 닥칠 때 무관심하게 구경만 하거나 도움을 주지 않는 쪽을 택하지는 않는다. 하물며 재앙이 일어난 뒤에 심한 벌을 내리는 것은 말할 것도 없다. 이런 것을 이해하는 데에는 철학자가 필요 없다. 부모와 자식의 관계에만 비교할 필요도 없다. 순박한 농민이라도 낯선 사람이 도랑에 빠지는 것을 내버려두었다가 나중에 구하기보다는 애초에 빠지는 것을 막는 편이 훨씬 낫다는 것은 안다.[5]

베일이 잘 알고 있었듯이, 이런 질문들은 오래 전부터 「창세기」 이야기를 읽는 사람들을 괴롭혔다. 수백 년 동안 많은 답들이 제시되었지만 결코 사태를 진정시키지 못했으며, 교조 선언, 신앙의 열정, 집단 제의, 또—필요할 때는—고문으로 토론을 끝내려던 일반적 시도는 바라던 침묵을 가져오지 못했다. 17세기에 이르면 문제는 전보다 더 집요해졌는데, 그것은 바로 르네상스가 아담과 이브를 전보다 더 생생하게 살려놓았기 때문이다. 베일은 천사가 뒤러의 아담과 이브를 보며 감탄하는 라틴어 이행연구를 인용했다. "당신은 내가 에덴 동산에서 쫓아낼 때보다 아름다워졌군."

그렇게 강력하게 삶을 불러내는 데에는 위험이 있었다. 밀턴에게도 그랬듯이 베일이 보기에도, 첫 인간들의 매혹적인 생생함 때문에 그들의 서사에 늘 존재하던 흠도 주목을 받게 되었다. 이것은 물론 밀턴이 원하던 결과는 아니었고, 아마 베일이 원하던 결과도 아니었을 것이다. 그러나 베일은 무엇을 원했을까? 밀턴은 그 모든 것에도 불구하고 자신이 인간에게 하느님의 길을 정당화할 수 있다는 자신감이 있었지만, 베일은 그에 비길 자신감이 없었고, 그의 눈에는 자신의 글이 불러일으킨 분노만 보였다. 그가 물은 질문들의 결과로 가족이 박해를 받게 되었다. 그는 망명을 해야 했다. 예전의 친구와 지지자들은 살벌한 원수가 되었다. 베일은 지금이라면 신경쇠약이라고 부를 만한 것을 겪었다. 그러니 자신의 의심이 입을 다물게 하는 것이 마땅했겠지만, 그럴 수가 없었다. 그렇게 하다가―에덴 동산의 악의 문제와 엄청난 씨름을 하다가―마침내 어디에 이르렀을까? 각주에 대한 각주 속에, 600만 단어 속 깊은 곳에 그가 최고의 답이라고 부른 것이 있다. "왜 하느님은 인간이 **죄를 짓도록 허락했는가** 하는 질문에 대하여 자연스럽게 들려줄 수 있는 최선의 답은 이것이다. **나는 모르겠다.**"[6]

　"**나는 모르겠다.**" 오늘날의 시점에서 보면, 이 간단한 구절에 감추어진 폭뢰와 이 말을 쓰는 데에 필요한 용기를 파악하기가 어렵다. 베일의 세계는 많은 면에서 우리 자신의 세계에 감질나게 다가서고 있었지만―코페르니쿠스는 지구를 중심에서 밀어냈고, 베이컨은 이미 과학혁명의 기초를 놓았고, 갈릴레오와 뉴턴은 천체에 대한 이해를 바꾸어놓았다―아담과 이브 이야기는 여전히 신앙의 정신 이외의 것으로는 어떤 식으로도 다루기가 위험했다. 신앙 고백으로 떠받쳐지는 종교적 맥락에서는 불확실성을 이야기해도 안전했다. 그러나 회의적이고 세속적인 맥락에서는 위험했다.

"질문에 대하여 자연스럽게 들려줄 수 있는 최선의 답"이라는 구절에서 "자연스럽게"라는 말은 최소한의 방어 역할을 한다. 이것은 다른 답, 초자연적인 답의 가능성을 인정한다. 그러나 베일은 신학자가 아니라 철학자였으며, 위험에도 불구하고 그의 존재의 모든 것이 이성을 버리고 교조에서 피난처를 구하는 것에 저항했다. 많은 사람들이 그를 침묵시키고 싶어 했지만, 그는 계속 글을 썼고 결국에는 적어도 관용이라는 면에서는 작은 승리를 얻어냈다. 그는 교수직을 박탈당하고 궁핍해졌지만, 죽음이 찾아왔을 때—1706년, 쉰아홉 살의 나이에 죽었다—감옥이 아니라 집의 침대에 있었다.

1752년의 어느 날 밤, 포츠담의 왕궁에서 열린 만찬에서 프로이센 국왕 프리드리히 대제와 그의 손님들은 베일의 기획을 이어가서 그들 나름의 사전을 쓰자는 생각을 하게 되었다. 그들은 바로 시작하기로 합의했다. 그러나 다음날 아침 식사 자리에 그들 가운데 오직 한 사람만 견본 항목을 들고 나타났는데, 그가 바로 철학자 볼테르였다. 식탁에 가져온 것은 그가 10년 이상 매달리는 『철학 사전(*Dictionnaire philosophique*)』의 씨앗 역할을 했다. 그는 모험을 하는 사람으로, 종교적 정설에 대한 경멸을 감추지 않았다. 그러나 베일 이후 50년이 지났고, 연봉 2만 프랑이라는 큰돈을 벌었고, 프로이센 왕의 개인 후원을 받는 유럽의 명사였음에도 불구하고 에덴 동산에 다가갈 때에는 보호장비를 둘렀다.

1764년에 익명으로 출간된 『철학 사전』 초판에서 볼테르의 아담 항목은 짐짓 순진한 척 눈을 크게 뜨고 인류의 아버지와 어머니의 이름을 고대 세계에서 유대인을 빼고는 아무도 몰랐다니 정말 흥미롭다며 놀란다. 얼마나 즐거운 수수께끼인가! "세계의 위대한 가족의 기원을 그 가족 가운데 가장 작고 가장 불운한 무리를 제외한 모두에게 감추어두는 것이 하느님의 기쁨이었다."

볼테르는 독자들에게 가엾은 한 유대인이 카이사르나 키케로에게 그들 모두 아담이라는 한 아버지의 후손이라고 말하는 장면을 상상해보라고 권한다. 로마 원로원은 증거를 요구하겠지만—그들은 위대한 기념물, 조각상, 고대 건물에 적힌 비문을 보기를 원한다—물론 보여줄 것은 없다. 원로원 의원들은 웃음을 터뜨리며 그 유대인에게 매질을 명했을 것이다. 볼테르는 가장 멋지게 시치미를 뚝 떼는 모습을 보여준다. "사람들은 이렇게나 편견에 사로잡혀 살고 있다!" 또 어떤 기독교인이 막 갓난 아들을 잃은 중국, 일본, 인도의 왕비를 조문하여 왕세자가 이제 악마 500명의 손아귀에 있고, 영원토록 그들의 괴롭힘을 당할 것임을 알린다고 상상해보라. 슬픔에 사로잡힌 왕비는 왜 악마가 자신의 가엾은 자식을 영원히 불에 굽는지 물을 것이고, 그 기독교인은 아이의 "몇 대조 할아버지가 전에 동산에서 지식의 열매를 먹었기" 때문이라고 설명해야 할 것이다.

볼테르의 말투는 베일이 개척한 아이러니를 떠올리게 하지만, 이것은 날카롭게 갈아 잔인한 무기가 된 아이러니이다. 왜 어떤 갓난아기들은 어머니의 젖가슴에서 죽는가? 왜 어떤 사람들은 몇 달, 심지어 몇 년씩 고통을 겪다가 섬뜩한 죽음을 맞이하는가? 왜 천연두는 그렇게 많은 생명을 쓸어가는가? 왜 세상의 모든 시대마다 "인간의 방광은 채석장으로 변하곤 하는가?" 왜 역병, 전쟁, 기근, 고문이 있는가? 이 모든 것이 아담과 이브의 이야기로 설명이 되는가? 볼테르의 말에 따르면, 실제로 종교재판의 위대한 옹호자들 가운데 한 사람인 스페인의 루이스 데 파라모는 그 찬란한 재판소의 기원을 찾아 동산까지 거슬러 올라갔다. 잘못한 사람들에게 "네가 어디 있느냐?" 하는 말로 앞으로 나오라고 한 하느님이 첫 종교재판관이었다.

아주 가까운 친구들에게 보내는 편지를 "악명 높은 것을 부수어라(écrasez l'infame)"는 말로 끝맺었던 볼테르에게 아담과 이브 이야기는 가장 시급히 부수어야 할 것의 중심에 자리잡고 있었다. 이 이야기는 터무니없는 거짓말일 뿐만 아니라, 인간 행동과 믿음의 가장 가증스러운 측면들 가운데 일부에 대한 정당화였다. 『성서』의 금지—"선악을 알게 하는 나무의 열매는 먹지 말라"—는 아주 이상하다. "배와 살구가 열리는 나무가 있듯이, 선과 악을 가르칠 수 있는 나무가 존재했다고 생각하는 것은 쉬운 일이 아니다." 하지만 그것이 중심 문제는 아니다. "왜 하느님은 인간이 선과 악을 아는 것을 원하지 않을까? 오히려 인간이 이 지식에 자유롭게 다가가게 하는 것이—우리가 감히 이런 말을 써도 좋다면—더 하느님다워 보이고, 인간에게도 훨씬 더 필요한 일이 아니었을까?" 인간들에게 그 열매를 더욱더 많이 먹으라고 명령하는 것이 하느님에게는 더 좋은 일이 아니었을까? 왜 종교는 무지를 찬양하는 이야기를 신성하게 여길까?

자비로운 하느님에 대한 믿음을 유지하는 것은 무지, 아니 인간의 이성적 능력을 의도적으로 가두는 것이다. 막강한 제도들은 이런 믿음을 육성하는 데에 이해관계가 걸려 있으며, 그들의 대리인은 그것을 모두에게 강요하기 위해서 어떤 일도 불사하려고 한다. 그들은 자신들의 우화에 의심을 품거나 사악한 교리에 의문을 제기하는 사람은 누구에게나 폭력적인 벌을 내리려고 한다. 하지만 전능한 창조주와 마법의 동산 이야기는 말이 되지 않는다. 볼테르는 말한다.

우리가 사는 지구는 파괴와 살육이 자행되는 거대한 들판이다. 지고의 존재는 그것을 감각을 소유한 모든 존재가 영원히 즐기는 곳으로 만들 수도 있었고, 그렇게 하지 않을 수도 있었다.

창조주는 세상을 행복한 장소로 만들 수도 있었는데, 그렇게 하는 것을 거부했다면 아담과 이브 이야기의 신은 악하다고 결론을 내릴 수밖에 없을 것이다. 그러나 볼테르는 낡은 마니교적 이단으로 돌아가라고 촉구하지 않았다. 대신 독자들이 하느님도 할 수 있는 일에 한계가 있을 뿐이라고 결론을 내리기를 원했다.

볼테르는 그런 이단적인 관점을 활자로 찍어내는 것이 안전하지 않다는 것을 알고, 베일처럼 복종이라는 무화과 잎을 입었다. "나는 여기에서 철학자들에게만 말을 할 뿐, 성직자와는 말을 하지 않는다. 우리는 신앙이 우리를 안내하여 미로를 통과하게 하는 실임을 알고 있다." 그러나 그는 복종이 겉치레일 뿐이라는 것을 아주 분명하게 밝혀두고 싶었다. 그래서 짐짓 신앙고백을 덧붙였다. "우리는 아담과 이브의 타락, 원죄, 악마들에게 전달된 엄청난 힘, 지고의 존재의 유대 민족에 대한 편애, 할례를 대신하는 세례 의식이 모든 어려움을 정리하는 답이라는 것을 아주 잘 알고 있다."

1695년 베일의 질문은 단단하게 경직되어 1764년에 이르면 노골적인 조롱이 되었다. 교회의 압력 때문에 그 터무니없는 우화들에 공개적으로는 어쩔 수 없이 형식적인 동의를 했을지 몰라도, 실제로 아담과 이브에 관해서 생각해보지 않은 사람만—오직 바보나 광신자만—실제로 그것이 말 그대로 사실이라고 믿을 수 있을 것이다. 이 이야기에서 끌어낸 제정신이 아닌 종교적 교리에 관해서 말하자면, 그것은 자신이 섬기는 악명 높은 제도를 반영한다. 볼테르는 이렇게 말한다. 성 아우구스티누스는 처음으로 원죄라는 이상한 개념을 발전시켰는데, 이것은 "방탕아이자 회개자, 마니교도이자 기독교인, 관대하면서도 박해를 일삼는 한 아프리카인—끊임없는 자기모순 속에서 삶을 보낸 사람의 따뜻하고 로맨틱한 두뇌에 값하는 개념"이다. 히브리인은 우스꽝스럽기는 하지만 그래도 자신들의 기원 우화를 현실 세계의 현실적인 사람들에 대한 묘사로 다루는 것이 얼마나 터무니없고 무모한지는 인식했을 것이다. "「창세기」의 첫 몇 장―그것이 어떤 시기에 기록되었든―은 학식 있는 모든 유대인에게 알레고리로 심지어 꽤나 위험한 우화로 간주되었다"고 볼테르는 말한다.

18세기 말이 되면 알레고리가 소생한다. 계몽주의의 여파로 이 기원 이야기에서 너무나 많은 모순, 너무나 많은 개연성 위반, 너무나 많은 어색한 윤리적 질문들이 드러나서 말 그대로 해석해야 한다고 고집하는 것이 더는 편치 않게 되었다. 아니, 르네상스 미술과 밀턴의 위대한 서사시에서 마침내 현실적 존재처럼 보이게 된 아담과 이브가 거꾸로 그 이야기에 달려들어 그것을 파괴하기 시작했다. 심지어 교회 내의 많은 신자들에게도 아담과 이브의 이야기를 유지하는 가장 강력한 방법은 말 그대로의 해석에서 서둘러 퇴각하는 것이었다. 반면 어떤 사람들은 단호한 태도로 그 어느 때보다 사납게 그 꾸밈없고 왜곡되지 않은 진실성을 주장했다.

종종 그렇듯이, 새로 형성된 미합중국은 가능한 모든 입장을 논리적 극단까지 밀고 나갔다. 토머스 제퍼슨은 볼테르의 『철학 사전』을 사랑한 나머지, 저자의 흉상을 사서 몬티첼로(제퍼슨의 집/역주)에 모셔두기까지 했다. (제퍼슨은 또 베일을 매우 존경하여 의회도서관의 기초를 이룰 100권의 책 목록에 그의 『사전』을 포함시켰다.) 반면에 엄격한 칼뱅주의자들은 퓨리턴 건립자들의 후계자로서 유아 저주와 원죄로 인한 보편적 오염에 관한 불과 유황의 설교를 계속했다.

모르몬교의 창시자 조지프 스미스는 다른 방향에서 「창세기」 이야기의 액면 그대로의 진실성을 받아들였다. 그는 1838년에 추종자들을 데리고 현재의 미주리 주 캔자스시티에서 북쪽으로 100킬로미터 남짓 떨어진 곳으로 가서 아담-온디-아만(Adam-ondi-Ahman)이라고 부르는 정착지를 세웠다.[7] 스미스는 바로 그곳에서 아담이 한때 살았다고 선언했다. 스미스가 살해당하고 추종자들이 서쪽으로 쫓겨났을 때에도 그 생각은 소멸하지 않았다. 20세기 중반 아이젠하워 대통령 시절에 농업부 장관을 역임했던 모르몬교 예언자 에즈라 태프트 벤슨은 원래의 계시를 되풀이했다. "이곳이 에덴 동산이 있었던 곳이다. 이곳에서 아담은 죽기 직전 아담-온디-아만의 대사제 무리를 만나 마지막으로 그들을 축복했으며, 장차 자신의 민족의 지도자들을 만나기 위해서 이 장소로 돌아올 것이다."

심지어 조직적인 종교 공동체 외부에서도 많은 미국인에게 자신의 땅과 에덴 동산 사이에는 독특하게 강렬하고 의미 있는 관계가 있었다. 그들에게는 아담의 옛 발자취를 찾고 싶은 것만이 아니라, 지금 여기에서, 망쳐지지 않고 순수한 상태를 유지해온 세계인 내 땅에서 첫 인간을 만나고 싶다는 갈망이 있었다. "동산의 아담." 랠프 월도 에머슨은 1839년에 새로운 일련의 강연을 위한 구상을 일기에 메모하면서 자신이 그런 존재라고 상상했다.[8] "나는 들판의 모든 짐승과 하늘의 모든 신들에게 새 이름을 지어줄 것이다. 시간에 흠뻑 젖은 사람들에게 자신을 회복하고 시간에서 나와 본래의 불멸의 공기를 맛보라고 권할 것이다." 헨리 데이비드 소로도 보스턴 서쪽 작은 호숫가의 오두막에서 시간에서 벗어나 시원의 상태로 돌아갈 길을 찾는 꿈을 꾸었다. 1854년에 그는 이렇게 썼다. "아담과 이브가 에덴에서 쫓겨나던 그 봄날 아침에 월든 연못은 이미 존재했을 것이며, 그때도 안개와 남풍을 동반한 부드러운 봄비에 수면은 부서지고, 수많은 오리와 거위로 덮였을 것이며, 이들은 그런 순수한 호수들로 충분히 만족하여 타락의 소식을 듣지도 못했을 것이다."[9]

월트 휘트먼은 1860년판 『풀잎(*Leaves of Grass*)』에서 에머슨과 소로에서 이미 잠깐 나타났던, 아담과의 문자 그대로의 동일시를 새로운 수준으로 높여놓았다.

아담이, 이른 아침에,
잠에서 상쾌하게 깨어 신방에서 걸어 나오듯이
지나가는 나를 보라, 내 목소리를 들어라, 다가와라,
나를 만져라, 지나가는 내 몸에 네 손바닥을 대라,
내 몸을 두려워하지 마라.

"내 몸을 두려워하지 마라." 이 말은 타락 전의 동산과 혼잡한 도시의 거리 양쪽에서 솟아나온다. 그러나 창피함이 없는 자기 과시와 묘한 친밀성의 요구는 무엇으로 설명할 것인가? 우리에게 우리 손바닥으로 그를 만질 것을 요구하는 것은 어떤 태도인가? 마치 죄, 오염, 수치—최초의 불복종의 비참한 결과들—가 사라지고, 그와 더불어 원래의 순수한 상태와 타락의 비굴한 상태의 핵심적 구분이 사라져버린 것 같다. 또 최초의 부부도 사라진 것 같다. 그는 분명히 혼자가 아니지만, 이것은 이브 없는 아담이다.

여기에서 첫 남자는 괴상하게 살아 있다. 시인의 모습을 놀랍도록 생생하게 포착한 판화—작업복 차림에 멋진 각도로 모자를 쓰고 있으며 표정은 대담하고 직접적이다—가 실린 『풀잎』은 처음부터 독자가 월트 휘트먼이 그의 시에 육체로 존재한다고 느끼게 했다. 그러나 휘트먼이 아담을 체현하여, 거의 손에 잡힐 듯한 현실성으로 그를 살려냈다고 해도, 애초에 아담을 탄생시킨 『성서』의 이야기는 그 죄와 벌의 연대기와 더불어 휘트먼의 비전에서는 완전히 흐릿해졌다. 휘트먼이 공격을 받고, 그의 시가 외설적이라고 간주된 것도 그리 놀랄 일은 아니다. 그럼에도 『풀잎』은 곧 열렬한 지지자들을 발견했으며, 이들은 그 안에서 괴상하지만 자신을 대변하는 목소리를 들었다. 1891년 최종판이 나올 무렵 휘트먼은 급진적인 독창성, 그리고 문학평론가 R.W.B. 루이스가 미국의 아담이라고 부른 존재의 진솔한 묘사로 널리 찬사를 받고 있었다.

휘트먼이 위대한 시를 완성하던 것과 비슷한 시기에 동시대 인물인 마크 트웨인은 "아담의 일기 발췌(Extracts from Adam's Diary)"를 썼는데, 이것은 짧은 글 연작들 가운데 하나로, 일부는 발표되었고 일부는 발표되지 않았다. 이 작품은 「창세기」이야기에 대한 그의 평생에 걸친 집착을 보여주는 듯하다. 그로부터 20여 년 전 중동 여행을 그린 해학적인 책 『마크 트웨인 여행기(Innocents Abroad)』에서 트웨인은 예루살렘의 성묘 교회에 있는 전설의 아담 무덤에서 짐짓 탄식하는 글 덕분에 유머 작가로 유명해졌다.

낯선 사람들의 땅에서, 고향, 친구들, 나를 아끼는 모든 사람들로부터 멀리 떨어진 이곳에서, 이렇게 혈족의 무덤을 발견하다니 얼마나 감동적인가. 그래, 먼 친족이기는 하지만 그래도 친족이다. 그것을 알아보고 타고난 본능이 어김없이 흥분한다. 자식으로서 간직한 애정의 샘이 그 깊디깊은 곳에서 자극을 받아, 나는 격앙된 감정에 굴복했다. 나는 기둥에 기대어 울음을 터뜨리고 말았다.

이제 1892년 "아담의 일기"에서 트웨인은 계속 첫 인간의 실제 존재를 짐짓 믿는 척하면서 자신을 아담에게 투사하여 시간의 새벽에 사는 것이 어떠했을지 장난스럽게 상상해본다.

첫 일기는 이렇다.

머리가 긴 이 새 피조물이 자꾸 걸리적거린다. 늘 주변에 얼쩡거리고 나를 졸졸 쫓아다닌다. 마음에 들지 않는다. 누가 옆에 있는 것이 익숙지 않다. 이것이 다른 동물들과 함께 지내면 좋겠다……오늘은 흐림, 동풍. 우리는 비를 맞을 것 같다……우리? 그 말을 어디에서 들은 것일까—새로운 피조물이 그 말을 사용한다.

이것이 월요일 일기이다. 화요일 일기에도 아담의 불만이 장황하게 이어진다.

내가 직접 이름을 붙일 기회가 없다. 새 피조물이 내가 미처 항의하기도 전에, 나타나는 모든 것의 이름을 짓는다. 그러면서 늘 똑같은 핑계를 댄다—그 이름처럼 보인다는 것이다. 예를 들어 도도가 있다. 그것을 보는 즉시 한눈에 그것이 "도도처럼 보인다"는 것을 알게 된다고 말한다. 당연히 그것은 계속 그 이름을 가지고 살아야 할 것이다. 그것 때문에 조바심을 내느라 지친다. 어차피 소용도 없다. 도도! 그것은 전혀 도도처럼 보이지 않는다. 내가 도도처럼 보이지 않듯이.

베일의 불안과 볼테르의 분노가 여기에서는 틀에 박힌 희극으로 변모한다. 수백 년 동안 철학자와 신학자들을 쫓아다니고 때로는 괴롭혔던 질문들—낙원에서 혼자였던 인물은 어떻게 "우리"가 되었는가? 아담과 이브는 일을 어느 정도나 나누어 했을까? 신학에서 멸종한 종의 지위는 무엇인가?—이 짓궂은 우스개가 되었다.

이 우스개는 순진하고 순수한 아담과 이브를 제물로 삼은 것이지만, 동시에 오랜 세대에 걸쳐 세계의 기원에 대한 오류 없는 정확한 설명 역할을 했던 『성서』 이야기를 제물로 삼은 것이기도 했다. 19세기 말에 이르면 트웨인은 자신과 더불어, 그 이야기가 터무니없다는 것을 알게 된 독자들에게 의지할 수 있었다. "그녀는 수많은 어리석은 일을 한다." 아담은 이브에 관해 불평한다.

그녀 말대로, 무엇보다도 사자와 호랑이라고 부르게 된 동물들이, 서로 잡아먹으려는 의도로 만들어졌음을 보여주는 이빨을 달고 있는데도 왜 풀과 꽃만 먹고 사는지 알아내려고 한다. 이것은 어리석은 짓이다. 그렇게 잡아먹는다는 것은 서로를 죽인다는 것이고, 그렇게 되면, 내가 이해하는 바로는, "죽음"이라고 부르는 것이 들어오게 될 것이기 때문이다. 내가 들은 바로는, 죽음은 아직 동산에 들어오지 않았다.

트웨인은 이 점을 장황하게 검토하지는 않는다. "아담의 일기"와 그것과 함께 읽으라고 쓴, 그와 짝을 이루는 "이브의 일기(Eve's Diary)"에서 그의 관심은 『성서』를 조롱하는 것이라기보다는 매우 부드럽고 섬세하게 성관계의 희극을 탐사하는 것이었기 때문이다.

그러나 가벼운 분위기라고 해서 논란을 막을 수 있었던 것은 아니다. 1906년에 책으로 나온 "이브의 일기"에는 첫 부부의 삽화가 들어 있었는데, 이것은 우리의 관점에서는 정말 별것 아니지만, 매사추세츠 주 워세스터의 한 도서관 사서들에게는 외설적으로 보였다. 그러나 이 이야기들은 대체로 이제 「창세기」 이야기를 익살스럽게 다루는 데에는 신경을 곤두세우지 않는 독자들을 상대하고 있었다.

자신의 독자들의 한계를 잘 알고 있던 트웨인은 생전에 자신이 계속 깊은 관심을 가졌던 주제에 관해서 쓴 것을 모두 발표하지는 않았다. 사후에야 공개된 글들—이것도 처음에는 트웨인의 한 딸의 반대를 무릅쓰고 공개한 것이었다—에서는 아담과 이브의 의식으로 더 들어가보려는 일련의 시도가 이루어진다. 이들은 마치 완전히 새롭고 전혀 익숙하지 않은 세계를 헤쳐나가려고 애써야 하는 상황에 처하게 된 인간들, 우리 눈에 흔히 띄는 인간들처럼 보인다. 이 이야기들에서는 부드러운 태도가 사라지고 베일과 볼테르에게서 부글부글 끓었던 아이러니와 분노가 드러난다. 한 이야기에서 트웨인의 이브는 특이한 이름을 가진 나무에 관해서 남편에게 물었다가 전혀 만족스럽지 않은 답을 들었던 일을 기억한다. 아담은 그때 "선"이나 "악"이 무엇인지 전혀 몰라서 만족스러운 답을 해줄 수가 없었다. "우리는 전에 그런 것을 들어본 적이 없고, 그것은 우리에게는 아무런 의미가 없었다."

물론, 그들은 "죽음"이라는 새로운 말을 이해하려고 할 때도 똑같은 당혹스러움에 사로잡힌다. 도대체 그것을 어떻게 이해할 수 있을까? 그들이 이렇게 다시 상상할 때, 금단의 열매를 먹도록 유도한 뱀의 개입은 필요하지 않다. 그저 완벽한 순수와 좋은 의도가 바탕에 깔린 열렬한 호기심만 필요할 뿐이다.

우리는 잠시 조용히 앉아 마음속에서 그 수수께끼를 곰곰이 생각해보았다. 그러다 갑자기 어떻게 알아낼 수 있는지 깨닫게 되었고, 애초에 그런 생각을 하지 못한 것에 놀랐다. 너무나 간단했다. 나는 벌떡 일어나서 말했다. "우리가 얼마나 어리석은지! 그걸 먹자. 그럼 죽을 거야. 그렇게 되면 그게 뭔지 알 수 있을 거고, 더는 골머리를 썩지 않아도 돼."

트웨인이 개작한 이야기에서 그들의 행동은 전에 보지 못한 흥미로운 피조물이 우연히 나타나는 바람에 미루어지는데, 그들은 그것에 "테로닥틸"이라는 이름을 지어준다. 그러나 그들의 어두운 운명의 전조는 이미 나타난 셈이다.

"이브의 일기"의 도도처럼 이 공룡은 이야기 전체를 조롱하지만, 이번에는 트웨인은 풍자를 삼가려고 하지 않는다. 그는 아담과 이브 이야기에는 변명의 여지없이 잔인한 데가 있다는 점을 분명히 밝힌다. 또 하나의 미발표 이야기, 에덴 추방 이후에 쓴 "이브의 일기" 추가본에서는 이런 고발이 분명하게 드러난다.

우리는 명령에 복종하지 않는 것이 잘못임을 알 수가 없었다. 그 말은 이상하게 들려서 이해를 할 수가 없었기 때문이다. 우리는 옳고 그른 것을 구별할 수 없었다. 어떻게 구별한단 말인가?……우리는 이제 네 살이 된 우리 막내 아이만큼이나 아는 것이 없었다. 오, 그만큼도 몰랐다고 생각한다. 내가 그 아이한테 "네가 이 빵에 손을 대면 상상도 못할 재난이 너를 덮치게 해서, 심지어 네 육체의 원소들마저 해체되게 만들 거야" 하고 말했는데, 아이가 그 이상한 말을 이해하지 못해 빵을 먹고 내 얼굴을 쳐다보며 아무런 악의 없이 방글방글 웃으면, 그럼 나는 아이의 순수함을 이용해 아이가 믿는 어머니의 손으로 아이를 칠 것인가?

이런 질문들은 200년 전 거의 같은 표현으로 피에르 베일이 했던 것이다. 그 질문들이 표현한 의심과 분노는 뿌리가 더욱 깊어, 2,000년을 거슬러서 나그 함마디 문서에 나오는, 아담과 이브 이야기의 현존하는 첫 흔적들까지 올라간다. 아우구스티누스의 교리적 승리 이후 수백 년 동안 「창세기」 이야기의 도덕적 역설들은 그 진실을 재확인하고 그 밑에 깔린 의미를 헤아리고자 하는 더 큰 욕망을 불러일으키기만 하는 것처럼 보였다. 그러나 마크 트웨인의 시대에 이르러, 그것을 말 그대로 믿는 흐름은 결정적으로 뒤집혔다. 한때 도전을 억누르는 데에 동원되었던 제도들은 다시 기운을 차리지 못할 정도로 약해졌다. 매사추세츠 주 워세스터의 공립 도서관은 종교재판소와는 전혀 달랐다. 트웨인이 생전에 더 급진적인 글들을 발표했다고 해도 독자들은 어느 정도 잃었을지언정 생명, 심지어 생계도 잃지는 않았을 것이다.

이런 결정적인 변화는 200여 년 전에 베일과 볼테르, 그리고 그들이 용감하게 추진한 계몽주의 기획 전체가 이룬 성과가 발판이 되었다고 말할 수 있을 것이다. 그러나 트웨인의 공상에서 시의적절하게 나타나서 타락을 지연시킨 피조물, 테로닥틸로 대표되는 과학적 발견 덕분이라고도 말할 수 있을 것이다. 공룡은 에덴 동산의 파괴에 기여했다.

14

다윈의 의심

다윈주의는 하느님에 대한 믿음과 양립하지 못하는 것은 아니지만, 아담과 이브에 대한 믿음과는 당연히 양립하지 못한다.[1] 1871년에 출간된 『인간의 유래(*The Descent of Man*)』의 어떤 부분도 우리 종이 낙원 같은 동산에 자리잡은 새로 빚어진 두 훌륭한 인간이라는 형태에서 나왔을 가능성은 조금도 허용하지 않는다. 다윈은 이미 1859년 『종의 기원(*The Origin of Species*)』에서 진화론을 공표했다. 비전문가들을 위해서 쓴 이 책은 엄청난 영향력을 행사했지만, 이 책이 논의하는 매우 다양한 종에서 인간은 의도적으로 빼놓았다. 그 시대의 독자들은 자연선택을 지지하는 과학적 주장의 설득력은 받아들이면서도, 다른 모든 피조물들에서 생존 경쟁을 관장하는 생물학적 과정을 인간은 어떤 식으로든 면제받았다는 생각을 유지하는 것이 가능했다.

그러나 1871년 이후에는 다윈도 자신이 끈질기게 수집한 엄청난 양의 자료와 이 자료를 전체적으로 설명하는 뛰어난 이론에서 그의 지지자들이 이미 끌어내고 있던 결론을 공유하고 있었다는 데에는 의심의 여지가 없다. 인간도 면제받지 못했다.

　낙원은 잃은 것이 아니었다. 그것은 존재한 적이 없었다. 인간의 기원은 평화로운 왕국이 아니었다. 그들은 완벽한 건강과 풍요, 또 경쟁이나 고난이나 죽음이 없는 삶이라는 축복을 받은 적이 없었다. 먹을 것이 풍부했던 뚱뚱한 시절이 있었던 것은 의심의 여지가 없지만 그런 시절이 무한정 지속되었을 리는 없으며, 우리의 가장 먼 조상들은 생기는 것을 늘 그들만큼이나 형편이 어려운 다른 피조물과 나누어야 했다. 위험은 늘 가까운 곳에 있었으며, 용케 큰 맹수들이 가까이 다가오지 못하게 한다고 해도 여전히 개미떼와 내장의 기생충, 치통, 부러진 팔, 암을 감당해야 했다. 상황이 아주 좋으면 인간의 삶은 매우 달콤할 수 있었지만, 다윈이 살펴본 광대한 풍경 전체 가운데 어디에도 우리의 모든 요구를 행복하게 충족시킬 수 있는 마법의 시간이나 장소가 있었다는 증거는 없었다.

　하나의 종으로서 인간은 유일무이하지도 단번에 창조되지도 않았다. 우리는 꿈이나 공상에서가 아니면, 처음부터 언제든지 말을 하고, 자신을 돌보고, 재생산을 할 수 있는 완전히 성숙한 성인으로는 도저히 나타날 수 없었다. 현재의 우리라는 특정한 종류의 영장류는 직립 자세, 두 발로 걷기, 형태와 기능에서 발과 다른 손, 위와 아래의 작은 송곳니, 턱 등 우리와 많은 신체적 특징들을 공유하는 멸종한 여러 유형의 인간으로부터 아주 오랜 시간에 걸쳐 진화했다. 정확히 어떻게 또 언제 이런 일이 일어났느냐는 여전히 많은 부분들이 열려 있는 질문이다.[2]

　현생 인류는 자신을 독특한 존재로 구별해주는 특정한 자질들을 갖추고 있는데, 무엇보다도 언어, 도덕적 의식, 추론 능력을 들 수 있다. 그러나 다윈은 이런 자질들조차 우리 종과 관계가 있는 다른 동물들이 소유한 것과 종류가 다른 것이 아니라 정도의 차이만 있을 뿐이라고 주장했다. 우리는 단지 호미니드—분명히 우리와 많이 닮은 침팬지, 고릴라, 오랑우탄을 포함하는 영장류—만이 아니라 다른 많은 종과도 연속성을 이루며 존재하고 있다. 다윈은 이런 연속성을 인정하는 것이, 반드시 이색적인 동물에 대한 전문적 지식을 요구하는 것은 아니라고 생각했다. 새와 개를 주의 깊게 살펴보면 파악할 수 있다.

자신의 시대 사람들이 감당할 수 있는 수준에 대한 불가사의한 감각으로 자신의 과학적 과감성을 억눌렀던 다윈이 자신이 발견한 것의 함의 전체를 드러내는 일을 삼간 것은 놀랄 일이 아니다. 그의 집에는 그의 이론들이 얼마나 당혹스러운지 정확하고 다급하게 말해줄 증인이 있었으니, 곧 그의 신앙심 깊은 부인이었다. 그는 『인간의 유래』의 머리말에서 오랫동안 인간의 기원에 관한 메모를 정리해왔으나, "이 주제에 관해서 발표할 의도는 없었고, 오히려 발표하지 않겠다고 결심하고 있는 쪽이었다. 그렇게 한다고 해도 나의 견해에 대한 편견만 늘릴 뿐이라고 생각했기 때문이다."[3] 『종의 기원』의 독자들은 늘 자기 나름의 결론을 끌어낼 수 있었지만, 그 자신은 그것을 활자로 표현할 생각이 없었다.

다윈은 유보하는 태도를 극복하고 작업을 공표하면서도 주의를 기울여서 『성서』 이야기—창조, 에덴 동산, 인간의 타락의 이야기—에 관해서는 전혀 언급하지 않았다. 그는 자신이 그런 이야기가 액면 그대로 진실이라는 주장을 결정적으로 파괴하고 있음을 알았다. 그의 작업 어디에도 아담과 이브의 이름은 나오지 않는다. 그러나 진화론은 인간 기원에 관한 「창세기」의 동기가 된 바로 그 질문들과 씨름하고 있었다. 인간은 어디에서 왔는가? 왜 우리는 생존하고 재생산을 하기 위해서 그렇게 힘들여 노력해야 하는가? 종의 장기적 발전에서 욕망—다윈이 "성 선택"이라고 부른 특정 개체의 욕망 또는 개체의 특징—의 규정적인 역할은 무엇인가? 왜 우리는 고통을 겪고 죽는가? 결국 다윈과 그의 후계자들은 오래된 충동, 강박, 욕망이라는 인간의 유산을 설명하려고 시도했다. 그런 충동들이 명백히 위험할 때에도, 그것들이 우리를 폭력적, 병리적, 자멸적 행동으로 몰아갈 때에도, 그것을 극복하는 일은 극히 어려운 것으로 드러난다. 마치 우리 조상들이 머나먼 과거에 만든 한 벌의 경험, 적응, 선택을 어떤 감추어진 기제를 통해서 우리에게 전달했고, 환경이 근본적으로 달라졌음에도 그것이 우리 안에 그대로 남아 작용하고 있는 듯하다.

우리는 이런 매우 문제가 많은 유산의 상속자로서 적어도 가장 해로운 충동 몇 가지는 의식을 하고 그것들로부터 거리를 둘 수 있다. 그러나 늘 그렇게 할 수 있는 것은 결코 아니다. 평생을 살면서 언젠가는 거의 틀림없이 굴복하게 되는데, 아마도 여러 번 그런 일이 생길 것이다. 우리를 굴복시키는 것은 대부분 **학습된** 행동이 아니다. 그것은 날 때부터 물려받은 것으로 우리의 독특한 문화적 환경에서 우리의 독특한 인격이 형성되기 전에, 추론할 능력을 얻기 전에 생긴 것이다. 인격과 환경은 이 유산과 상호작용을 하며, 우리의 이성은 이 유산의 가장 파괴적인 강요에 맞서 싸울 수는 있지만 절대 그냥 없애버리지는 못한다. 우리는 우리 행동에 책임을 지지만─우리는 자동인형이 아니니까─동시에 우리의 자유는 심각하게 속박되어 있고 위태로운 상태이다.

특히 아우구스티누스 이후 「창세기」 해석자들은 이런 유산 전체를 첫 인간들의 원죄와 그로 인해서 에덴에서 쫓겨나면서 얻은 벌로 이해했다. 그러나 다윈에게는 에덴이 없었다. 우리가 옛 선조들로부터 받은 것은 신성한 징벌이 아니라 오히려 우리 종이 수만 년에 걸쳐 세계에 성공적으로 적응한 과정의 살아 있는 흔적이었다. 따라서 우리의 성적 분업, 설탕과 동물 지방에 대한 갈망, 불의 정복, 극단적 폭력을 저지를 가능성은 우리의 세련된 사교적 기술, 도구 제작, 언어와 심상을 통한 표현 능력과 나란히 자리를 잡고 있으며, 이 모든 것이 가혹하고 위험한 환경에서 생존하는 데에 기여했다.

『성서』에서 인간이 먹을 것을 얻기 위해서 해야 하는 쉴 없는 힘든 일—덩이줄기를 찾으려고 땅을 파헤치는 일부터 경작을 가능하게 해준 농업혁명에 이르기까지—이 죄의 결과라면, 다윈에게 그것은 필연적인 성취이다.「창세기」의 저자에게 인간 여성이 출산 시에 겪는 고통이 죄를 지은 이브에게 내려진 저주라면, 진화 생물학에서 그것은 성공적인 생물학적 거래이다. 즉 두 발 동물에게 가능한 최대 골반 크기와 우리 종의 예외적으로 큰 뇌를 소유해야 할 갓난아기에게 허용할 수 있는 최소 두개골 크기의 조합을 확보하기 위해서 우리가 치르는 대가이다. 우리 종은 두 발로 직립할 수 있기 때문에 사바나의 풀들 너머를 볼 수 있었고, 먹을 것을 찾아 상당히 먼 거리를 돌아다닐 수 있었으며, 자유로운 두 팔로 무기를 던질 수 있었다. 우리 종은 큰 뇌를 소유했기 때문에 힘, 날카로운 이, 두꺼운 가죽 등이 상대적으로 부족했음에도 생존하고 번영하는 데에 필수적인 다양한 기술들을 개발할 수 있었다. 다윈에게 이런 인간의 자질들은 죄의 결과로 받은 벌이 아니라 오히려 무작위적 돌연변이가 안겨준, 생명을 유지하게 해주는 핵심적 선물이자 아주 오랜 시간에 걸쳐 획득한 기술이었다.

이런 진화 과정이 요구하는 수많은 세대에 걸친 시간은 『성서』에 기록된 상대적으로 많지 않은 "낳았다"의 연속보다는 인간의 기원에 관한 옛 이교도 이론에서 발견되는 시간 규모에 상응하는데, 다윈은 물론 그런 이론을 알고 있었지만 조심을 했기 때문에 『인간의 유래』에서는 언급하지 않았다.[4] 그의 할아버지 이래즈머스 다윈에게 큰 영향을 준 그 이론은 인간이 목적에 맞게 만들어진 동산에서 단번에 시작된 것이 아니라 원시적 생존 경쟁에서 시작되었다고 보았다.

「창세기」는 우점종의 초기 삶을 편안하고 질서 잡힌 상태로 그렸다. 심지어 금단의 열매조차 어떤 측면에서는 안심이 되는 것이었다. 세상에 법과 법을 주는 존재가 있다는 신호였기 때문이다. 반면 다윈의 엄청난 자료와 포괄적 이론은 우리의 가장 먼 조상에게 신의 안내도, 그들의 종이 지속되리라는 보장도, 하느님이 준 법도, 타고난 질서, 도덕, 정의감도 없었다는 이교도의 직관을 확인해주었다. 우리가 아는 사회생활, 즉 규칙, 합의, 상호 이해라는 빽빽한 그물에 의해서 관장되는 생활은 주어진 것이 아니라 점진적으로 성취한 것이었다.

루크레티우스는 『사물의 본성에 관하여(De rerum natura)』에서 가장 초기의 인간들이 가혹한 자연세계에 적응하고, 그러는 과정에서 자신의 본성을 바꾸기 시작한 방식들에 감탄했다. 그는 가장 상스러운 본능을 고치고, 우리를 보호하는 기술들을 발전시키고, 사회적 유대를 형성하는 법을 배우지 못했다면, 우리는 하나의 종으로서 오래 지속될 수 없었을 것이라고 말했다. 가죽으로 옷을 만들고, 오두막을 짓고, 불을 정복하는 것은 우리 조상들을 신체적으로 약화시켰으며—"그때부터 인간은 처음으로 강인함을 잃기 시작했다. 불을 사용하자 떨리는 몸이 창궁 밑에서 추위를 견디는 능력은 약해졌다"—동시에 그들이 함께 살고, 아이들을 기르고, 집단의 약한 구성원을 보호하는 일을 시작할 수 있게 해주었다. 바로 이런 사회적 삶의 형성 단계에서 우리는 우리 종의 핵심적 특징 가운데 하나인 말하는 능력을 발전시켜 나가게 되었다.

이 능력은 언어를 창조하여 세계에 그것을 부여하는 어떤 한 존재의 힘과는 아무런 관계가 없다. 루크레티우스는 히브리 신화의 어떤 판본을 읽거나 아니면 적어도 들어보기라도 한 것처럼 단호하게 말한다. "그 이른 시기에 누군가 사물에 이름을 부여하고, 사람들은 그에게서 첫 단어를 배웠을 것이라는 가설은 터무니없다." 우리의 언어 능력은 놀랍기는 하지만 우리가 주위의 헤아릴 수 없이 많은 동물들에게서 관찰할 수 있는, 변화 가능한 소리를 통한 의미화의 연장선상에 있다. 종마가 욕망 때문에 우는 소리는 두려워서 힝힝거리는 소리와 구별된다. 날씨에 따라 그때그때 요란한 음들을 바꾸는 새도 있다. 사나운 감시견은 위협적으로 으르렁거리기도 하지만, "새끼를 혀로 부드럽게 핥아주기 시작할 때, 또는 앞발로 톡톡 칠 때, 부드럽게 삼키는 척하며 이를 감추고 물 때, 그들이 그렇게 새끼를 귀여워할 때 내는 소리는 혼자 남아 집을 지킬 때 내는 으르렁거리는 소리와 매우 다르다."

루크레티우스의 자연세계 관찰은 놀랍게도, 무작위적 돌연변이, 살기 위한 쉼 없는 투쟁, 헤아릴 수 없이 많은 멸종, 동물들이 공유하는 삶, 인지능력의 느린 성장, 상상할 수 없이 넓은 시간에 펼쳐진 목적 없는 역사 등 다윈이 자연선택이라는 포괄적인 이론을 뒷받침하기 위해서 끌어온 엄청난 세부 자료를 예고하고 있다. 다윈과 그의 동맹자들의 지칠 줄 모르는 조사 덕분에 이런 생각들은 이제 낡은 철학적 추측처럼 보이지 않았고, 과학적 진리의 지위를 차지하기 시작했다. 그와 더불어 한때 손에 쥐어질 만큼 현실적이었던 아담과 이브는 희미한 백일몽으로 물러났다.

이 역사에서 결정적인 역할을 한 것은 묘하게도 백악(白堊)이었다. 다윈의 인간 기원 이론을 확실히 그럴듯하게 보이게 만든 것—루크레티우스가 놀랍도록 비슷한 생각을 개진해서 조롱을 당하고 나서 수백 년 뒤에—은 지구의 엄청난 나이, 그리고 그것과 더불어 진화의 헤아릴 수 없이 많은 실험들을 허용하는 시간 규모를 새롭게 느끼게 해준 지질학의 과학적 발전이었기 때문이다. 찰스 라이엘 같은 영국 지질학자들에게, 유명한 도버의 화이트 클리프는 증거물 제1호 역할을 했다.[5] 그들은 눈에 익은 부드럽고 하얗고 구멍 많은 바위가 형성되는 데에 수천만 년의 퇴적이 필요하다는 사실을 보여주었다. 이 풍경의 형태, 그것을 이루고 있는 백악, 수석(燧石), 이회토(泥灰土), 그 안에서 발견될 수도 있는 화석을 세심하게 살펴보면 매우 당혹스럽지만 피할 수 없는 결론에 이르게 된다. 이것은 지질학적 사건들—퇴적, 전위, 융기, 균열—의 결과이며, 그 대부분은 라이엘이 에오세(Eocene Epoch)라고 부르는 시기, 즉 지금으로부터 5,600만 년 전부터 3,390만 년 전까지 이어진 시기에 일어났다.

라이엘은 1830년대에 이렇게 주장했다. 지구의 길고긴 역사에서 진보의 조짐은 없었고, 섭리에 따른 계획의 암시도 없었고, 방주에 피신한 생물을 제외한 모든 생물을 파괴한 세계적 홍수의 기록도 없었다. 가장 먼 과거에 이루어졌던 과정이 지금도 이루어지고 있다. 지질학적 변화의 전체적 속도는 늘 똑같다.

신실한 기독교인이었던 라이엘은 자신이 이해하게 된 것에 비추어 신앙을 유지하려고 안간힘을 썼다. 그러나 그것은 대단히 어려운 일이었다. 이제는 엿새의 창조와 에덴 동산에 대한 액면 그대로의 믿음을 유지하는 것은 당연히 불가능했다. 16세기부터 세상을 흔들기 시작한 과학적 발견의 여파 속에서 『성서』 이야기에 계속 매달리는 것은 이미 어려운 일이었다. 코페르니쿠스는 지구를 우주의 중심에서 떼어냈다. 망원경은 헤아릴 수 없이 많은 세계의 존재를 드러냈다. 의학적 해부는 몸의 내적 작용의 베일을 벗겼다. 현미경은 물질의 감추어진 구석들을 드러냈다. 이 각각이 전통적인 신조와 평화로운 관계를 유지하는 것을 어렵게 만들어놓았다.

그러나 지질학이야말로 신자들에게 악몽이었다. 그들은 화석들, 예를 들면 바다에서 멀리 떨어진 곳에서 발견되는 조개껍질이나 알려진 동물의 것이 아닌 뼈는 오래 전부터 수수께끼였지만, 이런 것들은 자연의 "장난"이나 노아의 홍수에 의해서 산꼭대기나 사막에 놓였다고 주장하거나, 먼 옛날에 지상에 거인들이 돌아다녔다는 『성서』의 언급을 인용하거나, 심지어 첫 인간들의 엄청난 크기를 추측함으로써 해명이 되었다고 생각해왔다.[6] 16세기 말에 태어난 프랑스의 수학자 데니스 헨리언은 화석 뼈를 이용하여 아담의 키가 123피트 9인치, 이브는 118피트 9인치라고 추정했다.[7] 그러나 18세기와 19세기에 지질학이 드러낸 오래된 연대는 이런 설명이 엉터리로 보이게 만들었다.

1857년 잉글랜드의 저명한 박물학자 필립 고스—최초의 바닷물 수족관의 발명자이다—는 그리스어로 배꼽을 가리키는 『옴팔로스(Omphalos)』라는 제목의 책을 냈다. 고스는 근본주의적 평신도 설교자이자 『성서』 교사로서 『성서』의 시간 구도를 유치해 보이게 만드는 라이엘의 『지질학의 원리(Principles of Geology)』에 기겁했다. 「창세기」에서 말하는 각각의 "날"은 훨씬 넓은 시간 지평을 표현하는 것이라고 가정하여 그 시간 구도를 상징적인 방식으로 해석하는 것은 언제나 가능했다. 그러나 고스는 알레고리를 향한 이 길의 위험을 이해했다. 그는 오늘날에도 근본주의가 여전히 그렇듯이 아우구스티누스가 처음으로 옹호했던 『성서』의 액면 그대로의 해석에 충실했다.

고스의 책의 부제는 "지질학적 매듭을 풀기 위한 시도(An Attempt to Untie the Geological Knot)", 즉 지질학적 기록의 힘을 인정하면서도 동시에 신앙을 유지하려는 시도였다. 그의 해법은 간단했고, 그 자신의 생각에 따르면 독창적이었다. 그는 모든 생물이 자기 내부에 발달과 역사의 표시들을 구축해놓았다고 말했다. 나무의 나이테, 조개껍질을 구성하는 탄산

칼슘, 물고기의 겹치는 비늘이 여기에 해당한다. 이런 표시는 이 생물들 가운데 새로 부화한 가장 어린 것에서도 찾아볼 수 있으며, 당연히 인간에게서도 찾아볼 수 있다.

그런 다음에 고스는 "우리의 첫 선조, 인류 제일의 우두머리의 새로 창조된 형태"로 돌아갔다.[8] 고스는 그를 제대로 그려내 멸망한 모든 동물과 구별하기 위해서 마치 목격자의 말을 인용하듯이 존 밀턴을 인용했다.

> 훨씬 고상한 형태를 갖추고, 꼿꼿하고 키가 큰,
>
> 하느님처럼 꼿꼿하고, 벌거벗었음에도
>
> 만유의 주인으로서 타고난 위엄의 옷을 입은.

고스는 자신의 눈으로 이 첫 인간을 천천히 살피며 다정하게 자신의 눈에 보이는 것을 꼼꼼히 묘사한 뒤에 스스로 생리학자의 보고서라고 부르는 것을 작성했다.

이 인간은 분명히 훌륭한 표본으로 그 외형적 특징들—"완벽한 치아, 턱수염, 저음의 목소리, 두드러진 후두" 등—은 모두 스물다섯에서 서른 살 사이의 남자를 가리킨다. 우리는 『성서』의 오류가 없는 말씀으로부터 하느님이 갓난아기가 아니라 바로 이런 나이의 아담을 창조하셨다고 결론을 내릴 수밖에 없지만, 고스는 이상한 점에 주목한다. "배의 한가운데 묘하게 움푹 들어간 이 부분은 무엇을 의미하며, 그 우묵한 부분을 차지하고 있는 주름진 덩어리는 무엇을 의미하는가?" 그는 열광적으로 답한다. 이 것은 "배꼽이다."

아담은 배꼽이 있었을 것이 **틀림없다**. 그렇지 않다면 완벽하기는커녕, 정상으로 보이지도 않았을 것이다. 모든 위대한 화가들—반 에이크, 미켈란젤로, 라파엘로 등—이 아담을 배꼽이 있는 형체로 묘사했다. 하지만 물론 배꼽은 과거의 표시, 아담에게는 없는 어머니와의 연결 고리이다. 이것은 하느님이 아담을 창조하면서 이미 완벽하게 형성된, 과학적으로 설득력 있는 역사, 존재한 적이 없는 역사의 흔적을 남겼다는 뜻이다. 이 제 고스는 자신의 주장을 입증했다는 것을 아는 변호사처럼 선언한다. 우리는 마침내 지질학자들이 연구하는 그 화석들, 그 엄청난 퇴적 광상, 그 고대의 격변의 표지, 그 괴로울 정도로 느린 빙하의 변화를 이해할 수 있다. 지질학자들의 발견은 그들 나름의 방식으로 완벽하게 정확하다. 그들이 이해하지 못하는 것은 하느님이 창조의 첫날 그 증거를 심어두었다는 점뿐이다.

가엾은 고스. 그의 책은 조롱과 경멸을 받았고, 이것은 그의 긴 평생 동안 그를 쫓아다녔다. 그와 동시대의 사람들은 하느님이, 빅토리아 여왕 시대의 저자 찰스 킹슬리가 표현한 대로, "모든 인류를 위해서 바위들 위에 거대하고 불필요한 거짓말을 써놓았다"고 믿을 준비가 전혀 되어 있지 않았다. 고스가 희망한 바와는 달리, 배꼽은 죽어가는 아담과 이브를 위한 생명 유지 장치 역할을 하지 못했다.

『옴팔로스』가 대실패를 맛보고 나서 불과 2년 뒤에 찰스 다윈이 의기양양하게 『종의 기원』을 발표했다. 다윈은 쉰 살이었지만, 이 책은 회임 기간이 길었기 때문에, 그 출발점은 아무리 늦어도 그가 로버트 피츠로이 선장이 지휘하던 영국 군함 비글 호에 탑승한 박물학자로서 운명적인 5년 동안 지구를 돌고 나서 스물여섯 살의 나이에 귀국한 때로 보아야 할 것이다. 다윈은 긴 항해에 대비해서 좋아하는 책을 여러 권 가져갔고, 그 가운데는 무엇보다도 『실락원』이 있었다. 그러나 그에게 가장 폭넓은 영향을 준 책은 라이엘의 『지질학의 원리』로, 이 책은 항해 전에 피츠로이가 그에게 선물한 것이었다. 다윈은 처음에는 카보베르데 제도에서, 그 다음에는 남아메리카 해안과 내륙에서 여러 번 라이엘의 핵심 이론들 다수를 확인하게 되었고, 화석과 암석 표본의 형태로 그 증거를 열심히 수집하기 시작했다.

다윈이 놀란 것은 지구의 엄청난 나이, 또 그와 더불어 지질학적 변화가 상상할 수 없을 정도로 느린 속도로 일어날 수도 있다는 사실만이 아니었다. 살아 있는 종 또한 이런 느린 변화 과정을 면제받지 못한다는 깨달음 또한 놀라웠다. 변화를 추적하는 것은 어려운 일이었다. 증거는 손에 잡히지 않고, 단편적이고, 수수께끼처럼 보였다. 다윈은 썼다. "라이엘의 비유에 따라 나는 자연의 지질학적 기록을, 계속 변하는 언어로 쓰여 있고 또 불완전하게 유지되고 있는 역사로 보고 있다." 이 방대한 역사 가운데 오직 마지막 권만 살아남았으며, 이 마지막 권마저 "여기저기 짧은 장(章)만 보존되어 있을 뿐이고, 또 페이지마다 여기저기 몇 줄씩만 남아 있을 뿐이다."[9] 그럼에도 "태초에" 지상의 모든 종을 하느님이 단번에 창조했다고 믿는 것이 불가능할 만큼의 기록은 살아남았다.

다윈이 갈라파고스 제도에 발을 들여놓아 자연선택 이론을 낳게 되는 증거를 만나기 전에 이미 위기는 절정에 이르렀다. 비글 호는 1년 여 전에 이전 원정에서 사로잡아 잉글랜드로 데려왔던 인질 세 명을 티에라델푸에고로 다시 데려가고 있었다. 인질들—승무원들은 제미 버턴, 푸에지아 배스킷, 요크 민스터라고 불렀다—은 명목상으로는 세례를 받았다. 잉글랜드 복장을 갖춘 그들은 바다에 나온 몇 달 동안 친숙한 동료가 되었다. 젊은 박물학자는 『지질학의 원리』에서 눈을 쉬고 싶을 때에는 여러 번 그들을 쳐다보았을 것이다. 그는 그들—키가 작고 뚱뚱하고 명랑한 제미 버턴이 사람들의 사랑을 독차지했다—과 잡담을 나누었으며, 그들이 잉글랜드에서 받아들여진 과정에 관해서 조금 알게 되었다. 그들은 잉글랜드에서 명사 대접을 받았고 윌리엄 4세와 왕비 애들레이드도 알현했다. 그들은 가장 원시적인 인간들도 순응성이 있다는 살아 있는 증거였다.

따라서 젊은 다윈은 장갑을 끼고 광택이 나는 구두를 신은, 납치당한 개종자들이 원래 속해 있던 야간 종족을 보았을 때에 큰 충격을 받았을 것이다. 다윈은 세월이 흐른 뒤에도 그 광경이 준 충격을 회고하며 몸서리를 쳤다.

황량하고 험한 해안에서 푸에고 사람들 무리를 처음 보았을 때에 느낀 놀라움은 결코 잊지 못할 것이다. 내 마음에 밀려드는 생각 때문이었다—이것이 우리 조상이었구나. 이 남자들은 완전히 벌거벗고 몸에 물감을 발랐으며, 긴 머리카락은 엉켜 있었고, 입은 흥분해서 거품을 물고 있었으며, 놀란 표정이 사납고 불신하는 느낌을 주었다. 그들은 인공물이라고는 거의 소유하지 않았으며, 야생동물처럼 잡을 수 있는 것을 먹고 살았다. 정부도 없었고, 자신의 작은 부족이 아닌 모두에게 무자비했다.

"이것이 우리 조상이었구나."

제미 버턴은 잉글랜드에서 3년의 포로 생활을 한 뒤라 처음에는 자신감을 잃어 어리둥절하고 자신의 동포 앞에서 창피해하는 듯했다. 그러나 몇 주일이 지나자, 잉글랜드 사람들이 탐험을 하고 지도를 그리고 표본을 수집하는 동안 자신이 떨어져 나왔던 세계 속으로 다시 흡수된 것이 분명해 보였다. 다윈은 비글 호가 출항하기 전에 마지막으로 그와 만났을 때, 그의 모습에 놀랐다. "전에 헤어졌을 때 그는 통통하고 기름지고 깨끗하고 옷도 잘 입었다." 그러나 이제는 "여위고 초췌한 야만인이 되어, 머리는 길게 제멋대로 헝클어졌으며, 허리에 걸친 담요 조각 외에는 벌거벗었다." 피츠로이 선장은 이 광경에 마음이 아파 그를 비글 호로 데려가 잉글랜드로 돌아갈 기회를 주겠다고 제안했다. 제미는 거절했다. 다윈과 일행은 그날 저녁 이런 거절의 이유로 여겨지는 것을 보았다. "그의 젊고 잘생긴 부인이었다." 그 외에는 달리 설명할 수가 없었다.

다윈은 오랫동안 조심스러운 마음으로 이 만남의 완전한 함의를 공표하지 않았다. 『인간의 유래』는 그가 푸에고 사람들을 보고 나서 40년 뒤에야 발표되었다. 그러나 그곳 사람들은 처음부터 그를 사로잡았으며, 진화론의 함의를 논리적 결론에 이르기까지 쫓아가보겠다는 마음을 더욱 굳히게 했다. 그 결론—우리가 유인원 같은 조상의 후손이다—은 대체로 인간 존엄에 대한 수치스러운 모욕으로 여겨졌다. 수천 년 동안 인간들은 자신들이 하느님이 만든 완벽한 남녀의 후계자이고 한때 '지상 낙원'에서 조화롭게 살았다고 스스로 말해왔다. 물론 타락으로 세상에 죄와 죽음이 들어왔지만, 우리는 잃어버린 완전성의 궁극적 회복을 꿈꾸고 우리의 영광스러운 혈통에 자부심을 느낄 수 있었다. 다윈은 파타고니아에서 직접 본 것 때문에 기원에 대한 이런 자부심에 매달리고 싶은 마음이 줄었고, 진짜 유래를 인정하는 것을 덜 부끄러워하게 되었다. 그는 말했다. "야만인을 그 토착의 땅에서 본 사람은 더 초라한 생물의 피가 자신의 핏속에 흐른다는 것을 인정할 수밖에 없다고 해도 그다지 수치를 느끼지 않을 것이다."

다윈의 비판자들은 그를 "원숭이 인간"이라고 부르면서 그가 우리 혈통의 명예를 손상시켰다고 격렬하게 비난했다. 그러나 다윈은 물러서지 않았다.

나로 말하자면 적을 고문하며 즐거워하고, 피의 제물을 바치고, 가책 없이 유아 살해를 자행하고, 부인을 노예처럼 다루고, 품위를 모르고, 상스럽기 짝이 없는 미신에 시달리는 야만인보다는 주인의 목숨을 구하기 위해서 두려운 적과 용감하게 맞선 영웅적인 작은 원숭이, 또는 놀란 개들의 무리로부터 어린 동지를 데리고 의기양양하게 빠져나와 산을 내려오는 늙은 비비의 후손이 되는 것이 낫다.

그 이후로 이 답변의 유산—인간 내의 문화적 위계에 대한 빅토리아 여왕 시대의 뿌리 깊은 믿음과 엮여 있는, 인류의 영장류 계승에 대한 대담한 주장—은 진화 생물학자들을 쫓아다니며 괴롭혔다.

아담과 이브의 몰락은—적어도 과학 공동체 거의 전체에는—인간 기원에 대한 개념이 다른 쪽으로 변한다는 신호였다. 이 개념은 「창세기」의 인물들에게 현실적인 인간의 생생함을 부여하는 집단적 기획에 기초를 둔 사고 구조 전체에 의문을 제기했다. 그러나 아담과 이브의 액면 그대로의 존재에 대한 믿음이 끈질기게 유지되는 현상은 믿을 수 없는 허구에 대한 퇴행적 집착 이상을 암시한다. 아담과 이브의 이야기는 아주 길고 복잡한 창조적 노력의 침전물로, 수천 년간 그 이야기에서 생각을 자극받고 그 이야기가 매혹적이고 도덕적으로 교훈적이라고 느낀 사람들이 모든 함의를 캐내왔다. 이 가공의 인물들에 깊이 몰두한 위대한 창조적 예술가와 사상가들의 전문화된 노력이 그 과정의 안내자 역할을 했다. 루시를 비롯한 우리의 다른 호미니드 선조 이야기는 최근에 나온 것이고, 분명하지 않고, 사실상 원시적이다. 인간 기원에 대한 이런 이야기가 우리의 가장 훌륭한 과학적 발견들에 비추어볼 때 사실이라고 해서 이 이야기가 곧바로 좋은 생각거리가 되는 것은 아니다. 오히려 그 어려움, 불확실성, 서사적 일관성에 대한 저항 때문에 우리 시대의 큰 난제들 가운데 하나가 된다.

처음부터 분명해 보인 이 어려움 때문에 다윈주의에 이런저런 종류의 만족스러운 플롯을 덮어씌우려는 시도가 되풀이되었다. 어떤 지지자들은 자연선택이 더욱 고등한 생물로 승리를 거두며 나아가는 진보이며, 이것은 물론 우리 종에서 절정에 이른다고 상상했다. 「창세기」에서 하느님이 인간들에게 하사한 미리 예정된 지배권이 이제 진화가 하사한 것으로 단순하게 바뀌어버렸다. 또 어떤 사람들은 허버트 스펜서가 자연 선택의 특징에서 착안한 유명한 표현인 "적자생존"이 자본주의 경제에서 자유시장 경쟁을 명령하는 것으로 이용했다. 또 어떤 사람들은 다윈의 사촌 프랜시스 골턴의 뒤를 쫓아 이 이론에서 우생학, 즉 "바람직하지 못한 것"을 제거하여 인류를 완벽하게 만들려는 시도의 근거를 보았다. 독일의 생물학자에른스트 헤켈의 인종과 진화에 대한 견해에 기초를 둔 이 불길한 기획은 나치에게서 악마적으로 표출되었다.

다윈주의 주제의 이런 변종, 또 이와 관련된 변종은 다윈에 대한 배반이자 그의 생산적인 통찰 뒤에 누적된 많은 과학적 증거들의 치명적인 왜곡이라는 것이 드러났다. 진화에는 진보, 즉 완전을 향한 행진이 없다. "적자생존"이라는 표현을 낳은 진화적 "적응도(fitness)"라는 개념은 특정 경제체제나 전쟁은 물론이고, 반드시 경쟁과 관계가 있는 것도 아니다. 유전학은 하나의 진화적 원리로서 "인종"이라는 개념 전체를 뒷받침하기는커녕해체해버렸다.

그러나 진화에서 하나의 서사를 찾으려는 시도는, 아무리 그런 서사가 증거를 왜곡한다고 해도, 대체로 다윈의 포괄적 비전 속에 하나의 플롯, 하나의 미적 형태가 불안하게도 존재하지 않아서 생긴 결과이다. 다윈 자신도 노년에 접어들어 자신에게 벌어진 일을 곰곰이 생각했다. 그는 자식들을 위해서 쓴 짧은 자서전에서 회고했다.

서른 살, 또는 그 너머까지는 밀턴, 그레이, 바이런, 워즈워스, 콜리지, 셸리 같은 여러 종류의 시가 큰 기쁨을 주었고, 어렸을 때도 셰익스피어, 특히 역사극에서 아주 큰 즐거움을 맛보았다.

어린 시절부터 친숙했던 이 저자들은 비글 호 세계일주 항해 동안에 그의 주된 벗이었다. 특히 밀턴은 제미 버턴, 푸에지아 배스킷과 작별할 때, 남아메리카의 석회암 절벽에서 화석을 파내거나, 갈라파고스 피리새의 부리 크기를 잴 때에 내밀한 친구처럼 그와 함께 있었다.

그러나 『실락원』이나 『헨리 4세(Henry Ⅳ)』──또 그가 사랑하는 그림과 음악──가 그의 상상력을 형성했을지는 몰라도, 비글 호가 태평양을 가로지르면서 그가 천천히 정리하기 시작한 엄청난 이론은 그의 정신적 우주의 모든 것을 바꾸어놓았다. "이미 오래 전부터 시 한 줄 읽는 것을 견디지 못한다. 최근에 셰익스피어를 읽어보려고 했는데, 견딜 수 없을 정도로 지루해 구역질이 났다."

다윈은 이런 구역질이 자랑스럽지 않아 그것을 자식들에게 권하지 않았다. "이런 취향을 잃은 것은 행복을 잃은 것이며, 어쩌면 지성에 피해를 주었을지도 모르고, 도덕성에는 아마 틀림없이 피해를 주었을 것이다." 하지만 그는 그 점을 인정할 만큼 정직했으며, 어쩌다 그런 일이 생겼는지 이해하려고 애를 썼다. 그것은 과학자로서 그의 특정한 기획, 그가 수십 년 동안 몰두하여 쉼 없이 증거를 모으고 그 의미를 평가하던 작업과 관계가 있다고 그는 믿었다. "내 정신은 수집한 많은 사실들로부터 일반 법칙을 세우는 일종의 기계가 된 것 같지만, 왜 이것이 뇌 가운데 고상한 취미들이 의존하는 부분만 위축시켰는지, 나는 짐작을 못 하겠다."

　다윈을 당황하게 했던 고민에 대한 해법은 나에게 없지만, 문제는 다시 아담과 이브 이야기의 지속되는 생명력으로 돌아간다. 오늘날, 나를 포함한 많은 사람들에게 이 이야기는 신화이다. 오래된 추측에서 교조로, 교조에서 액면 그대로의 진실로, 액면 그대로인 것에서 현실적인 것으로, 현실적인 것에서 죽을 수밖에 없는 것으로, 죽을 수밖에 없는 것에서 사기(詐欺)에 이르며 뒤엉키는 오랜 역사는 마침내 허구에서 끝이 났다. 계몽주의가 자기 할 일을 했고, 인간의 기원에 대한 우리의 이해는 한때 강력했던 망상의 손아귀로부터 자유로워졌다. 이상한 나무들과 말하는 뱀이 있는 동산의 벌거벗은 남자와 여자는 원래 등장했던 상상의 영역으로 복귀했다. 그러나 그런 복귀가 매력을 파괴하거나 그것을 가치 없는 것으로 만들지는 않았다. 그것이 없다면 우리의 존재는 축소될 것이다. 그것은 여전히 순수, 유혹, 도덕적 선택에 관해서, 사랑하는 짝을 충실하게 대하는 문제에 관해서, 일과 성과 죽음에 관해서 생각하는 강력한, 심지어 불가결한 방법이다. 그들은 인간의 책임과 더불어 인간의 약함의 잊을 수 없는 구현체이다. 그들은 지식을 쫓아 지고의 권위에 복종하지 않는 쪽을 의도적으로 선택할 가능성, 또는 유혹에 빠져 어리석은 선택을 함으로써 그 참담한 결과를 늘 느끼며 살게 될 가능성을 예외적으로 생생하게 전달한다. 그들은 언젠가, 어떤 식으로든 잃어버린 행복을 향해 돌아가는 꿈을 열어두고 있다. 그들에게는 문학의 생명력—독특하고 강렬하고 마법적인 현실성—이 있다.

에필로그

에덴의 숲에서

불쾌할 정도로 무더운 2월의 여름, 우리 셋—진화 생물학자 멜리사 에머리 톰슨, 현장 보조원 존 선데이, 그리고 나—는 우간다의 거대한 키발레 국립공원 어딘가에 사는 침팬지를 찾아 이미 거의 한 시간 가까이 걷고 있었다. 내가 머물고 있는 과학 현장기지 키발레 침팬지 프로젝트에서 온 연구자들이 어젯밤 이 근처에서 침팬지들이 집을 지은 것을 보았으니, 그들을 찾아낼 수 있을 것이 거의 틀림없다고 존은 나에게 장담했다. 가장 가까운 마을 이름을 따서 카냐와라 무리라고 부르는 이 침팬지는 야생의 유인원이 보통 그러는 것과는 달리 사람을 보고도 달아나려고 하지 않았다. 진화 생물학자 리처드 랭햄이 이끄는 연구진은 거의 30년 동안 이들을 집중 관찰하고 있었다. 랭햄은 나에게 첫 몇 주일 동안은 그들을 전혀 보지 못했다고 말했다. 몇 달이 지나서야 그들에게 잠정적으로 이름을 지어 주었다. 4년이 지나서야 그들은 근처에 과학자가 있어도 땅에서 불안해하지 않았다. 그러나 이 유인원들이 인간 존재에 익숙해지는 데에는 아주 오랜 시간이 걸렸다.

나는 그들이 우듬지에 만들었을지도 모르는 집을 찾아 위를 올려다보았지만 아무런 표시도 찾아낼 수 없었다. 나무들이 빽빽하고 엄청나게 높아

343

서 무엇인가를 찾아낸다는 것 자체가 어려웠다. 눈 속으로 뚝뚝 떨어지는 땀도 전혀 도움이 되지 않았다. 어쨌든 침팬지들에게는 고정된 거처가 없다. 새로운 먹이가 있는 곳 근처에 머물기 위해서든, 맹수의 은밀한 접근을 피하기 위해서든, 그들이 늘 전쟁을 벌이는 경쟁하는 침팬지 무리들과 거리를 유지하기 위해서든, 매일 밤 다른 곳에 집을 짓는다. 그래서 그들을 찾는 것은 매일이 까다로운 도전이 된다.

우리는 덩굴, 가시가 있는 식물, 교살무화과—위에서부터 떨어져 숙주 나무를 둘러싸고, 결국 그들을 죽여 자신이 자라는 받침대로 삼아 번창하는 이상한 착생식물—의 허공으로 뻗어나가는 뿌리를 밀어내면서 숲 속으로 더 들어갔다. 이동 중인 군대개미 소대를 밟지 않도록 조심했다. 나뭇잎과 똑같은 색깔의 아주 작은 개구리가 잎에서 훌쩍 뛰어 달아났다. 어스레한 빛을 받아 희미하게 반짝이는 나무껍질은 가까이에서 보면 애벌레가 수백 마리 달라붙어 있었다. 놀랄 만큼 아름다운 나비들이 허공을 훨훨 날아갔다. 마치 누가 하늘에서 오래된 프랑스 지폐를 한 움큼 뿌린 것 같았다. 그러나 침팬지는 없었다.

허리가 아파오고, 낙담하기 시작했을 때, 존이 갑자기 걸음을 멈추었다. 무슨 소리를 들은 것이다. 그는 고개를 들더니 손가락으로 가리켰다. "뭐 보여요?" 그가 물었다. 처음에는 "아무것도" 보이지 않았다. 유령을 보지 못하는 햄릿의 어머니 같았다. "내게 보이는 것만 있다." 이윽고 나무 높은 곳에서 검은 실루엣 두 개가 느껴지기 시작하더니, 이웃한 나무에서 두 개가 더 보였다. 그렇게 큰 동물이 놀랄 만큼 가는 가지에서 쉬고 있는 것 같아 아슬아슬해 보였지만, 기이하게 느껴질 정도로 그들은 자신의 누운 자리에 자신감을 가지고 있는 듯했다. 잠시 일반인의 공포에는 면역이 된 서커스의 곡예사들이 떠올랐다. 한 마리가 무심하게 한 가지에서 다른 가지로 뛰었고, 그 순간 분홍색 궁둥이가 잠깐 보였다.

계속 노려보고 있자니 침팬지들이 나무에서 꼼꼼하게 따고 있는 열매도 간신히 알아볼 수 있게 되었다. 그들은 서두르지 않았다. 한 마리가 살짝 움직이자 처음에는 등의 털 덤불처럼 보였던 것이 사실은 털에 달라붙은 새끼라는 것을 알았다. 그뿐이었다. 역사도, 사건도, 모험도 없었다. 한가하게 열매를 씹는 것을 모험이라고 생각한다면 몰라도. 나는 바뀌지 않는 주소도, 피곤한 노동도, 뿌리고 기르는 것도, 또 그 어찔한 높이에서는 맹수도 두려움도 없으니, 여기가 낙원이 틀림없다고 생각했다. 나는 고대의 꿈의 일부를 슬쩍 훔쳐본 것이었다. "동산 각종 나무의 열매는 네가 임의로 먹어라."

나는 그 꿈을 찾아, 아니 다윈 이후 이제 우리 종의 진짜 기원으로 여겨지는 것에서 발견될지도 모르는 『성서』 이야기의 흔적을 찾아 우간다에 왔다. 나아가서, 가능한 한 나 자신을 위해서 우리의 현대적이고 과학적인 기원 이야기를 생생한 현실로 만들어보고 싶었다. 물론 우리는 침팬지의 직계 후손은 아니다. 우리 혈통은 수백만 년 전에 진화 생물학자들이 '마지막 공통 조상'이라고 부르는 것으로부터 갈라져 나왔기 때문에, 침팬지는 우리의 선조가 아니라 가까운 사촌이다. 하지만 많은 과학자들의 믿음에 따르면, 그들은 신체적 형태와 사회적 삶의 형태에서 우리보다 '마지막 공통 조상'에 훨씬 가깝다.[1] 이것은 한편으로는 그들이 계속 우리의 먼 조상이 살았던 것과 같은 숲 환경—매일 삼림 벌채와 인구의 압박이라는 막강한 힘에 의해서 비참하게 줄어들고 있다—에서 살았기 때문이다.

반면 우리 호미닌은 숲을 떠나 사바나에서 채집을 했다. 우리는 거대한 진화적 도박을 하여 아찔한 높이에서 살 수 있는 마법적 능력을 포기했다. 수백만 년에 걸쳐 많은 실험이 있었고, 생겨났다가 소멸한 다른 인간 종들이 있었다. 우리는 자연선택이 설정한 빙하 같은 속도로 느릿느릿 엄청난 근육의 힘과 관절 보행과 커다란 송곳니를 잃었다. 대신 두 발로 직립하여 걷고 뛰는 능력을 발전시켰고, 뇌의 크기를 한계까지, 즉 여성 골반의 한계까지 키웠다. 엄청나게 긴 시간 동안 불을 정복하고, 서로 협력하는 능력을 키우고, 거의 믿을 수 없게도, 언어를 발명했다. 이런 일군의 변화는 물론 우리의 승리이지만, 동시에 내가 목격한 한가한 우듬지 생활로부터의 추락이기도 했다. 땅으로 내려와 무시무시한 맹수에게 둘러싸이면서 우리는 점차 우월한 지능을 이용하여 우점종으로 나아갔고, 우리 자신을 먹이에서 가장 위대한 포식자로 바꾸어 나갔다.

이제, 대체로 우리 때문에, 침팬지는 멸종 위기에 처한 종이 되었다. 현재 야생에는 약 15만 마리가 남아 있으며, 과감한 조치가 없다면 더 줄어들어 결국에는 동물원이나 의학 연구시설의 잔혹한 수술실에만 남아 있게 될 것이다. 그러나 지금 당장은, 몇 군데에서 그들이 우리가 지금처럼 지혜로운 호미닌—호모 사피엔스—이 되기 전의 우리를 떠올리게 하는 삶을 살아가는 것을 여전히 볼 수 있다.

'키발레 침팬지 프로젝트'의 과학자들은 그 동물들 각각의 이름을 부르고, 마치 우리가 앨 아저씨나 사촌 비티를 알아보듯이 거의 즉시 알아본다. 또 그들의 성격을 분석하고, 건강을 도표화하고, 운명을 추적한다. "저건 에슬롬이에요." 멜리사가 말하며 머리 위의 시커먼 형체들 가운데 하나를 가리킨다. "분홍빛 궁둥이는 버블스인데, 새끼인 바수타를 업고 다녀요." 유인원들이 높은 곳에서 그네를 타며 내려오기 시작했다. 매우 위계적인 이 침팬지 사회에서 20대 초반인 에슬롬이 현재 우두머리 수컷으로, 약 50마리의 어른 암컷과 수컷 및 새끼들의 무리에서 논란의 여지없는 지도자이다.

현장 보조원이 나에게 에슬롬은 훌륭한 성공 사례라고 설명했다. 그의 어머니는 외부자로, 북쪽의 이웃 침팬지 공동체 출신이었다. 침팬지는 대부분 시가(媤家)에서 산다. 배우자는 그대로 있고, 일반적으로 암컷이 에슬롬의 어머니처럼 새로운 무리로 이주하는 모험을 한다. (그런 조절이 없으면 작은 무리들은 시간이 지나면서 지나친 근친 교배의 유전적 결과로 고생하게 된다.) 그녀의 도박은 성공했다. 침팬지 공동체에 새로 도착한 암컷들이 종종 다른 암컷들에게서 겪는 매질과 학대를 견디고 살아남은 것이다. 그녀는 아마 도착했을 무렵에 발정기였을 것이다. 이 종에서는 암컷 생식기 주위의 피부가 분홍빛으로 부풀어오르기 때문에 쉽게 눈에 띈다. 연구자들의 추측에 따르면, 그 부푼 곳은 일종의 여권 기능을 한다. 유혹을 하는 낯선 암컷이 그 덕분에 하나 또는 그 이상의 수컷으로부터 어느 정도 보호를 받을 수 있다.

세월이 흐르면서 그녀는 자식 셋을 낳았고, 그 가운데 하나가 에슬롬이다. 그러나 그녀는 죽었고, 다른 두 자식도 그 뒤를 따라가면서, 어리고, 보호받지 못하고, 지위가 아주 낮은 고아만 홀로 살아남게 되었다. 그러나 에슬롬은 중요한 모든 측면에서 뛰어난 솜씨를 보였다. 민첩하고 빈틈이 없어 공동체 최고의 사냥꾼으로 꼽혔으며, 침팬지들이 별미로 즐겨 먹는 붉은 콜로부스 원숭이를 잡아 죽이는 데에 뛰어났다. 그는 금세 사회체제의 복잡한 면들을 파악하고, 누구와 동맹을 맺고 언제 동맹자를 바꿀지 파악했다. 그는 자라고 성숙하면서 이른바 "과시"의 대가가 되었다. 꼿꼿하게 서서 어깨를 웅크리고 털을 곤두세우고 몸을 좌우로 흔들면, 더욱 육중하고 위협적으로 보였다. 강한 두 팔로 나뭇가지를 부러뜨리거나 돌을 던지기도 했다. 그러다가 눈부신 속도로 경쟁자에게 달려가서 옆으로 밀어내거나 찰싹 때렸다. 그는 끝없이 그런 전술을 반복하여 점차 지위가 상승했다.

　공동체를 다스리던 우두머리 수컷이 죽자 권력의 공백이 생겼다. 지위가 높은 수컷들은 긴 시간에 걸쳐 하나씩 에슬롬의 권위를 인정할 수밖에 없었다. 마침내 오직 한 경쟁자 란조만 남아 그에게 도전했다. 과학자들은 오줌과 똥 표본을 수집하여 에슬롬과 란조가 아버지가 같다는 것을 알고 있다. 아버지 조니는 죽었는데, 어차피 침팬지 수컷들은 누가 아버지인지 알 도리가 없다. 이 경쟁자들은 자기들이 배가 다른 형제라는 사실을 전혀 몰랐고, 안다고 해도 중요하지 않을 것이다.

　란조는 어머니, 어머니가 낳은 형제자매, 다른 동맹자들의 지지를 받아 최고의 자리에 올라갈 더 강력한 후보로 간주되었다. 그러나 에슬롬이 커다란 엄니를 란조의 목에 찔러넣어 란조가 비명을 지르며 나무를 타고 올라가게 만든 순간, 지배를 노린 투쟁은 마침내 끝이 났다. 무리의 침팬지들은 수컷 암컷 가릴 것 없이 그에게 복종 의식—헐떡이고 끙끙대기로 알려져 있다—을 거행했고, 그는 아무에게도 헐떡이고 끙끙대지 않았다. 복종하지 않는 자는 누구나 성난 우두머리나 그 전까지 경쟁자였던 2인자에게 한 대 철썩 맞거나 제대로 두들겨 맞을 각오를 해야 했다.

　그러나 침팬지들이 땅에 내려왔을 때, 나는 눈앞에서 힘의 과시가 아니라 서로 위로하는 모습을 보았다. 그것은 에덴의 고요를 보여주는 집단적인 비전이었다. 마치 첫 인간들이 동산에서 추방을 당하기 전에 이미 재생산을 하고 번식을 하게 된 것 같았다. 그들은 그곳에서 어슬렁거렸다. 어른 수컷과 암컷 여덟에서 열 마리와 새끼들이었다. 그들은 이윽고 짝을 이루어, 세심하게 짝의 털을 빗질하며 벌레, 먼지, 상처를 찾아냈다. 서로 귓속을 보며 부드럽게 긁고 쓰다듬어주었다. 키발레와 다른 몇 곳의 침팬지들은 털을 다듬는 특별한 기술을 발전시켜서 과학자들을 크게 매혹시켰다. 한 침팬지가 긴 팔을 공중에 들어올리면 다른 침팬지가 그 동작을 흉내내, 서로 두 손을 쥐거나 손목을 맞대고, 다른 손으로는 서로 털을 다듬어준다. 이 기술은 독특하고, 한 세대에서 다른 세대로 전달되기 때문에, 일부 과학자들은 이것이 침팬지가 이른바 문화를 소유하고 있다는 증거라고 주장했다.[2]

이 문화를 가진 침팬지 무리는 그 장소에 아주 오래, 내가 그들 각각의 이름을 파악하기 시작할 만큼 오래 머물렀다. 나이가 30대 말인 우탐파는 가장 생산성이 높은 어머니로, 자식 여섯에 손자까지 하나 두었는데, 또 임신했다. 그녀의 자손 몇은 그곳에 함께 있었고, 번갈아 그녀의 털을 다듬어 주었다. 무리 가운데 다른 암컷의 18개월 된 딸 스텔라는 매우 활동적인 것이 분명했다. 쉬기 위해서건 털을 다듬어달라고 하기 위해서건 잠시도 가만히 있지를 못하고, 계속 어머니를 비롯한 다른 모든 침팬지의 몸에 기어올랐다가 그들의 몸이 미끄럼틀이라도 되듯이 다시 미끄러져 내려오고, 공중에 잎을 뿌리고, 작은 나뭇가지를 분질러 아무데나 대고 휘둘렀다. 나는 저러다가 틀림없이 한 대 찰싹 맞을 것이라고 생각했지만, 어른들은 그녀의 어릿광대짓에 놀랍도록 너그러웠다. 어른 수컷 버드는 우연히 만난 적 무리에게서 얻은 상처를 보살폈다. 그래도 도망칠 수 있었던 것이 다행이었다. 도망치지 못했다면 적들은 그의 고환을 떼어내고 때려 죽였을지도 모른다. 에슬롬보다 상당히 큰 거대한 수컷 빅 브라운은 떨어진 곳에 조용히 앉아 어린 나뭇가지의 심을 씹고 있었다. 야생의 침팬지치고는 나이가 많은—50대였다—그는 낮은 지위로 떨어져서 다른 거의 모든 어른 수컷에게 헐떡거리고 끙끙댔다. 오래 전에 그도 한때 우두머리였지만, 암컷들을 자주 때리던 그의 치세는 끝이 났다. 에슬롬 또한 이따금씩 암컷들을 때리지만—그것이 침팬지 수컷들의 행동방식이다—원숭이를 잡아 죽일 때마다 늘 고기를 먼저 암컷들과 나누고, 그런 과정을 통해서 참을성 있게 충성심을 얻어나갔다.

에슬롬은 무리의 다른 침팬지들만큼 긴장을 풀지 않았다. 그는 암컷 버블스에게 몰두해 있었는데, 버블스는 나무에 높이 있을 때부터 이미 눈에 띄던 궁둥이가 땅에서 보니 구경거리가 될 만하게 부풀어 있었다. 50대 중반의 버블스는 스물두 살의 에슬롬보다 훨씬 나이가 많았지만 발정기를 맞이했다. 침팬지 암컷은 생의 대부분의 기간에 계속 배란을 하며, 침팬지 수컷들은 자식을 낳는 능력을 보여준 나이든 암컷에게 특히 흥분한다. 우두머리 수컷은 그녀가 오직 자신만의 것이 되기를 바라기 때문에 이른바 짝 지키기에 들어갔다. 다른 수컷이 그녀에게 가까이 다가올 때마다 에슬롬의 털이 살벌하게 곤두섰고, 야심을 품었던 구혼자는 서둘러 퇴각하고는 했다. 침팬지의 교접—평균 6초가 걸린다—은 쾌감보다는 재생산이 핵심이다. 원칙적으로 우두머리의 목표는 모든 후손의 아버지가 되는 것이다.

버블스 쪽에서 보자면 구혼자 다수와 짝을 지었다면 행복했을 것이다. 우두머리 수컷은 그녀를 독점하는 것이 이익이 되지만, 암컷은 일반적으로 가능한 한 다수의 나이든 수컷과 성교를 하고자 하기 때문이다. (멜리사는 나에게 암컷은 자신에게 가장 적극적인 수컷들과 교접을 하려고 비상한 노력을 기울인다고 말했다.) 과학자들의 추측에 따르면, 난교(亂交)는 생존 전략으로, 암컷이 아니라 후손을 위한 것이다. 침팬지 어머니들은 보통 어린 것을 몇 년간 양육하고 나서 젖을 뗀 뒤에야 다시 발정기에 들어가지만, 힘센 수컷은 암컷을 성적으로 이용할 수 있는 상태로 서둘러 되돌리기 위해서 가끔 유아 살해를 자행할 수도 있기 때문이다. 그러나 암컷이 다수의 수컷과 교접을 할 경우 수컷은 각각 새로 태어난 새끼가 자기 자식일 수도 있다고 생각하여 폭력으로 기우는 경향이 줄어든다. 이런 식으로 추측이 이어진다.

그러나 적어도 오늘, 내가 관찰하는 동안은 에슬롬이 잠재적 구혼자들을 모두 쫓아냈다. 그는 자신이 바라는 짝에게 달라붙어 그녀와 합체하기로 결심했다. "이것이로구나." 우두머리 수컷은 자신의 근육덩어리 몸의 온 힘을 동원하여 강조했다. "이것이로구나." 버블스는 주위를 둘러보고 순응했다. 몸을 돌려 에슬롬이 살피고 감탄할 수 있도록 부푼 궁둥이를 내밀었다. 그는 그것을 보고, 코를 킁킁거리고, 만족했다.

나는 정식 자연과학자가 아니라 그저 최초의 한 쌍에 관한 『성서』 이야기에 매혹된 글쟁이로서 이런 장면을 관찰하면서 나의 관음증적 역할에 묘한 수치심이 꿈틀대는 것을 느꼈다. 이런 수치심은 물론 그 이야기의 한 부분이다. "이에 그들의 눈이 밝아져 자기들이 벗은 줄을 알고 무화과나무 잎을 엮어 치마로 삼았더라." 침팬지들은 씹을 때 말고는 잎에 관심이 없다. 그들은 자신들이 벌거벗었다는 것을 모르고, 전혀 수치를 느끼지 않는다. 그들은 외딴 숲의 그늘진 깊은 곳에서 살지만 삶이 누구나 볼 수 있도록 공개되어 있다는 점은 놀랍다. 지칠 줄 모르고 이들을 추적하며 모든 동작을 지켜보고 오줌과 똥 표본을 분석하는 과학자들은 내가 아주 가까운 친구, 자식, 부모에게 드러낼 수 있는 수준을 훨씬 뛰어넘는 친밀함으로 이들 각각을 묘사할 수 있다.

침팬지들은 서로 속일 수 있다는 증거가 일부 있기는 하지만 일반적으로 어떤 것도 감추지 않는다. 그들은 완전히 공개된 곳에서 긁고, 방귀를 뀌고, 똥을 누고, 다른 모든 일을 한다. 간지럼을 태우면 싱글거린다. 화가 나면 엄니를 드러내며 포효한다. 흥분하거나 위협을 느끼면 펄쩍펄쩍 뛰며 소리를 지른다.[3] 암컷은 배란 중일 때면 모두 보라고 생생하게 전시한다. 수컷은 흥분하면 다리를 벌려 발기를 과시한다. 이들은 공개적으로 교접하고, 다들 구경을 하며 때로는 새끼들이 그들 몸에 올라타기도 한다. 수치를 모른다는 것은 바로 이런 것이다. 아니, 수치가 존재하지 않는 세계에 산다고 해야 할 것이다.

「창세기」에 따르면, 첫 인간들은 금단의 열매를 먹기 전에는 바로 그런 세계에서 살았다. 물론「창세기」는 그들의 삶을 결코 자세하게 묘사하지 않고, 하물며 침팬지 사촌들의 삶과 닮아 보이는 표현 같은 것은 찾아볼 수도 없다. 텍스트에서 하는 유일한 말은 "아담과 그의 아내 두 사람이 벌거벗었으나 부끄러워하지 아니하니라"뿐이다. 기독교 주석가들은 대부분 그들의 교접이 짧았고—아마 유인원의 6초 정도였을 것이다—오직 재생산을 위한 것이었다고 추측한다. 성 아우구스티누스는 후손을 포함한 다른 사람들이 보는 앞에서 공개적으로 이루어졌을 것이 분명하다고 덧붙였다. 그러나 신학자들은『성서』서사의 빈 곳을 메우는 데에 열광했음에도, 수치가 전혀 없는 것만 빼면 우리와 똑같은 삶을 사는 것이 어떤 것일지 결코 충분히 상상하지 않았다.

하느님의 금령을 어기기 전의 첫 인간들의 삶에는 또 하나의 핵심적 특징이 있었다. 그들이 '선악을 알게 하는 나무'의 열매는 먹지 않았다는 것이다.『성서』에서는 도덕률이 지배하는 삶과 법이 없는 야생의 삶이 대비되지 않는다. 아니, 「창세기」에서는 선악을 **아는** 삶—아마도 상징적 범주 자체와 그들의 차이에 대한 의식일 것이다—과 그것을 **모르는** 삶이 대비된다.『성서』는 그것을 읽는 독자들이 선과 악이 무엇인지 이해하고 있다고 분명히 예상한다. 우리 모두 그 나무의 열매를 먹은 인간들의 후손들이기 때문이다. 하지만 그 나무 열매를 먹기 전에 아담과 이브가 어땠는지—즉, 선과 악을 알지 못하는 인간이 어떤 것인지—는 훨씬 불분명하다. 물론 여느 동물이든 그 모델이 된다고 말할 수도 있다. 고양이나 갯가재가 예가 될 만하다. 그러나 동산의 아담과 이브는 여느 동물이 아니었다. 그들은 우리의 조상들이었다. 그들은 우리와는 달리 완벽하게 순수했기 때문에 우리와 똑같을 수는 없지만, 그래도 우리와 비슷했다.

고대로부터 현재에 이르기까지 거의 모든 사람이 인정했듯이, 유인원은 우리와 똑같지는 않지만, 우리와 매우 비슷하다.[4] 닮은 모습은 깜짝 놀랄 만하다. 그럼에도 그들은 선과 악을 알지 못한다. 그렇다고 그들이 17세기의 철학자 토머스 홉스가 "외롭고, 지저분하고, 야만적이고, 부족하다"는 유명한 말로 특징을 묘사한 자연 상태에서 산다는 뜻은 아니다. 침팬지의 삶은 외롭지도 부족하지도 않으며, 보는 사람의 눈에만 지저분하다. 그들은 복잡한 사회적 존재이다. 그들은 문제를 해결한다. 도구를 사용한다. 서로 구별되는 다양한 성격이 있다. 대부분의 동물의 기준에서 보자면 원숙한 노년이라고 할 수 있는 나이에 이를 때까지 사는 경우도 많다. 하지만 우리가 아는 한, 그들의 최초의 조상은 절대로 운명의 나무 열매를 먹지 않았다. 예를 들면 그들은 위험이 닥치면 서로 신호를 보내지만 선과 악 같은 상징적인 개념은 없다. 침팬지는 도덕적이지도 않고 부도덕하지도 않다. 그들은 도덕이 없다.[5]

한 영장류 연구자는 1980년대 초에 침팬지의 행동─동맹의 교체, 배반, 뇌물, 벌─을 마키아벨리적인 정치학에 견주는 유명한 책을 썼다.[6] 그러나 마키아벨리는 『군주론(Il Principe)』에서 정치가들이 무엇이 선이고 무엇이 악인지 완전히 이해하고 있다고 가정한다. 그들 가운데 살아남은 자들은 단지 언제 도덕률을 위반할 필요가 있는지 이해했을 뿐이다. "따라서 자비롭고, 충실하고, 인도적이고, 신실하고, 종교적으로 보이는 것, 또 실제로 그런 것도 좋다. 그러나 달라져야 할 때 반대의 특질로 변할 수 있는 마음가짐을 반드시 갖추어야 한다"(『군주론』, 18장). 침팬지는 충성이나 배신, 지배나 복종을 굳이 개념적으로 이해하지 않고도 정치적으로 기능하는 듯하다.

신학자들―물론 모두 남자들이었다―은 수백 년간 하느님이 이브에게 내린 저주에 관해서 불편한 마음으로 곰곰이 생각해보았다. "너는 남편을 원하고 남편은 너를 다스릴 것이니라." 그들은 이렇게 물었다. 타락 전에 낙원에서도 남편이 아내를 다스리지 않았던가? 그렇다, 그들 대부분은 안심했다. 남자는 언제나 여자를 다스렸을 것이다. 그것이 자연의 질서니까. 그러나 여자는 '선악을 알게 하는 나무'의 열매를 먹기 전에는 자신이 지배를 당하고 있다고 생각하지 않았다. 죄를 지은 뒤에는 그렇게 생각하게 되었지만 심하게 반발했다. 따라서 침팬지의 성관계는 신학자들이 타락 이전의 삶이라고 꿈꾸는 것과 비슷하다. 암컷들은 지배당하지만 지배당한다는 개념이 완전히 결여되어 있다.

침팬지 암컷들은 맞을 때는 비명을 지르지만 그런 상황이 어떻게든 달라져야 한다거나 달라질 수 있다고 꿈을 꾼다는 증거는 전혀 없다. 마찬가지로 젊은 수컷들은 이웃 무리들 출신의 침팬지를 살해하려고 습격대를 조직하지만, 살해라는 개념은 결여되어 있다.[7] 새끼가 죽으면 어미는 마치 애도하듯이 한동안 업고 돌아다닐 수도 있지만, 침팬지에게는 죽음이라는 추상적인 개념이 없다. 사랑이나 육아라는 말 없이도 품고 길러주는 것과 마찬가지이다. 그렇다고 그들의 모든 행동이 순수하게 본능적인 것은 아니다. 어린 것들은 관찰력이 좋아, 어른들을 지켜보면서 행동방식을 배우며, 심지어 자기 역할을 연습할 수도 있다. 연구자들은 어린 수컷이 막대기를 꺾어 어른 암컷을 때리는 연습을 하는 반면, 어린 암컷은 막대기를 마치 아기처럼 데리고 다니는 경우가 많다는 데에 주목한다. 그러나 이런 행동 가운데 어느 것도 개념적이거나 자의식을 동반하지 않는다. 침팬지에게는 관념을 정리할 언어가 없기 때문이다. 그렇다고 그들을 자동인형으로 간주하는 것은 터무니없는 일일 것이다.

우리는 그들에게 영원히 감사해야 한다. 그들 덕분에 「창세기」의 기원 이야기가, 만일 진짜였을 경우, 실제로 어떤 광경이었을지 직접 볼 수 있기 때문이다. 그들은 우리와 매우 닮았으면서도 선악을 알지 못하고 사는 것이 어떤 것인지 우리에게 보여준다. 수치 없이 살고, 자신들이 죽을 운명임을 이해하지 못하고 사는 것이 어떤 것인지도 보여준다. 그들은 여전히 낙원에 있다.

물론, 생각이 제대로 박힌 사람이라면 유인원이 숲에서 사는 삶이 인간들이 낙원에서 스스로 살기를 바라는 삶이라고 생각하지는 않을 것이다. 하지만 그것은 우리가 낙원이라는 개념을 선과 악에 대한 우리의 지식으로부터 끌어오는 개념들로 구축하기 때문이다. 우리는 이미 타락했고, 그들은 그렇지 않다.

중세의 사상가들은 유인원이 인간과 눈에 띄게 닮은 점을 생각하면서 정반대의 결론에 이르렀다. 그들은 원숭이 또한 타락한 것이 틀림없는데, 우리보다 존재의 단계에서 훨씬 더 아래로 내려갔다고 믿었다. 낙원에서 아담과 이브는 비할 데 없이 아름답고 몸이 컸다. 이제 죄의 유산 때문에 첫 인간은 아름다움뿐만 아니라 크기도 많이 잃었다. 그런 상실은 점진적이었다. 가장 초기의 족장과 여족장들은 장대함을 일부 유지했지만, 지금은 그런 것이 거의 완전히 사라져버렸다. "지금 가장 아름다운 여자들을 사라(『성서』에서 아브라함의 부인의 이름/역주)와 비교하는 것은 유인원들을 인간과 비교하는 것과 같다." 옛날 한 주석가는 그렇게 슬퍼했는데, 이브와 비교하면 사라가 또 유인원과 비슷했다.[8] 물론 유인원은 인간의 추함을 견줄 수 있는 최적의 표준이다.

어떤 전설에 따르면 아담과 이브가 동산에서 추방되고 나서 얼마 후에 하느님이 이브를 찾아가 자식을 몇이나 두었느냐고 물었다. 많이 두었지만 사실대로 말했다가는 섹스에서 너무 큰 즐거움을 맛보고 있다는 뜻이 될까 두려워, 거짓말을 하고 그 가운데 몇 명만 하느님에게 보여주었다. 하느님은 속지 않았다. 하느님은 그녀를 벌하기 위해서 그녀가 감춘 자식들을 유인원으로 바꾸었다. 그래서 중세에 유인원은 추함만이 아니라 육체적 욕망의 상징으로도 널리 이용되었다. 이들은 우리 자신의 타락의 계기가 된 악을 과장된 형태로 보여주었다. 중세 회화들에서는 종종 '선악을 알게 하는 나무' 옆에 서 있는 아담과 이브 근처 어딘가에 유인원이 숨어 있다.[9]

19세기에 와서야 이런 생각이 결정적으로 바뀌었다. 핵심적인 순간은 1860년 옥스퍼드에서 다윈의 친구이자 옹호자인 토머스 헨리 헉슬리가 새뮤얼 윌버포스 주교와 유명한 논쟁을 벌였을 때에 찾아왔다. 주교는 진화론에 대한 냉소적인 반박을 마무리하면서 상대를 돌아보며 심술궂게 물었다. "당신은 유인원의 후손이라고 하는데, 친가 쪽이 그런가 아니면 외가 쪽이 그런가?" 헉슬리는 천천히 일어서더니, 자신은 원숭이를 조상으로 둔다고 해도 창피하지 않겠지만, 진실을 가리기 위해서 훌륭한 재능을 이용하는 사람과 연관이 된다면 창피할 것이라고 말했다. 헉슬리의 목소리는 큰 방 전체에 다 들리지는 않았지만 모두가 그의 말이 "주교보다는 차라리 유인원의 후손이 되고 싶다"는 뜻이라고 이해했고, 청중 가운데 한 여자가 기절했다.[10]

인간의 기원에 관한 근대의 과학적 이야기를 결국 지배한 것은 다윈의 입장이었다. 이제는 아무도 유인원을 욕정이나 게으름 때문에 벌을 받아

바꾸어버린, 인간의 퇴화한 변형체라고 믿지 않는다. 지금까지 수십 년간 쌓이고 또 놀라운 발견물로 여전히 등장하고 있는 화석 증거는 우리의 먼 조상이 어떻게 했는지 용케도 두 발로 걷게 된 유인원 같은 생물이라는 압도적 증거를 제공한다. 어떻게 그들 가운데 누군가가 번성하기는커녕 생존이라도 했는가 하는 문제 자체에 대한 답은 아직도 분명하지 않다. 과학자들이 합리적 의심을 허용하지 않는 수준에서 보여주었듯이, 그들은 단 한 번 이루어진 창조의 행복한 결과물, 처음부터 우주의 주인이라는 운명을 타고난 결과물이 아니었다. 그들은 상상할 수 없을 정도로 긴 시간 동안 '진행 중인 작업'이었다. 한 생물학자는 진화의 핵심적인 발효기 가운데 하나가 근대적 인간이 등장하기 오래 전인 250만 년부터 200만 년 전 사이라고 썼다.[11] 그는 핵심적 시기를 좁히려고 시도하고 있으며, 어떤 면에서는 그렇게 했다고도 볼 수 있다. 그러나 그가 말하는 기간만 해도 50만 년이다. 기록된 인간의 역사는 최대한으로 거슬러 올라도 5,000년 정도에 불과하다.

이 무한히 긴 시간 동안 우리 종은 열매를 먹고, 덩이줄기를 캐고, 이따금씩 도마뱀을 잡던, 몸도 작고 뇌도 작은 두 발 동물로부터 현재의 우리로 진화해왔다. 프리드리히 니체가 표현한 대로, 약속을 할 수 있는 동물로 진화한 것이다. 이 독일 철학자는 1887년에 발표한 도발적인 책에서 도덕이 없는 유인원 같은 생물에서 도덕적인 인간으로 바뀌게 된 핵심적인 기제는 고통—반복적인 무자비한 고통—의 부과라고 주장했다. 벌은 지배적인 남성—니체는 "금발의 짐승"이라고 불렀다—의 건강하고, 원기 왕성하고, 폭력적인 에너지를 점진적으로 길들인 수단이었다. 그 과정에서 한때 지상을 다스렸던 자들이 선이라고 여기던 모든 것—욕망의 무자비한 충족, 으스대는 무례, 강탈과 증여의 무모한 혼합, 우두머리 수컷이 되고자 하는 구속받지 않는 의지—은 악으로 이름이 바뀌었다. 한때 환희에 차서 금발 짐승들의 지배를 받아들이던 여자와 남성 약골 무리는 자기희생, 규율, 경건한 공포 등 자신들의 가치를 선으로 선포하게 되었다. 이런 변화—니체는 "가치의 재평가"라고 명명했다—는 결과적으로 성공한 노예 반란이었다. 그의 생각에 따르면, 이것은 원한이 부글거리던 아주 영리한 사제 계급이 주도했다. 그는 이 계급을 유대인과 동일시하고, 도덕 없는 건강을 누르는 병적인 고난을 기념하는 과정에서 정점에 이른 그들의 최고의 발명품이 예수, 새로운 아담이라고 선언했다.

이 불길한 철학적 우화는 답이 여전히 자의적인 추측의 영역에 놓여 있는 질문들을 가리킨다.[12] 침팬지(*Pan toglodytes*)와 현생 인류(*Homo sapiens*)가 같은 유전자를 96퍼센트 공유한다는 사실을 고려할 때, 어떻게 그런 일이 실제로 일어났을까? 무엇이 인간의 특징이 되는 환상적으로 복잡한 일군의 특징들—긴 다리, 손가락이 짧은 손, 물건을 쥘 수 없는 발, 장기화된 유년 의존성, 커다란 뇌, 협력적인 사회생활, 상징적 사고능력 등—을 촉발했을까? 우리는 어떻게 언어, 종교적 믿음, 기원 이야기를 얻었을까? 우리의 도덕적 양심은 어디에서 왔을까? 우리가 '마지막 공통 조상'으로부터 물려받은 유산으로서 아직도 침팬지와 공유하는 것은 무엇일까?

최근 야생 상태에서는 중앙 아프리카의 단일 지역에서만 발견되는 보노보에게 과학적 관심이 쏠리고 있다. 진화의 시간으로 볼 때, 상대적으로 멀지 않은 과거의 어느 시점에 한 무리의 침팬지가 콩고 강 남쪽에 고립되어 자신들만의 세계를 이루었다. 시간이 지나면서, 일반 침팬지의 많은 행동 특성은 유지되면서도, 사회생활은 변하기 시작했다. 연구자들의 관찰로는 수컷들은 여전히 서로 경쟁하지만, 이제 그들의 공격성이 암컷으로 향하는 경우는 드물고, 암컷들이 대폭 향상된 지위와 계급을 누린다.

암컷들은 서로 강력한 유대를 이루고 함께 행동하여 수컷 대부분을 지배할 수 있다. 성적 활동도 매우 강화되었다. 암컷은 수정할 수 있을 때에만 발정기의 표시를 보여주는 것이 아니며, 따라서 교접은 이제 재생산과 배타적으로 연결되지 않는다. 보노보는 펠라티오를 한다. 수컷-수컷과 암컷-암컷의 성 행동도 빈번하다. 아마 가장 두드러진 것은, 이웃한 무리와의 우연한 만남이 폭력이 아니라 성교로 이어진다는 점일 것이다. 따라서 침팬지라는 존재의 핵심을 이루는 것으로 보였던 행동은 고립, 적당한 환경, 충분한 시간이 있으면 근본적 변화가 가능하다는 사실이 증명되었다.

똑같은 종류의 어떤 것이 우리 종이 침팬지와 보노보 양쪽에서 발견되는 특징들을 당혹스럽게 결합한 뒤, 거기에 완전히 새로운 특징들을 엮은 방식도 설명할 수 있을지 모른다.[13] 우리는 지위를 둘러싼 강렬한 경쟁, 집단 사냥, 외부자 혐오에서 나오는 폭력, 여성을 지배하고자 하는 강한 남성적 충동의 경향을 유지하면서도, 동시에 어디에서나 찾아볼 수 있는 생식과 관계없는 성 활동, 우정, 협력, 평등주의를 향한 잠재력과 다른 집단들을 평화롭게 포용하는 태도를 발전시켰다. 이 모든 것에 우리는 도구 제작, 예술 생산, 언어, 추론 능력이라는 헤아릴 수 없이 복잡한 것들을 보탰다. 이런 일이 일어나게 된 경위에 대한 우리의 이해는 아직 초기 단계이며, 따라서 앞으로 꾸준한 진전과 엄청난 놀라움이 있을 것이라고 말하는 편이 안전할 듯하다.

그러나 현재의 과학적 이해는 아직 아담과 이브 이야기의 핵심에 놓여 있는 도덕적 선택에는 초점을 맞추지 않는다. 아마 결코 맞추게 되지 않을지도 모르고, 심지어 원하지 않을 수도 있다. 『성서』 이야기에서 첫 인간들은 신의 금지령을 준수하거나 어길 자유가 있었다. "여자가 그 나무를 본즉 먹음직도 하고 보암직도 하고 지혜롭게 할 만큼 탐스럽기도 한 나무인지라 여자가 그 열매를 따먹고 자기와 함께 있는 남편에게도 주매 그도 먹은지라.” 우리 삶의 형태를 결정한 것이 이 죄—무작위적 유전자 돌연변이와 자연선택이라는 비인격적이고 기계론적인 과정이 아니라 의도적 행동—이다. 아담과 이브 이야기는 적어도 태초에는 우리 운명이 우리 자신의 책임이었다고 주장한다. 현대 과학의 기저에 깔린 가정들을 이해하는 다수를 포함하여 세계의 수많은 사람들이 지금도 이 오래된 이야기가 제공하는 독특한 만족감에 매달려 있다. 나도 마찬가지이다.

나는 우간다 서부의 과학 연구기지에 도착했을 때, 바로 침팬지를 관찰하러 나가는 것이 허락되지 않았다. 침팬지는 인간 질병에 취약했기 때문에 나에게 전염성 질병이 없다는 것을 확인하기 위한 격리 기간이 필요했다. 따라서 나는 시간이 많이 남아 근처 포트 포털에서 일요일 아침에 열리는 성공회 예배에 참석했다. 우간다는 기독교가 압도적인 나라로, 대체로 로마 가톨릭과 성공회로 양분되어 있었으며, 오순절 교회파가 규모는 작지만 성장하는 중이었다. 나는 키발레 침팬지 프로젝트 방문 신청서에 처음에는 옛 『성서』 이야기를 대체하는 근대의 과학적 기원 이야기를 관찰하고 싶다고 썼는데, 그곳에서 일한 경험이 있는 친구들은 그런 표현들을 사용하면 신청은 거의 확실하게 거부될 것이라고 말했다. 우간다 당국은 침팬지 연구가 종교적 믿음의 대안이라고 생각하지 않는다.

　교회—공교롭게도 성 스테판(St. Stephen. 저자의 이름이 Stephen이다/ 역주) 교회였다—에서 해피 샘 아라알리 목사의 설교 주제는 창조 이야기였다. (내가 간다는 귀띔을 받은 것이 틀림없었다.) 우리는 우물은 팔 수 있다고 그는 말했다. 그러나 오직 하느님만이 호수와 바다를 만들 수 있다. 이것이 하느님이 얼마나 강한지 보여주는 표시이며, 이를 보고 우리는 하느님을 존경할 수밖에 없다. 하느님은 우리가 할 수 있는 어떤 것보다 훨씬 크고 어려운 일을 할 수 있기 때문이다. 인간의 창조도 마찬가지이다. 해피 목사는 회중에게 말했다. 우리는 벽에 인물을 그리고 거기에 어떤 생생함을 부여할 수 있다. 하지만 오직 하느님만이 첫 인간을 창조하고 그들의 콧구멍에 생명의 숨을 불어넣어 그들을 살아나게 할 수 있다.

현장기지로 차를 타고 돌아오면서 함께 간 현장 보조원에게 아담과 이브의 이야기가 말 그대로 사실이라고 믿느냐고 물어보았다. 그렇다, 믿는다, 그는 자신 있게 대답했다. 그는 훌륭한 기독교인이었다. 그렇다면 우리가 침팬지와 가까운 친족관계라는 생각은 어떻게 받아들이는가? 그는 웃음을 터뜨렸고—"아주 어려운 문제네요."—이내 우리는 둘 다 입을 다물었다. 다음 날 숲에 들어가서 털을 다듬어주고 에슬롬이 짝을 지키는 에덴 같은 광경을 관찰할 때에도 우리는 그 이야기를 더 하지 않았다.

우두머리 수컷이 버블스에게 달라붙은 모습은 내가 다음 날 아침 목격한 장면, 나에게 「창세기」를 더욱 강렬하게 떠올리게 해준 장면을 위한 배경이 되어주었다. 우리가 캠프에서 아침을 먹을 때 멜리사는 단지 입구 근처에서 그림자를 하나 보았다. 그녀는 처음에는 코끼리라고 생각했지만, 곧 그것이 침팬지임을 알아보았고, 모든 과학자와 현장 보조원들이 공유하는 기술로 즉시 그것이 2인자 란조라는 것을 알아냈다. 우리는 왜 그가 평소와 달리 인간 정착지 근처까지 왔는지 알아보려고 서둘러 다가갔다.

란조는 덤불들이 있는 조그만 풀밭에 앉아 점점 안달을 했다. 이따금씩 발이나 손으로 땅바닥을 시끄럽게 철썩 때리기도 했다. (나는 우리가 좌절감에 사로잡혔을 때 발을 구르고 싶은, 달리 설명할 길 없는 충동이 어디에서 왔는지 깨닫고 깜짝 놀랐다.) 이윽고 란조는 잎들을 뒤져 작대기 하나를 끌고 오더니, 낮은 소리를 내며 손을 뻗어 덩굴 하나를 거칠게 흔들었다. 마침내 그가 초조해하는 이유가 나타났다. 빽빽한 덤불에서 아주 불안해 보이는 열아홉 살짜리 레오나가 어린 자식 릴리를 데리고 뒤를 돌아보며 나왔다. 현장 보조원의 설명에 따르면, 란조는 에슬롬이 짝 지키기에 몰두해 있는 틈을 타서 버블스만큼 생생하지는 않지만 역시 발정기의 표시를 보이는 레오나를 꾀어 나온 것이 분명했다. 그들은 슬쩍 빠져나와 과학자들이 교제라고 부르는 것—지배적인 수컷의 질투하는 눈길과 무리를 피해 일종의 신혼여행을 떠나는 것—에 나섰다. 걸리면 둘 다 매질을 당할 판이었다. 그래서 아마 레오나는 불안해하고 란조는 교활하게도 무리가 거의 다가오지 않는 인간 정착지 근처로 오겠다고 결정을 내린 듯했다.

　마침내 둘만 남은 란조와 레오나는 침팬지만의 애정의 순간을 나누었다. 부드럽게 서로의 궁둥이를 만진 것이다. 레오나는 릴리가 등에 매달린 상태에서 란조가 손가락으로 자신의 음문을 훑도록 허락했고, 란조는 그 손가락을 코에 대고 킁킁거렸다. 그러나 그들이 함께 한 것은 6초짜리 교접만을 위해서가 아니었다. 그들은 최고 통치자의 의지를 거슬러 벌을 무릅쓰는 모험을 함으로써 진정한 짝이 되었다. 그들은 빈터를 두리번거리다가 우리를 슬쩍 보았다. 이윽고 교제를 다시 이어가, 함께 빽빽한 덤불 속으로 뛰어들었고, 우리는 염탐을 계속하기로 마음먹고 안간힘을 쓰며 그들을 뒤쫓았다. 그들 앞에는 온 세상이 펼쳐져 있었다.

부록 1

해석의 예들

아담과 이브 이야기에 대해서는 오랜 세월에 걸쳐 수많은 해석들이 나왔다. 가장 영향력이 큰 해석 몇 가지는 이 책에 등장한다. 그러나 그동안 축적되어 왔고 지금도 계속 늘고 있는 그 방대한 자료보관소의 풍부함, 다양성, 교묘함, 때로는 황당함을 제대로 전달하는 것은 불가능하다. 다음은 이 문서보관소의 조각 몇 개를 현대어로 불러내보려는 시도이다. 대부분의 경우 나 자신의 말로 표현했지만, 각각의 이야기는 "주"에 나열된 원래의 출처 여러 곳에서 얻은 자료들을 짜맞춘 것이다.

이브가 금령을 어기고 금단의 열매를 먹었을 때, 아담은 그녀와 함께 있지 않았다. 어떤 사람들은 아담이 이브와 사랑을 나눈 뒤에 낮잠을 자고 있었다고 말한다. 또 어떤 사람들은 그가 동산을 살피러 나갔다고 말한다. 그가 무엇인가 잘못되었다는 것을 알게 된 첫 조짐은 이브가 생식기와 엉덩이를 무화과 잎으로 가린 것이었다. 처음에 아담은 그녀가 무엇을 한 것인지 이해도 하지 못했다. 잎이 우연히 몸에 달라붙은 줄 알았다. 하지만 자세히 살펴보고 나서 그녀가 작은 구멍들을 낸 다음 식물로 만든 실로 잎들을 꿰맸다는 것을 알게 되었다.

코리아 출신의 압바 할폰. 「창세기 랍바」(기원후 4세기와 5세기), 19:3;
「희년서」 9c. 기원전 100-150[?]), 3:22

첫 인간들은 완벽하게 아름답고 매우 지혜로웠지만 타락한 인류가 가장 의존하는 오감 가운데 한 가지, 즉 시각이 없었다. 처음에 아담과 이브는 완전히 장님이었다. 사실 볼 필요가 없었다. 그들의 모든 요구를 충족시키도록 설계된 세계에 있었기 때문이다. 먹을 것이나 마실 것이 필요하면 늘 손닿는 곳에 있었다. 하느님이 동물을 아담에게 데려와 이름을 지으라고 했을 때 아담은 손을 뻗어 동물을 만졌고, 그렇게 만지는 것만으로 어떤 이름을 지어줄지 알 수 있었다. 어쩌면 이렇게 행복하게 눈이 먼 상태—물론 자신들이 보지 못한다는 것을 몰랐기 때문에 행복했다—가 그들의 죄를 설명하는 데에 도움이 될지도 모른다. 그들은 금지된 열매를 다른 열매들과 구분하기가 어려웠기 때문이다. 특히 적이 그들을 속이겠다고 기를 쓰는 상황에서는 더욱. 이런 상태는 그들에게 수치심이 전혀 없었다는 사실을 설명하는 데에도 도움이 된다. 타락 후에야 하느님이 그들의 눈을 가리고 있던 막을 벗겨주었기 때문이다. 그들은 불복종 뒤에 볼 수 있게 되자마자 서둘러 몸을 가렸다. "이에 그들의 눈이 열려 자기들이 벗은 줄을 알고 무화과 나뭇잎을 엮어 치마로 삼았더라."

알렉산드리아의 클레멘스(c. 150-c. 215)

새로 창조된 인간들은 신체적으로 성숙하고—하느님은 그들에게 스무 살짜리의 형체와 속성을 주었다—여러 가지 측면에서 놀랄 만큼 재주가 많았다. 그러나 그들은 갓 태어난 것이기도 하여, 이제 세상에 막 적응을 시작하고 있었다. 이런 이유 때문에 하느님은 그들에게 '선악을 알게 하는 나무'의 열매를 먹지 말라고 명령했다. 이 나무의 열매는 그 자체로는 독이 있는 것이 아니었다. 오히려 성숙한 인간에게는 가장 영양분이 훌륭한 열매였고, 하느님은 시간이 지나면 아담과 이브가 그것을 먹게 할 생각이었다. 그러나 우리가 먹는 모든 음식과 마찬가지로, 일부는 아기의 위에 적당하고 일부는 그렇지 않다. 낙원은 확실하게 적당하지 않은 열매가 오직 하나뿐이라는 점에서 특이하며, 하느님은 갓 태어난 인간들에게 다른 모든 나무의 열매는 먹을 수 있다고 말했다. 그러나 아담과 이브는 뱀에게 속아서 성급하고 경솔하게 행동하여, 준비도 되기 전에 금단의 나무 열매를 먹으려고 했다. 그것은 마치 유아가 스테이크를 삼키려고 한 것과 마찬가지였으며, 그 결과가 그들에게 치명적이었다는 것은 전혀 놀랄 일이 아니다.

안티오크의 테오필로스(2세기에 활동)

이브는 잘 익은 **빨간 열매**, 틀림없는 금단의 나무의 열매가 달린 가지를 쥐고 있었다. 그녀는 아담에게 말했다. "따 먹어." 그는 그녀의 목소리가 잘 들리지 않았다. 그녀의 목소리는 먼데서 들려오는 것 같았다. 또는 목소리와 말이 그녀의 것이 아닌 듯했다. 그는 혼란에 빠지고 당황했으며, 무엇보다도 졸렸다. 물론 하느님이 바로 그 나무의 열매는 먹지 말라고 했던 것을 기억했지만, 이유는 잘 생각나지 않았다. "죽는다"는 말의 뜻을 몰랐기 때문에 당시에 하느님이 무슨 말을 하는지 제대로 이해하지 못했다는 것을 깨달았다. 그는 명령의 개념은 거의 파악할 수 있었으나—생육하고 번성하라는 명령은 그가 이브에게 품는 욕망에 부합했기 때문이다—무엇인가 하지 말라는 것은 이해가 되지 않았다. 그는 께느른하게 팔을 뻗어 열매를 따 먹었다.

카파도키아의 신부들(기원후 4세기)

이브가 뱀하고 이야기를 하러 갔을 때, 아담은 하늘의 찬란한 빛을 뚫어져라 보고 있었다. 그는 낮이나 밤이나 늘 하느님의 영광—가없고, 파악할 수 없고, 완전히 압도적이었다—을 보고 있었다. 모든 것이 이 환희에 찬 응시에 흡수되었다. 심지어 자는 시간도, 아내와 차분하게 성적으로 결합하는 순간도, 단순히 들이쉬고 내쉬고, 들이쉬고 내쉬며 숨을 쉬는 시간도. 하느님은 어디에나 있었고 모든 것이었다. 이브가 금단의 열매, 하느님이 직접 먹지 말라고 주의를 준 열매를 주었을 때, 아담은 바로 그것을 받아 먹었다. 왜? "나는 지쳤어." 그는 속으로 말했다. "이제 나를 만든 흙으로 돌아가고 싶어. 죽고 싶어."

니사의 그레고리우스(332-c. 395)

주 하느님은 흙으로 만든 피조물 가운데서는 인간에게 적합한 짝을 찾지 못했기 때문에 뼈로 만들기로 했다. 그 전체 과정에 인간이 흥미를 느낄 것이라고 생각했기 때문에, 자신이 능숙하게 그의 옆구리를 열고 작업을 시작하기에 적합한 뼈를 꺼내고 자신이 만든 상처를 닫는 것을 지켜보게 해주었다. 그리고 나서 계획한 작업을 시작했는데, 새로운 형체는 첫 인간과 다른 모든 동물을 만들 때처럼 흙으로 만들지 않고 건축가처럼 구축해 나아갔다. 정맥, 동맥, 신경의 거대한 망. 환경과 상호작용을 하고, 음식을 에너지로 바꾸고, 대사를 조절하고, 노폐물을 배설할 수 있는 내부 기관의 엄청나게 복잡한 배치. 소용돌이 모양의 재료가 눈부신 속도로 계산을 수행할 수 있는 뇌. 말하고 노래하는 데에 적합한 혀, 후두, 성대. 마지막으로 첫 인간과 비슷하지만 흥미를 자아낼 만큼 다르고 또 성적 재생산에 편리하게 설계된 우아한 외관. 하느님은 자신이 한 일을 보고 아주 훌륭하다는 것을 알았다. 하지만 정작 자신이 애써 이 모든 일로 기쁘게 해주려던 인간의 얼굴에 혐오의 표정이 나타나 있는 것을 보았다. 아담은 새 피조물의 내부, 피와 부드러운 조직과 고동치는 기관이 뒤엉킨 것에 구역질이 났다. 이런 피조물과 짝을 짓는 것은 둘째 치고 같이 산다는 생각 자체를 견딜 수 없었다. 하느님은 자신이 만든 것을 파괴하고 다시 시작할 수밖에 없었다.

R. 호세. 「창세기 랍바」(기원후 4세기와 5세기) 17:7

아담과 이브는 금단의 열매를 먹었을 때, 자신들은 죽을 운명이지만 그들이 지배하던 동물들은 그대로 두면 영원히 살게 될 것임을 깨달았다. 그들은 시간이 거의 없다는 것을 알고 두 손에 금단의 열매들을 들고 서둘러 모든 곳을 돌아다니며 함께 죽을 수 있도록 모든 동물에게 먹였다. 그들은 자신들이 왜 이렇게 서둘러 모든 생물을 죽음의 운명으로 몰아넣는지 설명할 수 있었을까? 어쩌면 하느님이 이전에 내린 명령을 염두에 두고, 동물들에 대한 지배권을 잃으면 하느님의 포고를 또 하나 어기게 되는 것이라고 걱정했을지도 모른다. 어쩌면 다른 누구도, 단순한 짐승이라고 해도, 자신들은 잃게 된 것을 누리기를 바라지 않았는지도 모른다. 어쨌든 그들은 모든 가축과 짐승과 새를 찾아내서 먹이는 데에 성공했다. 대단한 작업이었다. 그러나 새 한 마리만은 예외였다. 그 새 피닉스는 지금도 영원히 산다.

R. 심라이(?). 「창세기 랍바」19:5(기원후 4세기와 5세기)

그러자 인간이 말했다. "하느님이 저에게 준 여자, 그 여자가 나무에서 나에게 주어서 먹었습니다." 그러자 주 하느님은 여자에게 말했다. "네가 무슨 짓을 한 것이냐?" 여자가 말했다. "뱀이 저를 속여서 먹었습니다." 그러자 주 하느님은 뱀을 불렀고, 뱀은 불안하게 앞으로 걸어왔다. 그러자 주 하느님은 날카로운 칼을 들어 뱀의 발과 다리를 잘라버렸다. 그래서 그날부터 뱀이 배로 기게 된 것이다.

고르기오스 신켈로스(8세기에 활동)

불복종의 즉각적인 결과로 아담에게 처음으로 우울한 느낌이 찾아왔다. 과일을 먹는 순간 모든 기쁨이 사라지고 피에 우울이 응고되었다. 마치 초를 불어 끄면 광채가 사라지고 빛을 내며 연기를 뿜던 심지에서 악취가 나는 것과 같았다. 더 놀라운 결과가 나타났다. 아담은 한때 천사의 노래를 알았고, 그 자신의 목소리로도 숭고한 선율을 낼 수 있었다. 그러나 죄를 지은 뒤에는 골수로, 지금 모든 남자에게 있는 추한 바람이 스며들었다. 골수의 이 바람은 더없이 행복한 목소리를 시끄러운 조롱과 야유로 바꾸어놓았다. 몸을 떨며 크게 웃고 나면 눈물이 나곤 했다. 육체적 쾌감이 작열할 때에 정액의 거품이 방출되는 것과 똑같았다.

힐데가르트 폰 빙겐(1098-1179)

타락 전에 이브는 생리를 하지 않았다. 죄를 지은 뒤에야 모든 여자가 동물이 되었는데, 그들의 생리혈은 세상에서 극악무도한 것들 가운데 하나로 꼽을 수밖에 없다. 이 피에 닿은 씨는 싹이 돋지 않고, 나무는 열매가 떨어지고, 쇠는 녹이 슬고, 청동은 검게 변한다.

알렉산더 네캄(1157-1217)

368

아담은 아내가 속았고, 뱀이 그녀를 꾀어 이제 빠져나갈 수 없는 덫으로 끌어들였다는 것을 아주 분명하게 알았다. 아담은 그녀가 죽게 될 것이라고 생각했다. 그리고 하느님은 내 다른 갈비뼈로든 아니면 다른 것으로든 나에게 새 짝을 창조해주겠다고 제안할 것이다. 하지만 나에게는 새 짝이 필요 없다. 나는 이 짝, 오직 이 짝만 원한다. 내가 그녀와 함께 있을 수 있는 방법은 한 가지뿐인데, 그것은 나의 운명을 그녀의 운명과 합치는 것이다. 우리는 함께 살고, 때가 되면 함께 썩을 것이다.

던스 스코터스(1266-1308)

그리고 하느님은 그를 축복했고, 하느님은 그에게 말했다. "생육하고 번성하여 땅에 충만하라, 땅을 정복하라." 그러자 인간이 하느님에게 말했다. "내가 어떻게 생육하고 번성하란 말씀입니까? 저는 혼자뿐이며, 당신의 형상대로 만들어졌습니다. 다른 모든 피조물, 바다의 물고기와 하늘의 새와 가축과 야생동물과 땅을 기는 모든 것들은 짝을 이루어, 서로 구별되고 분리되는 수컷과 암컷입니다. 저는 그들이 서로 짝을 짓고, 그런 행동을 통해서 생육하는 것을 봅니다. 하지만 저는 하나이고, 남성인 동시에 여성입니다. 제가 어떻게 당신의 명령을 이행할 수 있겠습니까?" 그러자 하느님은 칼을 들어 사과를 쪼개듯이 인간을 반으로 갈라, 원래 하나였던 것을 둘로 만들었다. 그런 다음 하느님은 자신이 만든 상처 위로 살을 끌어다 덮고 두 반쪽의 배에 자신이 한 일에 대한 표시로 배꼽이라고 부르는 자국을 남겼다. 이어 하느님은 말했다. "이제 번성하고 땅을 정복할 수 있을 것이다." 이렇게 쪼개진 뒤 인간의 두 쪽은 각각 다른 반쪽을 바라며 합쳐졌고, 서로 두 팔로 안아 포옹으로 엉켰다. 남자와 여자는 생육하고 번성하며 땅을 정복했다. 하지만 서로 끌어안으면서도 늘 처음 분리되던 상처를 느끼고 그 상처를 완전히 치유하는 것이 불가능하다는 것을 안다.

유다 아브라바넬(c. 1464−c. 1523)

하느님은 어디에나 있고 모든 것이었다. 따라서 더욱더 당혹스러운 것은 이브가 금단의 열매를 주었을 때 아담이 즉시 그것을 받아먹었다는 것이다. 왜 그랬을까? 그는 그 이유를 말로 표현할 수 없었겠지만, 다그치면 이렇게 말했을지도 모른다. 이런 상태로 영원히 지내는 것은 견딜 수 없다. 나는 나를 만든 분을 보고 있는 것이 싫다. 엄청난 감사의 빚이 싫다. 하느님이 싫다.

마르틴 루터(1483−1546)

하느님은 아담과 이브가 자신의 금지 명령을 어길 것임을 알았을 뿐 아니라, 그렇게 하도록 적극적으로, 의도적으로 강요하기까지 했다. 아담이 운명의 열매를 먹기 전에 망설였다면, 감히 하느님이 직접 그의 안에 심어준 충동에 의문을 제기했다면, 하느님은 이런 말로 그를 책망했을 것이다. "이 사람아, 네가 누구이기에 감히 하느님께 반문하느냐 지음을 받은 물건이 지은 자에게 어찌 나를 이같이 만들었느냐 말하겠느냐. 토기장이가 진흙 한 덩이로 하나는 귀히 쓸 그릇을, 하나는 천히 쓸 그릇을 만들 권한이 없느냐."

존 칼뱅(1509−1564)

첫 번째 인간은 흙으로 만들었지만, 그것은 보통 흙이 아니었다. 그의 몸은 가장 좋은 수정보다 순수하고 투명했다. 그 몸은 빛의 물줄기로 내부에서 밝혀져 내장, 또 온갖 종류와 색깔의 액체가 담긴 관이 빛났다. 이 무지갯빛 피조물은 지금 인간보다 키가 컸다. 거무스름한 머리카락은 짧고 구불거렸다. 코 밑은 거무스름한 콧수염으로 장식되어 있었다. 음경은 없었다. 생식기가 있었을 만한 곳에는 얼굴 모양의 물건이 달려 있었는데 그곳에서 맛있는 냄새가 났다. 배 안에는 작은 알을 기르는 관과 이 알을 수태시킬 수 있는 액체가 담긴 관이 있었다. 사람이 하느님에 대한 사랑으로 뜨거워져, 이런 열정을 나눌 다른 피조물이 있어도 좋겠다는 욕망에 압도되면, 그 액체가 끓어넘쳐 알 하나를 덮고, 그 결과 시간이 지나면 또 하나의 완전한 인간이 부화되었다. 하느님이 인간에게 생육하고 번성하라고 말했을 때는, 그렇게 부화시키라는 뜻이었다. 그러나 실제로 그렇게 된 것은 딱 한 번뿐이었다. 그렇게 부화된 인간은 메시아로, 그는 태아가 되어 마리아의 자궁으로 들어갈 때를 기다렸다. 아담과 이브가 낙원에서 추방되면서 다른 모든 인간은 다른 방식으로 태어났다. 신성한 영역에서 쫓겨나면서 그들의 몸은 조잡해져 지금 우리의 몸처럼 되었다. 수정 같은 투명성을 잃고, 내부의 빛은 흐려지다가 꺼졌다. 내부의 관들은 보기만 해도 역겨운 내장이 되었다. 한때 멋진 향수를 뿜던 아름다운 얼굴이 있던 자리에는 이제 모든 인간이 부끄러워서 가리는 추한 생식기가 있다.

앙투아네트 부리뇽(1616-1680)

맥아더 연구원인 후인산통은 언어의 기원에는 궁극적으로 뱀의 역할이 중요했다고 주장했다. 어머니들이 자식에게 뱀에 관해서 주의를 주어야 했기 때문이다. 뱀은 이미 비인간 영장류의 소통체계를 갖추고 두 발로 걷던 호미닌에게 사회적 유익을 위하여 소통을 하는 쪽으로 나아가도록 진화적으로 슬쩍 밀어주는 역할을 했다. 이것이 현재의 우리를 만든 언어와 그 뒤에 이어진 모든 것의 진화에서 결정적인 한 걸음이었다.

린 A. 이스벨, 2009

부록 2

기원 이야기의 예들

지금까지 연구되어온 거의 모든 인간 문화에는 하나 이상의 기원 이야기가 있다. 다음은 이런 이야기들 가운데 일부를 선별한 것이다.

이집트

내가 존재하게 되었을 때 존재(자체)가 존재하게 되었고, 내가 존재한 뒤에 모든 존재가 존재하게 되었다.

나는 마음속에서 계획을 짰고, 그러자 수많은 존재 형태, 아이들의 형태와 그들의 아이들의 형태가 존재하게 되었다. 나는 내 주먹과 교접한 자였고, 내 손으로 자위를 했다. 그런 다음 내 입으로 토해냈다.

그들은 내 눈을 나에게 가져왔다. 나는 내 신체 부위들을 결합한 뒤에 그들 때문에 울었다. 그렇게 해서 내 눈에서 흐르는 눈물로부터 사람들이 존재하게 되었다.

프리처드, 『근동 고대 텍스트』

그리스

그 시절에는 신 자신이 그들의 목자였기 때문에 직접 그들을 다스렸다.

동물에 비하면 신성한 존재인 인간이 여전히 하등 동물을 다스리는 것과 마찬가지이다. 신의 밑에는 어떤 형태의 정부도 부녀자의 소유 구분도 없었다. 모든 사람이 땅에서 다시 일어나, 과거의 기억은 없었기 때문이다. 그들에게 이런 것은 없었어도, 땅은 그들에게 열매를 풍성히 주었으며, 그런 열매는 청하지 않아도 나무와 관목에서, 인간의 손으로 심지 않은 곳에서 자랐다. 그들은 벌거벗고, 대개 야외에서 살았는데 사계절이 온화했기 때문이다. 그들은 침대 없이 푹신한 의자 같은 풀밭에 누웠는데, 풀은 땅에서 많이 자라났다.

플라톤, 『정치가』

그리스

옛날에 신들은 그들 사이에 땅을 나누고 자신의 구역에 사람들을 살게 했다. 그들은 사람들이 그곳에 살게 하고 우리와 그들의 젖먹이와 소유를 돌보았다. 목자들이 양떼를 돌보는 듯했지만, 목자들과는 달리 매와 신체적 힘은 사용하지 않았고, 마치 배의 고물에 선 도선사처럼 우리를 다스렸다. 그것이 동물을 안내하는 쉬운 길이었다. 설득이라는 키를 잡고 우리 영혼을 자신들이 원하는 대로 이끌었다.

플라톤, 『크리티아스』

로마

더 높은 지능을 가진 동물
더 고상하고 유능한 동물—그가 나머지를 다스린다.
그런 동물이 지상에는 아직 없는 생물이었다.
그래서 인간이 태어났다. 만유의 건축자, 우주의 지은이가

더 나은 세상을 낳기 위해

신성한 씨앗으로부터 인간을 창조했다―또는

이아페투스의 아들 프로메테우스가 새로 빚은 흙을

새 빗물과 섞어 인간을 만들었다

(땅은 그 무렵에야 하늘로부터 분리되어

땅에는 여전히 하늘의 씨앗,

둘이 공유하고 있는 출생의 잔존물이 있었기 때문이다).

그가 인간을 만들었을 때 그의 모습은

만유의 주인, 신들을 떠올리게 했다.

다른 모든 동물은 허리를 구부리고, 머리를 숙이고,

눈으로는 땅만 보는 데 반해, 인간에게

그는 높이 쳐들 수 있는 얼굴을 주었다.

그는 인간이 똑바로 서서, 눈으로 별을 보게 했다.

그러자 그때까지 그렇게 거칠고 불분명했던

땅도 변했다. 그곳에 전에는

알려지지 않았던 것, 인간 형체가 자리잡았기 때문이다.

오비디우스, 『변신 1』

로마

······그[이아손]는 청동 투구로부터 뱀의 이빨들을 꺼내

갈아놓은 들에 씨처럼 뿌렸다.

원래 이 이빨들에는 강한 독이 스며 있었다.

그러나 흙이 부드럽게 다독이자, 이빨들은 자라며 새로운 형태로 변했다.

마치 태아가 어머니의 자궁에서

천천히 인간 형체를 얻어나가

모든 부분에서 조화를 얻고

완전히 형태를 갖춘 뒤에야

모든 인간이 공유하는 빛을 보게 되듯이,

여기에서도 인간을 닮은 것들이

수태한 땅 속에서 완벽해져

땅에서부터 솟아올랐다. 더욱더 기적적인 것은

각 사람이 날 때부터

무장을 하여 무기를 쨍그랑거렸다는 것이다.

오비디우스, 『변신 7』

로마

마침내 용들의 날개에 실려

메데아가 코린트의 신성한 샘에 찾아왔다.

이곳에서 세상이 태어났을 때―그렇다고 우리는

옛 전설에서 들었는데―인간의 몸은

비온 뒤 솟아난 버섯에서 튀어나왔다.

오비디우스, 『변신 7』

북아메리카(대평원)

어느 날 노인은 여자와 아이를 만들겠다고 결심했다. 그래서 흙으로 둘―
여자와 자식, 그녀의 아들―을 만들었다. 그는 흙으로 인간 형체를 만든
뒤 흙에게 말했다. "너는 인간이로구나." 그런 뒤에 그것을 덮어주고 떠났
다. 다음 날 아침 그곳으로 가서 덮개를 벗기니 흙의 형태가 조금 바뀐

것이 보였다. 둘째 날 아침에는 조금 더 변했고, 셋째 날에는 더 변했다. 넷째 날에 그곳에 가서 덮개를 벗기고 형상을 보고 일어나서 걸으라고 말했고, 그들은 그렇게 했다. 그들은 자신을 만든 자와 함께 강으로 걸어갔고, 그는 그들에게 자신의 이름이 나피, 즉 노인이라고 말해주었다.

그들이 강가에 서 있는데 여자가 노인에게 말했다. "어때요? 우리가 영원히 살까요? 끝이 없을까요?" 노인이 말했다. "그 생각은 해보지 않았는데. 그것을 결정해야겠구나. 이 물소 조각을 집어 강에 던지마. 이게 뜨면 사람은 죽고, 나흘 만에 다시 살게 될 것이다. 딱 나흘만 죽는 거다. 하지만 가라앉으면 끝이 있는 거다." 노인은 조각을 강에 던졌고, 그것은 물 위에 떴다. 여자는 몸을 돌려 돌을 집어들더니 말했다. "아니, 내가 이 돌을 강에 던질게요. 이게 뜨면 우리는 늘 사는 거고, 가라앉으면 사람은 죽을 수밖에 없어요. 늘 서로 아쉬워할 수 있도록." 여자는 돌을 강에 던졌고 돌은 가라앉았다. "자." 노인은 말했다. "네가 선택을 했구나. 그럼 끝이 있을 것이다."

조지 버드 그리넬, 『블랙풋 로지 이야기들』

멜라네시아

처음 존재한 자는 땅에 남자 형체 둘을 그리고, 자신의 피부를 긁어서 찢어 그림에 피를 뿌렸다. 커다란 잎 두 개를 따서 형체를 덮었다. 그러자 얼마 뒤에 그것은 두 남자가 되었다. 남자들 이름은 토 카비나나와 토 카르부부였다.

토 카비나나는 혼자 떠나 밝은 노란색 견과가 달린 코코넛 나무에 올라가 아직 익지 않은 열매 두 개를 따서 땅바닥에 던졌다. 열매는 깨져서 멋진 두 여자가 되었다. 토 카르부부는 여자들에게 감탄하여 형제에게 그들이 어디서 났느냐고 물었다. 토 카비나나가 말했다. "코코넛 나무에 올라가서 익지 않은 열매 두 개를 따서 땅바닥에 던져." 그러나 토 카르부부는 열매의 뾰족한 곳이 아래로 향하게 하여 던졌고, 거기서 나온 여자들은 코가 납작하고 못생겼다.

P. J. 마이어, 「가젤 반도(신 포메라니아) 해안 거주자들의 신화와 이야기」,

조지프 캠벨, 『천의 얼굴을 가진 영웅』에 수록

시베리아

조물주 파자나는 첫 인간을 만들었을 때, 그들에게 생명을 주는 영을 생산할 수 없다는 것을 알았다. 그래서 벌거벗은 개에게 자신이 만든 형체들을 지키라고 하고 하늘로 올라가 높은 신 쿠다이에게서 영혼을 얻어와야 했다. 그가 없는 동안 악마 에를리크가 왔다. 에를리크는 개에게 말했다. "너는 털이 없구나. 이 영혼 없는 사람들을 나에게 넘기면 너에게 황금 털을 주마." 개는 그 제안에 기뻐하여 자신이 지키던 사람들을 유혹자에게 넘겼다. 에릴리크는 자신의 침으로 그들을 더럽혔지만 신이 그들에게 생명을 주려고 다가오는 것을 보고 달아났다. 신은 그가 한 짓을 보고 사람 몸의 안팎을 뒤집었다. 그래서 우리 내장에 침과 더러운 것이 들어가 있는 것이다.

W. 랜돌프, 「남시베리아 투르크 부족의 민담 표본」, 조지프 캠벨,

『천의 얼굴을 가진 영웅』에 수록

짐바브웨

마오리(신)는 첫 인간을 만들고 그를 무에트시(달)라고 불렀다. 신은 그를 드시보아(호수) 바닥에 두고 응고나 기름이 가득 찬 응고나 뿔을 주었다. 무에트시는 드시보아에서 살았다.

무에트시가 마오리에게 말했다. "땅에 가고 싶습니다." 마오리가 말했다. "후회할 거다." 무에트시가 말했다. "그래도 땅에 가고 싶습니다." 마오리가 말했다. "그럼 땅에 가라." 무에트시는 드시보아에서 나와 땅으로 갔다.

땅은 춥고 텅 비어 있었다. 풀도, 덤불도, 나무도 없었다. 동물도 없었다. 무에트시는 울면서 마오리에게 말했다. "여기서 어떻게 삽니까?" 마오리가 말했다. "미리 경고를 했다. 너는 길을 떠났고, 그 길 끝에서 너는 죽을 것이다. 하지만 너에게 너와 같은 종류를 하나 주겠다." 마오리는 무에트시에게 마사시, 즉 아침 별이라고 부르는 처녀를 주었다. 마오리가 말했다. "마사시는 이 년 동안 네 아내가 될 것이다." 마오리는 마사시에게 불을 만드는 자를 주었다.

레오 프로베니우스와 더글러스 C. 폭스, 『아프리카 창세기』

토고

우눔보테(신)가 인간을 만들었다. 남자는 우넬레(남자)였다. 이윽고 우눔보테는 오펠(영양)을 만들었다. 그 다음에 우눔보테는 우코우(뱀)를 만들고 뱀이라고 이름을 지었다. 이 셋을 만들었을 때는 나무가 부바우(기름야자나무) 한 그루밖에 없었다. 당시 땅은 아직 (부드럽게) 다져지지 않았다……우눔보테는 셋에게 말했다. "……너는 네가 앉아 있는 땅을 평평하게 만들어라." 우눔보테는 그들에게 온갖 종류의 씨앗을 주며 말했다. "이걸 심어라." 우눔보테는 그곳을 떠났다.

우눔보테가 돌아왔다. 그는 사람들이 땅을 평평하게 만들지 않고 씨만 심은 것을 알았다. 씨앗 하나가 싹이 터서 자라고 있었다. 그것은 나무로 자라 열매를 맺고 있었다. 열매는 붉었다……이제 우눔보테는 이레마다 돌아와 붉은 열매를 하나씩 따갔다.

어느 날 뱀이 말했다. "우리도 이 과일이 먹고 싶어. 왜 우리는 굶주려야 하는 거야?" 영양이 말했다. "하지만 우리는 이 과일이 뭔지 모르잖아." 그러자 남자와 아내(……그들은 처음에는 그곳에 있지 않았다……)가 열매를 따서 먹었다. 그때 우눔보테가 하늘에서 내려와서 물었다. "누가 열매를 먹었는가?" 남자와 여자가 대답했다. "우리가 먹었습니다." 우눔보테가 물었다. "누가 그걸 먹어야 한다고 말했나?" 남자와 여자가 대답했다. "뱀이 말했습니다." 우눔보테가 물었다. "왜 뱀의 말을 들었는가?" 남자와 여자가 말했다. "우리는 배가 고팠습니다."

우눔보테가 영양에게 물었다. "너도 배가 고픈가?" 영양이 말했다. "네, 나도 배가 고픕니다. 그래서 풀을 먹고 싶습니다." 그 이후로 영양은 숲속에 살며 풀을 먹었다.

우눔보테는 인간에게 이디(수수)……얌……기장을 주었다……그 뒤로 사람들은 땅을 갈았다. 하지만 뱀은 우눔보테에게서 사람을 물도록 약(응조조)을 받았다.

E. J. 마이클 위첼, 『세계 신화의 기원들』

티에라 델 푸에고

케노스는 땅에 혼자였다. "저 위의 누군가"인 테마우켈이 여기 아래에 있는 모든 것의 질서를 잡는 일을 그에게 맡겼다. 그는 남쪽과 하늘의 아들이었다. 그는 세계를 돌아다니다가 이곳에 와서 주위를 둘러보고 늪지로 가서 진흙 한 덩어리를 파내 엉킨 뿌리, 풀 한 줌과 섞어 남성의 기관을 빚어 땅에 놓았다. 또 한 덩어리를 파내 물을 짜내고 여성의 기관을 만들어 첫 번째 것 옆에 놓고 떠났다. 밤에 흙 두 덩어리는 결합했다. 여기에서 사람 같은 것이 생겼다. 첫 조상이다. 두 물건은 떨어졌고, 다음 날 밤에 다시 결합했다. 다시 누군가가 생겨나 빨리 자라났다. 매일 밤 이런 일이 일어나 매일 밤 새 조상이 생겼다. 이렇게 그 수가 꾸준히 불어났다.

조지프 캠벨, 『세계 신화의 역사지도』

감사의 말

이 주제를 쫓아가면서 얻은 즐거움 가운데 한 가지는 이것이 내가 평소에 돌던 학문 궤도 바깥으로 과감하게 나가보는 유인이 되었다는 것이다. 조사를 하고 글을 쓰는 과정에서 나는 특별히 다양한 개인과 기관에 빚을 지게 되었다. 기관에 진—지금도 지고 있는—가장 큰 빚은 내가 가르치고 있는 하버드 대학교에 진 것이다. 나는 여러 학문 분야의 훌륭한 동료와 학생들, 도서관의 비할 데 없는 자료와 직원들의 지칠 줄 모르는 지원, 미술관에 소장된 주목할 만한 보물들, 셈학 박물관, 하버드 자연사 박물관, 피바디 고고학 민족학 박물관의 풍부한 소장품에서 큰 도움을 받았다. 익숙해지면 놀라는 일이 줄어들지만, 세월이 가면서 훌륭한 대학들의 존재 자체에 더욱 더 놀라게 되며, 학자 공동체의 주목할 만한, 그러나 종종 인식되지 않는 특징인 지적 관용에서 큰 도움을 얻게 된다.

그런 관용의 놀랄 만한 증거는 내가 역시 큰 빚을 지고 있는 두 특별한 연구기관에서 찾아볼 수 있다. 첫 번째는 베를린 고등 연구소로, 나는 오랜 세월에 걸쳐 이곳 사람들과 지속적인 우정을 쌓아왔으며, 이곳에서 인문학과 자연과학을 결합하는 강렬하고 지속적인 대화의 모델을 끌어냈다. 두 번째는 로마의 아메리칸 아카데미인데, 이곳에서는 비전을 가지고 예술 제작과 학문 연구가 같은 탐구 공간에서 이루어지는 체계를 고집하고 있다. 로마는 무궁무진한 고대, 중세, 르네상스 자원 덕분에 아담과 이브 작업에 이상적인 환경이었으며, 나는 이 도시의 수많은 교회, 카타콤, 박물관, 미술관, 도서관에서 많은 행복한 시간을 보냈다. 특히 아메리칸 아카데미와 바티칸의 도서관 직원들에게 감사하며, 아카데미 도서관장인 세바스티안 히에를, 바티칸의 기독교 옛 유물 담당 큐레이터 움베르토 우트로, 카타콤 SS. 마르첼리노 에 피에트로의 안젤라 디 쿠르치오에게 특별한 감사를 전한다.

나는 이 프로젝트가 진행되는 대로 일부를 여러 곳에서 발표하고 청중의 질문과 논평에서 도움을 얻었다. 여기에는 옥스퍼드 대학교의 후마니타스 강연, 베를린 훔볼트 대학교의 모세-강연, 볼티모어 로욜타 대학교의 카딘 강연, 캘리포니아 대학교 버클리 캠퍼스의 토머스 라퀴외르 기념 학술대회, 베를린의 고등연구소와 국립도서관, 노던애리조나 대학교, 아메리카 연례 학술대회의 르네상스 학회 등이 포함된다. 이런 행사의 모든 준비는 나의 유능한 어시스턴트 오브리 에버렛이 도왔으며, 나는 그녀가 변함없이 명랑하고 유능하고 능란하게 이 일을 비롯해 다른 많은 일들을 도와준 것에 감사한다.

이 프로젝트의 기쁨이자 기를 죽이는 난제의 중요한 부분은 오랜 세월에 걸쳐 아담과 이브가 자리를 잡았던 독특하고 수많은 세계였다. 내가 이 긴 역사에서 얼마나 많은 것을 이해하지 못했는지 고통스럽게 자각한 만큼이나, 내가 그 일부를 이해하고 또 탐구가 별개의 조각들로 분리되지 않도록 유지하는 과정에서 얼마나 많은 도움을 받았는지 기쁜 마음으로 자각했다. 나의 에이전트 질 니어림은 평소와 마찬가지로 이 프로젝트의 시작부터 완성까지 내 옆에 있었으며 신뢰할 만한 전문적이고 개인적인 지혜라는 선물을 내게 주었다. 이것은 내가 노턴의 주목할 만한 편집자 얼레인 메이슨과 작업한 세 번째 책이다. 매번―그리고 아마도 이 책을 쓸 때 가장―나는 그녀의 특별한 재능에 놀랐다. 이 재능에는 인내, 놀라운(가끔 당혹스러운)

지적 예리함, 세부 내용에 대한 지칠 줄 모르는 관심, 다시 생각하고, 다시 구조를 짜고, 다시 쓰는 어려운 일을 성사시키는 능력 등이 포함된다. 이것은 흔히 보기 힘든 진귀한 자질이며, 나는 글을 쓰면서 그런 자질의 도움을 받았듯이, 가르칠 때에도 그것을 흉내낼 수 있기를 바랄 뿐이다.

이 책에 나오는 이미지들을 추적하고 사용 허가를 얻는 데에 귀중한 지원을 해준 샤원 키뉴에게 감사한다. 친절하게 나를 도와준 많은 사람들 가운데 살라르 아브돌모하마디안, 릴리 아자로바와 응감바 침팬지 보호구역 직원들, 수전 아크바리, 대니 바로어, 샤울 바시, 우타 베너, 호미 바바, 카트리나 비거, 로버트 블레치먼, 메리 앤 보엘츠케비, 윌 보델, 대니얼 보야린, 호스트 브레데캄프, 조지아나 브링클리, 테렌스 카펠리니, 데이비드 카라스코, 마리아 루이자 카토니, 크리스토퍼 첼렌자, 그라지에 크리스티, 샤이에 코언, 레베카 쿡, 로코 코로나토, 로레인 대스턴, 자차리 데이비스, 제레미 데실바, 마리아 델빈, 프랑수아 듀푸이그레네트 데스루실레스, 루스 에즈라, 노아 펠드먼, 스티븐 프랭크, 라가벤드라 가다그카르, 루카 줄리아니, 앤서니 그라프턴, 마가레스 하겐, 제이 해리스, 갈리트 하산-로켐, 스티븐 헤켐부르그, 월터 허버트, 데이비드 헤이드, 엘리엇 호로비츠, 베른하르트 유센, 헨리 앙스가르 켈리, 캐런 킹, 애덤 커시, 제프리 냅, 제니퍼 누스트, 메그 쾨르너, 이바나 크베타노바, 베른하르트 랑, 토머스 라퀴외르, 질 레포어, 앤서니 롱, 아비 리프시츠, 자린 마찬다, 피터 머시니스트, 후사인 마지드, 루이스 메난드, 에릭 넬슨, 모턴 응, 에밀리 오탈리와 타냐와라 직원들, 셰쿠페오울리아, 일레인 페이절스, 카탈리나 파르테니, 데이비드 필빔, 리스벳 라우징, 메레디스 레이, 로버트 리처즈, 잉그리드 롤랜드, 마이클 로넨 사프디, 모셰 사프디, 파울 슈미트-헴펠, 데이비드 쇼어, 찰스 스탱, 스티븐 스턴스, 앨런 스톤, 고든 테스키, 마이클 토마셀로, 노먼디 빈센트, 엘리자베스 웨크허스트, 애덤 윌킨스, 노라 윌킨슨, 에드워드 O.윌슨, 리처드 랭햄에게 감사한다. 이 모두에게 나의 감사에 덧붙여 흔히 하듯 면책을 주고자한다. 이 책에서 틀림없이 발견되고 합당하게 주목을 받을 실수, 간과, 부족은 모두 나만의 책임이다.

이런 포괄적인 책임 면제는 본문에서 존재감이 더욱 두드러지고 또 책에미친 영향력도 큰 인물들에게도 해당된다. 나는 로버트 핀스키, 애덤 필립스, 에드워드 세크터 랍비에게 오랜 기간의 경청, 지혜로운 조언, 흔들림없는 우정에 깊이 감사한다. 메레디스 라이히스는 아낌없는 지적 관용으로내가 진화 생물학이라는 까다롭고 종종 혼란스러운 풍경을 헤쳐나가도록도와주었으며, 감비아 여성에 대한 그녀의 현장 작업을 지배하는 에너지소비의 복잡한 계산법을 가르쳐주었다. 그녀의 작업은 에덴의 꿈에서 멀리떨어진 세계를 탐험하지만, 그 꿈에 빛을 던져 큰 깨달음을 주었다. 나는독특하고 뛰어난 미술사가 조지프 쾨르너와 함께 최근 몇 년 간 하버드에서아담과 이브에 관한 대학원과 학부 강좌를 같이 가르쳤다. 이 책의 여러지점에서 나는 그에게 큰 빚을 지고 있지만, 그 빚은 이런 말을 훨씬 뛰어넘는다는 점을 나는 의식하고 있다. 한 사람의 생각과 다른 사람의 생각의경계가 쉽게 흐려지는 것은 팀 티칭과 친밀한 우정에서 생기는 달콤한 위험이다.

나의 세 아들 조시, 에어런, 해리에게 영장류에 대한 수많은 대화를 참아준 인내심에, 그들의 사려 깊음, 유머, 통찰에, 그들의 무한한 사랑에 감사한다. 밀턴이 잘 이해했듯이 사랑의 경험은 아담과 이브 이야기의 중심에 놓여있다. 따라서 이 책을 쓰는 일만이 아니라 다른 많은 것에서도 나의 아내라미 타르고프에게 가장 깊은 감사를 하는 것이 더욱더 어울리는 듯하다.그녀는 내가 이생에서 에덴의 문에 최대한 가까이 다가가도록 해주었다.

주

제1장 뼈대

1 랍비들은 아주 일찍부터 「창세기」에 나오는 창조와 첫 불복종의 이야기가 잠재적으로 위험한 추측을 낳을 수 있다는 사실을 인식했다. 『미슈나(*Mishnah*)』―유대교의 구전 율법의 첫 주요한 편집판―에 따르면, "금지된 관계[라는 주제]는 셋이 있는 자리에서는 설명하지 말고, 창조의 일은 둘이 있는 자리에서 설명하지 말고, 병거(兵車)[의 일]는 혼자 있는 자리에서는, 그가 현자여서 자신이 얻는 지식을 이해하는 경우가 아니라면, 설명하지 말라"(Hagigah 2:1 [*Complete Babylonian Talmud*]). 『탈무드』는 마지막의 조건을 세 가지 모두에 적용한다. 즉 이 특별히 위험한 주제 세 가지―근친상간에 관한 율법, 「창세기」의 창조 이야기, 에스겔이 하느님의 병거를 본 것―는 지혜로운 사람에게만 가르쳐야 한다는 것이다. 사람이 몇 살이 되어야 지혜롭다고 할 수 있느냐 하는 문제에는 의견이 일치하지 않아, 스물에서 스물다섯, 심지어 마흔에 이르기도 한다.

2 Muhammad ibn ʿAbd Allah al-Kisaʾi, *The Tales of the Prophets* (c. 1200 ce), in Kvam 등, *Eve and Adam*, p. 192. 이블리스에 관해서는 *Qurʾan, Surah* 7:27, in *Eve and Adam*, pp. 181-82를 보라. Marion Holmes Katz, "Muhammad in Ritual," in *The Cambridge Companion to Muhammad*, Jonathan E. Brockopp 편 (New York: Cambridge University Press, 2010), pp. 139-57; Asma Barlas, "Women's Readings of the Qurʾan," in *The Cambridge Companion to the Qurʾan*, pp. 255-72를 보라.

3 하버드 비교 동물학 박물관의 위대한 생물학자 E. O. Wilson은 얼마 전에 캐비닛을 열어 나에게 자신이 수집한 방대한 양의 개미 정기준 표본을 보여주었는데, 하나하나가 서로 구별되는 종이었으며, 거의 현미경으로나 읽을 수 있는 글자로 적힌 표식이 핀으로 고정되어 있었다.

4 이 엄청난 분야를 예비적으로 맛보고자 하는 독자는 James L. Kugel, *Traditions of the Bible*; Louis Ginzberg, *Legends of the Jews*; Bialik 등, *The Book of Legends: Sefer Ha-Aggadah*; Hermann Gunkel, *Genesis*; Claus Westermann, *Genesis: A Commentary* 등에서 시작하면 도움이 될 것이다.

5 Philip C. Almond, *Adam and Eve in Seventeenth-Century Thought*, p. 49에서 인용.

6 Bernard A. Wood, "Welcome to the Family," in *Scientific American*, 2014년 9월, p. 46.

7 우리는 이 생물들로부터 진화하지는 않았지만 적어도 5,000년이라는 "짧은" 기간 ―알려진 인간 역사의 길이이기도 하다―동안 그들과 세상을 공유했고, 이따금씩 이종교배가 이루어지기도 했다고 추정된다.

8 Midrash Rabbah, H. Freedman 역, 8: 1에서. 인간의 엄청난 크기에 대해서는 R. Banayah라는 이름을 사용한 R. Tanhuma, R. Leazar라는 이름을 사용한 R. Berekiah, R. Leazar라는 이름을 사용한 R. Joshua b. R. Nehemiah and R. Judah b. R. Simon(8: 1)을 보라. 꼬리에 관해서는 Judah B. Rabbi(14: 10)를 보라. 이 이상의 추측에 관해서는 Ginzberg, *Legends of the Jews*, 1: 47-100; Bialik, *The Book of Legends: Sefer Ha-Aggadah*, p. 12 이하를 보라.

제 2 장 바빌론 강가에서

1 여기에서도 분명한 혼란이 드러난다. 어떤 순간에는(「희년서」 1:26) '임재의 천사' 가 직접 책을 쓰는 반면, 다른 순간에는(2:1) 모세가 구술을 받아적기 때문이다.

2 Robert Alter의 번역(본문에서는 크게 뜻이 달라지는 곳이 아니면 영어번역본에 관계없이 개역개정판의 번역을 그대로 사용했다/역주). 그는 주석에서 아브람은 여기에서 "개별적 인물이 되어, 족장 서사를 시작한다"라고 지적한다(p. 56).

3 「시편」 137, 흠정영역본(1611). Jewish Publication Society 영역본 (Tanakh 역) 참조.
바빌론 강가
그곳에 우리는 앉았고,
시온을 생각하며
앉아서 울었다.
(Berlin 등, *The Jewish Study Bible*, p. 1435.)
시편들은 쓴 시기를 확정하기가 극히 어렵지만, 편집자들은 「시편」 137편의 앞부분에 나오는 "거기"(שׁם)가 히브리인이 지금은 다른 곳에 있다는 사실―아마도 추방당했던 땅으로 돌아와 있었을 것이다―을 보여준다고 말한다.

4 진짜 "공중 정원"은 바빌론(고고학자들은 이곳에서 어떤 흔적도 찾아내지 못했다)이 아니라 니네베에 있었을 가능성이 높다. 그리스 자료들은 두 도시와 각각의 제국을 혼동하는 일이 흔했다. Stephanie Dalley, "Nineveh, Babylon and the Hanging Gardens," pp. 45-58.

5 높은 곳에서는 하늘에 이름이 주어지지 않고,
아래 저승에도 이름이 없을 때,

태고의 압수가 그들의 조상이었으며,

모체인 티아마트가 그들 모두를 낳은 여자였으니,

그들은 자신들의 물을 함께 섞고 있었다.

From Distant Days: Myths, Tales, and Poetry of Ancient Mesopotamia, Benjamin R. Foster 역, p. 11. 이것이나 이와 관련된 메소포타미아 기원 텍스트에 관해서는 *Ancient Near Eastern Texts Relating to the Old Testament*, James B. Pritchard 편, *The Harps That Once······ : Sumerian Poetry in Translation*, Thorkild Jacobsen 역, *Myths from Mesopotamia: Creation, the Flood, Gilgamesh, and Others*, Stephanie Dalley 역을 보라.

6 바빌로니아인은 자신들이 적인 수메르인의 기초 위에 도시와 문명을 세운 것을 의식하고 있었고, 이런 의식이 압수 살해 이야기에 반영되어 있다고 Thorkild Jacobsen은 주장한다(Jacobsen, *The Treasures of Darkness*, p. 186). 만일 이런 해석이 옳다면, 히브리인은 자신들의 기원 이야기에서 시원의 살해 이야기를 거부함으로써 그런 근본적인 빚을 인정하지 않으려고 했다는 뜻이 될 것이다.

7 Jacobsen 참조. "바람과 폭풍이라는 현상은 마르두크가 자신을 위해서 남겨두었다. 아래에서 그는 티아마트의 머리 위에 산을 쌓은 다음 두 눈을 뚫어 유프라테스 강과 티그리스 강의 근원을 만들었고(아카드인은 "눈"과 "근원"을 가리키는 말이 한 가지 inu뿐이었으며, 아마 어떤 식으로인가 그 둘을 같은 것이라고 생각했을 것이다), 젖꼭지 위에도 비슷한 산들을 쌓은 다음 거기에 구멍을 뚫어 동쪽 산으로부터 흐르는 강들을 만들었는데, 이것은 티그리스 강으로 흘러들었다. 그녀의 꼬리는 하늘로 구부려 은하수를 만들었고, 가랑이는 하늘을 지탱하는 데에 이용했다"(*Treasures of Darkness*, p. 179).

8 "인간을 서게 하고, 그 이름을 '사람'이라고 하리라······그들은 신들이 쉴 수 있도록 그들의 짐을 질 것이다"(Foster, p. 38). 마르두크가 생각한 것을 이루기 위해서는 피가 필요했다. 그는 티아마트의 반역에 누가 가장 큰 책임이 있느냐고 물었고 "전쟁을 일으키고, 티아마트를 사주하여 전투에 나서게 한 킹구"라는 대답을 들었다. 그에 따라서 킹구는 묶여서 마르두크의 아버지 에아 앞에 끌려왔다.

그들은 그에게 벌을 내려 피를 흘리게 했다.

그의 피로 그는 인류를 만들었고,

신들의 짐을 지워 신들은 짐에서 벗어나게 해주었다. (39)

따라서 인류를 만들기 위해서 사용한 재료는 반역죄로 처형한 신에게서 왔지만, 적어도 현존하는 상태로는, 이 텍스트는 그런 기원이 결과에 영향을 주었는지 추측하지 않는다. 그렇게 되었을 가능성, 즉 인간에게 내재하는 반역 경향을 만들었을 가능성이 Paul Ricoeur, *The Symbolism of Evil*, p. 175 이하의 매혹적인 분석 주제이다.

9 Pritchard의 설명에 따르면, 야만인은 아마 룰루라는 민족명에서 파생되었을 것이다. "룰루가 아카드 자료들에 의해서 멀고 희미한 과거와 연결된다는 것은 증거들로부터……또 홍수 때에 배가 룰루 땅의 니시르 산에 상륙했다는 사실로도 추측할 수 있을 것이다"(Pritchard, *Ancient Near Eastern Texts*, p. 68, n. 86).

10 바빌론 사람들은 자신들의 도시 신에게 절대적으로 높은 지위를 부여하고 그 신에게 인간 창조에서 핵심적 역할을 맡겼지만, 메소포타미아에는 사물의 기원에 관한 다른 이야기들도 있다. 이런 한 이야기에서 인간은 남신이 아니라 여신, 지혜로운 닌후르사그가 창조한다. 그녀는 "어머니-자궁이고, 인류를 창조한 존재"(Pritchard, *Ancient Near Eastern Texts*, p. 99)이며, 분명히 출산을 촉진하려고 사용되었을 주문에서 신들을 섬기기 위해서 후손을 만드는 것으로 나타난다. "그가 흙으로 빚어지고, 피로 생기를 얻게 하라!"(같은 책, p. 99). 이 어머니 여신을 둘러싸고 정교한 신화—딜문이라고 부르는 완벽하게 아름다운 장소와 일련의 광적인 성적 결합이 포함된 신화—가 구축된 것은 분명하지만 마르두크 숭배가 흡수할 수 있는 것은 전부 흡수하고 나머지는 쓸어버렸다.

11 이 글의 인용은 Foster, *From Distant Days*에서 가져온다. Millard 등, *Atra-Hasis: The Babylon Story of the Flood*, pp.1-30의 유용한 머리말을 보라.

12 복수의 환상은 연예인으로든 하인으로든 청원자로든 승자의 문화에 동화될 위협을 상징적으로 막아내는 역할을 한다. 이 환상에서 적은 그저 "에돔 사람들", 즉 야곱의 경쟁자이자 형제인 에서의 후손들이다. 그러한 존재로서 적은 유대인에게 정체성을 부여하는 오랜 신화적 역사에서 그들의 자리로 되돌려진다.

13 Marc Van De Mieroop, *A History of the Ancient Near East*, p. 284.

14 방문자들이 보는 것은 사실 헤롯 대왕이 수백 년 뒤에 증축한 웅장한 형태의 성전이다. 첫 재건 약 500년 뒤인 기원후 70년에 이 도시를 굴복시킨—이것은 또 한 번의 역사적 참사로 기록된다—로마 병사들은 성전 산에서 그 돌덩이들을 뽑아 아래로 내던졌다.

15 에스겔은 여호와가 자신을 성전의 북향 정문 문간으로 데려갔는데, 거기에서는 여인들이 앉아서 "담무스를 위하여 애곡하더라"(「에스겔」 8:14-15)고 전한다. 바빌론이 예루살렘을 파괴할 것을 내다보았던 예레미야는 임박한 재앙은 군사적이나 외교적 무능이라기보다는 하느님 백성의 불신앙의 결과라고 뜨겁게 주장했다. 그는 예루살렘에서 이렇게 썼다. "아들이 나무를 거두어오면 아비는 불을 지피고 어미는 밀가루를 반죽하여 그 불에 과자를 구워 하늘의 여왕에게 바치고 있다"(「예레미야」 7:18).

　　이렇게 긴 시간적 거리를 두고 보면 매혹적일 만큼 가족적이고 가정적인 정경으로 보이는 의식이 왜 그렇게 공포와 분노를 자아냈는지 알기는 어렵다. "하늘의 여왕"이 누구였기에, 그녀에게 바치는 과자가 그렇게 견딜 수 없는 모욕이었을까? 예레미야는 이름을 알려주지 않지만, 그들이 그렇게 섬기던 신은 금성과 연결된 여신, 바빌론인은 이슈타르나 이나나라고 부르고, 가나안인은 아스타르테라고 부르고, 히브리인은 아세라라고 부른 여신임이 분명하다. 고고학자들은 이스라엘과 유다 왕국 양쪽에서 아세라를 섬기는 오랜 성지를 찾아냈다. 히브리인은 심지어 그녀를 여호와의 배우자로 여겼을지도 모른다.

하느님의 짝에 대한 이런 숭배는 바빌론이 무너지고 히브리인이 예루살렘으로 돌아온 뒤에 사제와 선지자들의 탄압을 받았던 것으로 보인다. 공동체를 이끄는 권위자들은 여호와가 홀로 무성(無性)으로 광채를 빛내며 산다고 주장했다. 하지만 이 여신이 조용히 사라지지 않았던 것은 분명하다. 예레미야는 우상숭배 문제로 예루살렘의 남녀를 책망했을 때에 자신이 받은 응답을 다음과 같이 묘사했다.

자기 아내들이 다른 신들에게 분향하는 줄을 아는 모든 남자와 곁에 섰던 모든 여인 곧……큰 무리가 예레미야에게 대답하여 이르되 네가 여호와의 이름으로 우리에게 하는 말을 우리가 듣지 아니하겠다(44:15-16)

군중은 선지자의 비난을 하느님의 직접적인 말로 받아들이려고 하지 않았다. 왜 자신에게 오랫동안 적합하게 여겨졌던 일을 하는 것을 그만두어야 하는가? 제물을 바치는 것이 아무래도 모두 여자들이 한 일, 남자들의 등 뒤에서 한 일일 것이라는 암시에 관한 부인들의 성난 응답을 예레미야는 기록해두었다.

여인들은 이르되 우리가 하늘의 여왕에게 분향하고 그 앞에 전제를 드릴 때에 어찌 우리 남편의 허락이 없이 그의 형상과 같은 과자를 만들어놓고 전제를 드렸느냐 하는지라(44:19)

16 William Rainey Harper, "The Jews in Babylon," in *The Biblical World*, pp. 104-11. 이 주제 전체가 복잡하고 논란의 여지가 많다고 말하는 것은 아주 순하게 표현하는 것이다. 단순하게 아담과 이브의 이야기가 기록되었을 가능성이 있는 순간에 초점을 맞추고 빠르게 개관해보려면, Jean-Louis Ska, "Genesis 2.3: Some Fundamental Questions," in *Beyond Eden: The Biblical Story of Paradise (Genesis 2.3) and Its Reception History*, Konrad Schmid and Christoph Riedweg 편, pp. 1-27을 보라.

17 Moshe Halbertal, *People of the Book*을 보라.

18 여러 가닥에 대한 인식은 적어도 18세기 초까지 거슬러 올라가는데, 이때 독일의 신교 목사 Bernhard Witter(1683-1715)는 Elohim과 YHWH라는 두 신성한 이름의 차이에 초점을 맞춘 논문을 발표했다. 여러 가닥의 가능성을 공개적으로 인정하는 것은 말할 것도 없고 그것을 인식하는 것에도 극도의 제약이 있었던 것을 고려하면, 이 주제를 탐사하는 데에는 상당한 지적 용기가 필요했다. Witter와 더불어 초기의 주요 인물로 꼽을 수 있는 사람은 네덜란드의 철학자 Baruch Spinoza(1632-1677)와

프랑스의 사제 Richard Simon(1638-1712)이다. 따라서 기초를 닦은 인물에는 신교도, 유대인, 가톨릭이 다 포함된다. 이 용감한 목소리들에, Jean Astruc와 그가 1753년에 익명으로 발표한 *Conjectures sur les mémoires originaux dont il paroit que Moyse s'est servi pour composer le livre de la Génèse. Avec des remarques qui appuient ou qui éclaircissent ces conjectures*도 보태야 할 것이다. 이 복잡한 주제에 관한 대중적 개관으로는 Richard Elliott Friedman, *Who Wrote the Bible?*을 보라.

19 이 문제는 매우 복잡하고 논란의 여지가 많다. John Van Seters는 *The Edited Bible: The Curious History of the "Editor" in Biblical Criticism*에서『성서』의 "편집자"와 "편찬자"라는 용어에 강하게 의문을 제기하면서 "저자들"이라고 말하는 쪽을 선호한다. Jean-Louis Ska는 "A Plea on Behalf of the Biblical Redactors," pp. 4-18에서 Van Seters의 주장을 검토하면서 이의를 제기한다. Ska는『성서』의 자료를 수집한 사람들—우리가 그들을 편찬자라고 부르든 "살아 있는 전달 통로"라고 부르든 "고대 자료의 관리인"이라고 부르든—은 자신들이 받은 텍스트들을 깊이 존중하여 그것들을 문체적으로 일관성이 있고, 논리적으로 이치가 닿는 하나의 전체로 다시 만드는 작업을 주저했다고 설득력 있게 말한다. 그들은 바꾸는 것을 최소화하고 대신 구절들 사이에 다리를 놓아, 우리가 지금 서로 다른 전승으로 인지할 수 있는 것들을 연결했다. 이런 점에서, 그들의 작업은『리어 왕』같은 텍스트에서 우리가 추적할 수 있는 자료들의 재구성과는 사뭇 다르다. 셰익스피어가 결합하고 있는 다양한 자료들을 찾아내고 또 그 결과로 나온 희곡에서 이따금씩 모순을 찾아내는 것은 가능하지만, 그럼에도 셰익스피어는 이 모든 것에 그의 흉내낼 수 없는 문체와 감수성을 부여했다. 이것은 모세5경 전체는 말할 것도 없고「창세기」의 첫 세 장에도 해당되지 않는 이야기이다. 그럼에도, 오랜 세월 동안—이 책에서 살펴보는 역사 거의 전체에 걸쳐—아담과 이브의 이야기는(모세5경 전체와 더불어) 모세가 쓰거나 천사의 말을 받아적은, 영감 어린 거룩한 텍스트로 여겨졌다. 이렇게 저자를 가정함으로써 오랜 기간의 숙명적인 수용사(受容史)가 형성되었는데, 이 역사 속에서 텍스트상의 명백한 모순과 긴장은 편찬에 대한 비판이 아니라, 지속적 묵상, 해석, 예술적 표현의 계기가 되어왔다.

제 3 장 점토판

1 이것을 발견했다고 주장하는 Sir Henry Creswicke Rawlinson은 빅토리아 여왕 시대의 아마추어 모험가들 가운데 한 사람인데, 이렇게 긴 시간 간격을 두고 보니 마치 전설적인 영웅 같아 보인다. 대단히 정력적이고, 쾌활하고, 또 대단히 자기중심적이던 Rawlinson은 젊은 중위로서 영국 동인도회사에서 일하면서 샤의 군대를 재조직하는 일을 돕는 한편, 마술(馬術)에서 뛰어난 재능을 보여 쿠르디스탄과 엘람(현재

의 이란 북서부)의 외딴 지역을 탐험했으며, 페르시아어를 유창하게 구사하여 과거의 자취를 연구하게 되었다. 1836년에 그는 바빌론과 페르시아 사이의 자그로스 산맥에 자리잡은 베히스툰에 있는 페르시아 왕 다리우스 대제의 고대 기념비 가운데 일부에 남은 흥미로운 비문에 관한 소문을 듣게 되었다. 이 기념비는 멀리서는 보였지만 접근이 실질적으로는 불가능했다. 계곡 바닥에서 약 100미터 높이의 절벽에 있는 좁은 턱 위에 새겨져 있었기 때문이다. 그러나 Rawlinson은 굴하지 않고 절벽을 기어 올라가—그 지역의 소년과 함께 올라갔는데, 이런 이야기에서는 대개 그렇듯이 이 소년은 목숨을 걸었음에도 불구하고 돈도 명예도 거의 얻지 못했다—비문의 탁본을 확보했다. David Damrosch는 흥미진진한 역사서 *The Buried Book: The Loss and Rediscovery of the Great Epic of Gilgamesh*에 이 일을 자세히 기술했다. 나는 주로 이 이야기를 참조했다. 비문은 De Mieroop, *A History of the Ancient Near East*, p. 291에 전사되어 있다.

2 서두에서 히브리 하느님은 여전히 복수(複數)의 이름 엘로힘을 가지고 있으며, 무에서부터 출발하지 않는다. 물론 압수와 티아마트는 어디에도 보이지 않지만, tohu v' bohu, 즉 혼돈에 차고 형체 없는 물질이라고 부르는 것만이 아니라, tehom, 즉 깊음 또는 심연도 있다. "하느님이 하늘과 땅을 창조하기 시작했을 때, 땅은 뒤범벅에 쓰레기[tohu v' bohu]이고, 어둠이 깊음[tehom] 위에 뒤덮여 있었으며, 그 물 위에 하느님의 기운이 휘돌고 있었다. 그때 하느님이 '빛이 생겨라!' 하고 말했다"(Robert Alter 역, *The Five Books of Moses*). 이 메아리들 가운데 몇 가지에 관한 이야기로는 Howard N. Wallace, The Eden Narrative; W. G. Lambert, "Old Testament Mythology in Its Ancient Near Eastern Context" [원래 1988에 발표], in Lambert, *Ancient Mesopotamian Religion and Mythology: Selected Essays*, pp. 215-28을 보라.

3 Damrosch, pp. 11-12를 보라. Smith는 조각들을 합치려고 노력하면서 몇 가지 중요한 실수를 했지만—올바르게 해낸 조합, 전사, 판독이 그렇게 많다는 것이 오히려 놀라운 일이다—이후 100년에 걸친 학문적 연구와 더불어 잇달아 이루어진 추가의 발견은 그가 처음 마주친 순간에 인지했던 것이 결국 옳았음을 전체적으로 확인해 주었다. 당시 점토판들은 전부 파편이었으며, 1960년대에 이르러서야 완전하게 판독되고 정리되었다.

4 아시리아학자들은 *Atrahasis*의 사라진 부분에서 신들이 인간 수명의 자연스러운 한계를 설정하는 데에도 합의했다는 가설을 세웠다. W. G. Lambert, "The Theology of Death," in Lambert, *Ancient Mesopotamian Religion and Mythology: Selected Essays*; Andrew George, *The Epic of Gilgamesh: A New Translation*, pp. xliv-xlv에서 인용.

5 그렇다고 「창세기」 이야기가 도덕적 가치에 무관심하다든가 한 것은 아니다. 세상

은 "죄악이 가득했던" 반면, "노아는 의인이요 당대에 완전한 자"였다(「창세기」 6:9-11). 그러나 자신이 만든 세상에 심한 폭력이 가득한 광경에 깊은 역겨움을 느낀—"마음에 근심했다"(6:6)—신은 살아 있는 거의 모든 것을 무차별적으로 쓸어버리기로 결심했다. 6:5-8은 J 자료에서 왔으며(대부분의 학자들이 그렇게 단정한다), 제9절부터 이 장의 마지막까지는 P이다. 여기에는 분명히 서로 다른 신학적 개념들이 있다. P에서 엘로힘은 아무것도 후회하지 않는 반면, J에서 여호와는 자신의 창조를 후회한다. 이 이야기는 하버드 대학교의 Jay Harris 교수에게서 가져왔다.

6 특히 도움이 되는 두 책은 Elaine Pagels, *The Gnostic Gospels*와 *Adam, Eve, and the Serpent*이다.

7 달리 주석을 달지 않는 한 *Gilgamesh*의 인용은 Benjamin J. Foster의 편역판에서 가져왔다. *Gilgamesh* 텍스트의 역사는 복잡하다. 다양한 시기와 장소에 다양한 판본이 나왔지만, 그 어느 것도 완전하지 않다. 이 판본들을 구별하는 핵심 도구는 Andrew George, *The Babylonian Gilgamesh Epic: Introduction, Critical Edition, and Cuneiform Texts*이다. 또 George, *Gilgamesh: The Babylonian Epic Poem and Other Texts in Akkadian and Sumerian*을 보라. David Ferry의 현대 운문 번역판—학자들의 번역만큼 정확하지는 않지만 아름답고 환기력이 강하다—도 있다. 또 Stephen Mitchell and by James B. Pritchard, *Ancient Near Eastern Texts, and Stephanie Dalley, Myths from Mesopotamia*의 번역에서도 도움을 얻었다.

8 이 혁신—우리 삶의 모든 것의 경로를 바꾸어놓았다—을 촉진한 것은 일련의 핵심적인 기술 발전이었는데, 그중에서도 첫 번째는 문자 체계의 발명이었다. 쐐기문자판은 도시 생활을 가능하게 하고 또 지금도 그 생활의 특징을 이루고 있는 복잡한 계산, 무게와 척도의 규칙, 거래, 계약, 법을 기록했지만, 동시에 거기에는 새로운 존재 양식의 상징적 의미에 대한 자각도 담겨 있었다. 우루크는 우주의 이미지였으며, 그 건설의 영웅은 인간이라기보다는 신이었다. Nicola Crusemann 등 편, *Uruk: 5000 Jahre Megacity* 참조.

9 Pritchard, *Ancient Near Eastern Texts*, p. 74에서.
　　　아루루는 손을 씻고,
　　　진흙을 조금 떼어 초원에 던졌다.
　　　[아니면 그 위에 그림을 그렸거나 침을 뱉었을 수도 있다.]

10 Bernard F. Batto, *Slaying the Dragon: Mythmaking in the Biblical Tradition*, p. 55에 나오는 다음 구절 참조.
　　　수메르의 신화 "암양과 밀"
　　　샤칸(양떼의 신)은 (아직) 마른 땅으로 나오지 않았다.
　　　그 먼 시절 인류는

천으로 옷을 지어 입는 것에 관해 알지 못했고

양처럼 입으로 풀을 먹었고

웅덩이에 고인 물을 마셨다.

마찬가지로, 또다른 수메르 텍스트 Ur Excavation Texts 6.61.i.7'–10'(같은 곳):

그 먼 시절 인류는

샤칸이 (아직) 마른 땅으로 나오지 않았기 때문에

천으로 옷을 지어 입는 것에 관해 알지 못했다.

인류는 벌거벗고 돌아다녔다.

11 길가메시는 "게이" 서사시인가? 그것은 말하기는 어렵다. 길가메시와 엔키두 사이에 성관계의 명시적 포기는 없지만, 그 표현 또한 없기 때문이다. 대신에 길가메시의 지혜로운 어머니가 말하는 것이 존재할 뿐이다. 즉 위험과 절대적 충실성을 공유하는 것을 포함하는 깊은 남성적 유대이다. 길가메시와 엔키두는 서로의 삶에서 최고의 사랑이다.

12 우리는 「창세기」의 편찬자들이 이 새로운 이야기를 구축하기 위해서 누구를 선택했는지 모른다. 우리가 아는 것은 그들이 뛰어난 선택을 했다는 것이다. 첫 장을 쓴 작가가 이전의 수많은 이야기들을 검토하고 그것들을 이용해서 자신의 우주론을 창조했다면, 제2장과 3장의 작가는 다양한 가닥들을 영리하게 직조했다고 말할 수 있을 것이다. 지금까지 수백 년 동안 많은 사람들이 도대체 여기에 몇 개의 가닥이 들어가 있는지 정리해보려고 이 절들을 세심하게, 심지어 강박에 걸린 듯이 검토해 왔다. 정확한 수는 여전히 확실하지 않지만, 이 위대한 일을 해낸 사람—일부 성서 학자들은 Jahwist의 약칭으로 J라고 부른다—은 서로 다른 고대의 히브리 구전과 텍스트를 수도 없이 모은 것이 거의 틀림없다.

13 따라서 적어도 근대의 비판적 성서학 등장 이전에는 거의 모든 「창세기」 주석자들이 제2장에 나오는 진흙 인간 이야기에 제1장에서 창조된 인간의 속성들을 가져다 붙였다.

14 히브리어에서는 balal, 즉 "혼란에 빠뜨린다"는 말로 말장난이 이루어진다. Alter는 *Five Books of Moses*에서 이 이야기가 "서로 흉내내는 단어들을 이용하고 의도적으로 제한된 어휘로 작업하려는 성서 내러티브의 문체적 경향의 극단적 예"라고 말한다(p. 59, n. 11:3).

15 근동 종교들에 나오는 다른 정원과 세심하게 비교하여 이 정원을 자세하게 설명한 글로는 Terje Stordale, *Echoes of Eden*을 보라.

16 「창세기」 제1장에서 세상은 물의 쓰레기로부터 생겨나는데, 하느님이 물을 가르고 하늘 아래에 있는 물이 "한 곳으로 모이고 뭍이 드러나라"(1.9)고 명령하자 그곳에서 땅이 나타난다. 「창세기」 제2장에서는 물의 과잉이 아니라 그 반대, 즉 가뭄이

라는 조건과 더불어 땅을 경작할 사람이 없는 것이 문제로 보인다. "여호와 하느님이 땅에 비를 내리지 아니하셨고 땅을 갈 사람도 없었으므로 들에는 초목이 아직 없었고 밭에는 채소가 나지 아니하였다"(Alter, *Five Books of Moses*, 2:5-6).

17 허구의 즐거움 가운데 하나는 그것이 자연의 규칙들을 위반하고 환상을 실현할 수 있다는 것인데, 여기에는 최초의 출생이 여자의 몸이 아니라 남자의 몸에서 이루어진다는 환상과 더불어, 사랑의 대상이 자신의 몸으로부터 추출되었다는 환상이 있다. 그것을 만드는 것은 꿈과 비슷한—남자가 자는 동안에 일어난다—동시에 외과적이다. 그의 옆구리가 열리고, 뼈가 제거되고, 피부가 다시 닫힌다. 이윽고 남자는 자신에게 돌아와, 감정적으로 자신과 융합하는 자신의 한 조각으로 여자를 맞이한다. 이 융합은 마치 그것이 이 신화가 드러내는 독창적인 신체적 진실이기라도 한 것처럼, 환희에 찬 비유적 표현으로 묘사된다—이것은 내 뼈 중의 뼈요 살 중의 살이라. 여자가 실제로, 신체적으로, 남자의 몸으로 돌아가 다시 하나의 존재가 된다고 상상할 것을 요구하는 것은 아니겠지만, 그럼에도 이 은유의 전체적인 힘은 그 밑에 깔린 신체적 환상에서 나온다.

18 "의기양양한 환영사"는 Johann Gottfried Herder(1744-1803)가 사용한 적절한 표현이다. Claus Westermann, *Genesis 1-11*, p. 231에서 재인용.

19 "ishah"와 "ish"(어원적으로 관계가 없는 것으로 보인다)의 말장난은 "한 몸" 경험의 추가 확인이지만, 동시에 지배와 복속의 행위이기도 하다. 즉 남자가 다른 피조물의 이름을 지었듯이 여자의 이름을 짓기 때문이다. 그리고 생물적 현실의 교정으로, 그가 여자에게서 나오는 것이 아니라 여자가 그에게서 나온다. 『길가메시』 또한 지배와 복속이 있지만, 이것은 이름 짓기가 아니라 신체적 경쟁을 통해서 확립되며, 그 관계를 가득 채우는 "내 뼈 중의 뼈"의 느낌은 전혀 없다.

20 서구에서 "혈통이라는 이보다 느슨한 유대"를 통한 이런 새로운 가족 형성의 함의에 관해서는 Michael Mitterauer, *Why Europe: The Medieval Origins of Its Special Path*, Gerald Chapple 역, pp. 58-98을 보라.

제 4 장 아담과 이브의 삶

1 상황은 이미 이상했지만, 한 번 더 묘하게 뒤틀렸다. 반년 전 모함메드 알리의 아버지는 야간 경비원으로 일하다가 살해당했는데, 장남과 동생들은 살인자의 소재를 알게 되자 복수를 했다. 그들은 범인이 무방비 상태에서 잠든 틈을 이용해서 날카롭게 버린 곡괭이로 팔다리를 자르고 심장을 꺼내 먹었다. 당국은 살해 이야기를 듣고 유혈극을 멈추기 위해서 마을 사람들을 심문하기 시작했다. 모함메드 알리와 형제들은 잠깐 구금되었다가 풀려났다. 마을 사람들이 사건의 진상을 알고 있었을 것으로 추정되었지만, 모두 입을 다물었기 때문이다.

경찰이 계속 마을을 돌아다니며 증거를 찾으려고 가택들을 수색하자 모함메드 알리는 아직 돈벌이 재료로 삼으려는 희망을 품고 있던 낡은 책들을 경찰이 압수할까봐 걱정이 되었다. 그는 이 책들 가운데 한 권을 기독교 사제에게 맡겼다. 동네 교사였던 사제의 처남은 이 발견물이 정말로 가치가 있는 것일지도 모른다는 것을 깨달았다. 그는 흥미를 가질 것으로 여겨지는 사람들과 접촉을 하겠다고 제안했다.

더 자세한 내용은 John Dart, *The Laughing Savior*; Jean Doresse, *The Discovery of the Nag Hammadi Texts*; Elaine Pagels, *The Gnostic Gospels*; James M. Robinson, *The Nag Hammadi Story*를 보라.

2 이집트 당국의 손에서 빠져나간 유일한 파피루스 책은 미국으로 갔으며, 거기에서 스위스 정신분석학자 카를 융의 연구소가 네덜란드의 한 학자를 통해서 이것을 구입했다. 서서히 이 필사본에 대한 연구가 시작되었고, 이에 따라서 발견물 전체의 의미도 파악되기 시작했다.

3 이 텍스트들 가운데 가장 놀랍다고 할 수 있는 *The Secret Revelation of John*에서 "첫 인간"은 바르벨로라고 알려진 여성이다. "바르벨로는 모든 것에 앞서기 때문에 만유의 자궁이 되었다. 바르벨로는 어머니-아버지, 첫 인간, 거룩한 영, 세 남성, 세 권세, 세 가지 이름을 가진 자웅동체, 보이지 않는 것들 사이의 영원한 시간, 나타날 첫 번째였다"(5:24-26, Karen King, *The Secret Revelation of John*, p. 33).

4 Anderson 등, *A Synopsis of the Books of Adam and Eve*에서는 그리스어판, 라틴어판, 아르메니아어판, 조지아어판, 슬라브어판을 비교해볼 수 있다. Michael E. Stone, *A History of the Literature of Adam and Eve, and Literature on Adam and Eve: Collected Essays*, Gary A. Anderson 등 편을 보라. 추방 이후 아담과 이브의 삶에 관한 이야기는 중세와 그 이후 긴 기간에 걸쳐 아주 풍부한 역사를 쌓아왔다. Brian Murdoch, *Adam's Grace*, 또 Murdoch, *The Medieval Popular Bible*을 보라. 고대 프랑스어판의 전사와 영어 번역에 관해서는 Esther C. Quinn and Micheline Dufau, *The Penitence of Adam: A Study of the Andrius Ms*를 보라.

5 Freedman, *Midrash Rabbah*, 8:8에서.

6 같은 책, 8:4.

7 Neil Forsyth, *The Old Enemy: Satan and the Combat Myth*; Elaine Pagels, *The Origin of Satan*; Jeffrey Burton Russell, *The Devil: Perceptions of Evil from Antiquity to Primitive Christianity*를 보라.

8 Christian Classics Ethereal Library(http://www.newadvent.org/fathers/1006.htm)에서 영어 번역을 볼 수 있는 이 텍스트는 명목상으로는 기독교적이지만, 당시 유대교도도 묻던 질문을 반영한 것으로 보인다. Apocalypsis Sedrach, ed. Otto Wahl, in *Pseudepigrapha Veteris Testamenti Graece*, 4 vols.(Leiden: Brill, 1977)을 보라.

9 Adolf von Harnack, *Marcion: The Gospel of the Alien God* 참조.

10 바울이 예수를 아담과 이브의 이야기와 긴밀하게 연결시킨 이유에 관해서는 많은 학자들이 깊이 생각을 해왔다. 이런 연결은 분명히 바울이 유대 세계 출신이라는 사실—Daniel Boyarin의 표현을 빌리면 "급진적 유대인" 바울(Boyarin, *A Radical Jew: Paul and the Politics of Identity* [Berkeley: University of California Press, 1994] 참조)—과 관련이 있을 것이다. 그러나 우리가 보았듯이, 전통적인 유대교 사상은 악의 기원을 설명할 때 일반적으로 아담과 이브 이야기를 깊이 고려하지 않았다. 대신 「창세기」 제6장에 나오는 이른바 "네피림", 즉 "사람의 딸들" 사이에서 아내를 취하는 "하느님의 아들들"의 이야기에 의지하는 경향이 있었다. 이 결합에서 거인들이 나왔고, 이들에게서 악이 나왔다는 것이다. 이 이야기의 문제는 홍수가 이런 혼혈 거인들을 모두 죽인 것으로 되어 있어, 홍수 이후의 세계에서는 악의 기원 문제가 여전히 남아 있다는 것이다. 유대교 사상은 기원전 2세기 말의 「희년서」부터 아담의 죄를 이유로 제시하는 경우가 많아졌다. John R. Levison, *Portraits of Adam and Early Judaism*을 보라. 복잡한 신학적 쟁점에 관해서는 W. D. Davies, *Paul and Rabbinic Judaism*, 특히 pp. 31-57을 보라.

11 그런 다음 바울은 그런 관련을 더욱 분명하게 밝혔다. "아담 안에서 모든 사람이 죽은 것 같이 그리스도 안에서 모든 사람이 삶을 얻으리라"(「고린도전서」 15:22). 다시 바울은 「로마서」에서 예수가 가져온 공짜 선물을 태초에 일어난 일과 함께 묶는다.

> 그런즉 한 범죄로 많은 사람이 정죄에 이른 것 같이 한 의로운 행위로 말미암아 많은 사람이 의롭다 하심을 받아 생명에 이르렀느니라. 한 사람이 순종하지 아니함으로 많은 사람이 죄인 된 것 같이 한 사람이 순종하심으로 많은 사람이 의인이 되리라(「로마서」 5:18-19).

Davies(*Paul and Rabbinic Judaism*, p. 44)는 바울이 그리스도가 '두 번째 아담'이라는 교리를 도입했다고 주장한다. C. F. Burney(*The Aramaic Origin of the Fourth Gospel* [Oxford: Clarendon Press, 1922])를 포함한 다른 사람들은 이미 그것이 공관복음서들에 적어도 내포되어 있기는 했다고 믿는다. 어쨌든 바울은 공을 굴리기 시작했다. 그의 뒤로 초대 교부 대부분은 강박에 사로잡힌 듯이 「창세기」의 첫 몇 장을 붙들고 씨름할 수밖에 없었다.

12 Victorinus, "On the Creation of the World," in Coxe, *The Ante-Nicene Fathers*, vol. 7, *Fathers of the Third and Fourth Centuries*, p. 341. 대성(大聖) 바실리우스가 만들었다고 하는 동방정교 전례에서는 기독교 세계 전역의 다른 많은 엄숙한 제의에서 나오는 발언들과 마찬가지로 모든 것에 우선하는 계획이 이야기되고 끊임없이 되풀이된다.

인간을 통하여 세상에 죄가 들어오고 죄를 통하여 죽음이 들어왔기 때문에 율법 아래에서 태어난……당신의 독생자는……기쁜 마음으로 자신의 몸으로 죄를 벌했으며, 아담 안에서 죽었던 자들이 그 분, 당신의 그리스도 안에서 생명으로 올 수 있게 되었습니다.

13 4세기 예루살렘 주교인 성 키릴은 회중에게 아담이 "땅은 너로 말미암아 저주를 받고 땅이 네게 가시덤불과 엉겅퀴를 낼 것이라" 하는 선고를 받았다는 점을 상기시키며, "이런 이유 때문에 예수가 그 선고를 없애려고 가시 면류관을 쓴 것이고, 또 이런 이유 때문에 땅이 저주 대신 축복을 받을 수 있도록 예수가 땅, 저주받은 땅에 묻힌 것"이라고 결론을 내렸다(Edwin Hamilton Gifford, D.D. 편, "The Catechetical Lectures of S. Cyril, Archbishop of Jerusalem" in *Nicene and Post-Nicene Fathers of the Christian Church, Second Series*, vol. 7, p. 87). 아담이 타락한 후에 땅에서 솟아난 가시덤불은 정말 날카로웠지만, 그 완전한 의미—말하자면 그 운명—는 가시 면류관에 의해서만 드러나고 동시에 무효가 되었다. 예표론에 관해서는 특히 Erich Auerbach, "Figura," in *Scenes from the Drama of European Literature* (New York: Meridian, 1959), pp. 11-56과 Auerbach, "Typological Symbolism in Medieval Literature," in *Yale French Studies* 9 (1952), pp. 3-10을 보라.

14 *Works of the Emperor Julian*, Wilmer C. Wright 편(Cambridge: Harvard University Press, 1913.23), 1: 325-29에서.

15 Philo of Alexandria, *On the Creation of the Cosmos According to Moses*, 특히 84-89를 보라. 필론은 히브리어를 읽을 수 없었을지 모르지만—그는 많은 작업에서 늘 『70인역 성서』를 인용했다—『토라』의 저자 모세에게 크나큰 존경심을 고백했다. 필론은 모세는 단지 율법에 복종해야 한다고 쓰지도 않았고, 이교도 사제들과 마찬가지로 날조된 허구와 지어낸 신화로 대중을 몽롱하게 만들려고 하지도 않았다고 말했다. 대신 그는 "우주는 율법과 조화를 이루고 율법은 우주와 조화를 이룬다"고 암시하는 세계 창조 이야기로 경전을 시작했다(p. 47).

16 수가 없으면 질서가 없으며, 따라서 "여섯은 첫 번째 완전한 수이다." 이것은 그 부분들의 (생산물)과 같고 또 그 합에 의해서 이루어진다. 즉 그 반이 셋이고 둘은 그 3분의 1이며 하나는 그 6분의 1이다. 이것은 또, 말하자면 본성상 남성과 여성으로, 그 각각의 산물로 조화로운 결합을 형성한다. 존재하는 것들 가운데 홀수는 남성이고 여성은 짝수이기 때문이다. 홀수의 첫 번째는 셋이고, 짝수의 첫 번째는 둘이며, 양쪽의 산물은 여섯이다. 따라서 존재하게 된 것들 가운데 가장 완벽한 우주가 여섯이라는 완전수에 따라서 세워지는 것이 옳았다(Philo, 같은 책, 49).

17 "그는 기쁨의 정원으로 영혼의 지배적인 부분을 암시하는데, 이것은 식물과 마찬가지인 수많은 의견들로 채워져 있다. 또 생명의 나무는 가장 중요한 덕목인, 하느

님에 대한 경의를 암시하며, 영혼은 이것을 통하여 불멸이 될 수 있다. 선한 것과 악한 것을 알 수 있는 나무는 중재하는 실용적 통찰을 암시하며, 이것을 통해서 본성상 대립하는 것들을 구별한다"(Philo, 같은 책, 88).

18 주석 기법은 세파르디의 위대한 철학자 마이모니데스(기원후 1135-1204)에게서 정점에 이르렀다. 오늘날까지도 정통 유대교의 중심에 자리잡고 있는 마이모니데스는「창세기」의 절들의 해석에서 심오한 학문적 깊이와 정확성을 보여주었지만, 그것이 실제 사건들을 곧이곧대로 전달하는 것으로 읽는 방식에 기대지는 않았다. 반대로 그리스 철학과 히브리 현인들의 말에 기대어, 아담과 이브를 소설의 등장인물처럼 보는 것이 아니라 형식과 내용, 지성과 감성이 결합된 단일한 인간의 알레고리로 보았다.

마이모니데스는 이런 생각을 설명하기 위하여 고급 독자에게는 왜곡되게 서사에 살을 붙이는 작업의 전형으로 보일 수도 있는 미드라시의 논평들 가운데 하나를 인용했다. "뱀에게는 뱀을 타는 존재가 있었다." 고대의 현자는 말했다. "그 존재는 낙타만큼 컸는데, 이 존재가 이브를 유혹했다. 이 존재는 사마엘이었다. 마이모니데스도 인정하지만, 이 구절은 "말 그대로의 의미에서 보자면 매우 터무니없지만, 알레고리로서는 놀라운 지혜를 담고 있고, 실제 사실에 완벽하게 부합한다." 그의 설명에 따르면, 사마엘은 사탄의 이름이며, 사탄이 지성이 아니라 욕망과 상상, 즉 알레고리에서 "이브"라고 부르는, 인간의 한 부분에게 이야기를 한다는 것은 완벽하게 말이 된다. 말 그대로의 의미에서는 터무니없지만 알레고리로서는 놀랍도록 지혜롭다. (Moses Maimonides, *The Guide of the Perplexed*, pp. 154-56.) 마이모니데스의 지적인 방법과 목적에 관해서는 Moshe Halbertal, *Maimonides: Life and Thought*를 보라.

아담과 이브의 알레고리적 해석은 종교적 반대나 회의주의의 전략이 아니었다. 반대로 여기에서 넓은 스펙트럼의 신앙심 깊은 사상이 태어났다. 이것은 고도로 지적이고 고도로 합리적인 마이모니데스에게 영향을 준 반면, 신비주의적인 카발라파의 비의적인 탐닉에도 영감을 주었다. 유대교 신비주의의 기초를 이루는 작업들인 13세기 조하르와 16세기의 루리아의 카발라에서「창세기」제1장의 아담은 아담 카드몬을 닮은 모습으로 창조되었는데, 이것은 최초의 또는 하늘의 아담으로 그의 머리는 빛줄기를 발산했다. 이런 순수하게 영적인 상위 아담—이 전승의 어떤 가닥에서는 메시아와 연결된다—은 하위 아담, 즉 Adam Ha-rishon과 구별되는데, 그는 우리가 경전의 서사에서 만나는 아담이며 그 자신 안에 모든 미래 영혼을 포함하고 있었다. 2,000년 전 필론이 시작한 두 아담과 알레고리적 방법이라는 관념의 지속적인 생명력은 1960년대 중반에 출간된 Joseph Soloveitchik의 *Lonely Man of Faith*에서도 볼 수 있다. Soloveitchik에게「창세기」제1장의 아담은 지식과 기술을 통해서 우주를 지배하는 "당당한 인간"인 반면, 제2장의 아담은 동반관계와 계시된 하느님의 율법 준수에 의해서 실존적 외로움으로부터 구원을 받은 "계약의 인간"이다.

19 유대인은 "예를 들어 어떤 남자가 하느님의 손으로 빚어졌다든가, 하느님이 그에게 생명의 숨을 불어넣었다든가, 여자를 그 남자의 옆구리에서 가져왔다든가, 하느님이 어떤 명령들을 내렸다든가, 뱀이 이것을 거부하고 하느님의 명령에 승리를 거두었다든가 하는 몇 가지 매우 믿을 수 없고 재미없는 이야기들을 엮었으며, 그렇게 해서 노파들의 우화를 전했고, 매우 모독적이게도 하느님을 (세상의) 시초부터 유약하여 그 자신이 빚은 인간 한 명조차 납득시키지 못한 존재로 제시했다"(Origen, *Contra Celsum in The Anti-Nicene Fathers*, 44:36).

20 아담과 이브에 대한 현대 유대교의 생각이 필론의 유산을 반영하듯이, 현대 기독교인 가운데는 오리게네스가 3세기에 시작한 알레고리적 방법의 상속자들이 많이 있다. 유럽 계몽주의의 가장 위대한 철학자 임마누엘 칸트는 신학적 모호주의나 경전 직해주의는 참지 못했다. 도덕적 악의 기원을 이해하고 우리 종의 구성원 전체에 그것이 퍼지는 상황을 표현하는 모든 방식들 가운데 "가장 부적절한 것은 물론 그것이 우리의 첫 부모로부터 상속의 방식으로 우리에게 전해졌다고 상상하는 것"이라고 그는 말했다. 우리는 결코 죄가 있는 상태를 물려받을 수 없다. "모든 악한 행동은 그 합리적 기원을 구하려고 할 때마다 마치 인간이 순수의 상태로부터 바로 그곳으로 타락한 것처럼 생각되어야 한다." 문제는 우리가 그렇게 순수의 상태에서 시작한다면, 도덕적 악이 우리 안으로 들어온 것을 설명할 방법이 없다는 것이라고 칸트는 인정했다. 이런 딜레마에 봉착하자 그는 오리게네스가 인정하고 지지했을 법한 방식으로, 동산과 뱀의 이야기로 돌아갔다. 칸트는 이렇게 말했다. "경전은 역사적 서사 속에서 이 문제의 불가해성을 표현한다"(Immanuel Kant, *Religion Within the Boundaries of Mere Reason*, p. 65). 『성서』 이야기의 비합리성은 이성이 해결할 수 없는 철학적 문제에 대한 뛰어난 알레고리이다. 신교와 구교를 막론하고 19세기와 20세기의 일련의 저명한 철학자들 —Friedrich Schleirmacher, Søren Kierkegaard, Reinhold Niebuhr, Hans Urs von Balthasar —이 그의 예를 따랐다. 그러나 — 근대 유대교의 경우와는 달리—기독교적 알레고리화의 이런 근대적 예는 중단 없는 사상의 연속체가 아니다. 오히려 아주 오랜 소멸 뒤에 다시 소생한 것이다.

제 5 장 목욕탕에서

1 부다페스트의 루다스 목욕탕, 암만의 알파샤, 이스탄불의 술레이마니예 목욕탕, 또 그렇게 보자면 뉴욕 5번가의 러시아와 터키 목욕탕에서도 대체로 원형 그대로 발견된다.

2 Augustine, *Confessions*, R. S. Pine 역, 2:3, p. 45. "me ille pater in balneis vidit

pubescentem et inquieta indutum adulescentia"라는 구절은 아버지가 본 것이 아들의 발기가 아니라 음모에 불과할 가능성을 남긴다. 나는 inquieta adulescentia라는 말이 털 이상의 것을 내포한다고 보는 쪽이다. 어쨌든 발기—무엇보다도 무의식적인 발기 경험—는 아우구스티누스의 아담과 이브 이야기 해석과 타락 이후 인간 조건의 이해에 핵심적인 것으로 드러난다. 『고백록』의 영어 인용은 모두 이 번역을 따랐다. 라틴어 인용은 Augustine, *Confessions*, Loeb Classical Library에서 나온 것이다.

3 형제 나비기우스는 『고백록』에 잠깐 등장한다. 오스티아에서 맞은 어머니의 임종 자리에서이다. 나비기우스는 어머니가 낯선 땅이 아니라 어머니 자신의 나라에서 죽어 남편 옆에 묻히기를 바란다는 생각을 드러낸다. "말하는 것 좀 봐라!" 어머니는 소리치며, 그의 세속적인 생각을 책망하고, 자신의 몸이 어디에 누워 쉬든 상관하지 않는다고 말한다. 아우구스티누스의 전기는 주로 Peter Brown, *Augustine of Hippo*와 Robin Lane Fox, *Augustine: Conversions to Confessions*에 의지했다.

4 "나는 나에게 깊은 상처를 줄 슬픔은 구하지 않았습니다. 무대에서 보는 고통을 직접 감당하고 싶지 않았기 때문입니다. 하지만 우화와 허구는 즐겼는데, 그것은 단지 살갗을 스치기만 하기 때문이었습니다"(*Confessions*, 3.2. p. 57).

5 에피쿠로스는 우리가 아는 우주는 원자들의 무작위적이고 자연발생적인 충돌에서 나타났으며, 신들은 인간의 행동에 무관심하고 인간의 호소를 듣지 못한다고 주장했다.

6 "평이한 언어와 소박한 문체 때문에 모두가 다가갈 수 있었지만, 그럼에도 가장 학식이 풍부한 사람들의 관심을 끌었습니다"(*Confessions*, 6:5, p. 117).

7 이 아이 아데오다투스는 아버지, 아버지의 친구 알리피우스와 함께 세례를 받았다. 아우구스티누스는 아들의 신앙과 지성에 놀랐는데, 그의 말에 따르면, 이 둘은 전적으로 하느님의 선물이었다. "그 아이에게는 나의 죄 외에는 내 것이라고는 없었기 때문입니다"(*Confessions*, 9:6, p. 190). 아데오다투스는 십대에 죽었다.

8 마지막 말은 「마태복음」 25:21에서 인용한 것이다. *Confessions*, 9:10, p. 198.

9 Rebecca West, *St. Augustine*, p. 91.

제6장 최초의 자유, 최초의 죄

1 Augustine, "*De Gratia Christi, Et De Peccato Originali*," *Augustin: Anti-Pelagian Writings*, p. 214에서 인용.

2 *On the Holy Trinity in Nicene and Post-Nicene Fathers of the Christian Church, First Series*, vol. 3, *St. Augustin: On the Holy Trinity, Doctrinal Treatises, Moral Treatises* 45장을 보라. 아우구스티누스는 『고백록』을 쓰고 나서 3년 뒤인 약 400년경 『삼위일체론(*On the Holy Trinity*)』, 라틴어로는 *De trinitate*를 쓰기 시작했다.

3 "······이런 악의 이유는 하느님의 불의 또는 무능, 아니면 최초의 오래된 죄에 대한 벌 가운데 하나임에 틀림없다. 하느님은 불의하지도 무능하지도 않기 때문에, 당신이 내키지 않지만 어쩔 수 없이 고백할 수밖에 없는 것만 남을 뿐이다. 아담의 자식들이 어머니의 자궁에서 나오는 날부터 만유의 어머니 안에 묻히는 날까지 쓰고 있는 무거운 굴레는, 만일 그런 굴레를 받아 마땅한 죄를 애초에 먼저 저지르지 않았다면 존재하지도 않았을 것이라고"(Augustine, *Saint Augustine Against Julian*, p. 240).

4 "상식이 있는 관찰자라면 내가 어린 시절에 공놀이를 한 이유로—단지 그것 때문에 내가 어른이 되어 더 수치스러운 놀이에서 이용할 수 있는 수단이 될 학습을 더 빨리 하지 못했다는 이유로—정당하게 벌을 받았다는 데에 동의할까요?" (*Confessions*, 1:9:15).

5 "칭찬을 받기도 하고 비난을 받기도 하는 우리의 선하고 악한 면은 우리와 함께 태어나지 않는다—그것은 우리가 하는 것이다. 우리는 양쪽 다 할 수 있는 능력을 가지고 태어나기 때문이다"("St. Augustine on Original Sin" in *St. Caesarius of Arles Sermons*, p. 442에서 인용). "그 자신의 적절한 의지에 따른 행동을 하기 전에 인간에게는 하느님이 만든 것만 존재한다"(Benjamin B. Warfield, "Introductory Essay on Augustin and the Pelagian Controversy" in *St. Augustin: Anti-Pelagian Writings*, p. 15에서 인용). "우리는 미덕 없이 태어나듯이, 악덕도 없이 태어난다."

6 John M. Rist, *Augustine: Ancient Thought Baptized*에서 인용. 펠라기우스파의 이런 논리는 처음부터 가망이 없을 정도로 약하다고 공격을 받았으며—어떻게 "모방"과 "습관"이 인간의 죄의 거의 보편성이라고 할 수 있는 것을 설명할 수 있는가?—계속 경멸감 또는 적어도 우월감을 드러내게 하는 계기가 되고 있다. 예를 들면, "펠라기우스와 그의 지지자들의 작업은 아담의 죄가 아담이 나쁜 예를 보여주었다는 하찮은 의미에서가 아니라면, 그 자신 외의 누군가에게 피해를 주었다는 주장이 터무니없다고 선포한다"라고 비아냥거린 Bonnie Kent, "Augustine's Ethics" in *The Cambridge Companion to Augustine*, p. 223을 보라. 하지만 제대로 이해할 경우, 어떤 의미에서 예(例)가 하찮다고 말할 수 있을까? 펠라기우스가 말하는 "예"는 결과적으로 인간 문화의 엄청난 무게 전체를 의미한다.

7 이것은 펠라기우스의 초기 교리이다. 후기에는 죽음이 아담에 의해서 들어왔다고 선선히 인정했다.

8 James Wetzel, "Predestination, Pelagianism, and Foreknowledge," in *The Cambridge Companion to Augustine*: "처음으로 북아프리카의 주교들의 분노를 산 것은 [펠라기우스의] 제자이자 로마의 귀족인 카엘레스티우스였다. 카엘레스티우스는 카르타고에 있는 동안 유아 세례의 관행에 의문을 제기하며, 그것을 지지할 수는 있지만(그

는 실제로 지지했다) 굳이 모든 인간의 출생을 더럽히는 원죄를 끌어들일 필요는 없다고 주장했다. 아프리카인들에게 이것은 힘겹게 얻어낸 교조에 의문을 제기하는 것이었기 때문에, 그는 종교회의에서 비난을 받았다. 펠라기우스는 415년 12월 팔레스타인 출신 주교 회의가 관장한 디오스폴리스 종교회의에서 이단혐의를 벗음으로써 잠깐 연좌 죄를 피할 수 있었다. 그러나 무죄 방면 이후에 이제 아우구스티누스가 직접 이끄는 아프리카인들이 힘을 모아 공격했고 결국 조시무스 교황을 설득하여 펠라기우스의 이단성을 단죄했다."

9 율리아누스는 주장했다. "의지 없이는 죄가 있을 수 없는데, 갓난아기는 의지를 소유하지 않기 때문에 죄가 있을 수 없다"(*Saint Augustine Against Julian*, p. 216). 아우구스티누스는 반박했다. "이 주장은 개인적 죄에 관해서는 올바를지 모르지만, 첫 죄의 유래로 인한 오염에 관해서는 올바르지 않다. 그런 죄가 없었다면, 갓난아기는 어떤 악에도 묶이지 않아, 의로운 하느님의 위대한 힘 아래서 몸이나 영혼에 아무런 악한 것을 겪지 않을 것이다"(같은 글, 116).

10 "인간이 어떤 선을 행하건, 진정한 지혜가 그런 행동을 하라고 명령한 목적을 위해서 하는 것은 아니며, 따라서 그 기능으로 보면 선해 보일지 모르지만, 목적이 바르지 않기 때문에 그것은 죄이다"(*Saint Augustine Against Julian*, 187). 아우구스티누스는 그 증거로 바울이 쓴 「히브리서」의 말을 인용했다―"믿음이 없이는 하느님을 기쁘시게 하지 못하나니"(같은 글, 195)(「히브리서」 11:6). 격분한 율리아누스는 바울의 말이 전혀 의도하지 않은 방식으로 이용되고 있다고 주장했다.

11 "당신은 속(屬), 종, 양식, 색욕 과잉을 나누고, 규정하고, 그것에 관해서 일종의 논문을 써서, '그 속은 생명의 불에 있다, 그 종은 생식기의 활동에 있다, 그 양식은 혼인 행위에 있다, 그 과잉은 간통의 무절제에 있다'고 주장한다. 그러나 이 명민하다고 생각되지만 사실은 지루한 반박 뒤에 내가 당신에게 공개적으로 간단하게 왜 이런 생명의 불이 사람에게 전쟁의 뿌리를 심어서, 그의 육신이 정신에 반하여 욕정을 품게 되고, 그의 정신이 육신에 반하여 욕정을 품을 필요가 생기는지―왜 생명의 불에 동의하고자 하는 사람이 치명적인 상처를 입는지―물을 때, 나는 당신 책의 검은 잉크가 창피해서 빨개질 것이 틀림없다고 생각한다"(*Saint Augustine Against Julian*, 130). 아우구스티누스는 펠라기우스파와의 싸움에서 이점이 있었다. 율리아누스는 결혼한 적이 있었지만 이제는 금욕주의자인 펠라기우스가 그랬던 것처럼 순결을 지키고 있다는 점을 분명히 했다. 아우구스티누스는 짓궂게 물었다. 섹스가 문제가 없는 것이라면 순결을 택할 필요가 뭐가 있는가?

12 그는 색욕은 "이제 되는 대로, 이제 큰 힘으로 활동하여, 결혼이 후손의 생산에서 색욕의 악을 선하게 사용하는 이런 상황이 무색하게도, 불법을 자행하는 자들에게 쉼 없이 결혼을 강권한다"(*Saint Augustine Against Julian*, 134)라고 말했다.

13 그렇다, 그런 흥분은 쾌감을 부르며, 우리가 알고 있는 성교의 쾌감—자신의 정부나 다른 여자들과의 오랜 경험을 통해서 아우구스티누스가 알고 있듯이—은 "모든 육체적 쾌감 가운데 가장 크다." 그러나 그런 쾌감의 강도가 바로 위험한 덫이다. 이런 달콤한 독 없이 자식을 낳을 수 있다면 좋을 것이다. "지혜와 거룩한 기쁨을 친구 삼는 누가⋯⋯가능하기만 하다면, 이런 욕정 없이 자식을 낳는 쪽을 더 좋아하지 않겠는가?"(Augustine, *The City of God in Nicene and Post-Nicene Fathers, First Series*, vol. 2, *St. Augustin: The City of God, and Christian Doctrine*, pp. 275-76). 마찬가지로 "오직 자식을 낳기 위한 목적으로 결혼한, 영적인 선을 사랑하는 누가 그것 없이 또는 아주 큰 자극 없이 자식을 낳을 수 있다면 그 쪽을 더 좋아하지 않겠는가?"(*Saint Augustine Against Julian*, p. 228).

14 N. P. Williams에 따르면 아우구스티누스는 논문 *"ad Simplicianum"*에서 이 표현을 사용했다. Williams, *The Ideas of the Fall and of Original Sin, a Historical and Critical Study* 참조. '원죄'에 관한 엄청나게 많은 문헌들 가운데 나에게 있는 것들 중에서는 Williams의 오래된 책이 나에게 큰 도움이 되었으며, 이밖에 이보다도 오래된 H. Wheeler Robinson, *The Christian Doctrine of Man* (Edinburgh: T. & T. Clark: 1913), Frederick Robert Tennant, *The Sources of the Doctrines of the Fall and Original Sin* (Cambridge: Cambridge University Press, 1903) 등도 도움이 된다는 것을 알았다.

15 물론 이런 방대함은 쉽게 예외를 찾을 수 있다는 뜻이다. 실제로, 독실한 유대교도와 이슬람교도가 '원죄'라는 완전한 개념을 받아들이지는 않았다고 해도, 아담과 이브가 불복종이 자신과 후손들에게 가져온 오점을 자주 생각한 것은 사실이다. "우리가 배설하는 배설물은 그 나무 때문에 우리가 물려받은 것의 결과이다." 17세기 프랑스를 여행하던 한 이슬람교도는 기독교인 대담자에게 그렇게 설명했다.

> 그것은 몸에 불결을 가져오고, 그 때문에 인간은 몸의 그 불결한 부분을 씻어야 한다. 인간은 우리의 아버지 아담이, 그에게 평화가 있기를, 하느님이 금지한 열매를 향하여 손을 뻗었기 때문에 손을 씻어야 한다. 그가 그것을 먹었기 때문에 입을 씻고, 그 열매의 냄새를 맡았기 때문에 코를 씻고, 그것을 향해 고개를 돌렸기 때문에 얼굴을 씻어야 한다.

Ahmad bin Qasim, *Kitab Nasir al-Din ala al-Qawm al-Kafirin (The Book of the Protector of Religion against the Unbelievers)*, in *In the Land of the Christians: Arabic Travel Writing in the Seventeenth Century*, pp. 26-27.

16 Augustine, *On the Holy Trinity in On the Holy Trinity, Doctrinal Treatises, Moral Treatises* 18장을 보라. "또한 육신의 색욕이 개입하지도 않았는데, 원죄를 이어받은 나머지 인간은 이 색욕에 의해서 번식하고 수태한다. 그러나 거룩한 동정녀는 부부

의 교합이 아니라 믿음 — 욕정은 전혀 없었다 — 으로 임신을 했는데, 이것은 첫 번째 인간의 뿌리에서 태어나더라도 오직 인류의 기원만 이어받고, 죄까지 이어받지는 않도록 하려는 것이었다"(*On the Holy Trinity*).

17 아우구스티누스가 자신의 해석방법에 사용한 단어들은 알레고리(allegoria)만이 아니라, figura, aenigma, imago, similitudo, mysterium, sacramentum, signum, velum [베일] 등도 있다. Augustine, *A Refutation of the Manachees in On Genesis: A Refutation of the Manachees, Unfinished Literal Commentary on Genesis, The Literal Meaning of Genesis*, p. 30 참조. "영혼적"에 대해서는 Augustine, *On Genesis*, p. 78을 보라. 『「창세기」에 관하여』를 보면 이브는 "장소의 의미에서"가 아니라, "그녀가 낙원의 행복한 느낌을 받았다는 의미에서 낙원에 있었다"(Augustine, *On Genesis*, 2.41.20, p. 85). John M. Rist, *Augustine: Ancient Thought Baptized*, p. 98 참조.

18 저자의 강조. 아우구스티누스는 『성서』의 말에 액면 그대로의 진실이 있을 수도 있다는 것을 부정하지 않지만, 액면 그대로의 진실이 가장 중요하지는 않다. 그는 이렇게 말한다. "역사적으로 말하자면, 진짜 눈에 보이는 여자가 주 하느님에 의해서 첫 남자의 몸으로부터 만들어졌다고 해도, 그 여자가 그렇게 만들어진 데에는 아무런 이유가 없는 것이 아니었다 — 그것은 어떤 감추어진 진실을 보여주려는 것이 분명했다." 하느님은 "그 갈비뼈의 자리를 살로 채웠는데, 이 말이 뜻하는 것은 우리가 우리 자신의 영혼을 다정하게 사랑해야 한다는 것이다"(*On Genesis*, 2.12.1, p. 83). 어떤 경우에는 문자적 의미가 영적 의미의 뒤에 올 수도 있다. 예를 들면 "생육하고 번성하라"는 축복은 원래 영적인 의미에서 나왔지만, 나중에 "죄 뒤에는 육신의 다산에 대한 축복으로 바뀌었다"(*On Genesis*, 1.19.30, p. 58). 그리스도가 손을 뻗는 것에 대한 예고로서 아담의 노동에 관해서는 *On Genesis*, 2.22.34, p. 94를 보라.

19 『「창세기」에 관하여』를 내고 나서 불과 5년 뒤인 393년에 이미 아우구스티누스는 미완성 원고에서 더 강하게 글자 그대로의 해석을 시도했다. 「창세기」의 첫 몇 장을 역사적 인물과 사건의 묘사로 다루는 시도였다. 동시에 알레고리적 독해를 완전히 버리지는 않았다. 이것은 『고백록』의 마지막 몇 권에 특히 강한 흔적을 남겼다. 왜 하느님은 「창세기」 1:28에서 첫 인간들에게 "생육하고 번성하여 땅에 충만하라, 땅을 정복하라"라고 명령했을까? 사실 물고기와 새와 나무에게 같은 명령을 내리지는 않았다. 아마도 그런 것들은 그렇게 하라는 구체적 명령을 내리지 않아도 어차피 재생산을 할 것이라고 예상했을 것이다. 따라서 인간에 대한 하느님의 명령은 특별한 의미를 감추고 있을 수밖에 없다. "이 말에는 어떤 신비가 들어 있습니까?" 아우구스티누스는 하느님에게 묻는다. "내게는 당신의 『성서』를 이런 상징적인 의미가

담긴 말로 해석하는 일을 막는 것이 보이지 않습니다"(Augustine, *Confessions*, 13:24). 이 부분의 상징적 의미는 하느님이 인간에게 염두에 두신 번성한다는 말이 성적 재생산과는 아무런 관계가 없다는 것을 드러낸다. "나는 인류의 재생산이 우리의 정신이 잉태하는 생각들을 가리킨다고 받아들인다. 이성은 비옥하고 생산적이기 때문이다"(같은 책, 13:24).

20 그에게는 자신이 마음을 먹은 일은 하느님의 도움을 얻어 무엇이든 성취할 수 있다는 엄청난 자신감이 있었다. 『신국론』에 나오는 이 구절을 생각해보라. "우리 세계의 기원과 인류의 시작에 관한 아주 까다로운 질문을 처리한 뒤, 자연스럽게 요구되는 순서는 이제 첫 인간(첫 인간들이라고 하는 것이 좋을 것이다)의 타락, 인간의 죽음의 기원과 전파를 논하는 것이다"(*The City of God*, in *St. Augustin: The City of God, and Christian Doctrine*, p. 245).

21 "아우구스티누스는 다른 어떤 일에도 이런 인내, 이런 관심과 주의를 기울이지 않았다"(Augustine, *The Literal Meaning of Genesis in On Genesis*, p. 164). "불가해함"의 거부에 관해서는 *The Literal Meaning of Genesis* in Augustine, *On Genesis*, p. 183을 보라. [Secundum proprietatem rerum gestarum, non secundum aenigmata futurarum.] 친구들의 강권에 관해서는 동료 사제 에보디우스에게 보낸 기원후 415년의 Letter 38(Ep. CLIX)을 보라. 여기에서 그는 친구들 사이에서 그 책을 보고 싶다는 "기대감이 일으키는 긴장"을 암시한다(*St. Augustine Select Letters*, p. 277).

22 "Revisions[Retractiones]" in *On Genesis*, 2.24.1, p. 167. 그는 하느님의 성대 같은 문제와 마주치면 그 자신이 반복할 수밖에 없었던 원리에서 피난처를 찾았다. "만일……하느님이나 예언자 일을 수행하는 어떤 사람의 말에서 있는 그대로 받아들일 경우 터무니없게 느껴지는 대목이 나오면, 그것은 틀림없이 상징적으로 말한 것이라고 이해해야 한다"(같은 책, 11.1.2, pp. 429-30).

23 아우구스티누스는 이렇게 말했다. 만일 그가 "죽음"이 무슨 뜻인지 어떻게 알 수 있었느냐고 묻는다면, 당신도 직접 경험하지 않고도 직관적으로 많은 것을 안다는 사실을 떠올려야 한다(*On Genesis*, 8.16.34 참조).

24 아우구스티누스는 말했다. 우리는 치명적인 나무에 달린 사과가, 아담과 이브가 다른 나무에서 이미 해가 없다는 것을 알게 된 사과와 같은 종류였다고 확신할 수도 있다. 우리는 진짜 뱀은 말을 할 수 없다는 것을 알지만, 진짜 에덴 동산의 진짜 뱀은 말을 할 필요가 없었다. "뱀을 기관처럼 이용하여 뱀 안에서 말을 한 것은 악마 자신이었다"(Augustine, *The Literal Meaning of Genesis* in Augustine, *On Genesis*, p. 449). 있는 그대로 읽기를 구성하는 데에 필요한 모든 세부가 『성서』 안에 반드시 갖추어져 있을 필요는 없으며, 빈 부분은 우리가 추측으로 채워넣을 수 있다. 악마에게 하느님의 권능이나 첫 인간들의 자유의지를 훼손할 어떤 독립적

인 권능이 있었다고 생각하는 것은 말이 안 되기 때문에, 우리는 만일 이브가 이미 "그녀 자신의 독립적 권위를 사랑하고 자신에 대한 어떤 오만하고 지나친 자신감을 가지지" 않았다면 악마의 말이 이브에게 아무런 영향을 주지 못했을 것임을 이해해야 한다(*On Genesis*, 11.30.39, p. 451).

25 *The City of God in St. Augustin: The City of God, and Christian Doctrine*, p. 271. 아우구스티누스는 하느님이 용서해줄 것이라고 생각한 것이 아담의 큰 실수라고 말한다. 그는 뱀이나 아내에게 속은 것이 아니라, "자신의 변명에 대해서 내려질 심판에 관해 속았다." 아마 그는 자신이 경미한 죄로 여긴 것에 사형 선고가 내려질 것이라고 예상하지 않았을 것이다. 밀턴은 『실락원』에서 그런 실수를 하며 괴로워하는 아담을 강력하게 재현하고 있다.

26 Augustine, "A Letter Addressed to the Count Valerius, on Augustin's Forwarding to Him What He Calls his First Book 'On Marriage and Concupiscence'" in "Extract from Augustin's 'Refractions,' Book II, Chap. 53, on the Following Treatise, '*De Nuptiis et Concupiscenta*'" in *St. Augustin: Anti-Pelagian Writings*, p. 258.

27 "이것은 인간 의지의 자유를 잃은 것에 대한 수치로 얼굴이 붉어지게 할 수밖에 없지 않겠는가, 자신의 명령자인 하느님에 대한 경멸로 인해서 자신의 신체 부위에 대한 모든 정당한 명령권을 잃어버린 것은?"(Augustine, *On Marriage and Concupiscence*, in *St. Augustin: Anti-Pelagian Writings*, p. 266). 수치의 등장에 관해서는 Kyle Harper, *From Shame to Sin*을 보라. 수치의 심리적이고 신체적인 경험에 관해서는 Michael Lewis, *Shame: The Exposed Self*를 보라.

28 *On Marriage and Concupiscence*, p. 266. 몇 가지 경우에 그는 여성의 성적 경험은 다를 수도 있다고 인정한다. 예를 들면 남자에게 씨앗의 방출이 깊은 쾌감을 줄 수 있지만, "그런 쾌감이 두 성의 맹아적 요소들이 자궁에서 섞이는 것을 수반하느냐" 하는 것은 "어쩌면 여자들은 가장 깊은 감정으로부터 결정할 수 있는 문제일 것이다"라고 그는 말한다. "하지만 한가한 호기심을 그렇게까지 밀어붙이는 것은 부적절한 일이다"(*On Marriage and Concupiscence*, p. 293).

29 *On Marriage and Concupiscence*, p. 266. 아우구스티누스는 『신국론』에서 이런 흥분의 이상하게도 믿을 수 없는 측면에 관해서 언급한다. "이 감정은 후손을 보겠다는 정당한 욕망을 따르지 않을 뿐 아니라, 호색적인 욕정에 도움을 주려고 하지도 않는다. 이것은 종종 결합된 에너지 전체를 자신에게 저항하는 영혼과 대립시키지만, 가끔은 또 스스로 나뉘어, 영혼을 움직이면서도 육체는 영향을 받지 않은 채로 놓아둔다"(*The City of God, in St. Augustin: The City of God, and Christian Doctrine*, p. 276).

30 아우구스티누스는 계속해서 말한다. "이런 극도의 쾌감은 일종의 정신 자체의 침

몰을 낳지 않는가. 설사 좋은 의도로 접근할 때도, 즉, 자식을 낳으려는 목적으로 접근할 때도 마찬가지이다. 왜냐하면 그 작동 자체에서 누구도 지혜는 말할 것도 없고 어떤 것도 전혀 생각하는 것을 허락받지 못하기 때문이다"(*Saint Augustine Against Julian*, p. 228). 아우구스티누스가 씨름하고 있는 신학적 쟁점들에 관해서는 Peter Brown, *The Body and Society*를 보라.

31 성적인 재생산만이 차이가 아니었다. 펠라기우스파는 죽음이 인간의 일부이기 때문에 아담과 이브에게도 불가피하게 닥쳤을 것이라고 주장했다. 아우구스티누스는 격렬하게 이의를 제기했다. 첫 인간들은 생명의 나무에 의해서 불멸이 될 가능성이 있었다. 아담은 죄를 짓지 않았다면 늙지 않았을 것이다. 그는 "다양한 나무의 열매로 쇠약해지지 않고 생명력을 유지할 수 있었으며, 생명의 나무 덕분에 늙는 것으로부터 보호를 받을 수 있었다"(Augustine, *A Treatise on the Merits and Forgiveness of Sins, and on the Baptism of Infants*, in *St. Augustin: Anti-Pelagian Writings*, p.16). 그들은 죄를 짓지 않았다면 노쇠하지 않고 죽지도 않았을 것이다. 아우구스티누스는, 이 점은 그렇게까지 확신하지 못했지만, 아담과 이브가 계속 낙원에 있었다면, 그들의 후손이 지금 모든 유아가 경험하는 것과 같은 극도로 무력한 상태를 겪지 않았을 것이라고 생각했다. 지금이나 고대 세계에나 자연과학자들은 긴 유아기가 우리 종의 특징이라고 인정한다. 아우구스티누스는 그것이 벌이라고 믿었다. 문제는 크기가 아니었다. 자궁의 제약 때문에 유아가 아주 작을 수밖에 없었을 것이라는 점은 그도 잘 알았다. 하지만 첫 인간들이 죄를 짓지 않았다면, 그들의 후손은 즉시 신체적이고 정신적인 능력을 얻었을지도 모른다. 그는 이렇게 말한다. 사실 많은 야만적 피조물은 태어나자마자 "뛰어 돌아다니고, 어미를 알아보고, 젖을 빨고 싶을 때 외부의 도움이나 돌봄 없이 아주 쉽게 어미의 젖가슴을 스스로 발견한다"(같은 책, p.43). 이와 대조적으로 인간은 "태어날 때 걷기에 적합한 발을 갖추지도 못하고, 손으로는 긁지도 못한다. 어머니가 입술을 젖가슴에 직접 가져다대지 않으면 어디서 찾아야 할지도 모른다. 젖꼭지에 가까이 있어도, 먹고 싶은 욕망에도 불구하고, 빨기보다는 울 뿐이다"(같은 책, p. 43). 그는 이런 비참한 상태는 거의 분명히 벌이며, 타락의 결과라고 결론을 내린다.

32 낙원에서 이루어지는 성교는 『신국론』 제14권에 자세하게 묘사되어 있다.

33 물론 남성에게 처녀막의 신체적 대응물은 없지만, 아우구스티누스는 여자에게 발기라는 동요에 해당하는 것이 틀림없이 있을 것이라고 상상했듯이, 남자도 성교를 경험하면서 신체적 무결성이 침해되는 것이 틀림없다고 상상했다.

34 지켜보고 싶어하는 모두가 보는 앞에서 이런 공적 교접을 하는 것이 즐거웠을까? 그 점은 아우구스티누스도 자신하지 못했다. 어쨌든 아우구스티누스는 거기에는 "육체의 색욕", 즉 불수의적 흥분은 없었을 것이라고 확신했다. Augustine, *Marriage*

and Concupiscence, in *St. Augustin: Anti-Pelagian Writings*, p. 288 참조. "왜 부모의 특별한 일이 자식의 눈으로부터도 거두어지고 감추어지는가, 그들이 수치스러운 욕정 없이 칭송받을 만한 자식 생산에 종사하는 것이 불가능하지 않다면? 자신의 벌거벗음을 처음 감춘 그들이 부끄러워한 것은 이 욕정 때문이었다. 그들의 몸의 이 부분은 전에는 수치를 유발하지 않고, 하느님의 작품으로 칭찬받고 찬양받을 자격이 있었다. 그들은 수치를 느꼈을 때 몸을 가렸는데, 그들이 수치를 느낀 것은 자신들을 만든 창조주에 대한 불복종 뒤에 자신의 신체 부위가 자신들에게 불복종한다는 것을 느꼈을 때였다."

제7장 이브 죽이기

1 『쿠란』은 이브가 아담보다 먼저 열매를 먹는 것으로도, 아담이 이브에게 책임을 돌리는 것으로도 기술하지 않았다. 이브—아랍어로는 하우와—는 『쿠란』에서 이름이 언급되지 않는다. 그냥 아담의 "배우자"로 등장하며, 불복종으로 낙원으로부터 추방을 당하는 데에 남편과 공동으로 책임이 있다. Kvam et al. Eve & Adam, esp. pp. 179-202, 413-19, 464-76; Karel Steenbrink, "Created Anew: Muslim Interpretations of the Myth of Adam and Eve," in Bob Becking and Susan Hennecke 편, *Out of Paradise: Eve and Adam and their Interpreters* (Sheffield, UK: Sheffield Phoenix Press, 2011); *Concise Encyclopedia of Islam*, entries on Hawwa' and Adam. 이슬람에서 『쿠란』 이후의 전승은 랍비와 기독교 전승의 많은 부분을 반영하고 있다.

유대교 전승을 보면, 유대인은 「창세기」 이야기에서 인간의 죄에 관심이 별로 없지만, 있다고 해도 이브가 아니라 아담에게 초점을 맞추는 경향이었다. 예를 들면 4 Ezra 7.118을 보라.

오 아담이여, 무슨 짓을 한 것인가?
죄를 지은 것은 너지만
타락은 너만의 것이 아니라
너의 후손인 우리의 것이기도 하다.

2 Esdras 또는 'Ezra의 묵시록'이라고 부르기도 하는 4 Ezra는 기원후 70년 성전 파괴 이후 독자들이 유대인 역사의 재난을 감당하는 것을 돕기 위해서 지은 것이다.

2 헤시오도스의 인용은 Hesiod, *"Works and Days" and "Theognis"*에서 가져온 것이다. Dora and Erwin Panofsky, *Pandora's Box*에는 이 이야기의 여생에 관한 풍부한 논의가 있다. "묘하게도, 교부들이 세속 작가들보다 판도라의 신화의 전파—그리고 그 변형—에 중요한 역할을 했다. 그들은 유사한 고전의 사례에 의지하여 원죄라는 교리를 보강하면서도 기독교의 진리를 이교도의 우화와 대립시키기 위해서 판도라를 이브에 비유했다"(11). 또 좀더 새로운 작업으로는 Stephen Scully, *Hesiod's*

*"Theogony"*를 보라.

3 Tertullian, *De Cultu Feminarum*, Sydney Thelwall 역, 1.1.14. 여성의 장식에 격분하는 표현은 매우 전형적이다. 예를 들면 테르툴리아누스와 같은 시대 사람인 알렉산드리아의 클레멘스를 보라. "뱀이 이브를 속였듯이, 금 장식이 다른 여자들을 미치게 만들어 사악한 관행을 만들기 때문이다. 그들은 뱀의 형태를 미끼로 이용하기도 하고, 장식용으로 칠성장어와 뱀을 만들기도 한다"(*Paedagogus*, in Clement of Alexandria, *The Anti-Nicene Fathers*, vol. 2, *Fathers of the Second Century: Hermas, Tatian, Athenagoras, Theophilus, and Clement of Alexandria*, 2.13).

4 "To Marcella," in Jerome, *St. Jerome: Select Letters*, p. 163. "금단의 나무"로서의 결혼에 대해서는 p. 165를 보라.

5 "To Eustochium," in Jerome, *Select Letters*, p. 93. 아마 히에로니무스는 여자에게 결혼의 가혹함을 강조하기 위해서 「창세기」 3:16의 번역을 의미심장하게 바꾸었을 것이다. 히브리어로는 이렇게 나온다. "너는 남편을 원하고[히브리어 teshukah], 남편은 너를 다스릴 것이니라"[Alter, *Five Books of Moses*]. 히에로니무스는 이렇게 쓰고 있다. "너는 남자의 힘 아래 놓일 것이며, 남자가 너를 지배할 것이다"(sub viri potestate eris et ipse dominabitur tui). 이 히브리어를 히에로니무스 식으로 번역할 언어학적 근거는 없으며, 근대 가톨릭 판본은 이것을 교정했다.

6 1 Timothy 2.11-14 (KJV). 히에로니무스가 조비니아누스에 반대하는 글에서 인용했다. 지금은 논란이 많지만, 이 구절은 액면 그대로 받아들여졌다. 히에로니무스는 다음에 이어지는 구절에서 약간 어려움을 겪는다. "그러나 여자가 자녀를 낳아 기르면서 믿음과 사랑과 순결로써 단정한 생활을 계속하면 구원을 받을 것이다."

7 Guido de Baysio와 Raymond de Penaforte는 둘 다 Gary Macy, *The Hidden History of Women's Ordination*, p. 123에서 인용했다.

8 이브와 마리아에 관해서는 Miri Rubin, *Mother of God*. 특히 pp. 202-3, 311-12를 보라. 이브와 마리아를 연결하는 많은 이미지들은 Ernst Guldan, *Eva und Maria*에서 독일어로 볼 수 있다.

9 Dante Alighieri, *Paradiso*, Yates Thompson MS 36, 1445년경의 삽화. 화가는 Giovanni di Paolo였을지도 모른다.

10 Breslau. Stadtbibliothek Cod. M 1006 (3v); in Guldan, plate 156.

11 카라바조는 '교황 말구종들의 대형제회'의 제단을 위해서 이 그림을 그렸다. 그가 이 모티프를 생각해낸 것은 아니었다. 이것은 그 전 Lombard Ambrogio Figino의 그림에도 나온다. 그러나 카라바조는 압도적인 강렬함과 힘으로 그것을 제시했으며, 아마 그래서 '말구종들'은 그 그림을 잠깐 전시한 뒤에 Scipio Borghese에게 팔았을 것이다.

12 Thomas Aquinas, *Summa Theologica*, 1a.q.92 a. 1 ad 1. Harm Goris, "Is Woman Just a Mutilated Male? Adam and Eve in the Theology of Thomas Aquinas," in *Out of Paradise*를 보라.

13 St. Peter Damian, Gary Macy, *The Hidden History of Women's Ordination*, p. 113에서 인용.

14 Paucapalea, Macy, *The Hidden History of Women's Ordination*, p. 114에서 인용. 이것이 저명한 스승 그라티아누스의 작업에 관한 *Summa*를 쓴 이 12세기 교회법 학자의 존중받는 의견이었다. 이 이야기는 여자들이 생리 동안이나 출산 후에 교회에 오지 말아야 한다는 주장을 뒷받침하기 위해서 개진되었다. 다른 성직자들은 강력하게 반대했다.

15 *The Hammer of Witches: A Complete Translation of the Malleus Maleficarum*, Christopher S. Mackay 역, p. 164.

16 이런 여성 혐오적 이야기에 대한 정력적 반박과 이브의 무죄 입증에 관해서는 Alcuin Blamires, *The Case for Women in Medieval Culture*, 특히 pp. 96-125를 보라.

17 *Dialogue on the Equal of Unequal Sin of Adam and Eve* (Verona, 1451), in Isotta Nogarola, *Complete Writings: Letterbook, Dialogue on Adam and Eve, Orations*, pp. 151-52.

18 *The Book of the City of Ladies*, I.9.3.

19 Arcangela Tarabotti, *Paternal Tyranny*, p. 51.

제8장 체현

1 한 가지 매장방식에서 다른 방식으로 복잡하게 바뀌는 이야기는 Thomas Laqueur, *The Work of the Dead*를 보라.

2 나는 이곳에서 아담과 이브를 묘사한 그림을 무려 4개나 찾아냈다. 전문적인 가이드였던 미술사가 Angela di Curzio 박사에게, 또 일반적으로는 공개되지 않는 카타콤의 여러 곳을 가볼 수 있게 허락해준 Ispettore della Pontificia Commissione di Archeologia Sacra인 Raffaella Giuliani 박사에게 감사한다.

3 Elizabeth Struthers Malbon, *The Iconography of the Sarcophagus of Junius Bassus*. 현존하는 초대 기독교 석관들에는 아담과 이브의 형상이 약 34개 있다.

4 William Tronzo, "The Hildesheim Doors," *Zeitschrift für Kunstgeschichte*: 347-66; Adam S. Cohen and Anne Derbes, "Bernward and Eve at Hildesheim": 19-38을 보라.

5 이미지의 예들로는 Sigrid Esche, *Adam und Eva: Sündenfall and Erlösung*을 보라. 지금 말하는 것은 매우 거친 일반화로 이렇게 길고 또 도상학적으로 복잡한 시기이니만큼 당연히 예외가 발견될 것이다. 예를 들면 유명한 16세기 초 '빈 「창세기」'는

벌거벗고 꼿꼿하게 서 있는 아담과 이브를 그리지만, 나뭇가지들이 신중하게 생식기를 가리고 있고, 그 다음 추방의 순간에 묘사된 형체들은 수치에 허리를 굽히고 있다. *Imaging the Early Medieval Bible*, John Williams 편을 보라. Gislebertus의 이브를 예로 들 수 있는 나체 표현의 새롭고 놀라운 방식에 관해서는 Alastair Minnis, *From Eden to Eternity: Creations of Paradise in the Later Middle Ages*를 보라.

6 이 말을 비롯하여 이미지들에 대한 나의 논의 가운데 많은 부분을 나는 Joseph Koerner와의 대화에 빚지고 있다.

7 정숙함은 별도로 하고 가리는 것은 이해가 된다. 「창세기」에서 알 수 있듯이 첫 인간들은 타락 이후 새로 알게 된 수치의 경험에 반응하여 무화과나무 잎을 엮었으며, 하느님은 그 나름으로 그들을 낙원에서 몰아내기 전에 가죽으로 옷을 지어 입혔다. 따라서 텍스트의 관점에서 엄격하게 보자면 프레스코화에 나오는 무화과나무 잎으로 가린 형체들은 굳이 말하자면 옷을 제대로 입지 않은 셈이다. James Clifton, "Gender and Shame in Masaccio's *Expulsion from the Garden of Eden*," 637~55를 보라.

8 Erwin Panofsky, *The Life and Art of Albrecht Dürer*.

9 William Martin Conaway, *Literary Remains of Albrecht Dürer*, p. 244.

10 Joseph Koerner, *The Moment of Self-Portraiture in German Renaissance Art*, p. 239 and n. 43.

11 뒤러는 누구보다 멀리 나아갔지만, 그 밑에 깔린 생각은 평범했다. 15세기 이탈리아의 설교자인 지롤라모 사보나롤라 참조. "모든 화가는 흔히 말하듯이 자기 자신을 그린다"(Koerner, *The Moment of Self-Portraiture*, p. 484, n. 2에서 인용).

12 그는 자신을 비롯하여 자신과 비슷한 훌륭한 솜씨를 가진 사람들이 해야 할 일을 표현하려고 하면서 묘하게 동산의 아담과 이브와 비슷한 상황을 예로 들었다. "악과 선이 앞에 있을 때 선을 선택하는 것이 합리적인 인간의 의무이다"(*Literary Remains of Albrecht Dürer*, p. 245).

13 인물들의 자세는 contrapposto라고 알려져 있으며, 미술사가 Panofsky는 다음과 같이 묘사한다. "몸(완전한 정면도로 제시되고 있으며, 머리는 대체로 반면상으로 돌아가 있다)의 무게는 '서 있는 다리'에 실려 있는 반면, '자유로운 다리'의 발은 바깥으로 내민 발가락으로만 땅을 딛고 있다. 흉부를 받치며 서 있는 다리의 골반이 살짝 들어올려진 반면 그쪽 어깨는 약간 처져 있다"(*The Life and Art of Albrecht Dürer*, p. 86).

14 이런 가능성은 Koerner가 언급한 적이 있다(다른 많은 주목할 만한 디테일과 더불어). "배경에서 조명을 받는, 뒤러의 팔 아래쪽으로 펼쳐지는 왼쪽 옆구리의 접힌

부분과 궁둥이는 아담의 몸의 이 부분과 비슷하다"(Koerner, *The Moment of Self-Portraiture,* p. 239).

15 Koerner, *The Moment of Self-Portraiture,* p. 195 참조. 이 비율은 Albrecht Dürer, *Vier Bücher von menschlicher Proportion (1528): mit einem Katalog der Holzschnitte,* Berthold Hinz 편 (Berlin: Akademie Verlag, 2011)에 자세하게 정리되어 있다. 또 Christian Schoen, *Albrecht Dürer: Adam und Eva. Die Gem.lde, ihre Geschichte und Rezeption bei Lucas Cranach d. Ä und Hans Baldung Grien*; Anne-Marie Bonnet, "*Akt*" *bei Dürer*를 보라.

제 9 장 순결과 그 불만

1 밀턴보다 재능이 모자랐던 남동생 Christopher는, 시인의 초기 전기작가들 가운데 한 사람의 표현을 빌리면, 아버지에 의해서 법 쪽으로 "설계되었다." 밀턴은 *The Reason of Church Government*에서 "부모와 친구들의 의도에 의해서 나는" 교회의 일을 맡을 "운명이었으며, 나 자신의 결심도 그러했으나, 나이가 어느 정도 들면서 압제가 교회를 침략한 것을 보고, 서품을 받는 사람은 노예가 되겠다고 동의할 수밖에 없다는 것을 알고……굴종과 거짓 맹세를 대가로 바치고 시작해야 하는, 말을 하는 신성한 직분보다는 차라리 결백하게 입을 다무는 쪽이 낫다고 생각했다" (Milton, "The Reason of Church Government," in *Complete Prose Works of John Milton,* p. 108).

2 어쨌든 친구 Charles Doidati에게 보낸 라틴어 시에서는 그렇게 주장했다. "여기서는 종종 젊은 여자들이 떼를 지어 지나가는 게 보여. 별들이 유혹적인 불길을 날숨처럼 내쉬지. 아, 주피터의 청춘을 되돌릴 수도 있는 기적 같은 훌륭한 몸매에 내가 놀란 게 몇 번인지!"("Elegia Prima ad Carolum Diodatum," in *The Complete Poetry and Essential Prose of John Milton,* p. 174) 밀턴의 시의 모든 인용은 이 판본을 따른다. 정학에 관해서는 Barbara Kiefer Lewalski, *The Life of John Milton: A Critical Biography,* pp. 21-22를 보라. 밀턴은 크라이스트 칼리지로 돌아가 다른 지도교수를 찾았는데 이것은 당시로는 매우 이례적인 행동이었다.

3 *An Apology for Smectymnuus,* 1642, in *Milton on Himself: Milton's Utterances Upon Himself and His Works,* p. 73에서 Milton이 인용.

4 그의 칼 같은 혀가 몇 번 움직이면 분위기가 바뀌었던 것으로 보인다. 그는 풍자적인 웅변(물론 모두 라틴어로 했다)으로 찬사를 받았으며, 심지어 동료 학생들로부터 연례 휴가 연설을 할 사람으로 선정되기도 했다. "크라이스트의 숙녀"는 이 기회를 이용하여 그의 급우들에게서 "새로 발견한 우정"(Milton, "The Reason of Church Government," in *Complete Prose Works of John Milton*)을 언급했다—그가 예상했

던 "적대와 혐오"를 생각하면 놀라운 변화였다. "왜 내가 그들에게는 하찮은 남자로 보였을까?" 그는 자신에게 주어진 별명을 생각하며 물었다.

　　내 생각에는, 그것은 커다란 축배의 잔을 권투선수처럼 단숨에 마신 적이 없기 때문이거나, 내 손이 쟁기질을 하느라 단단해진 적이 없기 때문이거나, 일곱 살 때 농장 일꾼이었던 적이 없기 때문이거나, 한낮의 해를 받아 뻗은 적이 없기 때문이거나, 아니면 마지막으로 어쩌면 이 매음굴을 찾는 아이들이 그러는 식으로 내 사내다움을 보여준 적이 없기 때문일 것이다. (같은 책, p. 284)

이것을 비롯하여 학부 시절의 다른 문학적 작업의 결과물을 세심하게 보관해둔 것은 밀턴다운 일이었다. 그는 40년 이상이 지난 뒤에 그것을 발표하면서, 자신의 반격에서 여전히 즐거움을 맛보았던 것 같다. "내가 여자를 기꺼이 떠난 것과 마찬가지로 그들이 바보짓을 떠날 수 있으면 좋겠다"(같은 책, p. 284).

5 "나는 너 같은 사람들을 사랑할 수밖에 없다는 걸 알아." 그는 디오다티에게 보낸 편지에서 말했다. "하느님이 나에게 달리 무엇을 정해주었을지 모르지만, 이것 한 가지는 분명하기 때문이야. 하느님은 나에게, 누구에게 못지않게, 아름다운 것에 대한 격렬한 사랑을 불어넣어주셨어"(*The Complete Poetry and Essential Prose*, p. 774).

6 그는 생각했다. "노력과 집중적인 공부(이것이 이 생에서 나의 몫이라고 생각한다)와 본성의 강한 성향이 결합되면, 나는 아마 후대에 쉽게 죽지 않을 것을 써서 남길 수 있을지도 모른다"(Milton, *The Reason of Church Government*, in *Complete Prose Works of John Milton*, vol. 1, p. 11).

7 시인은 직접 등장하지 않는다. 반면 "리시다스"에서는 그 또한 익사한 친구와 마찬가지로 한창때에 이르기 전에 꺾여버릴 것을 걱정한다(*The Complete Poetry and Essential Prose*, pp. 100-110).

8 예를 들면 셰익스피어의 후기 희곡들에서도 그렇게 기능하는데, 이런 희곡은 젊은 여주인공―이노젠, 마리나, 퍼디타, 미란다―의 동정 보존에는 관심이 큰 반면, 그들에게 구애를 하는(그래서 결국 결혼을 하는) 젊은 남자들의 동정에는 관심이 거의 없다.

9 Milton, *An Apology for Smectymnuus*, 1642, in *Milton on Himself: Milton's Utterances upon Himself and His Works*, p. 81; in Edward Le Comte, *Milton and Sex*, p. 18.

10 젊은 독자 시절에도 자신이 가장 존경하는 작품에 나타난 시의 솜씨와 그 작품이 표현하는 가치를 확고하게 구분하는 법을 스스로 익혔다고 밀턴은 말했다. 만일 순결을 훼손하려고 위협하는 것이 나타나면 그는 어떻게 대응할지 알았다. "그들의 예술에는 여전히 갈채를 보냈지만, 그 사람에 대해서는 개탄했다"(*Milton on*

Himself: Milton's Utterances upon Himself and His Works, p. 78). 그리고 그가 가장 존경하는 사랑의 시인들—단테와 페트라르카—은 한번도 일탈의 죄를 짓지 않았다. 물론 문제는 시가 말을 건네는 여자들인 베아트리체와 라우라가 그들이 연애시를 쓸 때는 둘 다 죽은 몸이었다는 것이다. 현실의 삶에서와 마찬가지로 시에서도 살아 있는 사람에 대한 욕망은 완전히 다른 문제이다.

11 Milton, *Areopagitica*, in *The Complete Poetry and Essential Prose*, p. 950. 갈릴레오는 1633년에 유죄 판결을 받은 이후로 계속 갇혀 있었다.

12 Helen Derbyshire, *The Early Lives of Milton* (London: Constable & Co., 1932), pp. 56-57에 실린 이야기를 보라. Lewalski, *The Life of John Milton: A Critical Biography*, p. 91에 인용되어 있다.

13 물론 밀턴의 성적 관심이 다른 데에 있었을 수도 있다. Chalres Diodati에 대한 사랑의 표현에는 분명히 에로틱한 강렬함이 있는데, 그는 이 젊은 남자의 아름다움에 끌렸다고 고백했다. 피렌체에서는 재능 있는 열아홉 살짜리 과학자와 곧바로 우정을 나누게 되었는데, 그의 이름 Carlo Dati가 영국에 있는 친구의 이름을 떠올리게 한다는 점은 눈에 금방 들어온다. 이탈리아에서는 틀림없이 이성애적 관계만이 아니라 동성애적 관계에까지 성적 흥분의 분위기가 확대되고 또 실제로 기회도 많았을 것이다. 그러나 "추잡하고 분별없는 죄의 행동"이 영적이고 창조적인 삶에 위협이 될 것이라는 밀턴의 불안은 남자와 벗할 때에도 중단되지 않았을 것이다.

14 Lewalski, *The Life of John Milton: A Critical Biography*, p. 99에서 인용. "그는 종교에 관하여 자유롭게 논쟁을 할 뿐 아니라, 어떤 경우에든 로마 교황에 반대하여 아주 신랄한 소리를 지껄였다." 루터파 성직자의 딸과 사귀어 사생아 둘을 둔 헤인시우스는 밀턴의 도덕적 고결함에 원한을 품은 개인적인 이유가 있었을지도 모른다.

15 Milton, *Defensio Secunda*, in *Complete Prose Works of John Milton*, vol. 1, p. 609.

16 국왕의 열렬한 지지자들인 이 교회의 고위 성직자들은 명목상으로는 프로테스탄트이지만, 밀턴이 보기에는 이탈리아에서 보았던 부패한 로마 가톨릭 고위 성직자들과 오만만이 아니라 신학에서도 거의 구별이 되지 않았다.

17 조롱삼아 쓰던 이 말은 밀턴이 이해한 대로, 진실의 핵을 담고 있었다. 이 사람들은 실제로 영국을 『성서』속 기독교의 순수성(purity)과 그 신성한 기원을 이어받을 자격을 갖춘 교회로 돌아가게 하겠다고 결심하고 있었기 때문이다.

18 의회는 국왕이 스코틀랜드 장로교도—주교와 성공회 전례에 반대하여 반란을 일으켰다—와 벌이는 전쟁을 지원하기 위해서 요구한 자금을 승인하는 것을 거부했다. 찰스는 의회의 동의 없이 통치하려고 했지만, 그의 핵심 자문인 스트래퍼드 공작이 반역 혐의로 재판을 받고 처형되었다. 국왕은 타협을 혐오하여 계속 자신의 계획을 실행에 옮기려고 했지만, 규율이 잡힌 스코틀랜드인은 수적으로 열세였음에

도 훈련과 자금이 부족한 영국군을 완파했다.

19 *Animadversions upon the Remonstrants Defence, Against Smectymnuus,* in Milton, *Complete Prose Works of John Milton,* vol. 1, p. 655.

20 John Milton, *An Apology for Smectymnuus,* in *Complete Prose Works of John Milton,* vol. 1, p. 900.

21 그는 구문적으로 복잡하고 멀리 에두르는 특유의 한 산문에서 이렇게 말했다. "본성의 어떤 훌륭함, 정직한 오만, 그리고 과거의 나, 또는 나였을 수도 있는 것에 대한 자존심(질투하는 자들은 그것을 자만이라고 부르겠지만), 그리고 마지막으로 겸손, 이것은 속표지에는 없지만, 여기에서는 내가 어울리는 고백을 약간 해도 용서를 받을 수 있을 것 같은데, 어쨌든 이 모든 것들이 본성의 지원을 받아 내가 여전히 정신의 저 저열한 몰락으로 가지 않게 해주었는데, 그들은 그런 몰락의 상태에서 낙담하고 몸을 던져 매매 가능하고 법에 어긋나는 매춘에 동의하게 된다"(*Apology for Smectymnuus,* in *Complete Prose Works of John Milton,* vol 1, p. 890).

22 어떻게 이렇게 황급하게 결혼이 이루어지게 되었는지는 분명하지 않다. 주요 정보원은 밀턴의 조카이자 그가 집에서 가르쳤던 소년 가운데 하나인 Edeard Phillips이다. Phillips는 당시 열두 살이었는데, 50년 뒤에 그 놀라운 사태 전환을 이렇게 회고했다.

> 성령강림절 주간이나 그 얼마 뒤였는데, 그는 시골로 여행을 갔다. 주위의 누구도 이유를 확실히 몰랐거나, 아니면 그냥 여흥을 위한 여행일 뿐이었다. 그는 독신남으로 갔다가, 한 달간 머문 뒤에 결혼한 남자가 되어 돌아왔다. (Edward Phillips, "The Life of Milton," in *John Milton: Complete Poems and Major Prose,* Merritt Y. Hughes 편, p. 1031)

아마 밀턴 자신도 똑같이 놀랐을 것이다.

23 *Apology for Smectymnuus,* in *John Milton: Complete Poems and Major Prose,* Merritt Y. Hughes 편, p. 695. 밀턴은 오래 전부터 「요한계시록」의 한 장면을 생각해왔다. 하늘에서 나는 소리가 "많은 물소리와도 같고 큰 우렛소리와도 같고," 그 영광스러운 소리에 대한 화답으로 들은 "소리는 거문고 타는 자들이 그 거문고를 타는 것 같더라. 그들이 보좌 앞과 네 생물과 장로들 앞에서 새 노래를 불렀다"(14:2-3). 이 장면에 나오는 구원받은 자들의 노래를 부르기를 갈망하던 밀턴은 "여자와 더불어 더럽히지 아니하고 순결한 자"(14:4)들만이 그것을 부를 수 있다고 읽었다. 그렇다면 결혼한 남자는 이 합창단에서 배제될까? 밀턴은 아니다, 올바르게 생각하는 기독교인은 절대 그런 결론을 끌어낼 수 없다고 선언했다.

24 성공회의 결혼식은 결혼은 "인간이 순수하던 시기에 하느님이 제도로 만든 명예로운 자산"이라고 선언한다(Brian Cummings, *The Book of Common Prayer,* p. 434).

25 John Aubrey, *Brief Lives*, p. 20.

26 밀턴의 조카는 이렇게 말했다. 파월 집안은 "의견이 자신들과 반대인 사람과 집안의 장녀를 짝지어준 것을 후회하여, 언제든 궁정이 다시 세상을 다스릴 때 그것이 그들의 가문(家紋)이 붙은 방패에 오점이 될 것이라고 생각했다.

27 근처의 터넘 그린 역이 아니라, 치스윅 파크라고 부르는 지하철역으로, 이 역이 전투 현장에서 가장 가깝다.

28 밀턴은 결혼하고 나서 불과 몇 주일 뒤에 아내에게 버림받고 그녀의 가족에게 냉대를 당하고 나서 정상생활로 돌아가기로 결심했다. 그는 가르치는 학생 수를 늘리면서, 영국 교육체계를 개혁하기 위한 기초 역할을 할 수 있기를 바라는 마음에, 새로운 과정의 학습을 고안하여 실행에 옮겼다. 그의 목표는 그답게 수수한 것이 아니었으며, 역시 그답게 그것을 설명할 때에 저 멀리 아담과 이브까지 거슬러 올라갔다. 그는 자신이 제안하는 교과과정을 묘사하는 소책자에 이렇게 썼다. 교육의 궁극적 목적은 "우리 첫 부모가 망친 것을 복구하는 것이다"(*Of Education*, in *Complete Prose Works of John Milton*, 2: 366).

29 "나는 마침내 이 중상이 난무하는 거친 세계에 뛰어들기로 결심했다." 그는 자신의 성급한 모험에 관해서 생각하며 썼다. "하느님은 내가 감히 이 냉대하는 세상에 맞서 올바른 대의를 홀로 내세울지 시험하려고 하셨고, 내가 그렇게 한다는 것을 알게 되었던 것 같다"(Milton, *Judgment of Martin Bucer, Concerning Divorce*, in Milton, *The Divorce Tracts of John Milton*, p. 203).

30 카타리나가 헨리의 사망한 형 아서와 먼저 결혼했기 때문에 교회법에 따라서 두 사람의 결합은 법적으로 무효가 된다는 것이었다.

31 결혼의 완성에 이르기를 거부하거나 그렇게 하지 못하는 것이 무효의 근거는 될 수 있었지만, 밀턴이 이 문제를 한번도 제기하지 않았듯이, 이 점은 여기에서는 문제가 아니었던 것으로 보인다. 물론 결혼을 완성시킬 수 없는 남편, 또는 아내에게서 동침을 단호히 거부당한 남편이 그런 사실을 널리 알리지 않는 쪽을 택할 수도 있다. 하지만 밀턴이 이혼 소책자에서 불행한 결혼에서 이루어지는 성교의 불쾌함에 관해서 묘사한 것 ―"기쁨이 없는 굴욕적인 교합이라는 방앗간에서 빻음질을 하는 것"(*Doctrine and Discipline of Divorce*, in *The Divorce Tracts of John Milton*, p.118)―은 실제로 발생한 일, 아니 그에게 그렇게 느껴진 일을 암시할 가능성이 높다.

32 7년의 부재 뒤에 버림받은 남편이나 아내는 사라진 배우자가 죽은 것으로 판결해 달라는 청원을 할 수 있었지만 여기에는 위험이 있었다. 아내가 재혼을 했는데 그런 배우자가 돌아와서 자신의 자리를 요구할 위험이었다.

33 밀턴은 이미 이혼 문제에 관하여 생각을 해본 적이 있는데, 이것은 퓨리턴의 동반

자적 결혼에 대한 일반적 관심에 함축되어 있었다. 하지만 어떤 지속적인 방식으로 진지한 주장을 펼친 적은 없었다.

34 *Doctrine and Discipline of Divorce*, in *The Divorce Tracts of John Milton*, p. 95. 관습은 "가장된 학식이라는 큰 얼굴을 불건강하게 부풀어 오르게 하여" 속기 쉬운 남녀를 위협한다고 밀턴은 썼다. 제정신을 가진 사람이라면 "어리석고 악의적인 수사들의 압제"에 유순하게 굴복하지 말아야 한다. 수사들은 억압적 체계 전체를 구축했다. 그들은 성급하게 독신생활을 맹세했는데, 그것을 견딜 수가 없었기 때문에 "혼인에 씌울 새로운 차꼬를 발명했으며, 이것에 의해서 세상은 더 방종하게 되고, 수사들 또한 전체적으로 느슨한 상태에서 더 수월하게 죄를 지을 수 있다"(*Judgment of Martin Bucer, Concerning Divorce*, in *The Divorce Tracts of John Milton*, p. 201). 즉, 순결이라는 굴레를 질 수 없기 때문에 불만을 품은 성직자들은 결혼한 보통의 주민들이 비참해지면 성적 모험을 할 기회가 더 늘어날 것임을 알았다는 말이다.

35 바리새인들이 당시 예수에게 이혼을 허락하는 모세의 율법(「신명기」 24:1과 다른 곳)을 어떻게 생각하느냐고 물은 것은 충분히 합리적인 일이었다. 구세주의 응답은 단호하고 비타협적이었던 것처럼 보인다. "내가 너희에게 말하노니 누구든지 음행한 이유 외에 아내를 버리고 다른 데 장가 드는 자는 간음함이니라"(「마태복음」 8-9).

36 "우리 구세주의 교의는, 모든 계명의 목적, 그리고 이행은 사랑이다라는 것이다"(Milton, *Tetrachordon*, in *The Divorce Tracts of John Milton*, p. 291).

37 *Tetrachordon*, p. 254.

38 밀턴은 스스로 "친밀하게 말을 나누는 조력자, 기꺼워하고 소생시켜주는 친구"라고 부를 수 있는 것을 찾고자 하는 희망과 기대를 안고 결혼했다 ―거의 모두가 그러하듯이. 그는 그것이 타락 전 아담을 위한 결혼의 핵심이었으며, 타락 이후 훨씬 가혹하고 훨씬 고통스러운 세계, 따라서 우리가 얻을 수 있는 모든 도움과 친밀함을 동원할 필요가 있는 세계에 태어난 우리 모두에게 더욱더 중요한 핵심으로 떠오른다고 생각했다. 엉뚱한 사람과 결혼하는 것은 재난이다. 밀턴은 이렇게 썼다. "우연히 말이 없고 영이 없는 짝을 만나 실패하는" 사람은 자신에게 일어난 일을 돌아보며 "전보다 더 외로운 상태에 빠지게 된다"(*Doctrine and Discipline of Divorce*, in *The Divorce Tracts of John Milton*, pp. 113-14). *Tetrachordon* in 같은 책, pp. 256-57 참조. 결혼은, "계속 싫고 못마땅한 마음이 들게 될 경우, 우리를 버림받은 심한 외로움보다 더 나쁜 상태에 빠뜨린다."

39 디오다티가 밀턴에게 보낸, 그리스어로 쓴 편지 두 통이 남아 있는데, 둘 다 대화에 관해서 깊이 생각하는 내용이 담겨 있다. 디오다티는 한 편지에서 말한다. "나는 너와 함께 하기를 무척 원해서, 그런 갈망 속에서 내일은 좋은 날씨와 차분함, 그리

고 모든 것이 황금빛일 것이라고 꿈을 꾸고 거의 예언을 해. 우리가 철학적이고 학식 있는 대화를 마음껏 즐길 수 있도록 말이야." 그는 남아 있는 다른 편지에서는 이렇게 말한다. "현재의 생활방식에서 대화에 능숙한 고상한 영혼이 없다는 한 가지 예외 말고는 아무런 불만이 없어"(*The Complete Poetry and Essential Prose of John Milton*, p. 767).

40 *Doctrine and Discipline of Divorce*, in *The Divorce Tracts of John Milton*, p. 118.

41 같은 책, p. 77. 밀턴이 결혼에서 대화 대신 경험한 증오에 관해서는 p. 49를 보라. p. 115 참조.

42 가장 혹독한 공격 가운데 일부는 밀턴이 동맹자들이 있으리라고 기대했을 수도 있는 곳, 즉 주교들의 불구대천의 원수임을 자임하는 장로교도와 독립교회파 설교자들 사이에서 나왔다. 그런 설교자 가운데 한 사람인 Herbert Palmer는 한 설교에서 의원들에게 "태워 마땅한 사악한 책이 검열도 받지 않고 널리 퍼지고 있다"고 경고했다. 다른 사람은 밀턴을 "과도한 욕정을 풀어놓기 위해서 결속을 느슨하게 만드는 이혼 소책자"의 저자라고 공격했다(*The Divorce Tracts of John Milton*, pp. 52, 78). Gordon Campbell and Thomas N. Corns, *John Milton: Life, Work, and Thought*, pp. 165-67을 보라. 인류의 공적 은인 가운데 한 사람으로 찬양받겠다는 그의 공상(*Doctrine and Discipline of Divorce*, p. 42)은 그것으로 끝이었다.

43 *An Answer to a Book, Intituled, The Doctrine and Discipline of Divorce*, in Milton, *The Divorce Tracts of John Milton*, p. 430.

44 그의 비판자들은 밀턴이 천천히 시간을 들여 결혼하기로 한 여자와 미리 사귀었어야 했다고 말한다. 만일 그가 이제 와서 그녀의 대화 능력이 마음에 들지 않는다면, 밖에 나가 이야기를 할 더 적당한 사람을 찾을 수도 있다. "몸만 건드리지 않는다면"(434) 다른 여자라도 상관없다. 그러나 결혼을 해소하고 다른 여자를 취할 수는 없다. 이런 행동의 사회적 결과는 분명히 엄청날 것이기 때문이다. "매주 욕정이 많고 호색적인 남자들이 얼마나 많이 아내와 이혼하고 다른 여자와 결혼할 것인지 보지 못하는가. 이렇게 되면 누가 이혼에서 남은 아이들을 돌보겠는가? 때로는 아이를 아내의 뱃속에 남겨두고 이혼할 수도 있는데"(Gordon Campbell and Thomas N. Corns, *John Milton: Life, Work, and Thought*, p. 166에 인용). 교구에 도움을 요청할 수밖에 없는 그 버려진 아내와 젖먹이들을 생각해보라, 이혼의 적들은 경고했다.

45 *Tetrachordon*, in *The Divorce Tracks of John Milton*, p. 255.

46 *Colesterion*에 나오는 모든 욕.

47 "나는 그들의 차꼬를 벗어버리라고 시대에 촉구한 것뿐이었다." 그는 미발표 소네트에서 그렇게 썼다. 물론 마음대로 돌아다니지 못하도록 구속된 짐승처럼 차꼬에

얽매인 것은 일반적 "시대"만이 아니었다. 밀턴 자신도 자신의 자유를 회복할 수 없었다. 올빼미와 뻐꾸기, 나귀, 원숭이, 개가 그를 덫에 가두었다.

48 Leonard Philaris에게 쓴 편지, 1654년 9월 28일, Lewalski, *The Life of John Milton: A Critical Biography*, p. 181에서 인용.

49 *The Reason of Church Government* in *Complete Prose Works of John Milton*, vol.1, p. 784를 보라. "무기력한 교리에 의해서, 또는 아무런 교리 없이 사람들에게 영혼의 무감각하고 냉랭한 어리석음, 정신의 무기력한 맹목성을 가져오는 것이······분열을 막는 것이라면, 그들[성직자 검열관들]은 정말로 분열을 막고 있다······치명적인 중풍이 어떤 사람에게 내가 이렇게 당신을 꿰매는 수술과 통증으로부터 자유롭게 해주고 있다 하고 자랑할 때와 같이 허울 좋은 구실로." 밀턴은 결론을 내렸다. "교회의 검열로부터 모든 사법권을 완전히 박탈해야" 한다.

50 *Areopagitica*, in *The Complete Poetry and Essential Prose of John Milton*, p. 930.

51 이것은 그의 공적 입장만의 문제가 아니었다. 밀턴은 자신의 개인적 행복에 대한 희망도 묻어버리지 않겠다고 결심했다. 그는 더 큰 새 집—이제 80대에 들어선 아버지를 그곳으로 모셔오려고 했다—으로 이사하여 새 학생들을 받을 계획을 세웠다. 그의 조카에 따르면, 그는 "뛰어난 재치와 창의성"이 있는 어느 기혼녀와 벗하며 저녁을 보내기 시작했다. 이 여자는 Lady Margaret Lee로, 그는 그녀에게 찬사의 소네트를 썼다. 핵심은 밀턴이 간통 관계를 가졌다는 것이 아니다. 그의 도덕적 고결성을 생각할 때에 그것은 가능성이 희박하다. 오히려 그는 논쟁의 적들이 오직 다른 남자와 벗할 때에만 찾을 수 있다고 말한 "대화의 유쾌함"을 적당한 여자에게서 발견할 수 있다는 것을 자신에게 증명하려고 했던 것 같다. 더욱이 그의 조카는 밀턴이 실제로 이 시기에 "아주 잘 생기고 지혜로운 숙녀"에게 결혼을 제안했으나, 그녀는 이 제안을 "싫어했다"고 썼다. 그녀가 싫어한 것도 놀랄 일이 아니었다. 밀턴은 자신에게(또 그녀에게) 자신이 이혼 상태라고 자유롭게 선언할 수 있다고 말했을지 모르지만, 세상은 그의 재혼을 중혼으로 볼 것이었기 때문이다.

52 공격과 반격의 몇 달 동안 쌓여가던 분노가 끓어넘쳤다. 실수로 승자들의 손에 넘어간 왕당파군은 학살당했다. 포로가 된 부인과 정부들은 돈이나 보석을 주고 자유를 샀지만—약탈한 물품이 금으로 10만 파운드에 맞먹는 것으로 간주되었다—국왕의 진영에 있던 가난한 창녀나 하녀들 100명 이상이 난도질을 당해서 목숨을 잃었다(C. V. Wedgwood, *The King's War: 1641-1647*, pp. 427-28 참조).

53 당시 열다섯 살이었던 그의 조카는 오직 추측일 뿐이라고 스스로 인정하는 이야기를 한다. "그는 아마도 처음에는 혐오와 거부의 태도를 좀 보였을 것이다. 그러나 한편으로는 분노와 복수를 유지하는 것보다는 화해 쪽으로 기우는 너그러운 천성 때문에, 또 한편으로는 양쪽의 친구들의 강한 중재 때문에 곧 사면령을 내리고 미래

를 위한 군건한 평화 동맹을 맺었다"(Edward Phillips, in Hughes, *John Milton: Complete Poems and Major Prose*, p. 1032).

54 밀턴의 초기 익명의 전기작가는 메리가 나중에 어머니가 "주제넘게" 굴도록 자신을 부추겼다고 비난했다(William Riley Parker, *Milton: A Biography*, 2: 864).

55 이것은 1559년 「공동 기도서(Book of Common Prayer)」에 사용된 구절이다. 1662년 「공동 기도서」에는 "진정 죽음이 우리를 갈라놓을 때까지"로 수정되었다. Cummings, *The Book of Common Prayer: The Texts of 1549, 1559, and 1662*를 보라.

56 Parker, 2: 1009. 출생의 정확한 날짜와 시간을 적어놓는 것은 관습이었지만 —아마 정확한 점을 치기 위해서 요구되었던 기록 습관의 잔존물로 점성술을 믿지 않는 사람에게까지 영향을 주었을 것이다 —보통의 인간적 유대를 맺었다면 애도하는 남편은 아내가 세상을 떠난 실제 날짜를 기록하지 않을까? 가장 박식하고 또 밀턴을 존경하던 그의 현대 전기작가들 가운데 한 사람은 메리가 자기 앞에 무릎을 꿇은 순간 밀턴은 자신이 그녀를 여전히 사랑하고 있다는 것을 깨달았다고 믿고 싶었다 (Parker, *Milton: A Biography*, 1: 299). 나에게는 매우 가능성이 낮아 보이지만, 뭐더 이상한 일도 일어나고는 했으니까. 그러나 이 기록의 경우 밀턴의 모호함은 소원한 관계의 표시가 아니었을지도 모른다. 세상의 이야기가 끝난 죽은 자에게나 앞으로 나아가야 할 산 자에게나 정확성은 그렇게 중요해 보이지 않았던 것인지도 모른다. 메리의 죽음 직후 15개월 된 아들 존의 죽음이 뒤따랐고, 『성서』 항목에 밀턴은 다시 세부사항을 모호하게 적었다. "그리고 내 아들은 자기 어머니 여섯 주일 뒤에"(Parker, 2: 1014).

제 10 장 낙원의 정치

1 "……예속은 하느님의 뜻에 반한 인간의 불의하고 악한 억압에서 시작되었다. 하느님은 농노를 창조하는 것이 좋았다면 틀림없이 세상이 시작될 때에 누가 농노가 되고 누가 영주가 될지 지정해주었을 것이다." 존 볼이 했다고 하는 이 말에, 그의 귀족 출신인 적 Thomas Walsingham은 주목했다. Albert Friedman, "'When Adam Delved…': Contexts, of an Historic Proverb," in Benson, *The Learned and the Lewd*, pp. 213-30. 또 Steven Justice, *Writing and Rebellion: England in 1381*도 참조. 첫 인간들의 본성을 일깨우는 볼의 말은 점점 더 널리 유포되었지만, 또 반드시 반란을 불러일으키는 것은 아니었다. 그것은 그냥 겸손해지라는 요구가 될 수도 있었다. Owst는 도미니크 수도회의 Bromyard를 인용한다.

모든 것이 똑같은 첫 부모에게서 내려왔으며, 모든 것이 똑같은 진흙에서 나왔다. 하느님이 귀족을 금으로 만들고 천민을 진흙으로 만들었다면, 귀족은 자랑을 할 만한 근거가 있을 것이다……진정한 영광은 어떤 것이 시작된 기원이나 출발점에 달려 있는 것이 아니라, 그 자신의 상태에 달려 있다. (G. R. Owst, *Literature and Pulpit in Medieval England*, p. 292에서 인용)

2 Robert Everard, *The Creation and Fall of Adam Reviewed*. 이것과 George Fox에 대한 참조와 관련하여 Dr. Stephen Hequembourg에게 감사한다.

3 *The Journal of George Fox*.

4 Thomas Traherne, "Innocence," in Thomas Traherne, *Centuries, Poems, and Thanksgiving*, H. M. Margoliouth 편, 2 vols. (Oxford: Clarendon Press, 1958), 2: 18. *Centuries* 3:1 참조: "낙원의 아담도 어린 시절의 나보다는 더 달콤하고 재미있게 세상을 이해하고 있지는 않았을 것이다"(1: 110).

5 *Of Prelatical Episcopacy*, in *Complete Prose Works of John Milton*, 1: 625.

6 "첫 사람이 먹는 사과는 사과라고 부르는 하나의 열매나 그 비슷한 열매가 아니라, 창조된 모든 것이다"(Gerrard Winstanley, *New Law of Righteousness*, in *The Works of Gerrard Winstanley*).

7 Winstanley, *Fire in the Bush*, in *Works*, p. 220. 이 시기의 아담에 대한 다양한 비전에 관해서는 Julia Ipgrave, *Adam in Seventeenth Century Political Writing in England and New England*와 Joanna Picciotto, *Labors of Innocence in Early Modern England*를 보라.

8 Winstanley, *New Law of Righteousness*, in *Works*, p. 184. 존 볼의 급진주의에 뿌리를 둔, 에덴에 대한 이런 "공산주의적" 해석은 아담에게서 첫 족장, 토지 소유자, 통치자를 본 보수적 해석과 부딪히면서 17세기 영국에서 큰 논쟁이 되었다. Robert Filmer, *"Patriarcha" and Other Political Works*, ed. Peter Laslett(New York: Garland, 1984)을 보라. "아담이 창조에 의해서 온 세상에 대해 가지게 된 지배권, 족장들이 그로부터 물려받아 누리게 된 지배권은 창조 이후 존재했던 군주의 가장 절대적인 주권만큼이나 크고 넓다"(p. 58).

9 *The Reason of Church Government* in Milton, *Complete Poems and Major Prose*, Hughes 편, p. 662.

10 가장 강한 혐오의 대상이었던 올리버 크롬웰은 사형 영장에 서명을 하고 그 뒤에 이어진 공화국에서 중심 기둥 역할을 했지만, 1685년에 죽는 바람에 왕당파가 할 수 있는 보복에는 한계가 있었다. 그럼에도 왕당파는 할 수 있는 일을 했다. 그들은 웨스트민스터 수도원의 무덤에 묻혀 2년 동안 썩어가던 크롬웰의 주검을 파내서 썰매에 얹은 채 런던 거리를 끌고 다녔다. 국왕을 재판한 법정의 재판장이었던 존 브래드쇼, 크롬웰의 사위이자 의회군 장군인 헨리 아이어턴의 썩어가던 주검도 함께 끌고 다녔다. 왕의 처형 기념일에는 이 세 주검을 비계에 높이 올려 목을 매달았다. 밤이 오자 유해—이제 두 번 죽은—의 목을 잘라 아무런 표시 없는 구덩이에

던졌다. 머리는 창에 꽂아 왕이 재판을 받았던 웨스트민스터 홀에 두어, 이곳에서 몇 년 동안 섬뜩한 경고문 역할을 하게 했다.

11 가장 중요한 친구는 밀턴의 조수 출신인 시인 Andrew Marvell이었던 것으로 여겨진다. 그는 헐 출신의 의원으로 의회에서 일하고 있었다. 시인이자 극작가 William Davenant도 밀턴을 보호하는 일을 거들었다고 주장했다. 오래 전에 왕당파인 Davenant가 반역죄로 고발당해 탑에 갇혔을 때, 당시 권력을 쥐고 있던 밀턴이 개입하여 그의 생명을 구하는 데에 도움을 준 적이 있었다.

12 Jonathan Richardson, in Parker, *Milton: A Biography*, 1: 577에 나온다.

제 11 장 현실이 되다

1 이런 뒷이야기의 발전에 관한 여러 논의 가운데 Neil Forsyth, *The Old Enemy: Satan and the Combat Myth* (Princeton: Princeton University Press, 1987), 그리고 최근 것으로는 Dallas G. Denery II, *The Devil Wins*를 보라.

2 여기서 "생기는" 것이라는 말은 흡수되지 못하고 몸을 통과하여 배설되어야 하는 음식을 가리킨다. 밀턴은 동산에서 아주 달콤한 냄새가 났다고 주장하지만, 이 결과에 관해서는 직접 추측을 해보지 않았다. 그러나 루터는 했다. 그는 이렇게 썼다. "non fuit foetor in excrementis," 즉 에덴에서 배설물은 악취가 나지 않았다(Kurt Flasch, *Eva e Adamo: Metamorfosi di un mito*, p. 111, n. 27에서 인용). "내가 사랑하는 「창세기」"라는 표현을 썼던 루터는 평생 많은 시간을 바쳐 주석과 해석 작업을 했다. Theo M. M. A. C. Bell, "Humanity Is a Microcosm: Adam and Eve in Luther's Lectures on Genesis (1535-45)," in *Out of Paradise: Eve and Adam and Their Interpreters*, Bob Becking and Susanne Hennecke 편(Sheffield, UK: Sheffield Phoenix Press, 2011)을 보라.

3 Yebamoth 63a. 『미슈나(*Mishnah*)』(기원전 1세기와 2세기에 편찬)의 일부인 Yebamoth, 즉 가족법 소책자는 「신명기」 23:5와 7-9에 대한 주석에서 시작한다.

4 Genesis 2:23, from *The Five Books of Moses*, Robert Alter 역. 이 번역은 "이것"의 강조를 흠정판보다 더 잘 포착하고 있다.

5 Alexander Ross, *An Exposition on the Fourteen First Chapters of Genesis, by Way of Question and Answer*, p. 26.

6 허리를 구부리고 볼 때, 바로 맞은편
물의 어렴풋한 빛 속에서 한 형체가 나타나
허리를 구부리고 나를 보았고, 내가 놀라 뒤로 물러서자,
그것도 놀라 뒤로 물러섰지만, 곧 나는 기뻐서 돌아왔고,
그러자 곧 그것도 기뻐서 돌아오며 공감과 사랑의

표정으로 응답했어요. (4:460-65)

7 밀턴이 원한을 풀고 새로 더 깊은 감정적 유대를 맺었을지도 모른다는 한 가지 증거
—여전히 모호하기는 하지만—가 있다. 그가 쓴 가장 감동적인 서정시는 죽은 아
내—"그에게 시집왔던 죽은 성자"—가 무덤에서 자신에게로 돌아온 것을 본 꿈을
노래한 소네트일 것이다(John Milton, "Sonnet XX III," in Milton, *Complete Poems
and Major Prose,* p. 170).

> 그리고 그렇게, 또 한 번 나는 아무런 제약 없이
> 천국에 있는 그녀를 온전히 본 것으로 믿노니,
> 그녀는 그녀의 마음처럼 순수하게, 하얀 옷을 입고 왔더라
> 얼굴에는 베일을 썼지만, 내 상상에서는
> 그녀의 사랑, 달콤함, 선함이 아주 맑게 빛나
> 어떤 얼굴에서도 그런 기쁨은 보지 못했지.
> 하지만 오 그녀가 나를 안으려고 몸을 기울이자
> 나는 잠을 깼고 그녀는 달아났네, 낮은 내 밤을 다시 불러오고.

오래 전부터 "그에게 시집왔던 죽은 성자"는 시인의 두 번째 부인 캐서린이라고
가정되어왔지만, 20세기 중반 밀턴의 위대한 전기작가 William Riley Parker는 문제
의 부인이 틀림없이 메리였을 것이라고 주장했다. 캐서린과 결혼했을 때는 밀턴이
이미 눈이 멀었다는 점에 Parker는 주목한다. 그는 "또 한 번" 천국에 있는 그녀를
온전히 보기를 바랄 수가 없었다는 것이다. 그것은 그가 한때 그렇게 기쁜 마음으로
그 얼굴을 바라보던 메리였다. 이 가느다란 실마리를 근거로 메리에 대한 밀턴의
사랑이 부활했다는 자신 있는 이야기를 구축한다.

제12장 아담 이전 사람들

1 라 페이레르는 자신의 *A Theological System*(London, 1655) 서문에서 세계가 아담과
함께 시작하지 않았다는 "자연스러운 의심"을 자세히 이야기한다. 이런 의심은 다
른 민족들에 대한 더 오래된 이야기들로부터 생긴다. 또한 어린 시절에 「창세기」
의 카인 대목에서 그가 들에 있을 때 동생을 죽이는데 아무도 발견하지 못하도록
도둑처럼 주의 깊게 그 일을 하는 부분, 동생의 죽음으로 벌을 받을까 두려워하는
부분, 마지막으로 조상들로부터 멀리 떨어진 곳에서 아내와 결혼하고 도시를 건설
하는 부분에 관한 이야기를 듣거나 읽을 때"도 생겨났다라고 그는 말한다.

2 이 그룹에는 Blaise Pascal, Marin Mersenne, Pierre Gassendi, Hugo Grotius, Thomas
Hobbes 등의 지적 거인들이 포함된다.

3 "*Ellos andan todos desnudos como su madre los parió; y también las mugeres.*" The
"Diario"of Christopher Columbus's First Voyage to America, 1492-1493, pp. 64-65.

4 H. W. Janson, *Apes and Ape Lore in the Middle Ages and the Renaissance* (London: Warburg Institute, 1952) 참조.

5 Stephen Greenblatt, *Marvelous Possessions*, pp. 78-79 참조.

6 Jean Delumeau, *History of Paradise*, pp.156-57.

7 그는 이렇게 말했다. "이교도가 말하는 엘리시움의 들판이 아니라 가톨릭으로서의 지상 낙원이 거기에 자리잡고 있었다"(*no los Campos Elíseos, como los gentiles, sino, como católico, el paraiso terrenal*). Las Casas, *Historia de las Indias* II: 50, in Santa Arias, "Bartolomé de las Casas's Sacred Place of History," in Arias 등, *Mapping Colonial Spanish America*, p. 127.

8 Las Casas, *A Short Account of the Destruction of the Indies*, p. 9. "나는 이 사람들에 게서 빛나는 타고난 선함에 큰 감명을 받아 다음과 같이 감탄하는 이야기를 하는 스페인 평신도를 여러 번 만났다. '이들은 기독교로 개종할 기회만 주어진다면 세상 에서 가장 복 받은 사람들이 될 것이다'"(pp. 10-11).

9 Woodrow Borah and Sherburne F. Cook, *Essays in Population History* 참조.

10 "죽은 사람을 먹는 것보다 산 채로 먹는 것이 더 야만적이라고 생각한다." 몽테뉴 는 에세이 "Of Cannibals"에서 말한다. "죽은 뒤에 구워 먹는 것보다, 아직 감정이 가득한 몸을 고문과 고통으로 찢고, 사람을 조각조각 굽고, 개와 돼지에게 물고 찢 게 하는 것(최근에 읽거나 보아서 기억이 생생한데, 오랜 원수들 사이에서만이 아니 라 이웃과 같은 시민들 사이에서도, 또 더 심각한 것으로 신앙과 종교를 구실로)이 더 야만적이라고 생각한다"(Montaigne, "Of Cannibals," in Montaigne, *The Complete Essays of Montaigne*, p. 155). 몽테뉴는 프랑스 '종교전쟁들'의 잔학상을 말하고 있 는 것인데, 그와 그의 시대의 많은 사람들은 이것 때문에 종교적 정통성을 누리는 교의에 대한 믿음이 흔들리게 되었다. 그의 에세이의 마지막이 원주민의 벌거벗은 상태에 관한 아이러니 섞인 농담으로 끝나는 것이 눈에 두드러진다. "이 모든 것이 그리 나쁘지 않다 ─하지만 무슨 소용이 있는가? 그들은 바지를 입지 않는데"(159).

11 Matthew Hale, in Almond, *Adam and Eve in Seventeenth-Century Thought*, 49. 비슷 한 것으로, La Peyère, *Two Essays Sent in a Letter from Oxford to a Nobleman in London*을 보라. "서인도 제도, 그리고 남쪽에서 최근 발견된 방대한 지역들에는 아 주 다양한 주민들과 아시아, 아프리카, 유럽에서는 알려지지 않거나 보지 못했던 새로운 동물들이 많은데, 그들의 기원은 최근의 몇몇 저자들이 아는 척하지만 그렇 게 분명하지는 않으며⋯⋯그곳이 풍습, 언어, 습관, 종교, 식단, 예술, 관습에서, 또 네발짐승, 새, 뱀, 벌레에서 지구의 나머지 모든 지역과 다르다는 점 때문에 그들 이 어디에서 파생되었는지는 매우 모호하고 기원은 불확실하다. 특히 흔히 생각하 는 방식, 하나의 작은 지점에서 지구의 모든 식물이 나왔다는 천박한 의견에 따를

경우 그렇다." 이 글이 1695년에조차 익명으로 발표된 것은 놀랄 일이 아니다.

12 그는 말했다. "『성서』는 생존자들이 다섯 세대 만에 지구상의 모든 민족들을 생산했다고 암시한다. 하지만 그들이 정말로 다른 곳은 둘째 치고 중국, 아메리카, 사우스랜드, 그린랜드의 거주자들을 생산할 수 있었을까? 사실 그것으로 유럽의 주민이라도 설명이 될 수 있을까?"(Richard Henry Popkin, *Isaac La Peyrère [1596-1676]: His Life, Work, and Influence*, p. 51에 인용).

13 Lucretius, *On the Nature of Things*, 5: 963-65.

14 Arthur O. Lovejoy and George Boas, *Primitivism and Related Ideas in Antiquity*, p. 149에서.

15 Plato's *Statesman*, in *Primitivism and Related Ideas in Antiquity*, pp. 121-22에 나오는 엘레아 학파의 나그네.

16 Herodotus, *The Histories*, Aubrey de Sélincourt 역, rev. John Marincola (London: Penguin, 1972), 2: 142. 베로소스에 관해서는 Berossus, *The Babyloniaca of Berossus* (Malibu, CA: Undena Publications: 1978)를 보라.

17 Richard Baines, "Baines Note," in BL Harley MS.6848 ff.185-6 (http://www.rey.myzen.co.uk/baines1.htm).

18 *Spaccio della Bestia trionfante* (1584), in *Dialoghi italiani: Dialoghi metafisici e dialoghi morali*, 3판, Giovanni Aquilecchia 편, pp. 797-98; in Popkin, *Isaac La Peyrère*, p. 35.

19 Grotius, Popkin, *Isaac La Peyrère*, p. 6에 인용.

20 영어판 *Men Before Adam*은 *A Theological System*과 함께 묶여 있다.

21 "어떤 저자가 그것을 알아냈는지는 모르나 모세5경은 모세 자신이 쓴 것이 아니다. 그렇게 알려져 있지만 모두 그렇게 믿지는 않는다. 이런 이유들 때문에 나는 그 다섯 책이 원본이 아니라 다른 사람이 베낀 것이라고 믿는다. 그 책에서 모세가 죽었다는 것을 우리는 읽을 수 있기 때문이다. 죽은 뒤에 모세가 어떻게 쓸 수 있다는 말인가? 사람들은 여호수아가 모세의 죽음을 「신명기」에 보탰다고 말한다. 그렇다면 「여호수아」라는 제목의 책에 여호수아의 죽음을 보탠 것은 누구인가?" (Popkin, *Isaac La Peyrère*, pp. 204-5). 모세가 직접 전해주었다는 주장의 문제점을 알아챈 것은 라 페이레르만이 아니었다. 모세의 죽음이 포함되는 바람에 생긴 저자 문제는 오래 전부터 주목을 받았으며, 17세기에는 프랑스의 프로테스탄트 학자 Louis Cappel이 "자신의 시대까지 전해진 히브리어 경전의 다양한 판본 가운데 1,800개의 변종을 셀 수 있었다"(같은 책, p. 50).

22 "『성서』를 여러 번 읽다 보면 그것을 더 일반적으로 받아들일수록 더 큰 오류가 보인다. 이것은 특수한 것으로 이해해야 한다. 즉 모세는 아담을 유대인의 첫 아버

지로 만들었는데 그것을 우리가 과장해서 모든 인간의 첫 아버지로 부른다는 것이다"(in Popkin, *Isaac La Peyrère*, p. 119에서).

23 라 페이레르는 이 주장에 포함된 복잡한 신학을 정리하려고 노력했다. 그는 아담의 죄는 "아담 전에 창조된 그 첫 사람들에게는 소급하여 귀속된다"(Popkin, *Isaac La Peyrère*, p. 46에서)고 말했다. 그 이유는? 그들의 파괴가 아니라 구원을 위해서이다. 그들이 그리스도의 영광과 구원에 참여할 수 있는 것은 오직 그들이 아담의 죄와 유사하게(그는 이렇게 표현한다) 죄를 지었을 경우뿐이기 때문이다. "그들은 멸망하지 않았다면 멸망한 것이다"(47). 그는 또 아담과 이브 이후에는 누구도 그들이 죄를 지은 것과 똑같이 죄를 지을 수 없다고 주장했다. '선과 악의 지식의 나무'를 먹는 것이 가능하지 않았기 때문이다. 그 이후의 모든 죄는 "아담의 죄와 유사한" 것이었다.

24 이미 그로부터 100년 전에 그리스 태생의 도미니크회 수사 Jacob Palaeologus는 로마에서 모든 인간이 아담과 이브의 후손이 아닐 수도 있다고 주장하면서, 유대교, 기독교, 이슬람이 모두 구원에 이르는 정당한 길을 제안하고 있다고 말한 죄로 로마에서 참수를 당했다.

25 Richard Simon 신부가 라 페이레르에게 이 말을 들었다(Popkin, pp. 14 and 181, n. 61에서).

26 문제는 사실 아담과 이브와 현재 사이에 할당된 시간에 사람들이 너무 많다는 것이 아니라 오히려 너무 적다는 것이다. Dominic Klyve, "Darwin, Malthus, Sussmilch, and Euler: The Ultimate Origin of the Motivation for the Theory of Natural Selection"을 보라.

제13장 사그라지다

1 Origen, Almond, *Adam and Eve in Seventeenth-Century Thought,* p. 66에서 인용.

2 Epiphanius, Nicholas Gibbons, *Questions and Disputations Concerning the Holy Scripture*에서 인용.

3 Pierre Bayle (1647-1706). *An Historical and Critical Dictionary. By Monsieur Bayle. Translated into English, with many additions and corrections, made by the author himself, that are not in the French editions,* 4: 2487).

4 "나는 그에게 칼을 사용하라고 말하지 않았다." 베일은 범죄가 저질러진 뒤에 통치자가 그렇게 지껄인다고 상상한다. "반대로 그것을 사용하지 **말라고** 구체적으로 명령했다." 그러나 이런 방어는 무가치하다. 통치자는 그런 환경에 처한 자가 실제로 큰일을 저질러 엄청난 불행을 초래할 것임을 아주 잘 알고 있었기 때문이다. 통치자는 그것을 막을 힘이 있었으나, 알 수 없는 이유로 그렇게 하지 않는 쪽을 택했다.

5 아담과 이브와 그 후손에게 내린 벌이 정당하다고 보는 주장에 관해서, 베일은 이렇게 이야기한다. 당연히 "암살자에게 살인을 저지르는 것을 허락한 뒤에 형거[刑車]에서 찢어 죽이는 것보다는 그가 사람을 죽이는 것을 막는 쪽"이 훨씬 더 낫다(2488). 만일 가장 중요한 기독교의 답이 하느님은 궁극적으로 죄 많은 인류를 구원함으로써 자신의 큰 선을 보여주고 싶어했다는 것이라면, 딜레마는 훨씬 커진다고 베일은 주장한다. 그런 신은 자신의 깁스 솜씨가 아주 훌륭하다는 것을 온 도시에 보여주기 위해서 아들이 ─쉽게 그것을 예방할 수 있었음에도─다리를 부러뜨리도록 놓아두는 아버지와 같을 것이다. 무슨 신이 그러한가?

6 "La meilleure réponse qu'on puisse faire naturellement a la question, *Pourquoi Dieu a-t-il permis que l'homme péchat?* est de dire: *J'en sais rien*"(같은 책, 504). 또다른 각주에서 그는 "자연스럽게"라는 말의 주석을 달았다. 그의 설명에 따르면, 그것은 "계시를 참조하지 않고"라는 뜻이다. 내 생각으로는, 이 말에 아이러니가 있는지 판단하는 것은 불가능하다.

7 Ezra Taft Benson, *The Teachings of Ezra Taft Benson*, pp.587-88.

8 Ralph Waldo Emerson, 1839년 10월 18일 일기, in *The Journals and Miscellaneous Notebooks of Ralph Waldo Emerson*, p. 270.

9 Henry D. Thoreau, *Walden* (Boston: Ticknor & Fields, 1864), chapter 9.

제 14 장 다윈의 의심

1 John Maynard Smith and Eörs Szathmáry, *The Origins of Life*에서 말하듯이 다윈주의는 생명의 발생에 대한 엄격하게 비신학적인 이야기들에 영감을 주었다. 그러나 그런 이야기들이 신앙을 해체하지는 못했다. 예를 들면, Alvin Plantinga, *Where the Conflict Really Lies*, and Berry 등, *Theology After Darwin*을 보라.

2 Merlin Donald, *Origins of the Modern Mind*. "우리는 침팬지와 같은 조상으로부터 갈라져 나온 지 약 500만 년밖에 되지 않았다. 사람속(屬) 안에서 가장 오래된 종은 생긴 지 200만 년도 되지 않았다. 완전한 현생 인류의 가장 오래된 유해는 겨우 5만에서 10만 년 전 것이다"(p. 22).

3 Charles Darwin, *The Descent of Man, and Selection in Relation to Sex* (1871), in *From So Simple a Beginning: The Four Great Books of Charles Darwin*, p. 777. 『성서』의 창조 이야기와 관련하여 다윈의 생각이 미친 영향에 관해서는 John C. Greene, *The Death of Adam: Evolution and Its Impact on Western Thought*를 보라.

4 Lucretius, *On the Nature of Things*, 5:932.

5 1830년대에 찰스 라이엘은 잉글랜드 남부의 굽이치는 언덕을 묘사하면서 말했다. "독자에게 윌드 유역의 물리적 구조를 알려주려면 우리는 독자가 먼저 런던 분지에

서 남쪽으로 여행하고 있다고 상상해야 한다. 제3기층을 떠나면 우선 부드럽게 경사를 그리는 평원을 오를 것인데, 이 평원은 백악 위쪽의 수석질(燧石質)로 이루어져 있다. 이윽고 독자는 내리막이 보이는 정상에 올라가 있게 될 것이다……지질학자는 이 광경에서 해식 절벽과 똑같은 모습을 인식하지 않을 수 없다. 만일 그가 고개를 돌려 반대 방향, 즉 동쪽으로 비치 헤드를 본다면, 똑같은 높이의 선이 길게 이어져 있는 것이 보일 것이다. 지면이 그동안 겪은 변화를 추측하는 데에 익숙하지 않은 사람이라도 넓고 평평한 평원이 조수가 밀려나가고 말라버린 평평한 모래밭을 닮았다고, 또 머리를 내밀고 있는 백악 덩어리들은 만들을 구분하고 있는 해안의 갑이라고 상상할 수 있을 것이다"(Charles Lyell, *Principles of Geology, Being an Attempt to Explain the Former Changes of the Earth's Surface, by Reference to Causes Now in Operation*, 3 vols. [London: J. Murray, 1832], 3: 289-90).

6 Paolo Rossi, *The Dark Abyss of Time*을 보라.

7 Philip H. Gosse, *Omphalos: An Attempt to Untie the Geological Knot*, p. 274.

8 Philip H. Gosse, *Omphalos: An Attempt to Untie the Geological Knot*, p. 274. Philip H. Gosse, *Omphalos: An Attempt to Untie the Geological Knot*, p. 274.

9 *On the Origin of Species* (1859), in *From So Simple a Beginning: The Four Great Books of Charles Darwin*, p. 647.

에필로그

1 침팬지가 '마지막 공통 조상(LCA)'과 닮았다는 다른 논거들 중에는 그들이 고릴라와 형태상 눈에 띄게 비슷하다는 점도 있다. 아마 둘 다 인간과 갈라진 이후로 크게 변하지 않았기 때문일 것이다.

2 Russell H. Tuttle in *Apes and Human Evolution*, p. 576은 이 주장에 이의를 제기한다.

3 이들은 외부자 혐오가 심하기 때문에 근처에 낯선 침팬지들이 탐지되면 서로 달라붙는다. 괴로움과 혐오 때문에 털이 곤두서고 토하거나 설사를 한다. 이것을 직접 보지는 못했지만 Toshisada Nishida, *Chimpanzees of the Lakeshore*, p. 246을 포함하여 많은 과학적 이야기에 묘사되어 있다.

4 고대의 견해들은 주로 원숭이와 비비의 관찰에 기초를 두고 있었을 것이 분명하다. 물론 일찌감치 그들보다 높은 수준의 영장류를 잠깐 보았을 수도 있다. 17세기의 위대한 여행기 수집가 Samuel Purchas는 Andrew Battell이 1607년에 아프리카에서 잡은 것에 대한 이야기를 발표했다. Battell은 원주민이 '퐁고'라고 부르는 "괴물"을 묘사한다. "이 퐁고는 모든 면에서 인간을 닮았지만 덩치는 인간보다는 거인과 비슷하다. 아주 키가 크고 인간 같은 얼굴에 눈은 우묵하며 이마까지 긴 털로 덮여 있

다"("The Strange Adventures of Andrew Battell of Leigh in Essex, Sent by the Portugals Prisoner to Angola," in Samuel Purchas, *Hakluytus Posthumus, or Purchas His Pilgrimes*, 6: 398). Dale Peterson and Jane Goodall, *Visions of Caliban: On Chimpanzees and People*을 보라. 침팬지와 고릴라는 근대에 이르러서야 과학자들이 종으로 확인하고 묘사했다.

5 Tuttle, *Apes and Human Evolution*. 이 점에는 모든 측면에서 논란의 여지가 많다. 어떤 연구자들은 침팬지에게도 실제로 선과 악이라는 느낌 같은 것이 있다고 주장할 것이다. 어떤 연구자들은 인간이 그런 감각을 아무리 많이 가진 척해도 사실은 바로 그런 감각을 결여하고 있다고 주장할 것이다.

6 Frans de Waal, *Chimpanzee Politics: Power and Sex Among Apes*. Machiavelli, *The Prince*, chap. 18, in *The Prince and the Discourses*, Christian Detmold 역(New York: Modern Library, 1950), p. 65를 보라.

7 Richard Wrangham and Dale Peterson, *Demonic Males: Apes and the Origins of Human Violence*.

8 Louis Ginzberg, *Legends of the Jews*, 1:167.

9 H. W. Janson, *Apes and Ape Lore in the Middle Ages and the Renaissance* 참조.

10 실제로 헉슬리가 그렇게 말했을 가능성은 적으며, 그 여자는 열기나 군중 때문에 기절했을지도 모른다. 전설적인 과장일지도 모르는 이 말에 대한 비판으로는 J. R. Lucas, "Wilberforce and Huxley: A Legendary Encounter"를 보라. 그러나 실제로 한 말이 기억된 말과 똑같지는 않았다고 해도, 이 이야기는 상징적인 전환점으로서 유포되었다.

11 Ian Tattersall, *Masters of the Planet*, p. 85.

12 Friedrich Nietzsche, *The Genealogy of Morals*.

13 Richard Wrangham and David Pilbeam, "African Apes as Time Machines," in *All Apes Great and Small*, vol. 1: *African Apes* 참조.

참고 문헌

내가 이 책을 집필하면서 참조한 더 상세한 참고 문헌은 나의 웹사이트인 www.
stephengreenblatt.com에서 찾아볼 수 있다.

Adam, a Religious Play of the Twelfth Century. Translated by Edward N. Stone. Seattle:
　　University of Washington Press, 1928.

Adar, Zvi. *The Book of Genesis: An Introduction to the Biblical World.* Translated by Philip
　　Cohen. Jerusalem: Magnes Press, 1990.

Allen, Don Cameron. *The Legend of Noah: Renaissance Rationalism in Art, Science, and
　　Letters.* Urbana: University of Illinois Press, 1949.

Almond, Philip C. *Adam and Eve in Seventeenth-Century Thought.* Cambridge: Univer-
　　sity of Cambridge Press, 2008.

Alter, Robert. *The Art of Biblical Narrative.* Rev. & updated ed. New York: Basic Books,
　　2011.

————, trans. *The Book of Psalms: A Translation with Commentary.* 1st ed. New York:
　　W. W. Norton, 2007.

————, trans. *Five Books of Moses.* New York: W. W. Norton, 2004.

————, and Frank Kermode, eds. *The Literary Guide to the Bible.* Cambridge: Harvard
　　University Press, 1987.

Anderson, Gary A. *The Genesis of Perfection: Adam and Eve in Jewish and Christian Imagi-
　　nation.* Louisville, KY: Westminster John Knox Press, 2001.

————. *Sin: A History.* New Haven: Yale University Press, 2009.

————, and Michael E. Stone, eds. *A Synopsis of the Books of Adam and Eve.* 2nd rev. ed.
　　Atlanta: Scholars Press, 1999.

Andrewes, Lancelot. "A Lecture on Genesis 2:18," *Apospasmata Sacra, or A Collection of
　　Posthumous and Orphan Lectures.* London, 1657.

Arendt, Hannah. *Love and Saint Augustine*. Edited by Judith Chelius Stark and Joanna Vecchiarelli Scott. Chicago: University of Chicago Press, 1996.

Arias, Santa. "Bartolomé De Las Casas's Sacred Place of History." In *Mapping Colonial Spanish America: Places and Commonplaces of Identity, Culture, and Experience*. Edited by Santa Arias and Mariselle Melé. Lewisburg, PA: Bucknell University Press, 2002.

Aubrey, John. *Brief Lives*. London: Penguin Books, 2000.

Auerbach, Erich. *Time, History, and Literature: Selected Essays of Erich Auerbach*. Edited by James I. Porter and Jane O. Newman. Princeton: Princeton University Press, 2014.

Augustine. "*The City of God.*" *St. Augustin: The City of God, and Christian Doctrine*. Edited by Philip Schaff. Vol. 2. Grand Rapids: Wm. B. Eerdmans Publishing Co., 1956.

———. *Confessions*. Latin text with commentary by James J. O'Donnell. 3 vols. Oxford: Clarendon Press, 1992.

———. *Confessions*. (Latin) Loeb Classical Library, with English translation by William Watts (1631). 2 vols. Cambridge: Harvard University Press, 1912.

———. *Confessions*. Translated by Gary Wills. New York: Penguin, 2006.

———. *Confessions*. Translated by R. S. Pine-Coffin. Baltimore: Penguin, 1961.

———. *Concerning the City of God Against the Pagans*. Translated by Henry Bettenson. New York: Penguin, 1984.

———. "*De Gratia Christi, Et De Peccato Originali.*" In *St. Augustin: Anti-Pelagian Writings*. Edited by Philip Schaff. Vol. 5. Grand Rapids: Wm. B. Eerdmans Publishing Co., 1955.

———. *De Haeresibus*. Translated by Liguori G. Mueller. Washington, DC: Catholic University of America Press, 1956.

———. "Letter Addressed to the Count Valerius, on Augustin's Forwarding to Him What He Calls His First Book 'On Marriage and Concupiscence' in 'Extract from Augustin's Refractions,' Book II. Chap 53, on the Following Treatise, *De Nuptiis Et Concupiscenta*." *St. Augustin: Anti-Pelagian Writings*. Edited by Philip Schaff. Vol. 5. Grand Rapids: Wm. B. Eerdmans Publishing Co., 1955.

———. *On Christian Doctrine*. Edited by D. W. Robertson. New York, 1958.

———. *On Genesis: A Refutation of the Manachees, Unfinished Literal Commentary on Genesis, the Literal Meaning of Genesis*. Translated by Edmund Hill. Hyde Park, NY: New City Press, 2012.

———. "On the Holy Trinity." In *St. Augustin: On the Holy Trinity, Doctrinal Treatises, Moral Treatises*. Edited by Philip Schaff. Vol. 3. Grand Rapids: Wm. B. Eerdmans Publishing Co., 1956.

———. "On Marriage and Concupiscence." In *St. Augustin: Anti-Pelagian Writings* Ed. Philip Schaff. Vol. 5. Grand Rapids: Wm. B. Eerdmans Publishing Co., 1955.

———. "On Original Sin." In *St. Caesarius of Arles Sermons, Volume 2 (81–86)*. Translated by Sister Mary Magdalene Mueller, O.S.F. Washington, DC: Catholic University of America Press, 1981.

———. *Saint Augustine Against Julian*. Translated by Matthew A. Schumacher. New York: Fathers of the Church, 1957.

———. *St. Augustine on the Psalms*. Edited by Dame Scholastica Hegbin and Dame Felicitas Corrigan. Vols. I and II. London: Longmans, Green & Co, 1960, 1961.

———. *St. Augustine Select Letters*. Translated by James Houston Baxter. New York: G. P. Putnam's Sons, 1930.

———. "A Treatise on the Merits and Forgiveness of Sins, and on the Baptism of Infants." In *St. Augustin: Anti-Pelagian Writings*. Edited by Philip Schaff. Vol. 5. Grand Rapids: Wm. B. Eerdmans Publishing Co., 1955.

Austin, William. *Haec homo: Wherein the Excellency of the Creation of Woman is Described, by Way of an Essay*. London: Richard Olton for Ralph Mabb . . . , 1637.

Avril, Henry, ed. *Biblia Pauperum, a Facsimile and Edition*. Ithaca: Cornell University Press, 1987.

Bailey, Derrick. *The Man-Woman Relation in Christian Thought*. London: Longmans, Green & Co., 1959.

Bal, Mieke. "Sexuality, Sin, and Sorrow: The Emergence of Female Character (A Reading of Genesis 1–3)." In *The Female Body in Western Culture: Contemporary Perspectives*. Edited by Susan Rubin Suleiman. Cambridge: Harvard University Press, 1986.

Barasch, Moshe. *Gestures of Despair in Medieval and Early Renaissance Art*. New York: New York University Press, 1976.

Barr, James. *The Garden of Eden and the Hope of Immortality: The Read-Tuckwell Lectures for 1990*. London: SCM Press, 1992.

Barr, Jane. "The Influence of St. Jerome on Medieval Attitudes to Women." In *After Eve: Women in the Theology of the Christian Tradition*. Edited by Janet Martin Soskice. New York: Marshall Pickering, 1990, pp. 89–102.

Batto, Bernard F. *Slaying the Dragon: Mythmaking in the Biblical Tradition*. Louisville, KY: Westminster John Knox Press, 1992.

Baudet, Henri. *Paradise on Earth: Some Thoughts on European Images of Non-European Man*. Translated by Elizabeth Wentholt. New Haven: Yale University Press, 1965.

Bayle, Pierre. *An Historical and Critical Dictionary. By Monsieur Bayle. Translated into English, with Many Additions and Corrections, Made by the Author Himself, That Are Not in the French Editions. . . . A-B*. London: MDCCX, 1710.

Bayless, Martha. *Sin and Filth in Medieval Culture*. New York: Routledge, 2011.

Beck, Jonathan. "Genesis, Sexual Antagonism, and the Defective Couple of the Twelfth-Century Jeu d'Adam." *Representations*, no. 29 (1990), pp.124–44.

BeDuhn, Jason. *Augustine's Manichaean Dilemma*. 2 vols. 1st ed. Philadelphia: University of Pennsylvania Press, 2013.

Beer, Gillian. *Darwin's Plots: Evolutionary Narrative in Darwin, George Eliot, and Nineteenth-Century Fiction*. 3rd ed. Cambridge: Cambridge University Press, 2009.

Bellah, Robert N. *Religion in Human Evolution: From the Paleolithic to the Axial Age*. Cambridge: Harvard University Press, 2011.

Benson, Ezra Taft. *The Teachings of Ezra Taft Benson*. Salt Lake City: Bookcraft, 1988.

Berlin, Adele, and Marc Zvi Brettler, eds. *The Jewish Study Bible*. New York: Oxford University Press, 2004.

Berry, R.J., and Michael S. Northcott, eds. *Theology After Darwin*. Milton Keynes: Paternoster, 2009.

Bertoli, Bruno. *Medieval Misogyny and the Invention of Western Romantic Love*. Chicago: University of Chicago Press, 1991.

Bettenson, Henry Scowcroft and Chris Maunder, eds. *Documents of the Christian Church*. 4th ed. Oxford: Oxford University Press, 2011.

Bevington, David, ed. *Medieval Drama*. Boston: Houghton Mifflin, 1975.

Biale, David. *Not in the Heavens: The Tradition of Jewish Secular Thought*. Princeton: Princeton University Press, 2011.

Bialik, Hayim Nahman, and Yehoshua Hana Ravnitzky, *The Book of Legends: Sefer Ha-Aggadah*. Translated by William G. Braude. New York: Schocken, 1992.

Blamires, Alcuin. *The Case for Women in Medieval Culture*. Oxford: Clarendon Press, 1997.

Bloom, Harold, and David Rosenberg. *The Book of J*. Translated by David Rosenberg. New York: Grove Weidenfeld, 1990.

Blum, Pamela Z. "The Cryptic Creation Cycle in Ms. Junius xi." *Gesta* 15, no. 1/2 (1976), pp. 211–26.

Boehm, Christopher. *Hierarchy in the Forest: The Evolution of Egalitarian Behavior*. Cambridge: Harvard University Press, 1999.

———. *Moral Origins: The Evolution of Virtue, Altruism, and Shame*. New York: Basic Books, 2012.

Boehme, Jacob. *Mysterium Magnum*. Translated by J. Sparrow. London, 1654.

Bonnet, Anne-Marie. *"Akt" Bei Dürer*. Cologne: Walther König, 2001.

Bottero, Jean. *Everyday Life in Ancient Mesopotamia*. Translated by Antonio Nevill. Edinburgh: Edinburgh University Press, 2001.

———. *Mesopotamia: Writing, Reasoning, and the Gods*. Translated by Marc Van De Mieroop and Zainab Bahrani. Chicago: University of Chicago Press, 1992.

———. *Religion in Ancient Mesopotamia*. Translated by Teresa Lavender Fagan. Chicago: University of Chicago Press, 2001.

Braude, William G., trans. *The Book of Legends: Sefer Ha-Aggadah*. New York: Schocken, 1992.

Brenner, Athalya. *The Intercourse of Knowledge: On Gendering Desire and Sexuality in the Hebrew Bible*. Bible Interpretation. Edited by R. Alan Culpepper and Rolf Rendtorff. Leiden: Brill, 1997.

Breymann, Arnold. *Adam und Eva in der Kunst des Christlichen Alterthums*. Wolfenbüttel: Otto Wollermann, 1893.

Brockopp, Jonathan E., ed. *The Cambridge Companion to Muhammad*. New York: Cambridge University Press, 2010.

Brodie, Thomas L. *Genesis as Dialogue: A Literary, Historical & Theological Commentary*. Oxford: Oxford University Press, 2001.

Brown, Peter. *Augustine of Hippo: A Biography*. New ed., with epilogue. Berkeley: University of California Press, 2000.

———. *The Body and Society: Men, Women, and Sexual Renunciation in Early Christianity*. New York: Columbia University Press, 2008.

———. *The Ransom of the Soul: Afterlife and Wealth in Early Western Christianity*. Cambridge: Harvard University Press, 2015.

————. *Through the Eye of a Needle: Wealth, the Fall of Rome, and the Making of Christianity in the West, 350–550 A.D.* Princeton: Princeton University Press, 2012.

Browne, E. J. *Charles Darwin.* Princeton: Princeton University Press, 2002.

Browne, Thomas. *Pseudodoxia Epdimica: or Enquires into Many Received Tenants and Commonly Presumed Truths.* London: Edward Dod, 1646.

————. *Religio Medici.* London: Crooke & Cooke, 1643.

Bruno, Giordano. *The Expulsion of the Triumphant Beast.* London: John Charlewood, 1584.

Bryce, Trevor. *Atlas of the Ancient Near East: From Prehistoric Times to the Roman Imperial Period.* New York: Routledge, 2016.

Burnet, Thomas. *The Sacred Theory of the Earth: Containing an Account of the Original of the Earth, and of All the General Changes Which It Hath Already Undergone, or Is to Undergo. . . .* London: J. Hooke . . . , 1726.

Cadden, Joan. *Meanings of Sex Difference in the Middle Ages: Medicine, Science, and Culture.* Cambridge: Cambridge University Press, 1993.

Cahill, Lisa Sowle. *Sex, Gender, and Christian Ethics.* Cambridge: Cambridge University Press, 1996.

Calvin, John. *Institutes and Commentary on Genesis.* Translated by Thomas Tymme. London: John Harison and George Bishop, 1578.

————. *Institutes of the Christian Religion.* Translated by John Allen. Vol. 1. Philadelphia: Presbyterian Board of Christian Education, 1936, II: chap. 1.

Camille, Michael. *The Gothic Idol: Ideology and Image-Making in Medieval Art.* Cambridge: Cambridge University Press, 1989.

————. "Visual Signs of the Sacred Page: Books in the 'Bible moralisée.'" *Word and Image* 5, no. 1 (1989), pp. 111–30.

Campbell, Joseph. *The Hero with a Thousand Faces.* New York: Meridian, 1956.

————. *The Way of the Animal Powers. Part 2: Mythologies of the Great Hunt.* Edited by Robert Walter. Vol. 1. New York: Harper & Row, 1988.

Carver, Marmaduke. *A Discourse on the Terrestrial Paradise, Aiming at a More Probable Discovery of the True Situation of That Happy Place of our First Parents Habitation.* London: James Flesher . . . , 1666.

Cassuto, U. *A Commentary on the Book of Genesis. Part 1: From Adam and Noah.* Translated by Israel Abrahams. Jerusalem: Magnes Press, 1978.

Caxton, William. *The Golden Legend or Lives of the Saints as Englished by William Caxton.* London: J. M. Dent and Co., 1922.

Cecil, Thomas and Joseph Fletcher. *The Historie of the Perfect-Cursed-Blessed Man: Setting Forth Mans Excellency by His Generation, Miserie [by his] Degeneration, Felicitie [by his] Regeneration. By I.F. Master of Arts, Preacher of Gods Word, and Rector of Wilbie in Suff.* London: Nathanael Fozbrook . . . , 1629.

Chadwick, Henry. *Augustine of Hippo.* New York: Oxford University Press, 2009.

Charles, R. H., ed. *The Apocrypha and Pseudepigrapha of the Old Testament in English.* 2 vols. Oxford: Clarendon Press, 1913.

Charlesworth, James. H., ed. *The Old Testament Pseudepigrapha.* Garden City, NY: Doubleday, 1983 and 1985.

Charleton, Walter. *The Darkness of Atheism Dispelled by the Light of Nature.* London: William Lee . . . , 1652.

Christine de Pizan, *The Book of the City of Ladies* [1405]. Translated by Earl Jeffrey Richards. New York: Persea Books, 1982.

Clarkson, Lawrence. *The Lost Sheep Found: or, The Prodigal Returned to his Fathers House, After Many a Sad and Weary Journey Through Many Religious Countreys.* London, 1660.

Clement of Alexandria. "Paedagogus." In *Fathers of the Second Century: Hermas, Tatian, Athenagoras, Theophilus, and Clement of Alexandria.* Edited by A. Cleveland Coxe. Vol. 2. Grand Rapids: Wm. B. Eerdmans Publishing Co., 1995.

Cohen, Adam S., and Anne Derbes. "Bernward and Eve at Hildesheim," *Gesta* 40, no. 1 (2001), pp. 19–38.

———. *The Mosaics of San Marco in Venice.* 2 vols. Chicago: University of Chicago Press, 1984.

Cohen, Jeremy. *Be Fertile and Increase, Fill the Earth and Master It: The Ancient and Medieval Career of a Biblical Text.* Ithaca: Cornell University Press, 1989.

Coles, William. *Adam in Eden, or, Natures Paradise: The History of Plants, Fruits, Herbs and Flowers* . . . London: Nathaniel Brooke . . . , 1657.

Columbus, Christopher. *The "Diario" of Christopher Columbus' First Voyage to America, 1492–1493.* Translated by Oliver Dunn and James E. Kelley, Jr. Norman: University of Oklahoma Press, 1989.

Conaway, Sir William Martin. *Literary Remains of Albrecht Dürer.* Cambridge: Cambridge University Press, 1899.

Concise Encyclopedia of Islam. Edited by H. A. R. Gibb and J. H. Kramers. Boston: Brill, 2001.

Coogan, Michael D., ed. *The New Oxford Annotated Bible.* 4th ed. New York: Oxford University, 2010.

———, and Mark S. Smith. *Stories from Ancient Canaan*, 2nd ed. Louisville, KY: Westminster John Knox Press, 2012.

Cook, Sherburne F., and Woodrow Wilson Borah. *Essays in Population History: Mexico and the Caribbean.* Berkeley: University of California Press, 1971.

Corns, Thomas N., and Gordon Campbell. *John Milton: Life, Work, and Thought.* Oxford: Oxford University Press, 2008.

———, et al., eds. *The Complete Works of Gerrard Winstanley.* 2 vols. Oxford: Oxford University Press, 2009.

Crooke, Helkiah, Ambroise Paré, et al. *Mikrokosmographia: A Description of the Body of Man. Together with the Controversies Thereto Belonging* . . . London: Thomas and Richard Cotes . . . , 1631.

Crüsemann, Nicola, et al., eds. *Uruk: 5000 Jahre Megacity.* Petersberg: Michael Imhof Verlag, 2013.

Cummings, Brian, ed. *The Book of Common Prayer: The Texts of 1549, 1555, and 1662.* New York: Oxford University Press, 2001.

Cyril of Jerusalem. "The Catechetical Lectures of S. Cyril, Archbishop of Jerusalem." In *Cyril of Jerusalem, Gregory Nazianzen.* Edited by Edwin Gifford. Vol. 7. Grand Rapids: Wm. B. Eerdmans Publishing Co., 1955.

Dalley, Stephanie, trans. *Myths from Mesopotamia: Creation, the Flood, Gilgamesh, and Others*. New York: Oxford University Press, 1989.

Damrosch, David. *The Buried Book: The Loss and Rediscovery of the Great Epic of Gilgamesh*. New York: Henry Holt & Co., 2006.

Danielson, Dennis. *Milton's Good God: A Study in Literary Theodicy*. Cambridge: Cambridge University Press, 1982.

———. "Through the Lens of Typology: What Adam Should Have Done," *Milton Quarterly* 23 (1989), pp. 121–27.

Dart, John. *The Laughing Savior: The Discovery and Significance of the Nag Hammadi Gnostic Library*. New York: Harper & Row, 1976.

Darwin, Charles. *From So Simple a Beginning: The Four Great Books of Charles Darwin*. Edited by Edward O. Wilson. New York: W. W. Norton, 2006.

Davies, W. D. *Paul and Rabbinic Judaism: Some Rabbinic Elements in Pauline Theology*. 2nd ed. London: SPCK, 1955.

Dawkins, Richard. *The Selfish Gene*. 30th anniversary ed. Oxford: Oxford University Press, 2006.

De Foigny, Gabriel. *A New Discovery of Terra Incognita Australis, or, The Southern World, by James Sadeur, a French-man, Who Being Cast There by a Shipwrack, Lived 35 Years in That Country . . .* London: John Dunton, 1693.

Delumeau, Jean. *History of Paradise: The Garden of Eden in Myth and Tradition*. Translated by Matthew O'Connell. Urbana: University of Illinois Press, 2000.

Denery, Dallas G. *The Devil Wins: A History of Lying from the Garden of Eden to the Enlightenment*. Princeton: Princeton University Press, 2015.

Desmond, Adrian. *Huxley: The Devil's Disciple*. London: Michael Joseph, 1994.

———. *Huxley: Evolution's High Priest*. London: Michael Joseph, 1997.

Donald, Merlin. *Origins of the Modern Mind: Three Stages in the Evolution of Culture and Cognition*. Cambridge: Harvard University Press, 1991.

Doresse, Jean. *The Discovery of the Nag Hammadi Texts: A Firsthand Account of the Expedition That Shook the Foundations of Christianity*. Rochester, VT: Inner Traditions, orig. French, 1958; U.S. ed., 1986.

Doria, Gino. *Storia di una Capitale. Napoli dalle Origini al 1860*. 5. edizione riveduta. Milan and Naples: R. Ricciardi, 1968.

Doron, Pinchas. *The Mystery of Creation According to Rashi: A New Translation and Interpretation of Rashi on Genesis I–VI*. New York: Maznaim, 1982.

Dryden, John. *John Dryden (1631–1700): His Politics, His Plays, and His Poets*. Edited by Claude Rawson and Aaron Santesso. Newark: University of Delaware Press, 2003.

Du Bartas, Guillaume de Saluste. *The Divine Weeks and Works*. Edited by Susan Snyder. 2 vols. Oxford: Oxford University Press, 1979.

Dubin, Nathaniel, trans. *The Fabliaux: A New Verse Translation*. New York: W. W. Norton, 2013.

Duncan, Joseph. *Milton's Earthly Paradise: A Historical Study of Eden*. Minneapolis: University of Minnesota Press, 1972.

Ebreo, Leone. *Dialogues of Love*. Translated by Cosmos Damian Bacich and Rossella Pescatori. Toronto: University of Toronto Press, 2009.

Eco, Umberto. *The Search for the Perfect Language.* Translated by James Fentress. Edited by Jacques Le Goff. Oxford: Blackwell, 1995 (orig. 1993).

Edwards, Thomas. *Gangraena.* London: Printed for Ralph Smith . . . , 1646.

Eisenberg, Evan. *The Ecology of Eden.* New York: Knopf, 1998.

Ellingson, Terry Jay. *The Myth of the Noble Savage.* Berkeley: University of California Press, 2001.

Elm, Susanna, et al., eds. *Faithful Narratives: Historians, Religion, and the Challenge of Objectivity.* Ithaca: Cornell University Press, 2014.

Emerson, Ralph Waldo. *The Journals and Miscellaneous Notebooks of Ralph Waldo Emerson.* Vol. 7. Cambridge: Harvard University Press, 1969.

Empson, William. *Milton's God.* Norfolk, CT: New Directions, 1961.

Essick, Robert N. *William Blake and the Language of Adam.* Oxford: Clarendon Press, 1989.

Eppacher, Franz. "La Collegiata Di San Candido: Arte, Simbologia, Fede." Translated by Carlo Milesi. San Candido: Parocchia San Michele Arcangelo, 2011.

Esche, Sigrid. *Adam und Eva: Sündenfall und Erlösung.* Düsseldorf: Verlag L. Schwann, 1957.

Evelyn, John. *Acetaria.* London: Printed for B. Tooke . . . , 1699.

Everard, Robert. *The Creation and Fall of Adam Reviewed.* London, 1649.

Fallon, Stephen. "The Metaphysics of Milton's Divorce Tracts." In *Politics, Poetics, and Hermeneutics in Milton's Prose.* Edited by James Grantham Turner and David Loewenstein. Cambridge: Cambridge University Press, 1990.

Fermor, Sharon. *Piero Di Cosimo: Fiction, Invention, and Fantasìa.* London: Reaktion Books, 1993.

Ferry, David, trans. *Gilgamesh: A New Rendering in English Verse.* 1st ed. New York: Farrar, Straus & Giroux, 1992.

Filmer, Robert. *Patriarcha and Other Writings.* Edited by Johann P. Sommerville. Cambridge: Cambridge University Press, 1991.

Fish, Stanley. *How Milton Works.* Cambridge: Harvard University Press, 2001.

―――. *Surprised by Sin: The Reader in Paradise Lost.* London: Macmillan, 1967.

Flasch, Kurt. *Eva e Adamo: Metamorfosi di un mito.* Bologna: Il Mulino, 2007. Orig. *Eva und Adam: Wandlungen eines Mythos.* München: C. H. Beck, 2004.

Flood, John. *Representations of Eve in Antiquity and the English Middle Ages.* New York: Routledge, 2011.

Fluck, Cäcilia, Gisela Helmecke, and Elisabeth R. O'Connell, eds. *Ein Gott: Abrahams Erbemn am Nil. Juden, Christen und Muslime in Ägypten von der Antike Bis Zum Mittelalter.* Petersberg: Michael Imhof Verlag, 2015.

Foster, Benjamin R., ed. *Before the Muses: An Anthology of Akkadian Literature.* 2 vols. Bethesda, MD: CDL Press, 1993.

―――, ed. *From Distant Days: Myths, Tales, and Poetry of Ancient Mesopotamia.* Bethesda, MD: CDL Press, 1995.

―――, trans. *Gilgamesh: A New Translation, Analogues, Criticism.* New York: W. W. Norton, 2001.

Fox, Everett, trans. *The Five Books of Moses: Genesis, Exodus, Leviticus, Numbers, Deuteronomy.* New York: Schocken, 1995.

Fox, George. *The Journal of George Fox.* London: n.p., 1649.

Franck, Sebastian. *The Forbidden Fruit: or, a Treatise of the Tree of Knowledge of Good or Evill.* Translated by John Everard. London, 1642.

Frankfort, Henri, et al. *The Intellectual Adventure of Ancient Man.* Chicago: University of Chicago Press, 1946.

Franxman, Thomas W. *Genesis and the "Jewish Antiquities" of Flavius Josephus.* Biblica Et Orientalia. Rome: Biblical Institute Press, 1979.

Freedman, H., trans. *Midrash Rabbah.* 2 vols. London: Soncino, 1983.

Friedman, Albert. "'When Adam Delved . . .': Contexts, of an Historic Proverb." In *The Learned and the Lewd: Studies in Chaucer and Medieval Literature.* Edited by Larry D. Benson. Cambridge: Harvard University Press, 1974.

Friedman, Matti. *The Aleppo Codex: In Pursuit of One of the World's Most Coveted, Sacred, and Mysterious Books.* Chapel Hill, NC: Algonquin Books, 2013.

Friedman, Richard Elliott. *Who Wrote the Bible?* New York: Summit Books, 1987.

Frobenius, Leo, and Douglas C. Fox. *African Genesis: Folk Tales and Myths of Africa.* Mineola, NY: Dover Publications, 1999.

Furstenberg, Yair. "The Rabbinic Ban on *Ma'aseh Bereshit*: Sources, Contexts and Concerns." In *Jewish and Christian Cosmogony.* Edited by Lance Jenott and Saris Kattan Gribetz (Tübigen: Mohr Siebeck, 2013).

Gell, Alfred. *Art and Agency: An Anthropological Theory.* Oxford: Clarendon Press, 1998.

Geller, Markham J., and Mineke Schipper, eds. *Imagining Creation.* Boston: Brill, 2008.

George, Andrew, ed. and trans. *The Babylonian Gilgamesh Epic: Introduction, Critical Edition, and Cuneiform Texts.* Oxford: Oxford University Press, 2003.

————, trans. *Gilgamesh: The Babylonian Epic Poem and Other Texts in Akkadian and Sumerian.* London: Allen Lane, 1999.

Ghiglieri, Michael Patrick. *The Chimpanzees of Kibale Forest: A Field Study of Ecology and Social Structure.* New York: Columbia University Press, 1984.

Gibbons, Nicholas. *Questions and Disputations Concerning the Holy Scripture.* London: Felix Kyngston, 1602.

Gibson, J. C. L. *Canaanite Myths and Legends.* New York: T&T Clark International, 1977.

Ginzberg, Louis. *Legends of the Jews.* Translated by William G. Braude. 2 vols. Philadelphia: Jewish Publication Society, 2003.

Giuliani, Raffaella. "The Catacombs of SS. Marcellino and Pietro." Translated by Raffaella Bucolo. Edited by Pontifica Commissione di Archaeologia Sacra. Vatican City: 2015.

Givens, Terryl L. *When Souls Had Wings: Pre-Mortal Existence in Western Thought.* New York: Oxford University Press, 2010.

Glanvill, Joseph. *The Vanity of Dogmatizing: The Three Versions.* Edited by Stephen Medcalf. Brighton, UK: Harvester Press, 1970.

————, and Henry More. *Saducismus Triumphatus: or, Full and Plain Evidence Concern-*

ing *Witches and Apparitions* . . . Translated by Anthony Horneck. London: J. Collins . . . , and S. Lowndes . . . , 1681.

Gliozzi, Giuliano. *Adamo e il nuovo mondo: La nascita dell'antropologia come ideologia coloniale, dalle genealogie bibliche alle teorie razziali (1500–1700)*. Translated by Arlette Estève and Pascal Gabellone, Venice: La Nuova Italia, 1977.

Gmirkin, Russell. *Berossus and Genesis, Manetho and Exodus: Hellenistic Histories and the Date of the Pentateuch*. New York: T&T Clark International, 2006.

Godden, Malcolm and Michael Lapidge, eds. *The Cambridge Companion to Old English Literature*. Cambridge: Cambridge University Press, 2013.

Gollancz, Israel, ed. *The Caedmon Manuscript of Anglo-Saxon Biblical Poetry: Junius Xi in the Bodleian Library*. Oxford: British Academy, 1927.

Goodman, Godfrey. *The Fall of Man: or, the Corruption of Nature* . . . London: Felix Kyngston . . . , 1616.

Gordon, Cyrus H. *Ugaritic Literature: A Comprehensive Translation of the Poetic and Prose Texts*. Rome: Pontificium Institutum Biblicum, 1949.

———, and Gary Rendsburg. *The Bible and the Ancient Near East*. 4th ed. New York: W. W. Norton, 1997.

Goris, Harm. "Is Woman Just a Mutilated Male? Adam and Eve in the Theology of Thomas Aquinas." *Out of Paradise: Eve and Adam and Their Interpreters*. Edited by Susan Hennecke and Bob Becking. Sheffield: Sheffield Phoenix Press, 2011.

Gosse, Philip Henry. *Omphalos: An Attempt to Untie the Geological Knot*. London: John Van Voorst, 1857 (reprint 1998).

Gott, Samuel. *The Divine History of the Genesis of the World Explicated & Illustrated*. London: E.C. & A.C., 1670.

Gould, Stephen J., and Richard C. Lewontin. "The Spandrels of San Marco and the Panglossian Paradigm: A Critique of the Adaptationist Programme." *Proceedings of the Royal Society of London* 205 (1979): 581–98.

Grabar, André. *Christian Iconography, a Study of Its Origins* (The A. W. Mellon Lectures in the Fine Arts, 1961). Princeton: Princeton University Press, 1968.

Graves, Robert. *Wife to Mr. Milton: The Story of Marie Powell*. New York: Creative Age Press, 1944.

———, and Raphael Patai. *Hebrew Myths: The Book of Genesis*. New York: Greenwich House, 1963.

Green, Anthony, and Jeremy Black. *Gods, Demons, and Symbols of Ancient Mesopotamia*. London: British Museum Press, 1992.

Greenblatt, Stephen. *Marvelous Posessions: The Wonder of the New World*. Chicago: University of Chicago Press, 1991.

———. *The Swerve: How the World Became Modern*. New York: W. W. Norton, 2011.

Greene, John C. *The Death of Adam: Evolution and Its Impact on Western Thought*. Ames: Iowa State University Press, 1959.

Gribetz, Sarit Kattan, et al., eds. *Jewish and Christian Cosmogony in Late Antiquity*. Tübingen: Mohr Siebeck, 2013.

Grinnell, George Bird. *Blackfoot Lodge Tales: The Story of a Prairie People*. Williamstown, MA: Corner House, 1972 (orig. 1892).

Grotius, Hugo. *Adamus Exul*. Hagae Comitum, 1601.

Guillory, John. "From the Superfluous to the Supernumerary: Reading Gender into Paradise Lost." In *Soliciting Interpretation: Literary Theory and Seventeenth-Century English Poetry*. Edited by E. D. Harvey and Katharine E. Maus. Chicago: University of Chicago Press, 1990.

Guldan, Ernst. *Eva und Maria: Eine Antithese als Bildmotiv*. Graz-Cologne: Verlag Hermann Böhlaus Nachf., 1966.

Gunkel, Hermann. *Genesis*. Translated by Mark E. Biddle. Macon, GA: Mercer University Press, 1997.

Hailperin, Herman. *Rashi and the Christian Scholars*. Pittsburgh: University of Pittburgh Press, 1963.

Hakewill, George. *An Apologie or Declaration of the Power and Providence of God in the Government of the World*. London, 1635.

Halbertal, Moshe. *Maimonides: Life and Thought*. Edited by Joel A. Linsider. Princeton: Princeton University Press, 2014.

———. *People of the Book: Canon, Meaning, and Authority*. Cambridge: Harvard University Press, 1997.

Hale, Sir Matthew. *The Primitive Origination of Mankind, Considered and Examined According to the Light of Nature*. London: William Godbid, 1677.

Halkett, John G. *Milton and the Idea of Matrimony: A Study of the Divorce Tracts and Paradise Lost*. New Haven: Yale University Press, 1970.

Haller, John S. "The Species Problem: Nineteenth-Century Concepts of Racial Inferiority in the Origin of Man Controversy." *American Anthropologist* 72.6 (1970): 1319–29.

Hammond, Gerald, and Austin Busch, eds.*The English Bible: The New Testament and the Apocrypha*. New York: W. W. Norton, 2012.

Harari, Yuval N. *Sapiens: A Brief History of Humankind*. Edited by John Purcell, Haim Watzman, and Neil Gower. 1st U.S. ed. New York: Harper, 2015.

Hardison, O. B. *Christian Rite and Christian Drama in the Middle Ages*. Baltimore: Johns Hopkins University Press, 1965.

Harnack, Adolf von. *Marcion: The Gospel of the Alien God*. Translated by John E. Steely and Lyle D. Bierma. Eugene, OR: Wipf & Stock, 1990 (orig. 1920).

Harper, Kyle. *From Shame to Sin: The Christian Transformation of Sexual Morality in Late Antiquity*. Cambridge: Harvard University Press, 2013.

Harper, William Rainey. *The Biblical World*. Chicago: University of Chicago Press, 1899.

Harris, Olvier J. T., and John Robb, eds. *The Body in History: Europe from the Palaeolithic to the Future*. Cambridge: Cambridge University Press, 2013.

Harrison, Robert Pogue. *Juvenescence: A Cultural History of Our Age*. Chicago: University of Chicago Press, 2014.

Heger, Paul. *Women in the Bible, Qumran, and Early Rabbinic Literature: Their Status and Roles*. Boston: Brill, 2014.

Heidel, Alexander. *The Babylonian Genesis: The Story of the Creation*. 2d ed. Chicago: University of Chicago Press, 1951.

———. *The Gilgamesh Epic and Old Testament Parallels*. Chicago: University of Chicago Press, 1946.

Hendel, Ronald S., ed. *Reading Genesis: Ten Methods.* Edited by Ronald S. Hendel, Cambridge: Cambridge University Press, 2010.

Hesiod. *"Works and Days" and "Theognis."* Translated by Dorothea Wender. Middlesex, UK: Penguin, 1973.

Heyd, David. "Divine Creation and Human Procreation: Reflections on Genesis in the Light of *Genesis.*" In *Contingent Future Persons: On the Ethics of Deciding Who Will Live, or Not, in the Future.* Edited by Nick Fotion and Jan C. Heller. Dordrecht: Kluwer Academic Publishers, 1997, pp. 57–70.

Hiltner, Ken, ed. *Renaissance Ecology: Imagining Eden in Milton's England.* Pittsburgh: Duquesne University Press, 2008.

Hobbes, Thomas. *Leviathan.* Edited by Richard Tuck. Cambridge: Cambridge University Press, 1996, chap. 4, pp. 24–25.

Hollingworth, Miles. *Saint Augustine of Hippo: An Intellectual Biography.* New York: Oxford University Press, 2013.

Holloway, Julia Bolton, Constance S. Wright, and Joan Bechtold, eds. *Equally in God's Image.* New York: Peter Lang Publishing, 1990.

Hooke, Robert. *Micrographia: or, Some physiological descriptions of minute bodies made by magnifying glasses . . .* London: Jo. Martyn and Ja. Allestry, 1665.

Hrdy, Sarah Blaffer. *Mothers and Others: The Evolutionary Origins of Mutual Understanding.* Cambridge, MA: The Belknap Press, 2009.

Huet, Pierre Daniel. *A Treatise of the Situation of the Terrestrial Paradise,* trans. Thomas Gale. London: James Knapton, 1694.

Hutchinson, Lucy. *Order and Disorder: or, The World Made and Undone . . .* London: Margaret White for Henry Mortlock, 1679.

Huxley, T. H. *Evidence as to Man's Place in Nature.* London: Williams & Norgate, 1863.

———. *Science and the Hebrew Tradition.* London: Macmillan, 1993.

In the Land of the Christians: Arabic Travel Writing in the Seventeenth Century. Edited and translated by Nabil Matar. New York: Routledge, 2003.

Innocent III. *On the Misery of the Human Condition: De miseria humanae conditionis.* Edited by Donald R. Howard, translated by Margaret M. Dietz. Indianapolis, IN: Bobbs-Merrill 1969.

Isbell, Lynne A. *The Fruit, the Tree, and the Serpent: Why We See So Well.* Cambridge: Harvard University Press, 2009.

Jacobsen, Thorkild, ed. *The Harps That Once . . . : Sumerian Poetry in Translation.* New Haven: Yale University Press, 1987.

———. *The Treasures of Darkness: A History of Mesopotamian Religion.* New Haven: Yale University Press, 1976.

Janson, H. W. *Apes and Ape Lore in the Middle Ages and the Renaissance.* London: Warburg Institute, 1952.

Jerome. *Saint Jerome's Hebrew Questions on Genesis.* Translated by C. T. R. Hayward. Oxford: Clarendon Press, 1995.

———. *Select Letters.* Translated by F. A. Wright. Cambridge: Harvard University Press, 1933.

Jonas, Hans. *The Gnostic Religion.* Boston: Beacon Press, 1972.

Jospe, Raphael. "Biblical Exegesis as a Philosophic Literary Genre: Abraham Ibn Exa and Moses Mendelssohn." *Jewish Philosophy and the Academy.* Edited by Raphael Jospe and Emil L. Fackenheim. Madison, NJ: Fairleigh Dickinson University Press, 1986.

Judovits, Mordechai. *Sages of the Talmud: The Lives, Sayings, and Stories of 400 Rabbinic Masters.* Jerusalem: Urim Publications, 2009.

Justice, Steven. *Writing and Rebellion: England in 1381.* Berkeley: University of California Press, 1994.

Jütte, Daniel. *The Strait Gate: Thresholds and Power in Western History.* New Haven: Yale University Press, 2015.

Kahn, Paul W. *Out of Eden: Adam and Eve and the Problem of Evil.* Princeton: Princeton University Press, 2007.

Kahn, Victoria. "Embodiment," in *Wayward Contracts: The Crisis of Political Obligation in England, 1640–1674.* Princeton: Princeton University Press, 2004, pp. 196–222.

Kant, Immanuel. *Religion Within the Boundaries of Mere Reason.* Translated by Allen Wood. Cambridge: Cambridge University Press, 1998.

Kapelrud, Arvid Schou. "The Mythological Features in Gen 1 and the Author's Inentions." *Vetus Testamentum* 24 (1974): 178–86.

Kass, Leon R. *The Beginning of Wisdom: Reading Genesis.* New York: Free Press, 2003.

Kauffman, Stuart A. *Reinventing the Sacred: A New View of Science, Reason, and Religion.* New York: Basic Books, 2008.

Kauffmann, C. M. *Biblical Imagery in Medieval England, 700–1550.* London: Harvey Miller, 2003.

Kee, Howard Clark, et al. *The Cambridge Companion to the Bible.* Cambridge: Cambridge University Press, 1997.

Kelly, Henry Ansgar. "Hic Homo Formatur: The Genesis Frontispieces of the Carolingian Bibles." *Art Bulletin* 53, no. 2 (1971), pp. 143–60.

———. "The Metamorphoses of the Eden Serpent during the Middle Ages and Renaissance." *Viator* 2, no. 1, (1971), pp. 301–27.

———. "Reading Ancient and Medieval Art." *Word and Image* 5, no. 1 (1989), p. 1.

Kent, Bonnie. "Augustine's Ethics." *The Cambridge Companion to Augustine.* Edited by Norman Kretzmann and Eleonore Stump. Cambridge: Cambridge University Press, 2001.

Kerenyi, C. *Prometheus: Archetypal Image of Human Existence.* Translated by Ralph Manheim. New York: Pantheon, 1963.

Kierkegaard, Søren. *Eighteen Upbuilding Discourses.* Edited by Howard V. Hong and Edna H. Hong. Princeton: Princeton University Press, 1990.

King, Karen L. *The Secret Revelation of John.* Cambridge: Harvard University Press, 2006.

Kirchner, Josef. *Die Darstellung des Ersten Menschenpaares in der Bildenden Kunst von der Ältesten Zeit bis auf Unsere Tage.* Stuttgart: F. Enke, 1903.

Kirkconnell, Watson. *The Celestial Cycle: The Theme of Paradise Lost in World Literature, with Translations of the Major Analogues.* Toronto: University of Toronto Press, 1952.

Kitcher, Philip. *Living with Darwin: Evolution, Design, and the Future of Faith.* Oxford: Oxford University Press, 2006.

Klyve, Dominic. "Darwin, Malthus, Süssmilch, and Euler: The Ultimate Origin of the Motivation for the Theory of Natural Selection." *Journal of the History of Biology* 47 (2014), pp. 189–212.

Koerner, Joseph Leo. *Bosch & Bruegel: From Enemy Painting to Everyday Life*. Princeton: Princeton University Press, 2016.

———. *The Moment of Self-Portraiture in German Renaissance Art*. Chicago: University of Chicago Press, 1997.

Konowitz, Ellen. "The Program of the Carrand Diptych." *Art Bulletin* 66.3 (1984): 484–88.

Kramer, Samuel Noah. *The Sumerians: Their History, Culture, and Character*. Chicago: University of Chicago Press, 1963.

Kreitzer, Larry. *Prometheus and Adam: Enduring Symbols of the Human Situation*. New York: Lanham, 1994.

Kristeva, Julia. *This Incredible Need to Believe*. New York: Columbia University Press, 2009.

Kugel, James L. *Traditions of the Bible: A Guide to the Bible as It Was at the Start of the Common Era*. 2nd ed. Cambridge: Harvard University Press, 1998.

Kuper, Adam. *The Reinvention of Primitive Society: Transformations of a Myth*. New York: Routledge, 1988.

Kvam, Kristen E., Linda S. Schearing, and Valerie H. Ziegler, eds. *Eve & Adam: Jewish, Christian, and Muslim Readings on Genesis and Gender*. Bloomington: Indiana University Press, 1999.

La Peyrère, Isaac. *Du Rappel Des Juifs, 1643*. Translated by Mathilde Anqueth-Aulette. Edited by Fausto Parente. Paris: Honoré Champion, 2012.

———. *Men Before Adam, or, A Discourse upon the Twelfth, Thirteenth, and Fourteenth Verses of the Fifth Chapter of the Epistle of the Apostle Paul to the Romans, by Which Are Prov'd that the First Men Were Created Before Adam*. London, 1656.

———. *A Theological System*. London, 1655.

———. *Two Essays Sent in a Letter from Oxford to a Nobleman in London: The First Concerning Some Errors About the Creation, General Flood, and the Peopling of The World: In Two Parts: The Second Concerning the Rise, Progress, and Destruction of Fables and Romances, with the State of Learning*. London: R. Baldwin, 1695.

Lambert, W. G. *Ancient Mesopotamian Religion and Mythology: Selected Essays*. Edited by A. R. George and Takayoshi Oshima. Tübingen: Mohr Siebeck, 2016.

Lane Fox, Robin. *Augustine: Conversions to Confessions*. New York: Basic Books, 2015.

Lanyer, Aemelia. *Salve Deus Rex Judaeorum*. London: Valentine Simmes for Richard Bonian, 1611.

Laqueur, Thomas. *The Work of the Dead: A Cultural History of Mortal Remains*. Princeton: Princeton University Press, 2015.

Las Casas, Bartolomé de. *A Short Account of the Destruction of the Indies*. Translated by Nigel Griffen. London: Penguin, 1992.

Le Comte, Edward. *Milton and Sex*. New York: Columbia University Press, 1978.

Leibniz, G. W. *Theodicy: Essays on the Goodness of Go , the Freedom of Man, and the Origin of Evil*. Translated by E. M Huggard. London: Routledge & Kegan Paul, 1951.

Leonard, John. *Naming in Paradise: Milton and the Language of Adam and Eve*. Oxford: Clarendon Press, 1990.

Lerner, Anne Lapidus. *Eternally Eve: Images of Eve in the Hebrew Bible, Midrash, and Modern Jewish Poetry*. Waltham, MA: Brandeis University Press, 2007.

Levao, Ronald. "'Among Equals What Society': *Paradise Lost* and the Forms of Intimacy," *Modern Language Quarterly* 61.1 (2000), pp. 77–107.

Levison, John R. *Portraits of Adam in Early Judaism: From Sirach to 2 Baruch*. Sheffield, UK: JSOT, 1988.

———. *Texts in Transition: The Greek Life of Adam and Eve*. Atlanta: Society of Biblical Literature, 2000.

Lewalski, Barbara Kiefer. *The Life of John Milton: A Critical Biography*. Oxford: Blackwell Publishers, 2000.

Lewis, Michael. *Shame: The Exposed Self*. New York: Free Press, 1992.

Lewis, R. W. B. *The American Adam: Innocence, Tragedy, and Tradition in the Nineteenth Century*. Chicago: University of Chicago Press, 1955.

Liere, Frans van. *An Introduction to the Medieval Bible*. Cambridge: Cambridge University Press, 2014.

Lin, Yii-Jan. *The Erotic Life of Manuscripts: New Testament Textual Criticism and the Biological Sciences*. Oxford: Oxford University Press, 2016.

Lombard, Peter. *The Sentences*. Edited by Giulio Silano. Toronto: Pontifical Institute of Mediaeval Studies, 2007.

Loredano, Giovanni Francesco. *The Life of Adam*. Translated by J. S. London: Printed for Humphrey Moseley . . . , 1659.

———. *The Life of Adam (1640)*. Edited by Roy C. Flannagan and John Arthos. Gainesville, FL: Scholars' Facsimiles & Reprints, 1967.

Lovejoy, Arthur O., and George Boas. *Primitivism and Related Ideas in Antiquity*. Baltimore: Johns Hopkins University Press, 1935.

Lowden, John. "Concerning the Cotton Genesis and Other Illustrated Manuscripts of Genesis." *Gesta* 31, no. 1 (1992), pp. 40–53.

Lowie, Robert Harry. *Primitive Society*. New York: Boni & Liveright, 1920.

Lucas, J. R. "Wilberforce and Huxley: A Legendary Encounter." *Historical Journal* 22.2 (1979): 313–30.

Lucretius. *On the Nature of Things*. Translated by Martin Ferguson. Indianapolis: Hackett, 2001.

Luther, Martin. *Commentary on Genesis*. Translated by J. Theodore Mueller. 2 vols. Grand Rapids: Zondervan, 1958.

Mackay, Christopher S., trans. *The Hammer of Witches: A Complete Translation of the Malleus Maleficarum*. Cambridge: Cambridge University Press, 2009.

Maclean, Ian. *The Renaissance Notion of Woman: A Study in the Fortunes of Scholasticism and Medical Science in European Intellectual Life*. Cambridge: Cambridge University Press, 1980.

Macy, Gary. *The Hidden History of Women's Ordination: Female Clergy in the Medieval West*. Oxford: Oxford University Press, 2007.

Maimonides, Moses. *The Guide of the Perplexed.* Edited by M. Friedländer. London: Trübner, 1885.

Maimonides, Moses. *The Guide of the Perplexed.* Edited by Shlomo Pines and Leo Strauss. Chicago: University of Chicago Press, 1963.

Malan, Solomon Caesar, ed. *The Book of Adam and Eve: Also Called the Conflict of Adam and Eve with Satan, a Book of the Early Eastern Church.* London: Williams & Norgate, 1882.

Malbon, Elizabeth Struthers. *The Iconography of the Sarcophagus of Junius Bassus.* Princeton: Princeton University Press, 1990.

Mâle, Emile. *The Gothic Image: Religious Art in France of the Thirteenth Century.* New York: Harper, 1958.

Malebranche, Nicolas. *Father Malebranche His Treatise Concerning the Search After Truth . . .* Translated by Thomas Taylor. London: Printed by W. Bowyer for Thomas Bennet . . . , 1700.

Margalit, Baruch. *The Ugaritic Poem of AQHT: Text, Translation, Commentary.* Berlin: De Gruyter, 1989.

Marks, Herbert, ed. *The English Bible: The Old Testament,* New York: W. W. Norton, 2012.

Marrow, James H. "Symbol and Meaning in Northern European Art of the Late Middle Ages and Early Renaissance." *Simiolus* 16, no. 2/3 (1986), 150–69.

Marsden, Richard, et al., eds. *The New Cambridge History of the Bible.* Cambridge: Cambridge University Press, 2012.

Martz, Louis. *The Paradise Within: Studies in Vaughan, Traherne, and Milton.* New Haven: Yale University Press, 1964.

Matt, Daniel C., trans. *The Zohar, Pritzker Edition.* Vol I. Stanford, CA: Stanford University Press, 2004.

McAuliffe, Jane Dammen, ed. *The Cambridge Companion to the Qur'ān.* Cambridge: Cambridge University Press, 2006.

McCalman, Iain. *Darwin's Armada: Four Voyages and the Battle for the Theory of Evolution.* New York: W. W. Norton, 2009.

McColley, Diane. *A Gust for Paradise: Milton's Eden and the Visual Arts.* Urbana: University of Illinois Press, 1993.

Meeks, Wayne A., and John T. Fitzgerald, eds. *The Writings of St. Paul: Annotated Texts, Reception and Criticism.* 2nd ed. New York: W. W. Norton, 2007.

Merchant, Carolyn. *Reinventing Eden: The Fate of Nature in Western Culture.* New York: Routledge, 2003.

Mettinger, T. N. D. *The Eden Narrative: A Literary and Religio-Historical Study of Genesis 2-3.* Winona Lake, IN: Eisenbrauns, 2007.

Meyers, Carol. *Discovering Eve: Ancient Israelite Women in Context.* New York: Oxford University Press, 1988.

Mieroop, Marc Van De. *A History of the Ancient Near East Ca. 3000–324 B.C.* Malden, MA: Blackwell Publishing, 2007.

Miles, Jack. *God: A Biography.* New York: Knopf, 1995.

Miles, Margaret Ruth. *Carnal Knowing: Female Nakedness and Religious Meaning in the Christian West.* Boston: Beacon Press, 1989.

Millard, A. R., and W. G. Lambert, eds. *Atra-Hasis: The Babylonian Story of the Flood.* Oxford: Clarendon Press, 1969.

Miller, Kenneth R. *Finding Darwin's God.* New York: HarperCollins, 2009.

Milton, John. *The Complete Poetry and Essential Prose of John Milton.* Edited by William Kerrigan, John Rumrich, and Stephen M. Fallon. New York: Modern Library, 2007.

———. *The Complete Prose Works of John Milton.* Edited by Don Marion Wolfe. New Haven: Yale University Press, 1953.

———. *The Divorce Tracts of John Milton: Texts and Contexts.* Edited by Sara J. van den Berg and W. Scott Howard. Pittsburgh: Duquesne University Press, 2010

———. *John Milton: Complete Poems and Major Prose.* Edited by Merritt Y. Hughes. New York: Odyssey Press, 1957.

———. *Milton on Himself: Milton's Utterances upon Himself and His Works.* Edited by J. S. Diekhoff. New York: Oxford University Press, 1939.

———. *Paradise Lost.* London: Printed, and are to be sold by Peter Parker . . . , 1668.

———. *Paradise Lost.* Edited by William Zunder. New York: St. Martin's Press, 1999.

———. *The Poems of John Milton.* Edited by John Carey and Alastair Fowler. Harlow, UK: Longman, 1968.

Minnis, Alastair. *From Eden to Eternity: Creations of Paradise in the Later Middle Ages.* The Middle Ages. Edited by Ruth Mazo Karras. Philadelphia: University of Pennsylvania Press, 2016.

Mitchell, Stephen, trans. *Genesis.* New York: HarperCollins, 1996.

———, trans. *Gilgamesh: A New English Version.* New York: Free Press, 2004.

Montaigne. *The Complete Essays of Montaigne.* Translated by Donald M. Frame. Stanford, CA: Stanford University Press, 1958.

Moore, James, and Adrian Desmond. *Darwin's Sacred Cause: Race, Slavery, and the Quest for Human Origins.* London: Allen Lane, 2009.

Morey, James H. "Peter Comestor, Biblical Paraphrase, and the Medieval Popular Bible." *Speculum* 68, no. 1 (1993), pp. 6–35.

Moser, Stephanie. *Ancestral Images: The Iconography of Human Origins.* Ithaca: Cornell University Press, 1998.

Murdoch, Brian. *Adam's Grace: Fall and Redemption in Medieval Literature.* Cambridge, UK: D. S. Brewer, 2000.

———. *The Medieval Popular Bible: Expansions of Genesis in the Middle Ages.* Cambridge, UK: D. S. Brewer, 2003.

Myers, Carol. *Discovering Eve: Ancient Israelite Women in Context.* Oxford: Oxford University Press, 1988.

Nagel, Alexander. *Medieval Modern: Art out of Time.* New York: Thames & Hudson, 2012.

Nemet-Nejat, Karen Rhea. *Daily Life in Ancient Mesopotamia.* Westport, CT: Greenwood Press, 1998.

Nietzsche, Friedrich. *The Genealogy of Morals.* Translated by Francis Golffing. Garden City, NY: Doubleday, 1956 (orig. 1887).

Nishida, Toshisada. *Chimpanzees of the Lakeshore: Natural History and Culture at Mahale.* Cambridge: Cambridge University Press, 2012.

Nogarola, Isotta. *Complete Writings: Letterbook, Dialogue on Adam and Eve, Orations.* Translated by Diana Robin and Margaret L. King. Edited by Margaret L. King and Albert Rabil, Jr. Chicago: University of Chicago Press, 2004.

Norton, David. *A History of the Bible as Literature. Volume 1, From Antiquity to 1700.* Cambridge: Cambridge University Press, 1993.

Numbers, Ronald. *The Creationists: From Scientific Creationism to Intelligent Design.* New York: Knopf, 1992.

Nyquist, Mary. "The Genesis of Gendered Subjectivity in the Divorce Tracts and *Paradise Lost*." In Christopher Kendrick, ed., *Critical Essays on John Milton.* New York: G. K. Hall, 1995, pp. 165–93.

Olender, Maurice. *The Languages of Paradise: Race, Religion, and Philology in the Nineteenth Century.* Translated by Arthur Goldhammer. Cambridge: Harvard University Press, 1992.

Oppenheim, A. Leo. *Ancient Mesopotamia: Portrait of a Dead Civilization.* Chicago: University of Chicago Press, 1964.

Origen. "Contra Celsum." *Tertullian, Part Fourth; Minucius Felix; Commodian; Origen, Part First and Second.* Edited by A. Cleveland Coxe. Vol. 4. Grand Rapids: Wm. B. Eerdmans Publishing Co., 1974. The Anti-Nicene Fathers.

Ostovich, Helen, Elizabeth Sauer, and Melissa Smith, eds. *Reading Early Modern Women: An Anthology of Texts in Manuscript and Print, 1550–1700.* New York: Routledge, 2004.

Overton, Richard. *Man's Mortality.* Amsterdam: Printed by John Canne, 1644.

Owst, G. R. *Literature and Pulpit in Medieval England.* Oxford: Clarendon Press, 1961.

Pächt, Otto, and J. J. G. Alexander, eds. *Illuminated Manuscripts in the Bodleian Library, Oxford.* Oxford: Clarendon Press, 1966.

Pagels, Elaine. *The Gnostic Gospels.* 1st ed. New York: Random House, 1979.

Paleologus, Jacobus. *An omnes ab uno Adamo descenderit* (1570).

Panofsky, Dora, and Erwin Panofsky. *Pandora's Box: The Changing Aspects of a Mythical Symbol.* New York: Pantheon, 1956.

Panofsky, Erwin. *The Life and Art of Albrecht Dürer.* Princeton: Princeton University Press, 2005.

Pardes, Ilana. *Countertraditions in the Bible: A Feminist Approach.* Cambridge: Harvard University Press, 1992.

Parker, William Riley. *Milton: A Biography.* 2 vols. Oxford: Clarendon Press, 1996.

Patrides, C. A. *Milton and the Christian Tradition.* Oxford: Clarendon Press, 1966.

Patterson, Annabel. "No Meer Amatorious Novel?" In *Politics, Poetics, and Hermeneutics in Milton's Prose.* Edited by David Loewenstein and James Grantham Turner. Cambridge: Cambridge University Press, 1990, 85–102.

Peterson, Dale, and Jane Goodall. *Visions of Caliban: On Chimpanzees and People.* Athens: University of Georgia Press, 1993.

Pettus, Sir John. *Volatiles from the History of Adam and Eve: Containing Many Unquestioned Truths and Allowable Notions of Several Natures.* London: T. Bassett . . . , 1674.

Phillips, Adam. *Darwin's Worms.* London: Faber & Faber, 1999.

Phillips, Edward. "The Life of Milton." In *John Milton: Complete Poems and Major Prose.* Edited by Merritt Y. Hughes. New York: Odyssey Press, 1957.

Phillips, John. *Eve: The History of an Idea.* New York: HarperCollins, 1984.

Philo. *On the Creation.* Edited by F. H. Colson, Vol. 1. Cambridge: Harvard University Press, 1958.

———. *On the Creation of the Cosmos According to Moses.* Edited by David T. Runia. Boston: Brill, 2001.

Picciotto, Joanna. *Labors of Innocence in Early Modern England.* Cambridge: Harvard University Press, 2010.

Pilbeam, David, and Richard Wrangham. *All Apes Great and Small, Vol. 1: African Apes.* New York: Kluwer Academic Publishers, 2001.

Plantinga, Alvin. *Where the Conflict Really Lies.* New York: Oxford University Press, 2011.

Platt, Rutherford Hayes, ed. *The Lost Books of the Bible and the Forgotten Books of Eden.* Cleveland: World Publishing Co., 1950.

Pollmann, Karla, ed. *The Oxford Guide to the Historical Reception of Augustine.* Vols. 2 and 3. Oxford: Oxford University Press, 2013.

Pongratz-Leisten, Beate, and Peter Machinist, eds. *Reconsidering the Concept of Revolutionary Monotheism.* Winona Lake, IN.: Eisenbrauns, 2011.

Poole, Kristen. *Radical Religion from Shakespeare to Milton: Figures of Nonconformity in Early Modern England.* Cambridge: Cambridge University Press, 2000.

Poole, William. *Milton and the Idea of the Fall.* Cambridge: Cambridge University Press, 2005.

Popkin, Richard H. *Isaac La Peyrère: His Life, Work, and Influence.* Leiden: Brill, 1987.

Pordage, Samuel. *Mundorum Explicatio: or, The Explanation of an Hieroglyphical Figure: Wherein Are Couched the Mysteries of the External, Internal, and Eternal Worlds . . .* London: Printed by T.R. for Lodowick Lloyd . . . , 1661.

Price, David. *Albrecht Dürer's Renaissance: Humanism, Reformation, and the Art of Faith.* Ann Arbor: University of Michigan Press, 2003.

Pritchard, James B., ed. *Ancient Near Eastern Texts Relating to the Old Testament.* 3rd ed. Princeton: Princeton University Press, 1970.

Purchas, Samuel. *Hakluytus Posthumus, or Purchas His Pilgrimes.* Glasgow: James Mac-Lehose, 1905 (orig. 1625).

Quenby, John, and John MacDonald Smith, eds. *Intelligent Faith: A Celebration of 150 Years of Darwinian Evolution.* Winchester, UK: O Books, 2009.

Quinn, Esther Casier, and Micheline Dufau, eds. *The Penitence of Adam: A Study of the Andrius Ms.* University, MS: Romance Monographs, 1980.

Ralegh, Walter. *History of the World.* London: Printed by William Stansby for Walter Burre, 1614.

Reeve, John, and Lodowick Muggleton. *A Transcendent Spiritual Treatise upon Several Heavenly Doctrines . . .* London: 1652.

Richardson, Sarah S. *Sex Itself: The Search for Male and Female in the Human Genome.* Chicago: University of Chicago Press, 2013.

Richter, Virginia. "The Best Story of the World: Theology, Geology, and Philip Henry Gosse's *Omphalos.*" In *The Making of the Humanities.* Edited by Rens Bod, Jaap

Maat, and Thijs Weststeijn. Vol. 3: *The Modern Humanities*. Amsterdam: Amsterdam University Press, 2010, pp. 65–77.

Ricoeur, Paul. *The Symbolism of Evil*. Edited by Emerson Buchanan. Boston: Beacon Press, 1969.

Rist, John M. *Augustine: Ancient Thought Baptized*. Cambridge: Cambridge University Press, 1994.

Robbins, Frank Egleston. *The Hexaemeral Literature: A Study of the Greek and Latin Commentaries on Genesis*. Chicago: University of Chicago Press, 1912.

Robinson, James M., ed. *The Nag Hammadi Library in English*. Translated by Members of the Copic Gnostic Library Project. New York: Harper & Row, 1977.

Robinson, John A. T. *The Body: A Study in Pauline Theology*. Philadelphia: Westminster Press, 1952.

Rogers, John. "Transported Touch: The Fruit of Marriage in *Paradise Lost*." In C. G. Martin, ed., *Milton and Gender*. Cambridge: Cambridge University Press, 2004, pp. 115–32.

Rosenblatt, Jason P. *Torah and Law in Paradise Lost*. Princeton: Princeton University Press, 1994.

Ross, Alexander. *An Exposition on the Fourteen First Chapters of Genesis, by Way of Question and Answer*. London, 1626.

Rossi, Paolo. *The Dark Abyss of Time: The History of Earth and the History of Nations from Hooke to Vico*. Translated by Lydia G. Cochrane. Chicago: University of Chicago Press, 1984 (orig. 1979).

Rubin, Miri. *Mother of God: A History of the Virgin Mary*. New Haven: Yale University Press, 2009.

Rudwick, Martin J. S. *Bursting the Limits of Time: The Reconstruction of Geohistory in the Age of Revolution*. Chicago: University of Chicago Press, 2005.

———. *Worlds Before Adam: The Reconstruction of Geohistory in the Age of Reform*. Chicago: University of Chicago Press, 2008.

Russell, Helen Diane. *Eva/Ave: Woman in Renaissance and Baroque Prints*. New York: Talman Company, 1990.

Russell, Jeffrey B. *The Devil: Perceptions of Evil from Antiquity to Primitive Christianity*. Ithaca: Cornell University Press, 1977.

———. *Lucifer, The Devil in the Middle Ages*. Ithaca: Cornell University Press, 1984.

———. *Satan: The Early Christian Tradition*. Ithaca: Cornell University Press, 1981.

Sabine, George H., ed. *The Works of Gerrard Winstanley, with an Appendix of Documents Relating to the Digger Movement*. Ithaca: Cornell University Press, 1941.

Salkeld, J. *A Treatise of Paradise. And the Principall Contents Thereof: Especially of the Greatnesse, Situation, Beautie, and Other Properties of That Place . . .* London: Edward Griffin for Nathaniel Butter, 1617.

Saurat, Denis. *Milton: Man and Thinker*. New York: Dial Press, 1925.

Scafi, Alessandro. *Mapping Paradise: A History of Heaven on Earth*. Chicago: University of Chicago Press, 2006.

Schiebinger, Londa. *Nature's Body: Gender in the Making of Modern Science*. New Brunswick: Rutgers University Press, 1993.

Schiller, Gertrude. *Iconography of Christian Art*. 2 vols. Translated by Janet Seligman. Greenwich, CT: New York Graphic Society, 1971.

Schnapp, Alain. "The Preadamites: An Abortive Attempt to Invent Pre-History in the Seventeenth Century?" In *History of Scholarship*. Edited by Christopher Ligota and Jean-Louis Quantin. Oxford: Oxford University Press, 2006, pp. 399–412.

Schneidau, Herbert N. *Sacred Discontent: The Bible and Western Tradition*. Berkeley: University of California Press, 1976.

Schoen, Christian. *Albrecht Dürer: Adam und Eva. Die Gemälde, ihre Geschichte und Rezeption bei Lucas Cranach d. Ä. und Hans Baldung Grien*. Berlin: Reimer, 2001.

Schoenfeldt, Michael. "'Commotion Strange': Passion in *Paradise Lost*." In Gail Kern Paster, Katherine Rowe and Mary Floyd-Wilson, eds., *Reading the Early Modern Passions: Essays in the Cultural History of Emotion*. Philadelphia: University of Pennsylvania Press, 2004.

Scholem, Gershom, ed. *Zohar: The Book of Splendor: Basic Readings from the Kabbalah*. New York: Schocken, 1963.

Schroeder, Joy A., ed. *The Book of Genesis*. Grand Rapids: Wm. P. Erdmans Publishing Co., 2015.

Schwartz, Jeffrey, and Ian Tattersall. *Extinct Humans*. New York: Westview Press, 2000.

Schwartz, Stuart B. *All Can Be Saved: Religious Tolerance and Salvation in the Iberian Atlantic World*. New Haven: Yale University Press, 2008.

Schwartzbach, Bertram Eugene. *Voltaire's Old Testament Criticism*. Geneva: Librairie Droz, 1971.

Scroggs, Robin. *The Last Adam: A Study in Pauline Anthropology*. Oxford: Basil Blackwell, 1966.

Scully, Stephen. *Hesiod's "Theogony": From Near Eastern Creation Myths to "Paradise Lost."* Oxford: Oxford University Press, 2015.

Senault, J. F. *Man Become Guilty: or, The Corruption of Nature by Sinne, According to St. Augustines Sense*. Translated by Henry Carey, Earl of Monmouth. London: Printed for William Leake . . . , 1650.

Sennert, Daniel. *Hypomnemata Physica*. Frankfurt: Clement Schlechius, 1636.

Shakespeare, William. *The Norton Shakespeare*. Edited by Stephen Greenblatt et al. 3rd edition. New York: W. W. Norton, 2016.

Shapiro, Robert. *Origins: A Skeptic's Guide to the Creation of Life on Earth*. New York: Summit, 1986.

Shelton, Kathleen. "Roman Aristocrats, Christian Commission: The Carrand Diptych." *Jahrbuch für Antike und Christentum* 29 (1986): 166–80.

Silver, Larry, and Susan Smith. "Carnal Knowledge: The Late Engravings of Lucas van Leyden." *Nederlands Kunsthistorisch Jaarboek* 29, no. 1 (1978), pp. 239–98.

Silvestris, Bernardus. *Cosmographia*. Translated by Winthrop Wetherbee. New York: Columbia University Press, 1973.

Ska, Jean-Louis. "A Plea on Behalf of the Biblical Redactors." *Studia Theologica—Nordic Journal of Theology* 59.1 (2005): 4–18.

Skinner, John. *A Critical and Exegetical Commentary on Genesis*. 2nd ed. Edinburgh: T. & T. Clark, 1930.

Slotkin, James Sydney. *Readings in Early Anthropology*. Chicago: Aldine Publishing Co., 1965.

Smith, George. *Assyrian Discoveries; an Account of Explorations and Discoveries on the Site of Nineveh, During 1873 and 1874*. London: Chiswick Press, 1875.

―――. "The Chaldean Account of the Deluge." *Transactions of the Society of Biblical Archaeology* 2 (1873).

Sober, Elliott. *Evidence and Evolution: The Logic of the Science*. Cambridge: Cambridge University Press, 2008.

Soloveitchik, Joseph Dov. *The Lonely Man of Faith*. Northvale, N.J.: Jason Aronson, 1997.

Stanton, Elizabeth Cady. *The Woman's Bible: A Classic Feminist Perspective*. Mineola, NY: Dover, 2002.

Steinberg, Justin. *Dante and the Limits of the Law*. Chicago: University of Chicago Press, 2013.

Steinberg, Leo. "Eve's Idle Hand." *Art Journal* 35, no. 2 (1975–1976), pp. 130–35.

Stordalen, Terje. *Echoes of Eden: Genesis 2-3 and Symbolism of the Eden Garden in Biblical Hebrew Literature*. Leuven: Peeters, 2000.

Stott, Rebecca. *Darwin's Ghosts: The Secret History of Evolution*. New York: Spiegel & Grau, 2012.

Sulloway, Frank. *Freud, Biologist of the Mind: Beyond the Psychoanalytic Legend*. New York: Basic Books, 1979.

Szathmáry, Eörs, and John Maynard Smith. *The Origins of Life: From the Birth of Life to the Origin of Language*. Oxford: Oxford University Press, 1999.

Tarabotti, Arcangela. *Paternal Tyranny* (1654). Translated by Letizia Panizza. Edited by Margaret L. King and Albert Rabil, Jr. Chicago: University of Chicago Press, 2004.

Tasso, Torquato. *Creation of the World*. Translated by Joseph Tusiani. Binghamton, NY: Medieval and Renaissance Texts and Studies, 1982.

Tattersall, Ian. *Becoming Human: Evolution and Human Uniqueness*. New York: Harcourt Brace & Co., 1998.

―――. *Masters of the Planet: The Search for Our Human Origins*. New York: Palgrave Macmillan, 2012.

Taylor, Jeremy. *Deus Justificatus. Two Discourses of Original Sin Contained in Two Letters to Persons of Honour, Wherein the Question Is Rightly Stated . . .* London: Printed for Richard Royston, 1656.

Tertullian. *The Ante-Nicene Christian Library*. 24 vols. Edited by Alexander Roberts and James Donaldson. Edinburgh: Kessinger, 1868–1872.

―――. *De Cultu Feminarum*. Translated by Sydney Thelwall. In *The Ante-Nicene Christian Library*. 24 vols. Edited by Alexander Roberts and James Donaldson. Vol. 4: *Fathers of the Third Century*. Edinburgh: Kessinger, 1868–1872.

Thompson, Bard, ed. *Liturgies of the Western Church*. 1st Fortress Press ed. Philadelphia, 1980.

Thoreau, Henry D. *Walden*. Boston: Ticknor & Fields, 1864.

Traherne, Thomas. *Centuries of Meditations*. London: The Editor, 1906.

―――. "Innocence." *The Poetical Works*. Edited by Bertram Dobell. London: The Editor, 1906.

Trible, Phyllis. *God and the Rhetoric of Sexuality*. Minneapolis, MN: Fortress Press, 1978.

Tronzo, William. "The Hildesheim Doors: An Iconographic Source and Its Implications." *Zeitschrift für Kunstgeschichte* 46:4 (1983), pp. 357–66.

Turner, James G. *One Flesh: Paradisal Marriage and Sexual Relations in the Age of Milton*. Oxford: Clarendon Press, 1987.

Tuttle, Russell H. *Apes and Human Evolution*. Cambridge: Harvard University Press, 2014.

Twain, Mark. *The Bible According to Mark Twain: Writings on Heaven, Eden, and the Flood*. Edited by Howard G. Baetzhold and Joseph B. McCullough. Athens: University of Georgia Press, 1995.

Ulrich, Eugene. "The Old Testament Text and Its Transmission." In *From the Beginnings to 600*. Edited by Joachim Schaper and James Carleton Paget. Vol. 1. Cambridge: Cambridge University Press, 2013.

Upton, Bridget Gilfillan. "Feminist Theology as Biblical Hermeneutics." In *Cambridge Companion to Feminist Theology*. Edited by Susan Frank Parsons. Cambridge: Cambridge University Press, 2002.

Van Helmont, Franciscus Mercurius. *Some Premeditate and Considerate Thoughts, on the Early Chapters of the Book of Genesis*. London: S. Clark . . . , 1701.

Van Reybrouck, David. *From Primitives to Primates: A History of Ethnographic and Primatological Analogies in the Study of Prehistory*. Leiden: Sidestone Press, 2012.

Van Seters, John. *The Edited Bible: The Curious History of the "Editor" in Biblical Criticism*. Winona Lake, IN: Eisenbrauns, 2006.

Velleman, David J. "The Genesis of Shame," *Philosophy and Public Affairs* 30 (2001), pp. 27–52.

Vermès, Géza, ed. *The Complete Dead Sea Scrolls in English*. New York: Penguin, 2004.

Veyne, Paul. *When Our World Became Christian, 312–394*. Edited by Janet Lloyd. Malden, MA: Polity, 2010.

Victorinus. "On the Creation of the World." In *Fathers of the Third and Fourth Centuries* Edited by A. Cleveland Coxe. Vol. 7. Grand Rapids: Wm. B. Eerdmans Publishing Co., 1951.

Voltaire. *Philosophical Dictionary*. Edited by Peter Gay. New York: Basic Books, 1962.

Voss, Julia. *Darwins Jim Knopf*. Frankfurt am Main: S. Fischer, 2009.

Waal, Frans de. *Chimpanzee Politics: Power and Sex Among Apes*. Baltimore: Johns Hopkins University Press, 1982.

Wallace, Howard N. *The Eden Narrative*. Edited by Frank Moore Cross. Atlanta: Scholars Press, 1985.

Wallace, William. *The Logic of Hegel*. Oxford: Clarendon Press, 1892.

Waltzer, Michael. *In God's Shadow: Politics in the Hebrew Bible*. New Haven: Yale University Press, 2012.

Warburg, Aby. *The Renewal of Pagan Antiquity: Contributions to the Cultural History of the European Renaissance*. Edited by Kurt Walter Forster. Los Angeles: Getty Research Institute for the History of Art and the Humanities, 1999.

Warfield, Benjamin B. "Introductory Essay on Augustin and the Pelagian Controversy." In *St. Augustin: Anti-Pelagian Writings*. Edited by Philip Schaff. Vol. 5. Grand Rapids: W. B. Eerdmans Publishing Co., 1955.

Webster, Charles. *The Great Instauration: Science, Medicine, and Reform 1626–1660*. London: Duckworth, 1975.

Wedgwood, C. V. *The King's War: 1641–1647*. London: Collins, 1958.

Weiner, Joshua. *From the Book of Giants*. Chicago: University of Chicago Press, 2006.

Weitzmann, Kurt, and Herbert Kessler. *The Cotton Genesis: British Library, Codex Cotton Otho B VI*. Princeton: Princeton University Press, 1986.

Werckmeister, Otto-Karl. "The Lintel Fragment Representing Eve from Saint-Lazare, Autun." *Journal of the Warburg and Courtauld Institutes* 35 (1972), pp. 1–30.

West, Rebecca. *St. Augustine*. London: Peter Davies, 1933.

Westermann, Claus. *Genesis: A Commentary*. 3 vols. Minneapolis: Augsburg Publishing House, 1984–86.

Wetzel, James. "Predestination, Pelagianism, and Foreknowledge." In *The Cambridge Companion to Augustine*. Edited by Norman Kretzman and Eleonore Stump. Cambridge: Cambridge University Press, 2001.

White, Andrew Dickson. *A History of the Warfare of Science with Theology in Christianity*. 2 vols. New York: D. Appleton & Co., 1896.

Whitehead, Alfred North. *Science and the Modern World: Lowell Lectures, 1925*. New York: Macmillan, 1925.

Willet, Andrew. *Hexapla, That Is, A Six-Fold Commentarie vpon the Most Diuine Epistle of the Holy Apostle S. Pavl to the Romanes . . .* London: Printed for Leonard Greene, 1620.

Williams, Arnold. *The Common Expositor: An Account of the Commentaries on Genesis, 1527–1633*. Chapel Hill: University of North Carolina Press, 1948.

Williams, Bernard. "The Makropulos Case: Reflections on the Tedium of Immortality." In *Problems of the Self*. Cambridge: Cambridge University Press, 1973.

Williams, George H. *The Radical Reformation*. Philadelphia: Westminster Press, 1962.

Williams, John, ed. *Imaging the Early Medieval Bible*. University Park: Pennsylvania State University Press, 1999.

Williams, Norman Powell. *The Ideas of the Fall and of Original Sin*. London: Longmans, Green & Co., 1927.

Williams, Patricia A. *Doing Without Adam and Eve: Sociobiology and Original Sin*. Minneapolis, MN: Fortress Press, 2001.

Wills, Gary. *Saint Augustine*. New York: Viking, 1999.

Wilson, Edward O. *The Social Conquest of Earth*. New York: Liveright, 2012.

Witzel, E. J. Michael. *The Origins of the World's Mythologies*. Oxford: Oxford University Press, 2012.

Wrangham, Richard W. *Catching Fire: How Cooking Made Us Human*. New York: Basic Books, 2009.

———, and Dale Peterson. *Demonic Males: Apes and the Origins of Human Violence*. Boston: Mariner Books, 1996.

The York Cycle of Mystery Plays: A Complete Version. Edited by J. S. Purvis. London: S.P.C.K., 1957.

Zevit, Ziony. *What Really Happened in the Garden of Eden.* New Haven: Yale University Press, 2013.

Zornberg, Avivah Gottlieb. *The Murmuring Deep: Reflections on the Biblical Unconscious.* New York: Schocken, 2009.

Zuberbühler, Klaus. "Experimental Field Studies with Non-Human Primates." *Current Opinion in Neurobiology* 28 (2014): 150–56.

이미지 출처

1. Adam and Eve, third century CE, fresco, Catacombe SS. Pietro and Marcellino, Rome, photo © Pontifical Commission for Sacred Archaeology, Vatican.
2. *Sarcophagus of Junius Bassus*(detail), c. 359 CE, marble, Museo Storico del Tesoro della Basilica di San Pietro, Vatican(Scala/Art Resource, NY).
3. *Adam in the Garden of Eden*, fifth century, ivory, Florence, Museo Nazionale del Bargello.
4. Bernward Doors, c. 1015, bronze, courtesy of the Dom-Museum Hildesheim.
5. *The Creation of Eve*(detail from the Bernward Doors), photo by Frank Tomio, courtesy of the Dom-Museum Hildesheim.
6. *The Judgment of Adam and Eve by God*(detail from the Bernward Doors), photo by Frank Tomio, courtesy of the Dom-Museum Hildesheim.
7. St. Albans Psalter, HS St. God. 1, p. 18, twelfth century, property of the Basilica of St. Godehard, Hildesheim © Dombibliothek Hildesheim.
8. Gislebertus, *The Temptation of Eve*, c. 1130, stone, Musée Rolin, Autun, © Ville d'Autun, Musée Rolin.
9. *Crucifix*, c. 1200, wood, Collegiata di San Candido, photo courtesy of the Parrocchia di San Michele Arcangelo in San Candido.
10. Vat. Lat. 5697 fol. 16r (detail of God creating Eve from Adam's rib), fifteenth century © 2017 Biblioteca Apostolica Vaticana.
11. *Mors per Evam, vita per Mariam*, c. 1420, University Library of Wrocław, Manuscript M. 1006, fol. 3v.
12. Giovanni di Paolo, *The Mystery of Redemption* from *Paradiso Canto VII*, c. 1450, © The British Library Board, Yates Thompson 36, f. 141.
13. Masaccio, *The Expulsion*(from a photograph taken c. 1980, before its restoration), 1424-1428, fresco, Cappella Brancacci, Santa Maria del Carmine, Florence(Alinari Archives, Florence).
14. Masaccio, *The Expulsion*, 1424-1428, fresco, Cappella Brancacci, Santa Maria del Carmine, Florence(Raffaello Bencini/Alinari Archives, Florence).

15. (Left) Jan and Hubert van Eyck, *Adam and the Offerings of Cain and Abel*(interior of the left wing of the Ghent Altarpiece), 1432, oil on panel, Saint Bavo Cathedral, Ghent (Maeyaert/Iberfoto/Alinari Archives). (Right) Jan and Hubert van Eyck, *Eve and Murder of Abel by Cain*(interior of right wing of the Ghent Altarpiece), 1432, oil on panel, Saint Bavo Cathedral, Ghent (Maeyaert/Iberfoto/Alinari Archives).

16. Albrecht Dürer, *Adam and Eve*, 1504, engraving, Los Angeles County Museum of Art, Los Angeles, Art Museum Council Fund, M.66.33, © Museum Associates/LACMA.

17. Albrecht Dürer, sheet of studies for the hand and arm of Adam and for rocks and bushes for the engraving of *Adam and Eve*, 1504, pen and brown and black ink, British Museum, London, SL, 5218.181, © The Trustees of the British Museum. All rights reserved.

18. Albrecht Dürer, *Self-Portrait in the Nude*, 1505, pen and brush, black ink with white lead on green prepared paper, Klassik Stiftung Weimar.

19. Hans Baldung Grien, *Eve, the Serpent, and Death*, c. 1510–1515, oil on wood, likely linden, National Gallery of Canada, Ottawa, photo © National Gallery of Canada.

20. Hieronymus Bosch, *The Garden of Delights*(detail), 1504, oil on oak panel, Museo Nacional del Prado, Madrid, P02823, © Madrid, Museo Nacional del Prado.

21. Michelangelo, *The Creation of Adam*, 1508–1512, Sistine Chapel, Vatican, photo © Vatican Museums. All rights reserved.

22. Jan Gossart, *Adam and Eve*, c. 1520, pen and ink, brush and ink, and white gouache, on blue-gray prepared paper, © Devonshire Collection, Chatsworth. Reproduced by permission of Chatsworth Settlement Trustees.

23. Lucas Cranach the Elder, *Adam and Eve*, 1526, oil on panel, The Samuel Courtauld Trust, The Courtauld Gallery, London.

24. Titian, *Adam and Eve*, c. 1550, oil on canvas, Museo Nacionsl del Prado, Madrid, P00429, © Museo Nacional del Prado.

25. Caravaggio, *Madonna dei Palafrenieri*(detail), 1605–1606, oil on canvas, Galleria Borghese, Rome(Scala/Art Resource, NY).

26. Rembrandt van Rijn, *Adam and Eve*, 1638, etching, Rijksmuseum, Amsterdam.

27. Ercole Lelli, *Anatomical waxes of Adam and Eve*, eighteenth century, photo provided by the Museo di Palazzo Poggi, Sistema Museale di Ateneo—Alma Mater Studiorum Università di Bologna.

28. Max Beckmann, *Adam and Eve*, 1917, oil on canvas, Nationalgalerie, Staatliche Museen zu Berlin, © bpk Bildagentur/Nationalgalerie, SMB/Jörg P. Anders/Art Resource, NY.

29. *'Lucy'(australopithecus afarensis) and her mate*, reconstruction by John Holmes under the direction of Ian Tattersall, photo by J. Beckett and C. Chesek, © American Museum of Natural History.

역자 후기

이 책은 하나의 이야기의 생애를 다루고 있다. 즉 하나의 이야기가 태어나서 절정기를 맞이한 뒤 쇠락해가는 과정이 이 책의 내용이다. 쇠락이라는 표현을 쓴 것에 이의를 제기할 사람들도 있을 것이다. 여기에서 다루는 이야기가 아담과 이브의 이야기이기 때문이다. 인류의 기원이 실존했던 아담과 이브라고 보는 종교들이 여전히 굳건한 상황에서 사실 그들의 이야기가 쇠락했다는 표현은 어울리지 않을지도 모른다. 그러나 유대인이기도 한 저자 스티븐 그린블랫이 보기에 아담과 이브 이야기의 절정은 그들이 육화(肉化)를 완성한 순간, 즉 이 땅에 살았던 현실의 두 인간으로서 확고한 존재감을 드러내게 된 순간이었다. 이것은 『성서』의 「창세기」에 그들이 등장하는 짧은 텍스트를 있는 그대로 믿고, 현실에서 재현해보려는 기나긴 노력, 아우구스티누스에게서 본격적으로 시작되어 지금으로부터 350년쯤 전에 밀턴에게서 완성된 결과물이었다.

세상에는 많은 기원 신화와 설화가 있지만, 사실 그 어느 것도 아담과 이브의 이야기 같은 대접을 받지는 못했다. 심지어 아담과 이브 이야기와 많은 부분을 공유하는 이야기들도 마찬가지였다. 물론 여기에는 아담과 이브 이야기가 가지는 고유의 매력도 큰 몫을 했지만, 이 이야기가 경전, 그것도 로마 시대에서 중세를 거쳐 종교개혁까지 이어지는 서양 문명의 한 대목과 운명을 함께한 기독교라는 큰 종교의 경전에 속해 있다는 점이야말로 가장 중요한 요인이었을 것이다. 이 점 때문에 아담과 이브의 이야기는 다른 대부분의 기원 이야기와는 달리 실제로 있었던 일의 지위에 올라서게 되었으며, 그렇다고 믿느냐 믿지 않느냐가 사람의 운명, 심지어 목숨까지 좌우하게 되었다. 이야기로서는 가장 높은 권력을 누리는 자리까지 올라갔다고 말할 수 있으려나. 따라서 충분히 짐작할 수 있겠지만, 이 책은 아담과 이브의 이야기인 동시에 그 이야기에 집착한 서양 문화의 흐름에 관한 이야기이다. 도대체 왜 그 몇 글자 되지도 않는 이야기에 그렇게 많은 사람이 달라붙고, 심지어 목숨까지 걸었을까?

우리는 이 이야기를 스티븐 그린블랫에게 듣게 된 것에 크게 감사해야 할 듯하다. 글을 잘 쓴다는 데에는 여러 가지 의미가 있겠지만, 그린블랫의 글을 보면 글로 일가를 이룬다는 것이 이런 것이구나 하는 생각이 절로 들지 않을 수 없다. 약간 과장해서 말하면, 그만이 쓸 수 있는 고유한 글로 하나의 장르를 이루어냈다는 느낌까지 받게 된다. 그린블랫은 원래 영문학과 문학이론 분야의 중요한 학자로서, 나아가 인문학자로서, 그의 글은 깊고 넓은 공부가 바탕에 깔려 있다. 그러면서도 근본적이고 본원적인 문제에서 출발하여 늘 그 문제를 겸허하게 숙고하기 때문에, 누구나 쉽게 공감하면서 어느새 그 깊이와 풍부함에 빨려들게 된다. 아마 책장을 넘기는 모두가 이런 매력을 바로 실감할 수 있을 것이다.

그린블랫에게 이야기를 듣게 된 것에 감사할 또 한 가지 중요한 이유는 아담과 이브의 이야기가 쇠락했다고 해서, 그 이야기가 사라진다는 것은 아님을 이해하게 해주기 때문이다. 오히려 과거의 권좌에서 내려옴으로써 그 이야기는 원래 자신의 자리, 즉 하나의 이야기로서의 자리, 그것도 매우 훌륭한 이야기로서의 자리를 되찾았다. 이제 많은 사람들이 그 이야기를 이야기 자체로 즐길 수 있게 된 셈이다. 이 책으로 그런 사실을 확인할 수 있게 된 것, 또 우리가 다시 한번 그 이야기의 매력을 음미하게 된 것은 그린블랫이 이야기가 무엇인지, 문학이 무엇인지 누구 못지않게 깊이 이해하는 사람이기 때문일 것이다.

정영목

인명 색인